제 2 권

수레바퀴 자국 속의 물고기

쟁란의 시절

제 권

수레바퀴 자국 속의 물고기
쟁란의 시절

초판 1쇄 발행 2021년 1월 18일
초판 2쇄 발행 2021년 12월 15일

편저 임갑혁
펴낸이 장길수
펴낸곳 지식과감성#
출판등록 제2012-000081호

감수 문종호, 임민형
디자인 윤혜성
편집 윤혜성
교정 김혜련, 양수진
마케팅 고은빛, 정연우

주소 서울시 금천구 벚꽃로298 대륭포스트타워6차 1212호
전화 070-4651-3730~4
팩스 070-4325-7006
이메일 ksbookup@naver.com
홈페이지 www.knsbookup.com

ISBN 979-11-6552-646-7(04910)
ISBN 979-11-6552-644-3(세트)
값 15,000원

ⓒ 임갑혁 2021 Printed in Korea

잘못된 책은 구입하신 곳에서 바꾸어 드립니다.
이 책의 전부 또는 일부 내용을 재사용하려면 사전에 저작권자와 펴낸곳의 동의를 받아야 합니다.

 홈페이지 바로가기

제2권

이순신의 탄생부터 선조의 죽음까지

수레바퀴 자국 속의 물고기

쟁란의 시절

— 임갑혁 편저 —

지식감성

차례

01	**선조는 성군의 자질에서 비열한 왕으로 전락되었다**	9
02	**새로운 시대가 시작되다** : 선조 즉위년 (1567 정묘년)	13
03	**성군의 치세가 기대되다** : 선조 1년 (1568 무진년)	18
	조광조를 신원하다 20	
04	**시끄러운 조짐이 시작되다** : 선조 2년 (1569 기사년)	26
	문소전 일로 시끄러워지다 29 ｜ 이이가 《동호문답》을 올리다 35	
05	**이이의 활동이 두드러지다** : 선조 3년 (1570 경오년)	42
	을사년 억울함의 신원과 위훈삭제를 요청하다 42	
06	**파당은 간단한 데서 연유한다** : 선조 4년 (1571 신미년)	50
07	**성군의 조짐은 바래기 시작하다** : 선조 5년 (1572 임신년)	57
	이준경이 유언으로 붕당을 걱정하다 59	
08	**성군을 만들려는 이이의 노력은 이어진다** : 선조 6년 (1573 계유년)	67
09	**이이, 나라를 위한 충심의 소를 올리다** : 선조 7년 (1574 갑술년)	88
	이이, 만언소를 올리다 88 ｜ 이이, 황해감사가 되다 96	
10	**동서 당파가 시작되다** : 선조 8년 (1575 을해년)	114

11	**당쟁은 심화되어 간다** : 선조 9년 (1576 병자년)	128
	이순신, 무과에 급제하다 135	
12	**을사년의 억울함이 모두 신원되다** : 선조 10년 (1577 정축년)	137
	이순신, 함경감사 이후백의 칭찬을 받다 142	
13	**이이 상소하여 선조의 분발을 촉구하다** : 선조 11년 (1578 무인년)	144
	삼윤을 탄핵하다 152	
14	**동서 당파는 화합의 길에서 멀어져 갔다** : 선조 12년 (1579 기묘년)	158
	이이가 동인의 잘못을 지적하다 159 ∣ 이순신, 훈련원 봉사로 근무하다 172	
15	**선조 다시 태어나다** : 선조 13년 (1580 경진년)	174
	이순신, 발포만호가 되다 181	
16	**이이 다시 선조의 분발을 위해 노력하다** : 선조 14년 (1981 신사년)	182
	정인홍이 말썽을 일으키다 191 ∣ 조헌이 이순신을 옹호하다 199	
17	**이이, 선조의 분발을 위한 노력은 계속되다** : 선조 15년 (1582 임오년)	201
	이이, 혼신의 힘을 다한 상소를 올리다 204 ∣ 이순신, 발포만호에서 파직되다 216	
18	**이이, 심하게 공격을 받다** : 선조 16년 (1583 계미년)	218
	이이, 처절한 마지막 상소를 올리다 235 ∣ 계미 삼찬 249 ∣ 이순신, 다시 북방으로 가다 301	
19	**이이 뜻을 이루지 못하고 지다** : 선조 17년 (1584 갑신년)	303

| 20 | **선조가 동인에 기울다** : 선조 18년 (1585 을유년) | 319 |

정여립, 죽은 이이를 배반하다 322

| 21 | **조헌이 붕당의 시비를 상소하다** : 선조 19년 (1586 병술년) | 343 |

풍신수길, 일본의 실력자가 되어 있었다 349

| 22 | **이귀, 스승 이이를 위하여 상소하다** : 선조 20년 (1587 정해년) | 351 |

손죽도 왜변이 있었다 351 | 이순신, 백의종군하게 되다 386 |
왜사 귤강광, 통신사를 요청하다 390

| 23 | **왜적, 통신사를 간청하다** : 선조 21년 (1588 무자년) | 394 |

이순신, 백의종군에서 벗어나다 399 | 종계변무가 성취되었다 405

| 24 | **정여립이 역모하다** : 선조 22년 (1589 기축년) | 409 |

조헌이 상소하고 귀양 가다 410 | 이순신, 정읍현감이 되다 458

| 25 | **역모 사건의 옥사는 계속되다** : 선조 23년 (1590 경인년) | 460 |

일본에 통신사를 파견하다 461 | 풍신수길이 통신사를 접견하다 477

| 26 | **풍전등화의 위기 속에 정국은 요동치다** : 선조 24년 (1591 신묘년) | 483 |

이순신, 전라좌수사가 되다 484 | 건저 문제로 정국이 다시 뒤바뀌다 487 |
황윤길과 김성일의 보고가 엇갈리다 490

참고문헌 516
60간지 520
관직 직위표 522

01
선조는 성군의 자질에서
비열한 왕으로 전락되었다

　선조는 너무도 잘 태어난 사람이었다. 그러기에 어린 나이에 왕이 될 수 있었다. 그리고 왕의 자리에 41년이나 있었다.
　선조의 재위 기간은 크게 세 시기로 나눌 수 있다. 선조 24년까지의 상대적으로 평화롭지만 시끄럽던 시절, 선조 25년부터 선조 31년까지의 왜적이 침입한 전란의 시기, 그리고 선조 32년부터 선조 41년까지 10년간의 선조 말년, 울분이 치솟는 시절이다.
　선조는 16세에 등극했다. 어리므로 수렴청정을 하였으나 워낙 총명하고 출중하여 1년도 못 되어 수렴청정을 폐하였다. 모든 일을 정도에 맞게 잘하므로 모두들 성군의 치세를 기대하였다. 그러나 왕의 자리는 힘든 것이다. 등극 후 3년이 되자 벌써 피곤한 기색이 나타난다. 간원들은 사사건건 제동을 걸어 힘들게 한다. 칼을 휘두르는 권력자가 있으면 숨을 죽이고 살아야 하기 때문에 조용하지만 그런 권력자가 없으면 너도 나도 떠들어 시끄러운 사회가 될 수밖에 없다.
　처음에는 문소전 일로 노당, 소당의 말이 있었는데 선조 8년에 드디어 동서 당파가 발생한다. 한번 파가 갈리자 걷잡을 수 없게 된다. 이를 무마하려는 이이의 노력에도 불구하고 그 후는 아주 소란한 쟁란의 시대가 되고 만다.
　군적과 공안 등의 개혁이 필요했다. 이이가 줄기차게 개혁을 요구하지만 선조는 말만 좋게 했지 실행은 하지 않는다. 선조는 태생적으로 학문은 좋아하지만 변화를 싫어하고 현실에 안주하는 형이었다. 그리고 세월이 가면서 자연스럽게 아첨하는 자를 선호하게 된다.

그러다 선조 22년 정여립 역모 사건이 발생한다. 선조는 벼슬한 사대부가 역모한 것에 분노하여 혹독하게 대처한다. 그리하여 잔인함도 드러나고 자신의 혹독, 잔인함을 신하에게 전가하는 비열함도 드러낸다.

일본에서는 풍신수길이 실력자가 되었다. 명나라를 치겠다는 야욕을 가지고 먼저 조선을 차지하려는 생각을 가졌는데 우리는 전혀 알 수가 없었다. 대마도의 끈질긴 요청으로 선조 23년에 통신사를 파견하였지만 정세를 제대로 파악하지 못했다. 뒤늦게 전쟁 대비를 한다고 했지만 형식에 그쳤다. 사실 전쟁에 어떻게 대처해야 하는지 전혀 알지 못했다.

이순신은 선조 9년 무과에 급제하였다. 북쪽 변방과 남쪽 해안을 오가며 관직 생활을 했는데 우여곡절도 많았다. 그러다 선조 24년에 전라좌수사가 되었다. 유성룡의 추천으로 선조가 임명한 것인데 알고 한 것은 아니겠지만 선조 일생일대에 최고로 잘한 인사였다. 나라를 구한 인사이기도 하다.

다음은 전란의 시기이다. 선조 25년 4월 13일 임진왜란이 일어났다. 왜적은 무려 16만 대군으로 쳐들어왔다. 불과 20일 만에 서울이 함락되고 왜적은 평양까지 진격해 왔다. 선조는 압록강 변 의주까지 도망쳤다. 선조는 겁쟁이였다. 아수라장이 된 나라는 팽개치고 혼자 중국으로 망명하려는 비겁한 작태를 보였다. 그러나 '난세에 영웅 난다'는 말을 증명하듯 이순신과 권율이 등장하고, 요원의 불길처럼 민초들이 일어나 나라의 명맥은 유지되었다.

해가 바뀌면서 반격이 시작되어 제독 이여송의 명나라 구원군이 평양을 탈환하고, 이어 4월에는 왜적이 남쪽으로 물러가 1년 만에 서울이 수복되었다. 그러나 완전히 피폐화된 국가는 '수레바퀴 자국 속의 물고기'가 된 형국이었다.

이후 명나라와 왜적 사이에 강화협상이 이어진다. 심유경과 소서행장이 상대의 요구조건을 자국에 속이고 진행하는 엉터리 강화 회담이었다. 선조는 강화를 극력 반대하는데 대처할 능력도 없으면서 신하들만 괴롭게 한다. 게다가 임금 노릇 그만하겠다는 후안무치한 행위를 계속하여 신하들을 힘들게 한다. 그리고 지리한 4년간의 엉터리 회담의 끝은 파국이다.

이어지는 것은 정유재란이다.

적전에서 장수를 바꾸는 것은 병법에서 금하는 일이다. 선조의 불안, 초조, 조바심 등이 비열한 작태로 바뀌어 금법을 어기고 이순신을 잡아들이고 원균으로 대신하였다. 그 결과 수군이 거의 전멸하게 되었고 파죽지세의 왜적은 이번에는 전라도와 충청도를 유린하였다. 다행히 경리 양호의 신속, 단호한 결정으로 왜적의 북상은 저지되고 이순신의 사활을 건 분전으로 기적의 승리를 거두고 왜수군의 서진을 막았다. 이후 명군은 대공세를 이어갔지만 성공을 거두지 못했는데 다행히 풍신수길이 죽었다.

마지막 노량해전을 끝으로 7년 전쟁은 끝난다. 이순신은 이 해전에서 왜적을 대패시키고 전사한다. 동시에 조정에서 유성룡도 탄핵을 받아 물러난다. 선조의 비열함과 북인들의 공격이 합작한 것이다.

선조 말년의 10년도 울분이 치솟는 세월이다.

명군은 2년에 걸쳐 돌아갔다. 돌아가는 명군과 남아 있는 명군의 횡포에 의한 피해는 전쟁 때보다도 더 심하다 할 정도였다. 선조는 왜적이 다시 쳐들어올 거란 망상 속에 살았다. 그래서 왜적과는 사신을 보내 강화를 했다. 그러나 이제는 북쪽의 누르하치가 만주를 석권하여 큰 위협으로 다가왔다.

만신창이가 된 국가는 회복의 능력도 노력도 없었다. 유성룡이 탄핵으로 물러간 것에 실망한 세 정승 이원익, 이항복, 이덕형도 의욕을 잃었다. 북인들이 파가 갈린 당파 싸움은 선조의 비열한 작태가 한몫을 했다.

선조는 몇십 년을 두고 요청된 공안의 개혁을 자신에게 들어오는 공물을 감해 줄 생각이 없어 외면한 부덕한 임금이었다. 공신의 결정에는 내시를 다수 포함한 호성공신이라는 엉터리 공신을 많게 하고 정작 일선에서 직접 싸운 장수들은 극소수로 하는, 더구나 원균을 일등 공신으로 하는 후안무치한 결정을 하였다.

가장 울분을 솟게 하는 것은 왕자들의 무자비한 횡포를 단죄하지 않고 비호한 것이다. 선조 말년은 이들로 인하여 폭정이 되었고, 선조는 허수아비 왕으로 전락하였다. 그리고 아첨하는 자들을 선호한 대가는 바로 자신의 죽음이었다.

이제 그 환란과 수난이 점철된 선조 시대를 구체적으로 들여다보자.

02
새로운 시대가 시작되다 :
선조 즉위년 (1567 정묘년)

7월 3일 선조가 근정전에서 즉위하였다. 불과 16세였다.

나이가 어리므로 왕대비(인순왕후: 명종비 심씨)가 수렴청정을 하게 되었다. 워낙 총명하여 모든 것을 법과 제도에 맞게 하였다. 공사는 왕대비에게 사양하고, 관직 제수만 친히 낙점하였다.

내부 환관을 절반으로 줄이고 환관들과 자주 접촉하지 않고 단정히 앉아 책을 보았다.

어느 날 선조를 키워준 유모가 옥교를 타고 들어와 무슨 간청을 하였는데 들어주지 않았을 뿐만 아니라 옥교를 타고 온 것을 책하기까지 하여 유모가 집으로 돌아갈 때는 걸어서 가야 했다.

영의정 이준경이 임금의 일어, 일묵, 일동, 일정의 중요성을 말하고 욕심을 경계하고 직언을 배척하지 말 것을 아뢰니 선조가 옷깃을 여미며 받아들였다.

이때 중국 사신 허국과 위시량이 새 황제 등극 조서를 반포하기 위해 오다가 안주에서 왕의 부고를 들었는데 새 왕에 대한 불안한 마음이 있었다. 그런데 막상 선조를 보고는 감탄하며 말하기를 '이러한 소년이 모든 것을 예절에 맞게 행동하니 동국의 복이다' 하였다. 또한 이들은 이준경의 거조가 화평하고 조용하며 국사가 정돈되어 예절에 어긋남이 없는 것을 보고 탄복하기도 하였다.

선조가 처음에는 경연에서 말을 하지 않아 모두들 이상하게 여겼다.

그러나 명종의 상을 마치고 졸곡 후부터는 자주 경연에 나와 변론도 하고 묻기도 하였는데, 매우 꼼꼼하고 자세하여 강관으로서 학식이 얕은 자는 모두 경연에 참여하기를 꺼려 할 정도였다. 박순이 입시하였다가 나와서 말하기를 '상의 옥용을 뵈오니 참으로 영특한 군주이다' 하였고, 기대승은 번번이 입시하였다가 물러와서는 말하기를 '배우기를 좋아하고 선을 즐기니 참으로 성주이다' 하면서 감격에 겨워 눈물을 흘리기까지 하였다.

10월 선조가 즉위한 것에 대한 은전을 베풀고자 하였다.
"새로 즉위한 뒤라 은전을 베푸는 일을 시행해야 하니 대신들은 살피도록 하라. 또 어진 선비들 중에 침체된 자가 있으면 발탁해서 등용하고, 무고하게 죄를 받은 사람 역시 살펴서 신원하라" 하였다.
영의정 이준경의 주도하에 억울하게 죄를 받아 신원해야 할 사람들을 작성하였는데, 이준경은 아주 조심스러워했다.
유희춘, 노수신, 김난상은 방면되어 직첩을 도로 받았다. 이언적, 권벌, 안명세, 송인수, 임형수 등 많은 사람들의 죄를 씻어 주고 적몰한 재산들을 돌려주었다.
유희춘이 권벌과 이언적이 누명을 벗은 것에 눈물을 흘렸다. 20년 동안의 억울함을 풀어 주고 숨은 덕을 드러내 준 것에 감격했기 때문이었다. 20년 동안 변방에서 귀양살이를 했던 유희춘은 특히 더 감격스러웠을 것이다.
청홍도는 충청도로, 유신현은 충주로 복원되었다.
이 정도로도 훌륭한 일이지만 아직은 부족했다. 억울하게 역적으로 몰렸던 많은 사람들은 아직 혜택을 받지 못하고 그대로 있었다. 신하들이 을사년의 억울함도 풀어 주기를 청하니 왕대비가 '의당 시비를 정해야 하나 다만 나는 식견이 없는 부인이고 주상은 어리니 성학이 고명해지기를 기다렸다가 정해도 늦지 않을 것이다' 하였다.

탐욕스러웠던 심통원은 관직에 있지는 않았지만 언제 무슨 일을 저지를지 모르므로 강력히 탄핵하여 삭탈관작시켜 시골로 쫓아내고, 을사사화 원흉의 한 사람으로 아직도 살아 있는 늙은 김명윤도 삭탈관작하고, 악질 탐관오리 심전 등도 파직시켰다.

청백리를 발탁, 등용하고 유일의 선비를 천거하라고 하였다. 현인들의 정치 참여를 촉구하는 절실한 내용의 교지도 내렸다.

이황은 명종의 계속되는 간곡한 부름에 응하지 않다가 중국 사신을 접대하라는 명을 어길 수 없어 6월에 상경하였는데 명종의 병세가 급하여 알현하지 못하고 있다가 국상을 당했다. 선조 등극 후 예조판서 겸 동지경연 춘추관사로 임명되었고, 명종의 행장을 수찬하였다. 그러나 관직에 뜻이 없는 이황은 8월에 병으로 사면하고 명을 기다리지도 않고 돌아갔다. 이이가 직접 찾아가서 서울에 있는 것만으로도 큰 힘이 될 것이라 하며 머물도록 간절히 요청하였지만 소용이 없었다. 이이는 생각하기를 '대신은 도로서 군주를 섬기다가 되지 않으면 그만두는 것이다. 이황은 선조의 구신으로 기왕 다시 조정에 섰으면 당연히 새 임금을 보필하다가 되지 않는 것을 알면, 그때 물러나도 될 것을 이처럼 간곡히 사절하니, 이른바 능력을 알고 분수를 헤아려 남이 알아줌을 구하지 않는 것을 편히 생각하는 분인가?' 하며 서운해하였다.

이황을 싫어하는 사람들은 국상을 치르지도 않고 명도 없이 내려갔다고 비난을 하였으나 좋아하는 사람들은 다시 부르기를 바랐다. 허엽이 이황을 스승으로 삼으라 하였다. 그래서 교서로 이황을 특별히 다시 불렀다.

조식은 '구급' 두 글자를 올리고 "완급과 허실을 분간하여 조치를 취하소서" 하였다.

　이조좌랑 이이는 새 시대를 만나 좋은 사람을 선발하려는 의욕이 넘쳤다. 그러나 생각대로는 되지 않는다. 상관인 이조판서 박영준은 구태의연한 사람이었다. 이이의 말에 찬성하는 척하기는 하였지만. 막상 선발할 때는 하나도 그대로 하지 않아 실망스러웠다. 인간사 그중에도 인사는 쉽지 않은 일이다. 인사에 있어서 청탁이나 뇌물을 쓰는 폐단이 말 한마디로 해결될 수는 없다는 것과 변화시켜야 할 고질적인 폐단들이 아주 많음을 새내기나 다름없는 이이는 비로소 체득하고 있었다.

　기대승은 선조의 교육에 책임을 느끼고 경연에 열성이었다. 《중용》과 《주역》을 통해 성학을 논하였다. 또한 기묘년의 조광조와 을사년의 이언적을 언급하며 어진 이를 쓰고자 한다면 시비를 분명히 해야 한다 하였다. 사실상 조광조의 신원을 요청한 것이었다.

　윤두수를 대사간으로, 윤근수를 집의로, 백인걸은 홍문관 교리로 하였다.

　선조는 용모가 준수하고 총명하였으며 검소하고 학문을 좋아하였다. 글씨는 명필이었다. 한마디로 우수하게 잘 태어난 사람이었다. 즉위하자마자 전에 억울하게 죄를 입은 사람들을 복원시키고, 청백리와 유일의 선비들을 등용코자 하였으며 간악한 자들을 물리치고자 하였다. 이황 같은 훌륭한 사람들을 곁에 두고 조언을 듣기를 바랐으며, 신하들은 삼황오제의 덕과 김종직 조광조 등을 칭송하는 강론을 하였다. 즉위년의 상황은 모든 신하들과 백성들이 영민한 임금을 맞은 기쁨과 함께 성군의 치세를 맞을 기대에 부풀었다. 이렇게 즉위년의 생각과 상황이 끝까지 간다면 선조는 성군이 되었을 것이다.

이순신은 23세로 새로운 시대에 날개를 펴기 위해 무과 준비에 열심이었다. 무예 연마는 보통 힘든 일이 아닐 것이다. 이순신은 팔 힘이 좋아 활쏘기를 잘했다. 그렇지만 말을 달리며 창을 던지고 활을 쏘는 것은 쉽지 않을 것이다. 수많은 세월의 훈련을 쌓아야 할 일이다. 그래도 같이 훈련하는 동료들 중에서는 제일 나았고 또한 체격도 늠름하여 동료들이 이순신에게는 함부로 농하거나 장난하지 못했다 한다. 이해에 이순신은 아버지가 되었다.

26세의 유성룡은 권지라는 딱지를 떼고 예문관 검열 겸 춘추관 기사관, 즉 사관이 되어 있었다.

03
성군의 치세가 기대되다 :
선조 1년 (1568 무진년)

새로운 시대에 좋은 사람들을 등용하려는 노력은 계속되었다.

기대승의 권유로 변절하지 않은 사람들을 발탁 임용하라 하였다. 백인걸은 70이 넘었고, 김난상은 60이 넘었고, 유희춘과 노수신은 60에 가까웠는데 모두 임용하였다.

백인걸을 대사간으로 하였다. 늙었다고 포기하지 않고 열심히 하니 사람들이 신뢰하고 중히 여겼다. 노수신을 직제학, 김난상을 집의, 유희춘을 응교로 하였다. 기대승을 동부승지, 박순을 대사헌, 김귀영을 도승지, 김효원을 정언으로 하였다.

이이는 지평에 임명되었다. 이이가 자신이 불교에 몸담았던 것을 말하고, 과거는 부친의 권유로 어쩔 수 없이 응했는데 관직이 너무 과하다 하며 사직을 청했다. 선조는 예부터 호걸의 선비는 불씨에게 빠지는 일을 면치 못했다 하며 허물을 뉘우쳐 스스로 새길을 택한 그 뜻이 가상하니 사직하지 말라 하였다.

2월 24일 이준경 등이 재변을 논하면서 을사년의 옥사와 충주의 일 때문이라 하니, 왕대비가 부인으로서 수렴청정을 하며 국사에 마음을 다하였으나 이런 재변이 생기니 수렴청정을 거두겠다 하고, 또 을사년에 죄를 입은 사람들의 적몰한 것을 돌려주고 충주의 옥사에 연좌된 무리는 다 놓아주라 하였다. 신하들은 탄복을 금하지 못했다.

을사년에 적몰되었다가 돌려받은 자들은 김저·이약해·정원·정희등·박광우·나식·나숙·이중열·곽순·이임·성자택·정욱·이약빙 등이었다. 또, 윤흥인·윤흥의·유호·유희·민식·민형·민익·이학령·이윤명과 장화서의 종 성번에게 적몰한 것을 돌려주었고, 충주의 연좌된 자 200여 인이 성은을 입어 죄를 벗었다.

왕대비 인순왕후는 사리 판단이 분명하고 겸손하면서도 담백한 여인이었다. 선조의 명석함을 보고 자신의 정사 참여가 불필요함을 느꼈고, 백인걸 등이 "새 임금이 그렇게 어리지 않으니, 대비께서 국정을 간섭할 필요가 없습니다" 하니, 미련 없이 수렴청정을 거두었다. 또한 을사사화의 피해 주인공들인 윤임, 유관, 유인숙 외에는 모두 억울함을 풀어 주었다. 심의겸의 숨은 노력이 크게 일조하였다. 수렴청정을 거두자, 선조가 대소 신하들은 직무를 부지런히 하여 함께 올바른 정사를 이룩해야 한다고 전교하였다.

어진 이들을 부르는 것도 계속하였다.

이황이 상소하여 치사를 청하자, 상이 다시 우찬성을 제수하며 가르침을 받을 것을 말하고 어리석은 재질을 도와 달라 하였으나, 황공히 여기며 다시 사직 상소를 올렸다.

기대승이 이황이 찬성 제수를 감당할 수 없어 사양한다는 것과 치사를 허락해도 좋을 것이라 하였다. 그러나 판중추부사로 하고 계속 불렀다. 이이도 편지로 올라오기를 청했다. 어린 임금이 총명하고 학문을 좋아하니 이 기회에 중요한 역할을 해야 마땅하다고 강력하고 간절하게 권하니 드디어 이황이 올라올 결심을 하였다.

성혼도 천거되어 불렀으나 오지 않았다.

전라감사가 유일의 선비로 김천일을 천거하고 헌납 최옹 또한 김천일을 말했다. 그러나 유희춘이 그의 나이 이제 32세이니 대성하기를 기다려야지 소소한 관직에 써서는 안 된다고 하였다.

조식도 계속 불렀으나 오지 않고 봉사를 올려 군덕을 개진하였다. 조식의 글은 그의 성격만큼이나 강한 인상을 주는데 그 내용 중에 서리의 폐단을 극언하기를 '당당한 천승의 나라가 2백 년 조종의 대업을 이어받아 공경·대부들이 성대한데도 정치가 대례(臺隷)들 손에 쥐어져 있으니 이는 소의 귀에도 들려줄 수 없는 창피한 일입니다. 윤원형의 세력도 조정이 바로잡았는데 하물며 죽일 가치도 없는 여우·살쾡이·쥐새끼 같은 무리들이겠습니까' 하였다.

선조가 답하기를 '이 격언을 보니 더욱 재덕이 높다는 것을 알겠다. 내 마땅히 유념할 것이다' 하였다.

‖ 조광조를 신원하다 ‖

4월 조광조의 신원이 있었다. 기대승이 말하고, 사간원과 홍문관에서도 조광조의 관직 복구를 요구하니 허락하고 영의정으로 추증하였다.

유희춘이 "요즈음 상이 착한 말 따르기를 물 흐르듯이 하여 일마다 한결같이 공정과 지성으로 하시니 즉위하신 처음의 자세로는 훌륭하십니다" 하였다.

이탁을 이조판서로, 정철을 이조좌랑으로 삼았다. 이탁은 사사로운 청탁과 뇌물을 배격하고 오직 공론에 의거하여 선발하는 등 그동안의 폐단을 바로잡기 위해 노력하였으므로 싫어하는 자가 많았지만 가장 공평한 이조판서였다는 평을 받았다. 정철도 낭관으로서 공정한 인사에 한몫을 했다. 그러나 정철은 자기주장이 너무 강했고 지나칠 정도로 선악을 엄히 구분하였다. 이탁은 그의 주장을 애써 따라 주기는 하였지만 어느 날 정철에게 말하기를, "전형에 있어서는 중론을 채택해야 하므로 내가 공의 말을 거스르지 않는다. 그러나 내가 이 자리를 떠난 후에는 내가 그대 말을 따랐던 것을 그대로 다른 사람에게는 바라지 말라. 그렇게 하다가는 반드시 그대를 용납하지 못하는 사람이 있게 될 것이다" 하였다. 정철을 잘 알고 한 말이었다. 윤두수는 우승지가 되었다.

선조가 사친의 제사에 성의를 표할 것을 의논하니, 대사간 백인걸이 아뢰기를 "예는 인정에서 나오는 것입니다. 전하가 비록 왕통을 계승하시었으나 사친의 은혜도 다 끊을 수 없는 것이오니. 명분과 대의에 혐의 되는 것이 없다면 제관을 보내어 지극한 정을 펴는 것도 불가함이 없을까 합니다" 하니, 임금이 그 말을 좇았다. 그러나 사헌부에서 백인걸을 잘못이라 논박하여 백인걸은 체직되었다. 친어머니의 제사에 성의 표시도 못 하게 반대하는 신하들이었다. 선조가 몹시 서운하였을 것이다.

5월 이이는 천추사 목첨과 함께 서장관으로 명나라에 갔다. 이이에게는 중국 문물과 주변 상황을 살펴보는 좋은 기회였다.

6월 변협을 전라병사로 하였다. 무재가 있는 문관을 각별히 골라 미리 인망을 키워야 한다 하며 김명원을 종성부사로 하였는데, 어사로서의 적절한 조치를 조정이 인정했기 때문이기도 하였다.

7월 평안병사 김수문이 졸하였다. 김수문은 공정하고 영민하며 글을 좋아하였고, 장수가 되어서는 병사들을 사랑과 공평함으로 대하였다. 제주에서 왜적을 물리쳤고 서북 지방에서 오랑캐를 몰아낸 장수 중의 장수였다. 갑자기 죽으니 나라를 위해서는 애석한 일이었다.

이황이 서울에 들어와 숙배하였다. 그러나 오래 있을 뜻은 아니었다. 오자마자 경연에 참여하게 되고 이황도 정성을 다하였다.

8월 이황이 6조목의 상소를 올렸다. '계통을 중히 하여 인효를 온전히 하는 것, 참간을 막아 양궁의 사이가 가깝도록 하는 것, 성학을 도타이 하여 치본을 세우는 것, 도술을 밝혀 인심을 바루는 것, 복심을 미루어 이목이 트이게 하는 것, 수성을 진실히 하여 하늘의 사랑을 받는 것'이었다. 선조가 감탄하며 "내가 소장을 보고 여러 번 깊이 생각해 보건대 경의 도덕은 옛사람과 비교해 보아도 경만 한 사람이 적을 것이다. 이 6조목은 참으로 천고의 격언이며 당금의 급선무이다. 내 비록 하찮은 인품이지만 어찌 가슴에 지니지 않을 수 있겠는가" 하였다.

이황이 풍년 들기를 기다려 군적을 실시하기를 청하니 따랐다.

이황이 경계의 말을 하였다. "만약 숭고(崇高)로 자처하여 어진 이를 홀대하고 혼자 성자인 체하며 혼자만 아는 것처럼 세상을 제어하면서 아래 사람에게 몸을 낮추는 뜻이 없으면, 이 곤궁한 재앙이 있게 됩니다" 하니, 선조가 "내 마땅히 날마다 경계로 삼으리라" 하였다. 이황이 경연에서 말하면 대간에 따르지 않던 것도 모두 옳다 하고 따랐다.

9월 21일 선조가 특명으로 이황을 입시시키고 조광조의 학문과 행사에 관해 논의하였다. 이황이 반드시 조광조를 포증하고 남곤은 추죄하여야만 옳고 그름이 분명해질 것이라 하자, 선조가 삼사와 정원에게 남곤의 죄상을 낱낱이 논계하도록 하고, 또 남곤의 관작을 모두 삭탈하여 사림의 마음을 시원하게 하라 하였다.

기대승은 경연에서 《논어》, 《주역》 등을 강하고, 학교의 진흥, 《소학》의 장려 등을 권하는 등 어린 임금을 성군으로 만들기에 노력을 기울이고, 유희춘이 가세하여 자신이 쌓아 온 지식을 전하기에 힘을 다하고, 여기에 이황까지 올라와 정성을 다하니 학문을 좋아하는 선조로서는 당대 최고의 선생님들을 모신 것이었다.

 사간원이 차자를 올려 허심탄회하게 간언을 따르라고 청했다.

 선조가 답하기를 "나에게 과실이 많았으므로 간하는 일이 있기를 내실지로 바랐는데 지금 차자를 보니 곧 나의 병통을 적중한 것이고 말도 또한 강직하여 매우 가상하다. 어찌 스스로 깨우치려고 하지 않겠는가" 하였다.

11월 이이는 북경에서 견문을 넓혔다. 이이가 돌아오는 도중에, 절강 복건 지역에서 왜적을 평정한 척계광 부대가 요동에서 말썽을 일으키는 오랑캐를 토벌하기 위해 이동하는 모습을 보았다. 기율이 있어 질서 정연하고 씩씩하게 행군하는 병사들에게서 군기가 살아 있는 모습을 보았다. '우리에게도 저런 군대가 필요하다'는 생각을 지울 수 없었다.

 이이가 돌아온 후 강릉에 계신 외할머니의 병환이 중하다는 연락이 왔다. 율곡은 태어나서 6살 때까지는 강릉의 외가에서 컸고 그 뒤로도 틈만 있으면 외가에서 살았다. 그동안 극진히 보살펴 주고 지극한 사랑을 베풀어 준 외할머니가 홀로 계시며 병이 중하다 하니 그냥 있을 수가 없었다. 봉양해야 한다는 것과 학문이 진취된 후에 다시 벼슬하겠다 하며 간절하게 사직을 청했다. 선조가 사직은 허락하지 않고 특명으로 근친의 예에 준하는 파격적인 휴가를 주었다.

12월 2일 기대승이 재이에 즈음하여 삼갈 것을 청하고 양인수(잠저 때의 의원)의 일에 양사가 오랫동안 논집하는데도 높은 직을 주라고 하는 것은 간언을 따르는 실정이 아니라 하였다.

이황이 《성학십도》를 올렸는데, 선조는 그것이 학문하는 데 매우 긴절한 것이라 하여 그것을 병풍으로 만들라고 명하고 이를 보면서 반성하고자 하였다. 그때 이황은 돌아갈 뜻을 이미 결정했기 때문에 이 도를 만들어 올리며 '제가 나라에 보답할 것은 이 도뿐입니다' 하였다.

이해의 다른 일들은,

중국 사신을 세 차례나 맞이하였다. 한 번 맞는 것도 힘든 일인데 매우 힘들었을 것이다.

첫 번째 사신 태감 장조와 행인 구희직은 2월 3일에 왔다. 명종의 시호를 내려 주고 제사를 올리는 제조사였다. 행인 구희직은 선비다운 풍모가 있었다. 주상을 보고 탄복해 마지않았으며 예물로 받은 것은 나누어 주고 맨몸으로 먼저 돌아갔다. 그러나 태감 장조는 한관으로 욕심이 한이 없었다. 조정은 비위를 거스르게 될까 염려하여 은냥과 피물을 더 준 것이 매우 많았다. 떠날 때 물건 실은 대강이 33대나 되었다. 그래도 무오년(명종 13년)의 사신들보다는 나았다 한다.

두 번째 사신 태감 요신과 이경은 2월 27일에 왔다. 선조를 임금으로 봉하는 봉왕사였다. 이들은 모두 환관이니 그 요구가 어떠했을지는 말할 필요가 없을 것이다.

세 번째 사신 성헌과 왕세는 7월 2일에 와서 황태자 책봉 조서를 반포하였다. 이들은 6일 떠났는데 받은 물품은 자문지 60장, 표지 각 40장, 유목지 각 5권과 붓, 벼루, 먹뿐이었다. 참 좋은 사신들이었다. 물론 한관이 아니었다.

내수사에 있는 노비 중 선두안에 적힌 자는 모두 주인에게 환급하라고 하였다.

즉위 2년째, 17세의 선조는 그 명석함을 인정받았다. 자전이 안심하고 수렴청정을 거두었다. 경연에도 쉽게 익숙하고 잘 알고 세밀하며 열심이었다. 학식이 못 미치는 신하들은 몸 둘 바를 모르고 불안해할 정도였다. 신하들은 그 능력에 안심하였다. 대부분은 아주 흡족하고 기뻐하였다. 그리고 성의가 있었다. 청백리와 유일의 선비를 등용코자 했으며, 명종조의 억울한 사람들도 아주 많이 구해 주었다. 특히 50여 년의 숙제였던 조광조의 추증은 많은 사람들의 칭송을 받았다. 그러나 갈 길이 멀다. 어린 선조의 머리가 무거워지고 있다. 을사사화의 핵심 사항은 아직도 남아 있었고, 해마다 일어나는 자연재해는 어찌해 볼 수가 없었다. 6월에 큰비로 인하여, 곡창지대인 김제 평야가 '물결이 넘실거리는 바다와 같다' 할 정도로 농사를 망쳐 다음 해까지 구황하는 일을 걱정해야 했다. 새 임금이 들어섰다고 해서 각종 폐단들 또한 저절로 없어지는 것이 아니고, 수령과 서리들의 백성들에 대한 수탈은 명종 때보다는 줄기는 했겠지만 여전했다. 또 다른 문제는 최측근 신하들인 간원들이 임금의 하고자 하는 일에 사사건건 간섭하는 것이었다. 앞으로 계속 이러한 문제들을 안고 가야만 할 것이니 어려운 일이 아닐 수 없었다.

24세의 이순신은 무예 연마에 열심이었다. 27세의 춘추관 기사관인 유성룡은 왕명으로 성주에 가서 사책을 햇볕에 쪼이고 바람을 쐬게 하는 특별한 일을 하고 돌아왔다.

04
시끄러운 조짐이 시작되다 :
선조 2년 (1569 기사년)

선조 즉위 3년째, 조정에는 시끄러운 조짐이 나타난다. 무자비한 권력자가 없으니 사소한 일에도 의견이 분분하고 파가 갈린다. 간원은 임금을 견제하여 좋은 길로 인도한다는 본연의 임무를 벗어나 사소하거나 부당한 간언을 하여 선조의 심기를 건드린다. 율곡 이이는 선조를 개혁으로 이끄는 주장을 시작한다.

1월 16일 석강에서 기대승이 아뢰기를 "예로부터 임금이 초기에는 청명하게 잘 다스려 보람 있는 업적을 이루어 보려는 뜻을 가졌다가도, 얼마쯤 지나면 처음에 부지런하던 마음이 나중에는 게을러져서 딴 길로 빠져들어 유종의 미를 거두는 이가 적은데, 대부분 모든 사람이 그러합니다.

임금은 하늘처럼 지공무사해야 합니다. 만일 한쪽으로 치우치게 신임하는 마음을 갖는다면 간사한 소인들이 기회를 노려 그 해는 이루 말할 수 없을 것입니다. 혹 일이 뜻대로 되지 않으므로 범상한 상태로 되돌아가 잘 종결을 짓지 못하면 지치를 이룩하지 못하는 것입니다. 즉위하신 이후 성상의 뜻이 고명하시어 무슨 일이든지 잘하려고 하시고 꼭 성사시키려는 마음을 가지시니 조야 신민들의 기대에 어찌 한이 있겠습니까. 미열한 소신의 생각으로는, 시작에 뜻을 두는 것은 어렵지 않으나 종결에 마음을 두는 것이 더욱 어렵다고 여깁니다. 그러나 종말을 보장할 수 없다고 하여 미리 꺼리어 스스로 포기하는 것도 크게 일을 할 기상이 아닙니다. 마땅히 해야 할 일이라면 쉽게 여기지 말고 끝까지 확고히 정해야만 될 것입니다" 하였다. 참으로 좋은 충언이었다.

그런데 이어지는 말에는 "경연에서 올린 구폐책을 상께서 쾌히 시행하시려고 결심하셨다고 합니다. 그러나 한 사람의 소견은 한계가 있기 마련이고 천하의 사변이란 무궁한 것인데 만약 한 사람의 오견으로 이미 왕명을 내린 뒤에는 나중에 개정한다 하더라도 미안한 것입니다.

요즘 누적된 폐단이 매우 많으니 변혁하는 것 역시 아름다운 일이나, 신의 생각으로는 우선 매우 심한 폐단만 덜어 없애고 상의 학문이 차츰 높아지고 경력이 오래 쌓여 아래 신하들도 착수할 때 신중을 기하도록 경계한 연후에야 하는 일들이 견고하게 될 것이라고 여깁니다. 이러한 말이 매우 퇴폐적이고 무력한 것 같지만, 조종조 때부터 누적된 폐단이 너무나 많아 지금 인심을 복종시킬 수 없는데 갑자기 법령으로 그 폐단을 구제하려고 한다면 혹시 다른 병통이 발생하여 뒤 폐단이 없지 않을 것입니다.

전하께서 종묘사직의 억만년 대업을 위해 폐단을 개혁하고자 하시니 예사로운 작은 일이 아닙니다. 심사숙고하여 처리하셔야 합니다. 만약에 일시적인 기분에 좋다고 여겨 하였다가 나중에 행할 수 없게 되면 심지가 나태해지고 의기가 소침해지는 일이 없지 않을 것이며, 혹시라도 참소하는 말이 이간하게 되면 끝내는 필시 현자의 말도 믿을 만한 것이 못 된다고 할 터이니 관계되는 바가 적지 않습니다" 하였다.

기대승은 훌륭한 성리학자이지만 개혁정치가는 아니다. 지금 이 말은 폐단을 고치지 말자는 내용에 가깝다. 이 시절 대부분의 훌륭하다는 신하들의 생각은 이와 같았다. 신중을 기하자는 말은 좋지만 언제 누가 만전을 기해서 할 것인가? 임금이 언제쯤 학문이 높아지고 경력이 쌓일 것인가? 임금에게는 듣기 좋은 말이지만 백성들에게는 절대로 좋은 말이 아니다. 여기에 율곡 이이와는 근본적으로 차이가 있었다. 만약에 기대승이 개혁에 적극적이었다면 후세에 그의 명성은 이이를 능가했을지도 모른다. 어린 선조의 머리에 이런 말이 새겨졌을 것이니 개혁이 될 리가 없었다. 아쉬운 일이었다.

이이는 '임금께서 처음 즉위하셨을 때는 매우 영명하시어 온 나라가 성덕의 성취를 바랐더니 얼마 되지 않아 유속의 언설이 날로 그 앞에서 떠들어져 임금님의 생각도 이미 유속에 젖었던 것이다. 이황이 소명으로 서울에 오자, 총애하고 공경하기는 하였으나 허심탄회하게 학문에 종사하려는 뜻은 없으셨다. 이황은 경연에서 여쭙기도 하고 또는 상소를 하기도 하여 매양 성현의 학문으로 임금을 권면하였다. 그러나 임금께서는 답만 좋게 하실 뿐, 실행하지 않으셨다. 이황은 본시 겸퇴를 고집하던 터에 그의 말이 쓰이지 않음을 보고는 돌아갈 뜻이 더욱 굳어졌다' 하였다.

구봉령이 아뢰기를, "요즘 대간의 논계는 온 나라의 공론인데도 계사에 드러내 놓고 말하지 않으면 드러내 말하라고 하시고 간혹 준엄한 언사로 답하십니다. 근일 내외의 인심이 지치를 간절히 희망하기 때문에 대간이 아뢰는 것은 모두가 온 나라의 공론이 아닌 것이 없는데도 일마다 어렵게 여기고 쾌히 따르지 않으시니, 성치에 방해로움이 있을 뿐만 아니라 신하들의 규간하는 마음을 막기도 합니다. 상께서 간언을 받아들이는 도리가 점차 처음만 못한데 요즘에는 더욱 심합니다" 하였다.

이 말은 임금에게는 항상 따라다니는 말이다. 임금이 간원들의 간하는 말을 듣지 않는다면 큰 문제이지만, 간원들도 사리에 맞지 않는 일로 임금을 괴롭히는 경우가 많으니 신정 초기라고 이 문제가 없을 수는 없는 것이다.

‖ 문소전 일로 시끄러워지다 ‖

　문소전은 한나라의 원묘 제도를 모방하여 태조와 현재 왕의 사친(고조, 증조, 조부, 부친)의 신주를 모시고 매일 제사를 지내는 곳이다. 그런데 인종과 명종은 형제간이어서 문제가 되었다. 당초에 인종을 모셔야 되는데 이기와 윤원형 등이 인종은 1년도 못 채운 왕이라 원묘에 모실 수 없다고 억지 주장하여 연은전에 따로 모셨다. 그래서 사람들이 원통해하였다. 이제 명종을 모셔야 하는데 인종은 그대로 둘 수 없어 문제가 된 것이다.

　이때에 영의정 이준경 등이 처음에는 중론에 따라 명종을 모실 때 인종까지 함께 모시기로 의논을 드려 이미 윤허를 받았었다. 그런데 본전을 확인하는 과정에서 사당의 칸수를 더 증축해야만 비로소 봉안할 수 있다는 것을 알게 되어 곤란하게 되었다. 이준경이 다시 의논하여 동료 노신들의 의견에 따라 인종은 종전대로 연은전에 모시기로 결정하자, 이에 중론이 떠들썩하게 일어났다. 그래서 이황이 대안으로 방향을 바꾸고 칸을 변경할 것을 자세하게 옛 사례까지 들어 청했으나 따르지 않았다. 노 대신들과 예관들이 1백40년간이나 시행해 오던 제도인데 고치기 어렵다 했기 때문이다.

　이 문제로 몇 달 동안이나 신하들의 의견이 분분하였다.

　선조가 대신의 의논을 따라 인종을 연은전에다 그대로 부묘하였는데, 삼사가 들고 일어났다. 유성룡도 상소하여 불가함을 말하였다. 삼사가 교대로 상소하며 대신을 공박하고 심지어 을사 권간에 비유하기까지 하였다. 이준경이 변명하였는데 진퇴양난의 일이었다. 이러한 일로 극한 대립을 하는 실로 한심한 일이었다. 결국 칸을 더 늘리고 위를 같이하여 함께 모시는 것으로 하였다. 이것으로만 끝났으면 좋았을 것인데 문제는 이 공방으로 인하여 노 대신들과 중진 신하들 사이가 크게 벌어진 것이다. 이준경은 이 일로 사직을 표명하고, 중진의 대표 격인 기대승은 대신들에게 밉보여 매우 불편한 처지에 놓이게 되고 이에 물러날 생각까지 하게 되었다.

3월 문소전 문제가 받아들여지지 않음을 기화로 이황이 물러갈 것을 청하니 좌찬성을 제수하였고, 사양하니 다시 판중추부사에 제수하였다. 계속 물러갈 것을 청하니, 선조도 더 이상 붙잡기 어려움을 알고 인견하여 하고 싶은 말이 있느냐고 물었다. 이황은 여러 가지 국가를 위하는 일을 아뢰고 인재를 임용하는 일에 대해서도 언급하였다. 정승으로는 이준경을 말하고 또 기대승을 추천하였다.

"기대승이 문자를 많이 보았고 이학에도 조예가 가장 높으니 통유입니다. 다만 그는 수렴 공부가 부족한 것이 미진한 점인데 소신이 평상시에 이 점을 부족하게 여겨서 좀 더 공부하라고 권면하였습니다. 그러나 이러한 유자도 얻기가 쉽지 않습니다" 하였다. 그리고 물러나 고향으로 돌아갔다.

이이가 듣고 한탄하며 말하기를 "요즈음은 무슨 일을 좀 해보려고 해도 뜻대로 되지 않는다. 일을 하려 하면 응당 변혁이 있어야 한다. 그러나 지금 1백40년 실시해 온 위패조차도 옮길 수 없다면 향차 1백40년을 행해 온 법을 변혁할 수 있겠는가. 궁하면 변하는 것이고, 변하면 통하는 것이 법인데 지금은 궁해도 변하지 아니하니, 어쩔 것인지 나는 알지 못하겠구나" 하였다.

4월 사람들이 모이는 곳에는 항상 파가 생긴다. 지연, 학연, 혈연이 주요인이고, 주관이 다르거나 소외된 자들이 따로 모이는 것도 한 요인이다. 악독하고 강한 권력자가 득세할 때는 소외된 자들이 숨을 죽이느라 오히려 조용하지만 특정한 권력자가 없을 때에는 의견이 분분하여 시끄러운 세상이 된다. 거꾸로 말하면 시끄러운 세상이 태평성대인 것이다. 이제 이 시끄러운 세상의 조짐은 벌써 시작되었다.

특진관 김개는 구신으로 몸가짐을 바르게 하고 청렴하다는 명성이 있었으나 까다롭고 고집이 세며 자부심이 강한 사람이었다. 자기와 견해를 달리하는 사람들을 미워했는데 특히 유학자라고 하는 사람들을 싫어하여 이황을 비난하기도 하였다. 친구인 홍담이 이조판서가 되자 그를 끌어올려 대사헌으로 삼았는데, 힘을 얻은 김개는 '지금 선비라는 자들이 무슨 일을 해야 한다고 함부로 떠들어 대고 있는데 그들을 억제하지 않으면 안 된다'고 큰소리를 쳤다. 경연에서도 선비라고 자처하는 사람들이 대신을 비난한다며 이는 기묘년에 조광조가 죄를 얻은 것과 같다는 등의 극언을 하였다. 그러나 선조가 받아들이지 않았고 이준경도 동의하지 않으니 병을 핑계하고 대사헌을 사직하였다. 그런데 특진관으로 경연에 입시하게 되자 다시 '젊은 무리들이 심지어 영상을 헐뜯는다' 하고 또 조광조를 심하게 비하하는 말까지 하였다. 그러자 정철이 '사림에게 화를 돌리려는 것이다' 하며 비분강개하였고, 기대승은 이는 소인이 군자를 배척할 때 쓰는 상투적인 말이라 하며 지난번 문소전 일 때부터 간사한 무리들이 기회를 틈타 헛소문을 날조하여 양편 사이를 교란시켰는데 김개가 한 말도 거기에서 나온 것이라 하고, 또 김개가 5~6인을 무함하려 한다고 하였다. 선조가 무함 당한 그들이 누구냐고 물으니, 심의겸이 이탁, 박순, 기대승, 윤두수, 윤근수, 정철이라고 답하였다. 이에 선조가 '김개에게 죄를 주어도 안 될 것이 없다' 하였다.

이황을 비난한 데다가 조광조까지 비하했고 선조도 김개를 그르다고 하니, 다음 날부터 삼사가 들고 일어나 번갈아 글을 올려 김개를 탄핵하였다. 선조가 허락하지 않았으나 며칠을 두고 계속하니 드디어 삭탈관작하고 문외 출송을 명하였다. 김개는 자신을 소인이라고 지목한 것에 울화가 터져 병이 나 몇 달 만에 죽었다.

'이준경은 기묘사화를 징계 삼아 과격한 처사를 억제하려는 뜻을 지니고 있었다. 그러나 성품이 원래 고집스럽고 완강하였으므로 자기는 중립을 지킨다고 자신하면서, 유자를 조롱하고 비평하여 심지어 이황을 산새에다 비유하였기 때문에, 사뭇 신진들과 사이가 좋지 않았다. 그런데 김개는 자신이 촉망을 받고 있는 것을 이용하여 소요를 일으켜 볼 생각으로 기대승 이하 5~6명을 탄핵함으로써 준경에게 붙으려고 하였다. 그리하여 우선 기묘 사람들의 득실을 논평하면서 은근히 이황을 배척하는 것으로 주상의 뜻을 떠보려고 하였던 것이다. 그러나 주상의 마음이 굳세 정해져 있고 준경도 원래 사류를 해칠 뜻이 없었기 때문에 변은 일어나지 않았는데, 이황은 이 소문을 듣고는 더욱 두려워하였고 기대승에게 퇴피할 것을 애써 권하였다.'

이때 선조는 신정 초기라서 잘 다스려 보려는 생각이 매우 강했다. 그런데 등용된 신진의 선비들이 이황을 종주로 삼아 서로 교유하고 학문을 강론하며 한 집단을 이루었다. 그들은 세도를 만회하고 부정한 것을 제거하고 깨끗한 것을 드러내는 것을 제일로 삼았는데, 당시 사람들이 소 기묘라고 지목하였다. 또한 많은 세변을 겪으면서도 지조를 잃지 않았다고 자부하면서, 명망은 있으나 오랫동안 부귀와 안일에 젖어 있었던 구신들이 다른 한 집단을 이루었다. 그들은 신진들이 선배를 경시하면서 속류들이라고 비난하는 것에 대해서 모두 불평을 품고 있었다.

이때부터 당파의 형색이 보였고 여염에서는 노당·소당으로 지목하여 불렀다. 윤원형·이양의 무리로서 버림을 받고 쓰이지 못하는 자들이 많았다. 이런 자들이 때를 노려 유언을 퍼뜨려서 양쪽 사이를 선동하고 이간하여 조정을 어지럽게 만들고자 한 것이기도 하였다.

5월 기대승이 진주옥사를 아뢰었다. 조식과 이황이 관련되었다.

진주에 고 진사 하종악의 후처가 홀로 살았는데, 음행이 있다는 소문이 마을에 자자하였다. 조식이 그 일을 알게 되자 그 제자인 정인홍·하항 등을 시켜 감사에게 통보하여 옥을 일으키게 하였다. 그런데 관련자를 다스리는 과정에서 몇 명이 죽었다. 조식은 또 자기 친구인 이정이 하의 후처와 인척으로 그 일을 몰래 비호했다 하여 서신을 보내 절교를 하면서 그의 죄상을 거론하였고, 하항 등은 친구들을 데리고 하종악의 집을 헐어 버렸다. 그 일로 감사는 하항 등을 잡아 가두고 조정에 보고하였는데 조정에서도 의견이 분분하였다.

이정이 조식이 절교한 사연에 대해 이황에게 서신으로 물었는데 답하기를, '친구 사이에 사소한 일로 서로 외면하여 화해하지 못하는 것에 대해서 나로서는 모를 일이다' 하였다. 그런데 나중에 이 서신이 세상에 전해지자, 정인홍은 이황을 다른 일까지 더해서 비난 공박하는가 하면 배척하는 글을 써서 죽을 때까지 계속하였다. 후일 동인이 남인(유성룡) 북인(이산해, 정인홍 등)으로 갈리는 시초가 여기에 있었다. 경상도 좌도와 우도의 선비라는 사대부들이 반목하는 계기이기도 하였다.

옥당이 차자를 올려 선조가 간관의 아룀이 부실하다고 꾸짖은 일에 대하여 간하니, 답하였다.

"옳은 것 같지만 실은 옳지 못한 것이며 하나만 알고 둘은 모르는 말이다. 언관이 부언과 부실한 일을 만들어 논계하여야만 그 직임을 다하는 것이라 할 수 있으며, 그 충직을 다하는 것이라 할 수 있단 말인가. 저 이종의 일에 대해서 지난번에 계사를 보고 나는 '탐욕과 방종이 이와 같고 그 마음 씀이 무상하니 마땅히 죄를 엄하게 다스려서 그 나머지 사람들을 경계하여야 한다'고 생각하여 쾌히 따랐을 뿐 아니라 곧 나추하라고 명하였는데 끝내는 사실무근인 것으로 밝혀져서 내가 매우 괴이쩍게 여겼었다. 유독 이것뿐만이 아니라 또 깊은 뜻이 있었는데 지금 차자를 보건대 도리어 옳다고 하였으니 그래도 되겠는가" 하였다.

  18세의 어린 임금의 말씀이 대단하다. 사간원의 긍정적인 면은 차치하고, 간원들이 사소한 문제, 또는 사실이 아닌 문제들을 간언이라는 핑계로 괴롭히는 행태를 잘 지적하고 있다. 그러나 이준경이 입시하여, 대간의 말을 관대하고 겸허한 마음으로 받아들이지 않으면 안 된다는 뜻을 반복하여 간절히 아뢰었다. 조강에서 기대승도 같은 말을 하였다. 기대승은 왕에게 요구하는 것이 많았다. 간하는 말을 잘 들어야 한다는 말은 계속되는 것이고, 임금은 잡서를 읽지 않아야 한다고도 하였다.

  윤6월 3일 윤인서, 정척, 심뇌, 이의, 심전 등을 서용하라는 명이 있었다. 이들은 명종대의 간신 및 탐관오리들인데 꾸준히 재기를 노리고 있었다. 사헌부가 명을 거둘 것을 요청하나 윤허하지 않았다. 여러 번 아뢰니 겨우 허락하였다.

  윤6월 6일 선조가 지난번에 '윤원형 시대에는 직언하는 사람이 하나도 없었으니 우리나라 사람은 본래 중국만 못하다'고 말하였는데, 이 말을 다시 생각해 보고 이제 '그 의논이 바르지 못할 뿐만 아니라 뒤 폐단이 끝이 없으리라 여겨진다' 하였다. 이에 기대승 등이 을사년의 일을 상세하게 말하였다. 같은 지친의 형제간도 죽였는데 사람들이 두려워하고 겁먹게 된 것이 어찌 끝이 있었겠느냐 하였다.

  윤6월 24일 기대승이 삼년상이 천하의 통례임을 아뢰었다. 이것도 문제 중의 하나였다. 부모와 조상을 잘 모신다는 뜻은 좋으나 국가를 위해 큰일을 해야 할 사람들이 삼 년(만 2년) 동안 여묘살이를 함으로써 허송세월에 건강을 잃게 되니 큰 문제가 아닐 수 없었다. 그런데 그때는 감히 이런 말은 꺼낼 수도 없었다. 아니 생각할 수조차도 없었다.

‖ 이이가 《동호문답》을 올리다 ‖

7월 10일 당시에 젊고 유능한 신하들을 골라 잠시 직무를 쉬게 하고 독서당에서 학문을 연구하게 하는 제도가 있었는데 이를 '사가 독서'라 하였다. 그리고 한 달간 공부하여 제술한 시문을 바치면, 대제학이 등급을 매겨서 공부에 힘쓰도록 권장하였다. 동쪽에 있는 것을 동호당이라 하는데 이이가 동호에 있으면서 《동호문답》을 제술하여 올렸다.

내용은, 먼저 고금의 군신 관계와 국가의 치란에 대해 논하고, 이어 백성을 위한 안민정책과 교육정책을 논했다. 그리고 마지막으로 을사사화의 위훈을 바로잡을 것 등을 조목별로 자세히 문답식으로 논했다. 이것은 청년 임금에게 새로운 정치를 바라는 지침서였으며 앞으로 이이가 선조에게 줄기차게 부르짖는 개혁 내용의 기본이었다. 선조가 깊이 유의하여 보았다 한다.

이 무렵 이이가 경연에 입시하여 임금을 분발시키기 위하여 많은 노력을 기울이고 있었는데 그 아뢴 내용들을 간략하게 보면,

"나라를 다스리자면 무엇보다도 먼저 시기를 알아야 하는 것입니다. 임금이 아무리 훌륭한 정치를 하려 해도 권간이 국정을 전제하거나 소란스런 병란이 일어난다면, 비록 그러한 뜻을 갖더라도 좋은 정치를 이루기가 어려운 것입니다. 지금은 다행히 권간이 없고 또 변란도 없으니 이

때야말로 전하께서 보람 있는 정치를 할 때입니다."

"임금으로서는 한 시대의 사조가 어떠한지를 살펴서 그 사조가 잘못되었으면 마땅히 그 폐단을 바로잡아야 하는 것입니다. 오늘날은 권간이 국정을 전단한 뒤를 이어받아 사습이 쇠약하고 나태해져 한갓 녹을 받아먹고 자기 한 몸 살찌울 줄만 알지 충군 애국하는 마음은 없습니다. 설령 한두 사람 뜻을 가진 이가 있어도 모두 시속에 구애되어 감히 기력을 발휘하여 국세를 떨치지 못하고 있습니다. 시속의 풍조가 이러하니 성상께서는 마땅히 크게 일을 성취시키겠다는 뜻을 분발하시어 선비의 기풍을 진작시킨 뒤에야 세도를 변화시킬 수 있을 것입니다."

"전하께서 즉위하신 지 몇 해가 되는데도 그 다스림의 효과가 나타나지 않는 것은 아마도 전하의 격물·치지·성의·정심하는 공부가 지극하지 못한 점이 있기 때문일 것입니다. 만약 이처럼 인습적으로 이어가 날로 더욱 퇴패해진다면 나라 모양이 어떻게 될는지 알 수 없습니다.

원컨대 전하께서는 크게 성취시키겠다는 뜻을 분발하시어 도학에 마음을 두시고 선정을 강구하시어 성주가 장차 삼대의 도를 흥기시키려고 한다는 것을 신민들이 환히 알게 하소서.

전하께서 진실로 다스리는 데에 뜻을 두신다면 평상인의 말도 성덕에 보탬이 될 수 있겠지만 만약 전하께서 유유범범하게 세월만 보내면서 형식만을 일삼는다면 비록 공자와 맹자가 좌우에 있으면서 날마다 도리를 논한다 하더라도 또한 무슨 유익함이 되겠습니까" 하였다.

이이는 지금이 좋은 정치를 할 때이며 이때에 그 폐단을 파악하고 바로잡아야 한다 하고, 공부는 지극하게 하여 실지로 효과가 있어야 한다 하였으며 뜻을 가지고 분발하라고 하였다. 또한 임금이 태평하게 세월만 보내는 것을 강하게 지적하고 있었다.

이이가 경연에서 《맹자》를 강론하다가, '임금이…' 하는 구절에 이르러 선조에게 여쭙기를 "오늘날 민생이 곤궁하고 기강이 문란하여 사방 국경 안이 다스려지지 않음이 매우 심하니, 만일 맹자가 전하께 '어떻게 하실 것인가' 하고 물으면 전하께서는 어떻게 대답하시겠습니까" 하였더니, 선조가 대답하지 않았다.

이에 이이가 아뢰기를 "지금 신이 누차 입시하여 매양 전하를 뵈니 신하들의 말에 조금도 응수하여 대답하지 않으십니다. 상께서 아무리 마음을 비우고 응수를 해 주신다 해도 오히려 아랫사람들의 뜻이 통하지 못할까 염려되는데 하물며 입을 꼭 다물고 말씀하지 않음으로써 저지하는 경우이겠습니까.

지금의 천재와 시변은 근고에 없던 바로서 신민들은 두려워 떨며 다시 무슨 일이 있을지 모르고 있습니다. 전하를 위해 헤아려 보건대 널리 선책을 구하여 시대를 구제하는 데에 급급하셔야지 깊숙이 팔짱만 끼고 아무 일도 하지 않으셔서는 안 됩니다. 명종 대왕께서 2백 년 종사를 전하에게 부탁하셨는데 전하께서는 그 우환을 받으신 것이지 그 즐거운 세상을 이어받으신 것은 아닙니다. 2백 년 종사가 날로 위태로워지는데 전하께서는 어찌 진기시킬 것을 생각하지 않으십니까" 하였다. 심하게 자극하는 말이었다.

이에 선조가 이르기를 "학문은 온축하여 덕행이 된 뒤에야 밖으로 사업을 일으킬 수 있는 법인데 덕행이 없는 몸으로 어떻게 사업이 있을 수 있겠는가. 또 삼대의 융성한 정치도 마땅히 점진적으로 시행해 나가야 하는 것이지 갑자기 회복할 수는 없는 것이다" 하였다.

선조는 자신은 어리니 아직 큰일을 할 수 없다는 완만한 생각이었고 이이는 지금이 큰일을 시작해야 할 때라는 급한 마음이었다. 선조는 어리지만 머리 좋은 선비였으니 원만한 유성룡과는 맞을지언정 이이와 같이 직설적으로 추궁하듯이 몰아붙이는 태도를 좋아할 리가 없었다. 그래서 이이를 가의에다 비유하기도 하였다. 가의는 한나라 초기의 개혁가였는데 하고자 하는 것이 많았으나 주위의 반발로 성공하지 못하고 요절한 사람이다. 선조가 이이가 일 벌이기를 좋아하고 과격하다고 생각하여 그에게 빗댄 것이다. 이러니 이이가 힘들지 않을 수 없었다.

전라도와 경상도에 수재가 심하여 재난을 입은 곳을 구황하라 하였다.

9월 조강에서 이이가 신래들을 침학하여 더럽히고 욕보여 상하게 하거나 병들게 하는 풍습을 아뢨다. 새로 급제한 자들이 관에 배치되면 신래라고 지목하여 침학하고 욕보이는 등 못하는 짓이 없었다. 시궁창의 오물을 얼굴에 칠하고는 당향분이라고 이름하는가 하면 관과 의복을 찢고는 더러운 물속에 밀어 넣어 뒹굴게 함으로써 사람이 차마 못 볼 귀신 같은 형상을 만들어 몸을 상하게 하거나 병들게 하는 일이 비일비재하였다. 선조가 "이런 일은 참으로 말도 안 된다. 통절히 금하도록 해야겠다" 하였다.

그리고 전교하여 "이와 같이 풍속을 퇴폐케 하는 일은 예문에도 없고 또 중국에도 없는 일인데 상습화하여 당연시하고 고칠 줄을 모르니 이보다 무식한 일이 없다. 오늘 이후로 신관과 구관 간에 규검하는 일 이외에는 더럽히고 침학하며 희롱하는 일은 일체 통렬히 개혁하도록 하라. 혹시라도 구습을 그대로 답습하는 자가 있으면 적발하여 치죄하라" 하였다. 대단한 신고식이 존재하고 있었던 것이다. 어쨌든 이후 폐단이 조금 줄어들었다.

교리 이이가 두 번이나 영의정 이준경을 정면으로 반박하였다.

경연에서 이준경이 지난번에 승지가 임금을 면대한 것이 잘못이라 하자, 이이가 반박하였다.

"그 말은 옳지 않습니다. 다만 무슨 말을 했는지가 문제인 것입니다. 승지도 역시 경연관으로서 청대하여 일을 말하는 것이 바로 그들의 직분인 것이니, 준경이 한 말은 너무 고집스러운 말입니다. 지금 선정이 실현되지 않고 온갖 법도가 해이해진 상태인데, 만약 분연히 한 시대를 새롭게 할 법도를 마련하지 않고 다만 상례에 구애되어 옛것을 지키려고 한다면 어떻게 쌓인 폐단을 제거하고 큰일을 할 수 있겠습니까? 대신으로서 임금을 도의로 인도하지 못하고 근규에만 힘쓰도록 한다면 이는 자못 아랫사람들이 바라는 바가 아닙니다" 하였는데, 선조는 모두 답하지 않았다.

이이가 을사년의 위훈을 속히 고칠 것을 청했다. 이준경이 상을 모시고 있다가 말이 을사년의 일에 미치자, "위사할 당시 선사로서 더러 연좌되어 죽은 자가 있는데 그 상처가 아직 아물지 않았습니다" 하였다.

이이가 반박하여 아뢰기를 "대신의 발언이 어찌 이처럼 불분명하게 호도할 수 있겠습니까. 위사(衛社)는 곧 위훈(僞勳)이며, 그때 죄를 얻은 자는 모두 선사입니다. 인묘께서 승하하셨을 때 중종의 적자로는 다만 명종 한 분이었으니, 천명과 인심이 어찌 다른 사람에게 돌아가겠습니까. 그런데도 간흉들이 감히 하늘의 공을 탐내어 사림을 참벌함으로써 위공을 녹훈했는지라 신명과 사람이 함께 분개한 지 오래입니다. 이제 성상의 신정 벽두를 당하여 위훈을 삭제하고 명분을 바로잡음으로써 국시를 정하는 일을 늦추어서는 안 됩니다" 하였다.

이준경이 아뢰기를 "이 말이 옳기는 합니다. 그러나 선조의 일을 갑자기 고칠 수는 없습니다" 하였다.

이이가 아뢰기를 "그렇지 않습니다. 명종께서는 어린 나이로 즉위하셨기 때문에 간흉들의 속임수에 엄폐됨을 면하지 못했지만 지금은 하늘에 계신 신령께서도 그 간악함을 통조하셨을 것입니다. 아무리 선조의 일이라 해도 어찌 고치지 못할 이유가 있겠습니까" 하였다.

위훈이란 말은 거짓 공훈이란 말이다. 을사사화를 일으킨 윤원형 일당들이 자기들을 위사공신이라 하였다. 사직을 보호한 공신이란 뜻이다. 그러나 이미 을사사화가 잘못된 것으로 판명이 났으니 그것으로 공훈을 받은 것도 잘못된 것이었다. 그래서 위훈이라고 하는 것이다. 중종 때 기묘사화는 조광조가 반정공신 중에 공이 없는 사람들이 많이 참여 된 것을 바로잡으려고 하다가 역풍을 만나 일어난 것이었다. 이를 직접 경험한 이준경은 이미 20년이 지났고 공신이 된 자들은 천여 가족이나 되고 궁중 등 요로에 진출해 있으니 신중할 수밖에 없었다. 그러나 이이는 20년이나 억울하게 당한 사람들이 우선이고 잘못된 것을 알았으니 즉시 바로잡아야 한다는 것이었다.

백인걸이 이준경을 볼 적마다 이이에 대해 어질고 재주가 있어 크게 기용할 만한 인물이라고 칭찬하였었다. 그런데 이이가 임금 앞에서 이렇게 두 번씩이나 자기 말을 꺾어 버리자 자존심 강하고 체통을 중시하는 이준경은 불쾌하였다. 그래서 백인걸에게 이르기를 "그대가 말한 이이는 어쩌면 그리 말이 가벼운가?" 하였다.

이준경은 간신이 득세하는 시대에는 무게 있고 믿음직한 정승이었지만 개혁을 해야 하는 시기에는 노신으로 적격자가 아니라고 할 수 있다. 그래서 개혁을 하고자 하는 이이에게 무게만 지키고 현상만 잘 유지하려는 영의정 이준경이 마음에 맞을 수가 없었다.

이렇게 조정에서 활발한 활약을 하던 이이는 선조도 개혁에 뜻이 없고 노신들과도 뜻이 맞지 않아 고심하던 차에 외할머니의 별세로 사직하고 강릉으로 내려가 버렸다.

12월 29일 선조는 현령 박응순의 딸을 왕비로 맞았다. 박응순은 전례에 따라 영돈녕부사로 임명되었다. 박응순의 아우 박응남이 명망이 있어 요직에 있으면서 심의겸과 친밀하여 성사된 것이었다.

선조는 자신의 목소리를 내기 시작하지만, 신하들은 나라의 중요한 민생 문제는 생각도 하지 않고, 별로 중요하지도 않은 문소전 문제를 엄청나게 큰 문제로 생각하여 조정의 모든 신하들이 매달려 다투고, 그에 따라 편이 갈려 노당 소당이라는 말이 나올 정도가 되었다. 이황과 조식은 그 자신들의 명성과는 전혀 무관하게 추종자들에 의해 후일 분당의 정점이 되어 가고 있었다. 개혁을 해야 한다는 생각을 밖으로 표현하기 시작한 이이는 이준경과 부딪치고, 간원들의 함량미달의 부당한 간언과 더불어 선조도 벌써 힘들어하기 시작한다.

이순신은 벌써 25세이다. 무예 연마에 열중하고 있었을 것이다. 10월에 28세의 유성룡은 성절사 이후백의 서장관으로 명나라에 갔다. 중국에서도 문명을 떨쳤다 한다. 34세인 이이는 11월에 외할머니가 별세하여 강릉으로 내려갔다. 18세인 선조는 결혼을 했다.

05

이이의 활동이 두드러지다 :
선조 3년 (1570 경오년)

한번 잘못 정해지면 고치기는 매우 어렵다. 을사위훈을 삭제하려는 노력이 이이를 필두로 하여 줄기차게 이어지나 선조도 보통 고집이 아니다.

3월 유성룡은 견문을 넓히고 중국에서 돌아왔다. 부수찬이 되었다.

‖ 을사년 억울함의 신원과 위훈삭제를 요청하다 ‖

4월 금년의 기근은 근래에 없는 것으로 참담하다 하였다. 구황할 것을 명하고 직제학 이산해와 전한 윤근수를 구황 적간어사로 파견하였다. 원래 재변이 생기면 하늘이 노했다고 하면서 원통한 일들을 풀어 주자고 하는 것은 흔히 하는 일이었다. 그러나 이번에는 강도가 달랐다.

병조참판 백인걸이 상소하여, 을사년과 기유년에 적몰한 물건을 모두 돌려주도록 하고 사림으로서 이름이 죄적에 있는 자는 모두 직첩을 돌려주기를 청했다. 그러나 선조는 을사년과 기유년 등의 일은 지금 의논해야 할 일이 아니라고 하였다. 명종 때의 억울한 자들은 많이 해결해 주었다. 그러나 을사사화를 일으켜 역적으로 몰아 죽이고 그 가족을 노예로 삼고 그 재산을 적몰한 것은 해결되지 않았다. 역적을 소탕한 공로라고 공훈을 주고, 더하여 명종까지 삽혈하고 회맹한 것을 되돌리기가 쉬운 일은 아니다. 선조로서는 선왕의 명예가 걸린 것이었고, 또한 위훈으로 20년간을 잘 살아온 자들이 기득권을 잃게 되는 것을 그냥 좌시만 하지 않을 것도 문제였다.

백인걸의 상소가 있자, 중론이 을사년의 억울함을 풀어 주지 않아서 이런 가뭄이 있다고 하였다. 이에 영의정 이준경은 을사년의 일은 제외하고 정미년(양제역 벽서 사건)과 기유년(충주옥사)만 거론하고자 하였으나 삼사가 들고 일어나 을사년 이후 모든 억울함을 풀어 주고 이기, 정언각 등의 관작을 추탈할 것도 청했다. 그러나 허락하지 않았다. 계속 줄기차게 청했다. 선조는 "날마다 아뢰어도 나는 따를 뜻이 없다. 다만 경들이 고달플까 두려울 뿐이다" 하였다. 또 계속 아뢰니 선조는 "선조의 시비를 내 어찌 알겠는가" "왜 명종 때 아뢰지 않았느냐" 하였다. 계속 논하고, 계속 "감히 고칠 수 없다. 다시 논하지 말라" 하였다. 선조도 보통 고집이 아니었다.

7월 양사가 위훈의 삭훈까지 청했다. 강릉에서 돌아와 다시 홍문관 교리로 있던 이이가 주장하여 강도를 높인 것이다. 《동호문답》에서 언급한 것은 비공식이었는데 이번에 공개적으로 공식화한 것이다. 선조는 "당초에 삭훈을 청하는 일이 없다가 비로소 논하는 것은 무슨 마음인가. 윤허할 수 없다" 하였다.

그전에 퇴계 이황과 고봉 기대승이 더불어 말하기를 "선조에서 이미 정해 놓은 일을 고쳐 없앨 수는 없다" 하였기 때문에, 조정에서는 이이의 주장이 지나쳤다고 보는 의견이 많았지만, 이이는 이런 사람들의 의론을 배척하고 시종일관 흔들리지 않았다. 양사가 위훈을 삭훈해야 하는 이유를 13조목으로 요약하여 아뢰었다.

"을사년 일에 대해 성비에 매번 '소급해서 고칠 수 없다' 하시니 신들이 고치지 않으면 안 되는 이유를 성명을 위하여 다시 반복해 아뢰겠습니다.

명묘께서 어린 나이에 왕위를 계승하시어 당시의 일이 모두 간흉들의 손에서 이루어졌으니, 이것이 당연히 고쳐야 할 이유의 하나입니다. 올바른 사람을 사특하다 하고 충신을 역적으로 몰아 못된 심술을 마구 부렸으니 이것이 당연히 고쳐야 할 이유 중에 두 번째입니다. 자연히 그렇게 된 일을 가지고 스스로 공을 세웠다 하여 마침내 거짓 공훈을 기록하였으니, 이것이 당연히 고쳐야 할 이유의 세 번째입니다. 충량한 자들이 죽음을 당하여 지하에서 원한을 품게 하여 나라의 화기를 손상시켰으니 이것이 당연히 고쳐야 할 이유의 네 번째입니다. 간흉들이 화를 꾸며 진신들에게 독을 끼치고도 살아서는 부귀를 누렸고 죽어서도 훈작을 보존하고 있으니 이것이 당연히 고쳐야 할 이유의 다섯 번째입니다. 20년 이래로 신인이 다 함께 통분해하고 있는데 여태껏 신원을 하지 않았으니 이것이 당연히 고쳐야 할 이유의 여섯 번째입니다. 명묘께서 말년에 이르러 비로소 깨달았으나 갑자기 승하하여 다 신원하여 주지 못하였으므로 지하에서 안타깝게 여기실 것이니 선왕의 뜻을 받들어 일을 계승하는 일을 조금이라도 늦출 수 있겠습니까? 이것이 당연히 고쳐야 할 이유의 일곱 번째입니다. 대신·대간·승정원·홍문관·종척 및 서료와 초야의 선비에 이르기까지 이구 동성이니, 이것이 어찌 이미 죽어서 썩은 해골에 대해 은혜와 원한이 있어 그러는 것이겠습니까. 이것이 당연히 고쳐야 할 이유의 여덟 번째입니다. 공론은 곧 국가의 원기이므로 공론이 신장되지 못하면 위아래가 막혀 국사가 날로 그릇될 것이니 이것이 당연히 고쳐야 할 이유의 아홉 번째입니다. 형상은 임금이 세상을 면려시키는 큰 도구이므로 당사자가 죽었다 하여도 그에 대한 사용을 폐하여서는 안 되니,

이것이 당연히 고쳐야 할 이유의 열 번째입니다. 충량한 사람들이 신원되지 못하면 선한 자를 권면하지 못하고, 간흉들이 벌받지 않으면 악한 자가 징계될 수 없으니 이것이 당연히 고쳐야 할 이유의 열한 번째입니다. 선왕께서 신설하려던 뜻을 후세에 밝히지 않는다면 하늘에 계신 혼령이 '나의 후손이 나의 뜻을 잘 계승하였다'고 하겠습니까? 이것이 당연히 고쳐야 할 이유 중의 열두 번째입니다. 만약 일이 선조조에서 이루어진 것이어서 경솔히 고칠 수 없다고 하신다면 원흉 거활이 한 짓도 모두 선왕의 일이라 하시겠습니까. 이것이 당연히 고쳐야 할 이유의 열세 번째입니다" 하였다.

선조가 답하기를 "선조조에서 이루어진 일을 가지고 수십 년이 지난 지금에 와서 몇 달 동안 번거롭게 논계하니, 나의 편치 못한 마음이 오죽하겠는가. 아무리 생각하여 보아도 결코 따르지 못하겠다" 하였다.

종친 수백 명도 대궐에 나아가 아뢰었다. 홍문관이 을사사화가 무망한 사실을 12조목으로 아뢰고 또 《속무정보감》이 허위임을 14조목으로 아뢰었다.

8월 5일 대신들을 인견하여 직접 쓴 비망기를 보여주었는데, '을사년 일은 어찌 우리 선왕이 한 일이겠는가. 그러나 그 훈적은 선왕께서 삽혈하여 함께 맹세한 것이고 문정 대비가 종사를 위하여 정한 일이니, 내가 어찌 감히 고칠 도리가 있겠는가. 나는 보잘것없는 몸으로 외람되게 유교를 받들어 후사가 된 지 겨우 3년이 지났으므로 눈물 흔적이 아직도 남아 있는데 어찌 차마 고칠 수 있겠는가. 이것이 내가 결단코 따르지 못하는 까닭인 것이다' 하였다.

어떤 종친의 상소에, 궁중에 있는 자들이 자전(명종 비: 인순왕후)에게 '명종의 훈신들에게 원수를 갚으려 한다'고 참언을 하여, 자전을 동요시켰다고 하였다. 마치 윤허하지 않고 있는 것을 자전이 막아서 못하게 한 것처럼 말한 것이다. 이에 대해 선조가 매우 비분강개하며 자전은 현혹될 분이 아니라 하였다.

그러나 이때에 윤원형의 당류들로 원망을 품고 숨어 있는 자들이 많았고 또한 궁중에도 가족이 공신이 된 사람들이 많이 있었으므로, 자전에게 '명종의 명성을 해치려 하고 훈신들에게 원수를 갚으려 한다'는 참소와 읍소가 은밀하게 많았던 것은 사실이었다. 그러니 효심이 지극한 선조가 명종과 자전에게 누가 될 것을 염려하여 윤허하지 않고 버틴 것이었다. 한번 정한 훈적은 쉽게 바꿀 수 있는 것은 아니기도 하였다.

어떤 이가 심의겸에게 자전에게 은밀히 아뢰어 성사되도록 권했는데, 심의겸이 말하기를 "서리·액정 할 것 없이 원종공신에 참여 된 자가 1천여 명에 달하는데 서로 결탁하고 있으므로 필사적으로 공론을 저지할 것이다. 만약 거론했다가 이루지 못하면 도리어 해가 있을 것이니 그만두느니만 못하다" 하였다.

판서 송기수가 입시하여 을사인들이 억울하게 죽어간 정상을 극언하면서 눈물을 흘리자, 선조가 "경은 그때 조정에 없었던가?" 하니, 기수가 조정에 있었다고 하였다.

선조가 "그렇다면 경은 왜 한마디 말도 하지 않았는가?" 하니, 기수가 대답을 못하였다. 좌우에서 아뢰기를 "죽고 사는 것도 큰 문제입니다. 몸을 버리고 할 말을 다한다는 것이 쉬운 일이 아닙니다" 하였다.

선조가 "그렇다면 백인걸은 어찌하여 지금까지 끄떡없이 살아 있는 것인가?" 하자, 좌우 역시 대답을 못하였다.

송기수는 원통하게 죽은 송인수의 사촌동생인데 자신은 윤원형에게 아부하여 좋은 벼슬을 누려 온 자이다. 그의 자식들 송응형, 송응개도 출세해 좋은 관직에 있었다. 그 사실을 선조가 알고 있으므로 이런 말을 하여 부끄럽게 만든 것이다. 그러나 부끄러워할 사람들은 아니었다. 이러한 사람들을 극히 싫어하고 위훈삭제에 앞장선 이이가 이들로부터 공격을 받는 것은 시간문제일 뿐이다.

9월 대간들이 사직하고 나오지 않았다. 10월까지 계속되었다.

11월 선조가 마지못해 유관과 유인숙의 역명을 신원할 것을 명하였고 대간이 신원과 삭훈에 대하여 정계하였다. 발론한 뒤 7개월간 백사가 모두 직을 폐하고 합문에 엎드려 부르짖었으나, 끝내 삭훈을 이루지 못하였다.

이에 대해 이준경은 말하기를 "거사를 하려면 점진적으로 해야 되는데, 삭훈에 대한 논의는 너무 급했기 때문에 청을 이루지 못했다" 하였다. 이준경은 기묘사화 때 조광조 등이 삭훈을 주장하다가 거꾸로 공격당하여 죽은 사실을 직접 경험한 사람이기에 더욱 조심스럽게 점진적으로 할 것을 말해 왔었다.

그러나 이이는 이렇게 말하였다. '온 조정이 합문에서 부르짖었으나 허락을 얻지 못한 것은 그 까닭이 넷이 있다. 금상의 즉위 초에 비록 전왕의 잘못된 점을 당장 개혁할 수는 없다고 하더라도, 대신이 간흉의 죄와 선량한 사람의 원통함을 날마다 경연에서 개진하여 임금의 마음에 점차적으로 스며들게 하여, 임금으로 하여금 좋아하고 미워할 기준을 미리 마음에 정하도록 했어야 했다. 그런데 어물어물 토로하지 않고 지냈고, 그 문제가 발단된 뒤에는 오히려 경솔히 의론할 것이 아니라 하여, 임금이 선조의 일을 졸지에 고치기 어려워하도록 만든 것이 그 첫째의 이유다. 대신들이 모두 윤임의 일은 논할 것이 아니라 하여 윤임이 실지로 반역을 도모한 것같이 되어 버렸다. 그래서 윤임이 사실 반역하였다면 어찌 그 도당이 없었겠으며 윤임을 죽인 자를 어찌 공훈이 없다 할 수 있겠는가 하는 임금의 의심이 없을 수 없는 것이니, 이것이 둘째 이유다. 당초 아뢸 때 위훈을 삭제하자고 곧바로 청하지 못하여 말을 분명히 하지 못했고 또 간절한 정성도 부족하였다. 그래서 임금이, 대신들이 아랫사람들의 여론에 못 이겨 말하는 것이요, 그 본의는 아닌 것이라 짐작한 때문에 끝내 받아들이지 않았으니, 이것이 셋째 이유다. 위훈의 공신들이 태반은 나인의 족속이었다. 그래서 궁중에 뿌리가 깊이 박혀 있는데, 온갖 계략과 더불어 대비전에 울며 하소연하여 공론을 가리켜 도리어 선왕을 저버리는 것이라 하였다. 그러니 대비도 그 진위를 분변하지 못하게 되고, 주상도 일을 결단하기 어렵게 되었다. 이것이 그 넷째의 이유다' 하였다.

그때 이이가 홍문관 교리로서 삭훈 논의를 맨 먼저 써내어 강력히 주장하였다. 전후 41차에 걸쳐 차자를 올렸는데 모두 이이가 쓴 것이어서 공훈에 들어 있는 자들이 대부분 좋아하지 않았다.

신원 문제는 유관 유인숙에까지 혜택이 돌아왔으나 윤임은 제외되었고, 위훈 문제는 해결되지 않았다. 20여 년의 세월이 흘렀고 원종공신이라는 이름하에 혜택을 보고 있는 자가 아주 많으니 쉽지 않은 일이었다. 선조는 궁중과 신하들 사이에서 곤욕을 치렀고, 상심한 이이는 10월에 병을 핑계로 해주로 내려갔다. 해주에는 이이의 처가가 있었다.

12월 이황이 졸하였다. 향년 70세였다. 유언으로 장례에 국가의 비용을 쓰지 말라 하였으나 지켜지지 않았다. 선조의 특명으로 국비로 장례를 치렀다.

이해의 다른 일들은,

봄의 가뭄에 이어 여름에는 영남 13고을, 경기 일원이 폭풍우로 큰 피해를 입었다.

기대승이 이준경을 패려하고 거칠다고 상소했는데 선조가 좋아하지 않았다. 이에 기대승은 대신들에게 허물과 원망을 자초하였다고 하며 병을 핑계로 사직을 청했다. 선조가 조리하고 올라오라 하였다.

성균관 유생들이 김굉필, 정여창, 조광조, 이언적을 문묘에 종사하기를 청했다. 유희춘도 청했으나 윤허하지 않고, 그 대신 조광조의 시호를 문정으로, 이언적의 시호를 문원으로, 권벌은 충정으로 내렸다.

정공도감을 설치하였다. 이준경 등이 건의하여 공물을 바치는 데 있어서 방납의 극심한 폐단을 없애기 위해 설치한 것으로, 삼공이 주관하고 식견 있는 자를 실무자로 선임하기로 하였다. 그러나 폐단을 없애고 백성에게 이익을 주기 위하여 설치한 것인데, 선조의 뜻이 전례를 따르기에만 힘쓰고 대신들 역시 경장을 싫어해서 단지 문서로 필삭하며 감정만 하였으므로, 결국 아무 이익도 없었다.

26세의 이순신은 무예연마에 열심이었고, 29세의 유성룡은 본격적인 관직 생활로 중국에도 다녀왔고 사가독서도 하였으며, 이제 하급 관직의 백미인 이조좌랑이 되었고 경연에도 참석하게 되었다. 35세의 이이는 위훈삭제의 뜻을 이루지 못하고 실망하여 해주 처가로 내려갔는데 워낙 유명한 사람이라 배우려고 모여드는 사람들이 많았다.

06
파당은 간단한 데서 연유한다 :
선조 4년 (1571 신미년)

폐단은 없어지거나 고쳐질 기약이 없어 백성들의 삶은 나아지지 않는데 조정은 무사안일로만 흐르고 있다.

1월 이이는 해주에서 파주 율곡으로 돌아왔다. 선조가 이조정랑을 제수하였으나 부임하지 않았다. 이때 은퇴하여 해주 석담에 서원을 세우고 후진을 양성할 계획을 하고 있었다.

2월 유희춘을 전라감사, 김귀영을 병조판서, 오상을 호조판서에 제수하였다.

3월 이후백이 정시에서 장원하여 가선대부의 품계를 받았다.

5월 3일 《실록》을 봉안하러 갈 때 민폐가 없도록 하라는 유지가 있었다.
"《실록》을 가지고 내려갈 적에, 선왕의 보전을 봉안하는 일을 경건히 거행할 것이요, 조금이라도 소홀히 해서는 안 된다. 마침 지난해에 기근을 당하여 구렁에 뒹구는 백성들이 많으니 부득이한 일이 아니면 전례를 구실로 백성들에게 손상을 입혀서는 안 된다. 근자에 봉안사가 내려갈 때 감사뿐 아니라 병사와 수사까지 한곳에 모여 위로연을 베풀었다

한다. 태평한 때라도 이렇게 해서는 안 되는데 더구나 지금은 큰 흉년을 만난 후로 백성들의 기근이 극심하고 농사일이 한창 바쁜 데다가 해구의 걱정까지 있는 데이겠는가. 각 읍에서 봉영할 즈음에 외문에 결채하는 등의 일은 위를 공경하는 데 관계되는 것이므로 매몰하게 할 수 없지만, 여러 고을의 영인들을 모아 놓고 말 앞에서 놀이를 하는 것은 있거나 없거나 상관이 없는 것이니 그만두더라도 무슨 흠이 되겠는가. 또 주육을 많이 마련하고 근처의 성기를 불러 모아 크게 연회를 베푸는 등의 폐단은 일체 중지함으로써 굶주린 백성들에게 조금이나마 혜택을 입게 하라" 하였다.

백성을 걱정하여 폐단을 없애려는 어진 마음이 우러난 유지였다.

5월 15일 조식이 식료를 하사한 데 대해 감사의 장을 올렸다. 그 특유의 격하면서도 우국충정이 어린 글이었다. 그 대략에,

"삼가 살피건대, 전하의 국사는 이미 그릇되어 한 가닥이라도 손쓸 곳이 없어 여러 신료들과 백공들이 둘러서서 바라보기만 할 뿐 구하지를 못하고 있습니다. 이들은 이미 어떻게 할 방법이 없음을 알고 '어떻게 할까?' 하는 걱정을 하지 않은 지 오래되었습니다. 전하께서 보고도 모르셨다면 전하의 밝으심에 가리운 것이 있어서이고 알고도 생각을 하지 않으셨다면 이는 나라에 주인이 없는 셈입니다. 왕년에 신이 두 번이나 상소하여 '헤아릴 수 없는 위엄을 떨치지 않고는 수백 갈래로 흐트러진 형세를 바로잡을 수 없고 큰비를 내려 적셔 주지 않고서는 7년 가뭄의 시든 풀에 도움을 줄 수 없다'고 하였는데, 많은 세월이 지난 지금까지 전하께서 급히 은위를 내려 기강을 확립했다는 말을 듣지 못하였습니다. 위복이 당신에게 있는데도 이를 총람하지 못하고 오히려 신하들이 강하다는 분부를 내려 함부로 말을 하지 못하게 하니, 아랫사람들은 만사에 해

이되어 그저 방관만 하고 있을 뿐이어서 나라가 망할 지경에 이르렀습니다. 노신은 우로 같은 은혜에 감사할 뿐 전하의 미흡한 점을 보좌할 길이 없습니다. 이에 '군의(君義)' 두 글자를 올려 몸을 닦고 나라를 다스리는 근본으로 삼으시기를 바라니, 굽어 살피소서. 신 조식은 머리 조아려 죽음을 무릅쓰고서 사장을 올립니다" 하였다.

또 조식이 사직장을 올리면서 '구급'이란 두 글자로 국가의 상황이 위태로운 지경이며 병폐를 바로잡는 것이 시급함을 말하였다. 이것은 조식의 마지막 봉사였다.

5월 28일 72세의 영의정 이준경이 사직하였다. 여러 번 말렸으나 어쩔 수 없이 허락하였다. 권철이 영의정이 되고. 홍섬을 좌의정, 이탁을 우의정으로 하였다.

6월 17일 박순을 이조판서, 허엽을 이조참의로 하였다. 박순과 허엽은 서경덕의 제자로 동문수학하였다. 박순은 명망이 있었고 허엽은 경망스러웠다. 동문에 연장자인 허엽이 박순의 아래 자리에 있게 되자 자존심이 상해 억울해하였고 여기에서 둘의 사이가 벌어지게 되었다. 이것도 동과 서로 나뉘는 시초였다.

이산해를 대사간으로 하고, 파주에 있던 이이를 청주목사로 하였다.

백인걸은 벼슬을 그만두고 파주로 돌아갔다. 이 당시 백인걸·노수신·김난상·민기문이 을사사화 때 살아남은 선비들로서 명망이 높아 청요직을 차지하고 높은 지위에 있었다. 그리고 또 후학을 멸시하여 그 과격함을 혐오하는 점은 이준경과 뜻이 맞았다. 이 때문에 이들에게 명함을 들이밀고 문제를 야기하여 자신을 내세우려고 하는 잡다한 무리들이 셀 수 없이 많았다. 또한 구신으로 뜻을 얻지 못한 자들은 틈이 벌어지기만을 기다리고 있었다.

　이준경의 재종제인 이원경이 실직해 있었는데, 임금의 외삼촌인 정창서와 뜻이 맞아 기회를 엿보아 권력을 잡으려고 하였다. 그래서 박순, 이후백, 오건 등 10여 인을 공격하여 쫓아내려는 마음을 품었다. 먼저 이원경은 이준경의 말이라고 칭탁하고 박순 등의 과실을 말하고, 임금도 이들을 싫어한다고 하면서 백인걸을 부추겼다. 이에 백인걸이 탄핵할 생각을 가지고 노수신과 상의하니 노수신이 말렸다. 다른 여러 사람도 말렸다. 그런데 이 소문이 퍼져 '백인걸이 사람을 해치려 하는데 이준경이 이것을 주장한다'고 하였다. 이 소문을 듣고 자신을 믿어 주지 않고 심하게 의심한 것에 실망하여 백인걸이 사직하고 돌아간 것이다.

　백인걸이 은퇴한 뒤에 사람들이 이원경을 죄주고자 하여, "대신이 경연에서 그 연유를 자세히 아뢰고, 인하여 이원경을 쫓는 것이 의당하다" 하였다. 그러나 영의정 권철이 이준경에게 연루될 것을 염려하여 끝내 아뢰지 않았다.

　8월 18일 경연관 유도가 아뢰기를 "수군은 병영과 수영에서 쓸 홍록비를 마련하는 일이 매우 어려워서 정소하는 사람들이 대단히 많습니다. 소신이 올 때에 감사 유희춘을 만났는데 그도 '이러한 일로 나에게 정소하는 자가 많다. 대개 수군은 소복할 방법이 없는데 저 일 한 가지만 감한다면 그것이 어찌 범연한 일이겠는가. 도내 제주에는 장록비가 많이 생산되니 그곳으로 옮겨 정하면 얼마간의 혜택을 입게 될 것이다' 하였습니다" 하니,

　선조가 "제주는 바다 멀리 떨어진 섬인데, 전에 없던 일을 새로이 만들어 공물을 바치게 한다는 것은 온당치 못하다. 아뢴 내용은 해조에 문의하여 다시 의논하라" 하였다.

9월 풍수의 재해가 심해 부모의 질병을 제외하고 관리들의 말미를 금하였다.

10월 전라감사로 있던 유희춘을 불러올려 동지중추부사로 하였다. 기대승과 이이가 없는 경연에서 선조는 유희춘의 강독과 해석만을 따랐다.

경기도 일대에 호랑이가 성했다. 백액호가 공순릉 등지에 출몰하여 피해가 크므로 대대적으로 포획하게 하였다. 서도에서 큰 호랑이 두 마리를 잡고 광주에서 다섯 마리를 잡았다. 11월에 군사들의 민폐가 심하므로 호랑이 잡는 일을 파했다. 호랑이 잡기도 힘드니 불쌍한 백성들만 잡아 원성이 높았던 것이다.

선조는 형옥을 밝게 판단하여 매번 사람을 죽인 범인에 대하여도 그 사실을 깊이 있게 살폈다. 추관이나 형조의 의견에 대해 모두 명백하게 판별하고 주위에 흔들리지 않았으므로 사람들이 탄복하였다.

11월 25일 김귀영을 이조판서, 박응남을 대사헌으로 하였다. 박순은 우찬성이 되었다.

11월 29일 유희춘이 주강의 특진관으로서 수군의 문제점을 아뢨다.

"수군에서 가장 걱정스러운 일은 《대전》에는 '각포에 대맹선·중맹선·소맹선 약간씩을 둔다'고 쓰여 있지만, 을묘왜변 이후로는 판옥선·방배선·협선 등을 쓰고 있습니다. 그런데 군대도 없이 그대로 두고 있으면서도 배는 여전히 수대로 만들고 있습니다. 그러나 만든 지 3~4년 되면 썩어 못 쓰게 되므로 이로움은 없고 폐단만 있습니다.

각 포의 수군이 수영에 바치는 방물로서 홍소록비와 결궁장피 등은 큰 병폐입니다. 앞서 각 포의 영선에 수군을 차정하였는데 만호의 지공과 포중에서 쓰는 물건으로 백문석·구피·진국·진유·우력각·어교·궁현·인정목 등과 감사·수사·병사가 공장으로 쓰는 지가 등을 모두 바쳐야 하므로 감당하기 어려워 도피하고 있습니다" 하였다.

　백성들은 세금만 내고 필요한 물건들은 관에서 준비하면 좋을 텐데 모든 것을 백성들에게서 받아들이니 백성은 백성이 아니라 하인이고 머슴이고 노예다. 오직 부려먹고 착취하기 위해서 존재할 뿐이었다.

　임천에 임금의 태를 묻었다. 임금께서 처음 즉위하실 때, 선대의 전례에 따라 땅을 골라 태를 묻고자 하였다. 처음에 강원도 춘천 땅에 묻으려 하여, 산역을 거의 끝내고 정혈을 살펴보았더니 그곳은 옛날 무덤이었다. 그래서 다시 황해도 강음으로 옮기어 터를 닦으니 정혈 수십 보 밖에 작은 항아리가 묻혀 있는 것이 발견되어, 그곳도 옛날 무덤이 아닌가 의심하였다. 그러나 관찰사 구사맹이 "이것은 정혈에서 나온 것도 아니며, 단지 작은 항아리뿐이요 다른 것은 없으니 이것 때문에 대역을 폐할 수 없다" 하고, 의논하여 그곳에 태를 묻기로 결정하였다. 산역을 거의 마치게 되었는데, 조정에 이 소식이 알려져 헌부에서는 구사맹을 아뢰지 아니한 죄로 논핵하여 파면하고, 또 대신들이 더럽혀진 곳에다 묻을 수 없다 하여, 충청도 임천으로 옮겼던 것이다. 그때 백성들은 굶주리고 있었는데, 임금의 태를 묻는 일로 3도가 피해를 입었다. 한심한 일이었다.

　이해에는 다른 별일은 없었지만 나라의 지도층 대부분은 백성들에 대한 생각은 거의 없고 자신들만 호의호식하였다. 그리고 할 일이 없으니 조그만 일로도 편이 갈리고 있었다. 자연재해는 여전하였다. 11월에 일본 사신 접견도 있었다.

이순신은 27세였다. 둘째 아들 울이 태어났다. 30세의 유성룡은 능력이 인정되고 그만큼 승진도 빨랐다. 병조정랑이 되었다. 36세인 이이는 정월에 해주에서 파주로 돌아와 있다가 6월에 청주목사로 부임하였다. 선조는 20세의 성인이 되었고 개혁을 요하는 큰일이 아닌 일반적인 사안의 판단에는 그 능력을 발휘하고 있었다.

07
성군의 조짐은 바래기 시작하다 :
선조 5년 (1572 임신년)

이해부터는 선조의 피로감에 의한 해이함과 나태가 문제가 되고 인척의 문제도 부각되기 시작한다. 이준경이 유언으로 붕당을 거론하여 물의가 일고, 기대를 모았던 기대승은 갑자기 졸한다.

2월 8일 조식이 졸하였다. 벽에 크게 '경의' 두 글자를 써 두었다. 지리산 산천재에서 후학을 기르며 여생을 보내다 갔다.

이이의 조식에 대한 평은 이러하였다. '조식은 세상을 피하여 홀로 서서 뜻과 행실이 높고 깨끗하니, 진실로 일대의 일민(逸民: 산림처사)이다. 다만 그의 논저를 보면 학문에 실제로 체득한 주견이 없고 상소한 것을 보아도 역시 경세제민의 방책은 못 되었다. 이로 보아 비록 그가 세상에 나와 일을 했다 하더라도 능히 치도를 성취시켰으리라고는 보장할 수 없었다. 그러므로 문인들이 그를 추앙하여 도학군자라고까지 하는 것은 진실로 실상에 지나친 말이다. 그러나 근대의 처사라고 하는 이들로서 시종 절개를 보전하여 천길 벼랑 같은 기상을 가진 이는 조식에 비견할 만한 이가 얼마 없었다.'

이이의 평은 항상 그 장점과 함께 단점을 말한다. 스승의 단점을 말하니 불같은 성미의 그 제자들이 가만히 있을 리가 없었다. 정인홍 최영경 등이 이이를 싫어한 것은 이로 말미암은 것이었다.

3월 이이는 병으로 청주목사를 사임하고 파주로 돌아왔다. 이 무렵에 이이는 성혼과 사단칠정 및 인심도심 등 철학적 논의를 많이 주고받았다.

기대승이 종계변무의 일로 중국에 가게 되었었는데 황제가 죽었다는 소식에 중단하였다. 오랜만에 경연에 들어가 보고 말하기를 "성상의 자질이 전일과 전혀 달라져 다시는 좋은 정사를 할 가능성이 없으니, 이는 보좌하는 자의 죄이다" 하였다.

5월 1일 기대승이 아뢰기를 "신이 오랫동안 외지에 있었기 때문에 자세히 알지는 못합니다마는 전번에 조보를 보니 기강이 서지 않고 치적이 나타나지 않음을 탄식하셨는데, 그 뜻이 매우 훌륭합니다. 필부로서는 하고 싶은 일이 있어도 할 수 있는 힘이 없습니다만 인주는 다스릴 수 있는 지위와 권세를 가지고 있으니 진실로 하고자 한다면 어떤 일이든 못하겠습니까. 한갓 개탄만 하고 근본을 구하지 못하고서 치적을 이룬 것을 신은 보지 못하였습니다. 정자의 말에 '선정을 하는 길은 뜻을 세우는 것이 제일 먼저요, 소임을 책임 지우는 것과 어진 이를 구하는 것이 다음이다'라고 하였으니, 이는 실로 도리를 확실히 안 전현의 말입니다" 하였다.

선조는 "그 말은 좋은 말이다. 하지만 형세가 이미 기울어졌으니 하늘이 낸 뛰어난 재주가 아니고서는 어떻게 해 볼 수가 없다. 만일 뜻만 크고 재주가 없다면 한갓 소활할 뿐이다. 지금 대신의 지위에 있는 자가 어찌 현자가 아니겠는가마는 형세가 기울어진 데야 어찌하겠는가" 하였다.

기대승이 "상의 하교는 매우 미안합니다. 모든 일이 관습에 젖어 해이하게 되는 것을 상께서 모르셨다면 어쩔 수 없는 일이지만 아셨으니 고쳐서 바꾸는 것이 무엇이 어렵겠습니까. 만일 '내가 어떻게 할 수 있느냐'고 하신다면 조종에게 받으신 부탁을 어찌하시렵니까" 하였다. 이 후로 기대승은 하향할 결심을 굳혔다.

‖ 이준경이 유언으로 붕당을 걱정하다 ‖

7월 7일 이준경이 졸하였다. 74세였다. 그 시대의 명신이었다. 을묘왜변을 슬기롭게 대처해 적을 물리쳤고 명종 말년에 중심을 잘 지켜 선조의 등극을 원활하게 하였다. 그 시절 말로 하면 '사직을 보호한 신하', 즉 '위사공신'이었다.

임종할 때 충심에 의한 임금에게 올리는 글을 남겼는데 그중에 '붕당의 사론을 없애야 한다'는 말이 있어 크게 말썽을 빚었다. 선조가 크게 놀라 대신에게 "만약 붕당이 있다면 조정이 어지러워질 것이다" 하니, 대신이 그 의혹을 풀어 주었는데, 선조도 끝까지 따지지 않았다.

이것에 가장 큰 반응을 보인 사람은 파주에 있던 이이였다.

이이의 이준경에 대한 생각은 본래 이랬다. '이준경은 수상 자리에 있으면서도 임금을 도에 인도하지 못하고 널리 준걸들을 불러들이지도 못하고서 빳빳하게 자기만 잘난 체하여 사람을 받아들이는 도량이 없었다. 다만 근세의 규칙만 준수하려 하여 유자의 논의를 막아 버렸으니 구신(具臣: 자리만 차지하여 머릿수만 채우고 있는 신하)에도 미치지 못하는 것이다. 금상 초년에 사림이 그가 큰일을 해내기를 바랐으나 경세제민의 재주가 없고, 또 성품이 거만하여 선비에게 몸을 낮추지 아니하고, 또 옛 법을 고수하는 것으로만 임금을 인도하여 그럭저럭 꾸려 나갔으니, 정승으로서의 업적이 볼 것이 없어 사림이 부족하게 여겼다. 기대승이 더욱 신랄하게 비판하니 준경이 듣고 분하게 생각하여 마침내 사류와 화합하지 않았다' 하였다.

이렇게 이준경에 대한 생각이 부정적인데 마침 유언으로 붕당설을 제기한 것이다. 이이는 바로 그 붕당설을 강하게 비판하는 상소를 올렸다. 태평한 시절에 군자들이 모이는 것은 붕당이 아니라는 것과, 붕당의 조짐을 보았다면 그때 분명하게 아뢨어야 하는데 임종 시에 말을 꺼내 모든 군신들을 의심하게 만들었다는 것과, 이것으로 인하여 참소하는 자가 있어 상의 마음이 움직인다면 사림의 화가 우려된다는 내용이었다. 그러자 삼사와 예문관, 독서당까지도 다 상소하여 이준경을 공박하였다.

삼사 제신들이 논변한 것도 모두 이이의 상소와 같은 내용이었다. 대간 중에 이준경을 추죄하자는 사람이 있었는데, 수찬 유성룡이 말하기를 "그 말은 사실 옳지 않으나 그 잘못을 가려내면 그만이지, 죄를 청하기까지 하는 것은 대신을 대우하는 체모에 손상이 될 듯하다" 하니, 그 일을 중지하였다. 이준경이 누구를 지척하였든지 그것이 문제가 아니고, 태평성대에 붕당이 생기는 것은 피할 수 없는 것으로 이러한 붕당설이 나올 때가 되었던 것이다.

이때 노당·소당의 설이 사라지지 않았으므로 이준경은 그것이 장차 화근이 되지 않을까 우려했던 것이고, 또 기대승 등이 선배에게 붙지 않는 것을 미워한 나머지 이 유언을 한 것이었다. 노당, 소당은 뚜렷한 당파의 성질을 가진 것은 아니었으나, 노당은 주로 연로한 구신들을 말하고 소당은 기대승 심의겸이 주축이 되는 중진 이하 사람들을 지칭한 것으로 말 만들기를 좋아하는 사람들이 붙인 이름인 것이다. 어쨌든 이준경은 붕당 설을 말하여 조선시대의 고질이 되었던 당파를 예언한 셈이 되었다.

평안도 절도사 이대신 등이 군사를 거느리고 서해평 호인의 곡식을 베어 버리러 들어갔다가 패했다. 조정이 패전한 소식을 전해 듣고 주장 세 사람을 잡아다 국문하고 일을 성사시키지 못한 벌로 모두 삭탈관작하여 졸개로 강등시켰다.

이 당시 군령이 해이해져 상하가 서로 유기적으로 연계되지 못한 결과 작은 적을 치러 갔으면서도 군사들의 마음이 확고하지 못하여 일개 호인이 쏜 화살 하나에 놀라 패하였다고 하였다. 이미 최전방의 군대도 허수아비 같은 군대였다. 이 소식을 듣고 이이는 "굳센 대적을 만났으면 어찌될 것인가. 아! 위태롭다" 하였다.

9월 4일 유희춘이 "삼관과 훈련원에는 거관되지 못한 자가 많이 적체되어 있습니다. 성균관과 교서관의 권지는 10년이 되어서야 거관하며 혹은 7~8년이 지나서야 하기도 합니다. 훈련원에는 병진년에 급제하여 지금껏 거관하지 못하여 15~16년에 이르고, 혹은 17~18년이나 되기도 합니다" 하였다.

과거에 급제하고도 실력을 인정받지 못하거나 연줄이 없는 사람들은 관직에 나가는 것이 이렇게 힘들었다. 무과 출신들은 더욱 심했다.

9월 14일 하원군 이정은 선조의 형이다. 성격이 방종하고 흉포하여 못하는 짓이 없었다. 사헌부가 그 난행을 말하며 파직을 청하니 윤허하지 않았다. 양사가 계속 아뢰니, 선조의 말이 아주 걸작이었다. "하원군의 일은 모두 믿을 수도 없고 가령 그런 일이 있다 하더라도 유식한 문사들도 패망 무리한 사람이 많은데 종실에 대해서만 예법으로 모두 꾸짖을 수 없기 때문에 윤허하지 않는다" 하였다.

9월 28일 선조가 "신체와 발부는 부모에게 물려받는 것이니 감히 훼상하지 않는 것이 효의 시초라고 하였다. 우리나라의 크고 작은 사내아이들이 귀를 뚫고 귀고리를 달아 중국 사람에게 조소를 받으니 부끄러운 일이다. 이후로는 오랑캐의 풍속을 일체 고치도록 중외에 효유하라. 서울은 이달을 기한으로 하되 혹 꺼리어 따르지 않는 자는 헌부가 엄하게 벌을 주도록 할 것으로 승전을 받들라" 하였다. 그 옛날에도 이런 멋진 유행이 있었다.

9월 30일 공전도감을 혁파하였다. 좋은 기회를 날려 버렸다. 방납의 문제는 두고두고 백성들을 괴롭히는 것인데 불쌍한 백성들로서는 정말 속이 상할 일이었다. 뒤에 이이가 대신 한 사람과 담당 관원 한 사람을 두어 나는 곳과 나지 않는 곳을 파악하여 줄일 곳은 줄이고 옮길 곳은 옮겨 고르게 하자고 간곡히 청했으나 되지 않았다.

10월 23일 선조가 향약에 대하여 '해괴한 풍속'이라고 표현하였다. 유성룡 등이 이는 옛 성현을 불신한 것으로 다스리는 도리가 아니라는 것을 말하였다. 그리고 사헌부가 차자를 올려 왕의 병폐를 통렬하게 지적하였다.

'근년 이래로는 점점 처음과 달라져 나라를 다스리는 이념을 도모하는 데도 잡된 잘못이 끼이지 않을 때가 없으며, 서정을 다스리는 데도 병폐가 섞이지 않을 때가 없습니다. 국가 기강을 진작시켜야 하는데 더욱 해이해지기만 하고 풍속을 순후하게 해야 하는데 더욱 야박해지기만 합니다. 수탈에 시달린 백성들의 탄식하는 소리는 끊이지 않고, 자신을 검속할 줄 모르는 선비는 편협하고 사나운 습속만 조장하고, 귀척들은 횡포를 일삼고 호노들은 거침없이 방자하며, 내서의 재물은 사적 용도가 되어 갖가지로 유출되고 구차히 운영하면서 지내는 동안에 나태와 해이함은 날로 더해져서 국운이 기울어지고 있습니다.

자신의 재능을 뽐내고, 아는 것을 자랑하여 그것으로 우지를 결정하고 승부를 따진다면 이는 비천한 사람에 있어서도 크게 잘못된 학문인데 더구나 존귀한 제왕이야 말할 나위가 있겠습니까. 전하께서는 세상에 드문 자질로서 훌륭한 슬기만을 믿어 관건을 빠뜨리시고, 글 뜻만을 탐구하여 심신과 성명의 근본에는 소홀히 하시고, 박식과 변론에 힘쓰면서 독실히 실천하는 공부는 부족하게 하십니다. 때로는 문자 속에서 궁벽한 것을 찾아내어 강연에서 신하들을 시험하는데 여기서 성심이 만족되어 신하들을 업신여기며, 나아가서는 한 시대를 경멸하여 나만이 옳다는 병폐가 날로 굳어져서 성상의 생각이 날로 방종해졌습니다.

전하께서는 간언을 따르는 성의가 전과 같지 않고 사사로운 데 얽매여 공도가 어두워져서 탄핵이 종실 친척에 미치면 단호히 거절하고, 사장을 들어 논쟁하면 전연 못 들은 체하십니다. 그리하여 간언의 선악과 일의 시비를 막론하고 엄한 꾸중을 내리시며, 선철들이 밝게 가르친 좋은 법도를 해괴한 풍속으로 돌리시고, 세속을 교화하기 위해 간쟁하는 신하의 아름다운 뜻도 오활하다고 배척하시니, 신하들이 궁중에 드나드는 것은 고사를 응답하는 데에 불과하고 탄핵하는 것은 상소하는 상례를 따르는 것에서 벗어나지 못합니다' 하였다.

학문을 좋아하는 선조는 경연에 즐거이 참석하여 강론을 들었다. 그런데 경연에서 보면 대부분의 신하들의 실력이 별로 좋지 않았다. 명석한 선조의 마음에 드는 사람은 드물었다. 사실 그 신하들도 보통 사람에 비하면 우수한 사람들이었으니 선조의 머리가 아주 비상했음을 알 수 있다. 또한 이제 21세가 된 선조가 신하들의 실력이 자신보다도 못한 것을 알았으니 우습게 보고 무시하는 마음은 저절로 생겼을 것이다. 이제

자만심도 생기고 고집도 더 세질 것이다. 좋은 임금이 쉽게 나오는 것은 아닌 것이다. 헌부의 차자에 대하여 선조는 자책하는 답을 내렸다.

"차자를 보았다. 어찌 유념하지 않겠는가. 그러나 나는 본래 모자라는 사람으로서 덕도 없으니 하늘의 꾸중을 받는 것은 당연하다. 사람을 경멸하고 사물을 소홀히 한다는 데 대하여 그것이 비록 지나친 일이기는 하지만 예로부터 영특한 자질과 재주를 가진 사람만이 가능한 일이다. 나 같은 임금은 근래 병에 시달려 세상사에 뜻이 없는 데다가 타고난 바탕도 민첩하지 못하고 한 가지의 재주도 없으니 그런 일을 하려고 한들 능력도 없다. 나에게 영예하다고 하는 말은 한갓 뒷사람의 웃음거리가 될 뿐이다. 간하는 말을 받아들이는 것도 외람되이 국가를 담당한 자로서 뒷말이 귀찮다고 하여 모두 그들의 요구를 다 들어주어 임시로 목전의 시끄러움만을 면하게 할 수는 없다. 근년 이래로 용렬한 임금이 위에 있어 수많은 재변이 갈수록 심해져서 지난날 소인배들이 날뛰던 때와 같다. 변고가 까닭 없이 생기겠는가. 놀랍고 두려운 마음을 이루 다 말할 수 없다" 하였다.

신하들을 얕잡아 보는 것과는 별개로 6년째의 임금 노릇이 힘들기도 할 것이다. 어느 것 하나 쉬운 일이 없는 것이다.

허엽이 향약을 실시하자 하였으나 세속을 소란하게 할 것이라고 따르지 않았다.

11월 1일 명 사신을 맞이하였다. 한림원 검토 한세능과 급사중 진삼모가 사신으로 왔는데 황제의 등극 조서를 반포하기 위해서였다. 조사가 서울에 들어와 물품을 많이 요구하였는데, 문사가 물품을 요구한 것은 근래에 없던 일이었다. 예를 마치고 돌아갈 때 함께 따라온 자들이 연로에서 접대할 때 사용한 기물을 많이 가지고 가는데도 조사가 그것을 금하지 않았다.

11월 8일 기대승이 졸하였다. 아까운 인재가 갔다. 귀향 중 불기에 종기가 나 고부에서 일어나지 못하였다. 나이는 불과 46세였다.

선조가 기대승의 부고를 받아 보고 놀라며 슬퍼하였고, 사람들은 그 재주를 아까워하였다. 기대승이 비록 실용되는 재주는 아니었지만 영특한 기상이 출중하였다. 그는 조식과는 서로 싫어하였고, 이황과는 뜻이 맞았다. 그가 이황과 사단칠정의 같고 다른 것을 논쟁한 수천 마디는 논의가 활발하고 시원스러웠다.

사관은 '이 사람은 뜻이 높고 일에 과감하였으며 선악의 호오를 분명히 하였고 널리 배우되 옛것을 좋아했으며, 문장도 뛰어나서 가히 보배로운 그릇이요 세상에 드문 인재라 할 만하였다. 그러나 너무 강직하고 과대한 말을 쉽게 했고 기로들을 악평하여 구신과 대신들에게 큰 미움을 사서 훌륭한 기개를 펴지도 못하였는데 갑자기 죽을병이 든 것이다' 하였다.

11월 9일 특지로 이후백을 대사헌으로 삼았다. 지난해 정시에서 장원하였다.

11월 16일 주강에서 유희춘이 강론하였다. 유성룡도 참석하였다. 이 무렵 유성룡은 경연에 참석하여 명성을 떨치고 있었다.

선조의 마음에 드는 사람은 유희춘, 기대승과 이이 등 천재들뿐이었다. 유희춘은 60이 넘은 나이에도 기억력이 매우 좋아 모르는 것이 없었으며 어떤 대목을 말하면 즉석에서 줄줄 욀 정도였다. 그래서 경연에서는 약방의 감초 격이었다. 경연을 한 사람만으로 할 수는 없는 것이다.

기대승과 이이가 빠진 자리를 유성룡이 메웠다. 역시 천재인 유성룡은 강론하는 내용이 정밀하고 적절하였으며, 성격은 온건하고 부드러워 선조의 마음에 꼭 맞았다. 선조가 매우 기뻐하고 좋아하게 되었음은 물론이다. 경연의 강관 중에는 제일이라는 평도 났다.

11월 17일 이이를 응교로 불렀으나 오지 않았다. 이이를 사간으로 삼았으나 숙배하지 않았다. 잇따라 응교·전한·직제학에 제수하였으나 모두 취임하지 않았다. 이이는 스스로 학문이 깊지 못하여 벼슬할 수 없다고 생각하고 여러 차례 현요직을 사양하였는데, 진술할 때면 반드시 당우 삼대를 가지고 말하니, 상이 "이이는 본디 오활한 자이다" 하였다. 이이가 올라올 생각을 접었다. 달리 생각해보면 성군을 바라고 개혁을 바라는 자체가 실정과 거리가 먼 것일 것이다. 여기에 율곡 이이의 어려움이 있었다.

이해 가을에 무과 별시가 훈련원에서 있었다. 28세의 이순신이 그동안 열심히 갈고닦아 온 실력을 발휘할 때였다. 그러나 기사 시험 도중 말에서 떨어져 발이 부러져 버렸다. 보는 사람들은 깜짝 놀랐으나 이순신은 침착하게 일어나 버드나무 가지를 꺾어 다리를 묶으니 모두들 장하게 여겼다. 그러나 이미 시험에는 낙방하고 말았다. 부러진 다리보다 마음이 더 아팠을 것이다. 그러나 그는 좌절하지 않고 해 나갈 것이다.

31세인 유성룡은 동부승지인 부친 유중영과 함께 조정에 있으면서 명성에 날개를 달고 있었다. 37세의 이이는 파주에서 불러도 올라오지 않고 있었다.

08
성군을 만들려는 이이의 노력은 이어진다 :
선조 6년 (1573 계유년)

어진 이를 등용하려는 시도도 하고, 향약도 실시한다. 그러나 대부분 형식에 그치고 나아지는 것은 없다. 계속되는 부름에 올라온 이이는 다시 선조를 성군으로 만들고자 한다.

1월 3일 선조의 목소리가 좋지 않다고 약방제조가 문안하기를 청했다.

유희춘 등이 대간에 답하는 말에 격앙된 데가 많음을 지적하자 '곧은 말을 하는 성심을 알겠다. 유념하겠다'고 하였다. 제위 7년 차의 선조가 지치기도 했겠지만 특히 사헌부, 사간원의 간원들이 사사건건 간섭하는 것에 무척 싫고 화가 나 있었다. 어느 왕인들 싫어하지 않는 왕은 없었다. 그래도 선조는 순순히 유념하겠다고 하는 것이 다행이었다.

유성룡을 정언으로 하였는데 동료 간원들과 의견이 맞지 않았다. 특히 대사간 최옹과 서로 공박하였는데, 장령 신점 등이 유성룡을 체직하기를 청했다.

이에 유성룡이 사직을 요청하며 아뢰기를, "공론을 가리고 사정을 따르는 버릇이 중외에서 크게 퍼지고, 나라를 위하여 자신을 잊는 기풍이 조정에 나타나지 않으므로, 흑백이 전도되고 선악이 뒤섞입니다" 하였다. 맞는 말이었다. 그래서 유성룡을 정언에서 홍문관 수찬으로 하였다. 원만한 성격의 유성룡은 날카로움을 요구하는 사간원에는 맞지 않을 것이다.

선조도 그것을 잘 알기에 다시 홍문관으로 보냈다.

1월 25일 선조가 우의정 박순을 시켜 복상하게 하였다. 박순이 이탁과 노수신을 주의하니 노수신에 낙점하였다. 그래서 박순을 좌의정으로, 노수신을 우의정으로, 정유길을 이조판서로 하였다.

2월 5일 서쪽 변방을 정토하는 문제를 논의하였다. 유희춘이 극력 반대하였다. 유희춘이 북변에 오랫동안 귀양살이하여 실정을 잘 알기에 반대한 것이었다.

3월 17일 조강에서 유성룡이 아뢰기를, "지금 밭둑을 잇대어 많은 전지를 차지하고 있는 자는 대부분이 세력이 강하여 공부를 내지 않는 무리이고, 소민이 소유하고 있으면서 공부를 바치고 있는 전지는 매우 적습니다" 하였고,
　유희춘은 아뢰기를 "전결의 공부를 강한 세력을 믿고 바치지 않는 자는 세상에 드뭅니다마는, 가멸고 어질지 않은 자는 땅을 잇댄 이웃 전지를 겸병하려는 데에 뜻을 두고 침탈하여 억지로 사들이니, 이들이 바로 미워하여 다스려야 할 자입니다" 하였다.

4월 27일 해운판관 황윤길이 조군을 구제할 계책을 강구하였다. 충청도의 병선에 실을 세미를 호남의 창고에서 차차로 옮기고, 또 염세포·재상 수속·노비 공포를 쌀로 바꾼 것 등은 사선을 삯 내어 날라서 모자라는 것을 채우자고 한 것이다. 그 계책이 매우 좋아 삼공과 판부사 이탁에게 두루 알리니, 다들 좋겠다고 하였다. 황윤길이 글로 답하기를 '조정의 첨의를 얻어 조졸이 소생할 길을 얻는다면, 어찌 비직이 터럭만 한

책무를 조금 잘한 것일 뿐이겠는가. 실로 국가 백년의 이익이다' 하였다.

5월 4일 공의전(인종 비: 인성왕후)이 편찮으시어 유언을 했는데, 하나는 '예전에 우리 인종 대왕께서 장례를 치르는 일은 간소하게 하도록 힘써서 백성에게 폐단을 끼치지 말라고 유명하셨으니, 내가 죽은 뒤에도 장사를 간략히 하도록 힘써서 사치하여 백성의 힘을 거듭 지치게 하지 말도록 하라' 하였고, 다른 하나는 '우리 주상은 어린 나이로 잠저에 있을 때 양친을 일찍 잃어 몸이 이미 손상되었으므로, 이제 나의 상중에 주상은 졸곡까지 소선을 계속하지 말아야 하겠으니, 모름지기 종권하는 것이 좋겠다' 하였다. 유희춘이 《미암일기》에 기술하기를 '공의전의 고요하고 자상한 덕은 지극하다. 동궁에 일찍 짝하여 인종과 덕을 맞추어 공검하였고 초궁에 올라서는 진보를 저축하지 않고 늘 말하기를 「주기·보배는 마음을 어지럽히는 독이므로 인가에 저축하여 자손이 탐내어 다투는 화단을 열지 말아야 한다」 하였다. 이때에 이르러 병이 위중하였는데도 선언과 성의가 있으니, 감탄을 금할 수 없다' 하였다. 인종의 부인으로 성격과 인품이 합치한 어진 분이었다. 공의전은 다시 회복되었다.

6월 3일 삼공 이하가 학행이 두드러진 선비로 조목, 이지함, 정인홍, 최영경, 김천일을 추천하였다. 6품 벼슬을 내렸는데 대부분 벼슬에 임하지 않았다.

조목은 이황의 수제자로 이황의 정통을 지킨 사람이다.

이지함은 특이한 이인으로 호는 토정이고 《토정비결》을 쓴 사람으로 알려져 있다. 이산해의 숙부이다. 형 이지번의 병 때문에 입성하였다가 6품 벼슬에 제배되었다는 말을 듣고 귀를 씻고 곧 돌아갔다. 그러나 뒤에 포천현감과 아산현감을 지낸다.

정인홍은 합천 사람이다. 유년 시절부터 조식에게서 글을 배웠다. 조식은 항상 방울을 차고 다니며 주의를 환기시키고 칼끝을 턱 밑에 괴고 혼매한 정신을 일깨웠는데, 말년에 이르러 방울은 김우옹에게, 칼은 정인홍에게 넘겨주면서 이것으로 심법을 전한다고 하였다. 그러나 정인홍은 성질이 너무 거셌다. 그저 자신이 옳다고만 여겼다. 남들과 이야기할 때 조금이라도 자기의 뜻에 거슬리면 곧장 화를 내고 이기려 들었다. 그리고 비록 지친이나 친구 간이라도 생각이 다르면 금방 원수처럼 변했다. 더욱이 시비를 변론하고 공격하는 작문에 소질이 있어 사람들이 그의 잘못을 알았지만 강한 것이 무서워 대항하지 못하였다. 이이가 좋은 소문만 듣고 가깝게 하였는데, 그가 소인임을 몰랐다.

최영경은 깨끗한 선비로 이름이 났다. 뒤에 억울하게 죽는다. 최영경은 전에 조식을 좇아 배웠고 청렴개결하고 의를 중요시 여겼다. 부모에게 효성이 지극하더니 부모가 돌아가자 가산을 모두 기울여 장사 지내어 마침내 곤궁하게 되었다. 집을 성안에 두었으나 친구를 사귀지 아니하여 아는 사람이 없었으며, 마을 사람들이 모두 고집 있는 선비라 할 뿐이었다. 안민학이 처음 그를 찾아가 그가 말하는 것을 들어보고는 그가 범상한 사람이 아님을 깨닫고 성혼에게 말하기를 "우리 동네에 이상한 사람이 있는 것을 알지 못하다가 지금에야 서로 알게 되었으니 어찌 가 보지 않겠는가" 하여 성혼과 교류도 가졌다. 어떤 사람이 최영경의 처소에서 기대승의 상을 조위하는 말로 "사문이 불행하여 이 사람이 갑자기 죽었다" 하니, 영경은 불끈 낯빛을 변하고 말하기를 "기명언은 재학은 조금 있으나 큰 병통이 있었으니, 을사년의 뭇 간인을 공이 있다 하였고, 조남명은 조정을 요란하게 하였다 했으니, 이러한 편견을 가지고 만일 일을 했다면 반드시 정치에 해를 끼쳤을 터이니, 이 사람의 죽음이 사문에 불행될 것이 무언가?" 하였다. 최영경의 말은 과하기도 하고 고집스런 점이 있었다.

선조가 어느 날 경연에서 "나를 전대의 제왕과 비교해 볼 때 어느 군주와 비슷한가?" 하고 물었다. 요순과 같은 임금이라고 답하는 사람이 있었다. 그러나 김성일이 "요순이 될 수도 있고 걸주가 될 수도 있습니다" 하였다.

선조가 이르기를, "요순과 걸주가 그렇게도 비슷한가?" 하니,

김성일이 아뢰기를 "전하께서는 천품이 고명하시어 요순이 되시기에 어렵지 않습니다마는 스스로를 위대하게 여겨 간하는 말을 거부하시는 병통이 있으니, 이는 걸주가 멸망한 이유가 아닙니까" 하였다.

유성룡이 아뢰기를 "두 사람의 말이 다 옳습니다. 요순이라는 대답은 임금을 격려하는 말이고 걸주라는 말은 경계시키는 말입니다" 하였다.

선조가 숙연한 태도를 지었다. 김성일은 이렇게 강직한 사람이었다.

이이는 물러나 있어도 쉴 틈이 별로 없었다. 배우고자 찾아오는 사람들이 많았기 때문이다. 어떻든 후학 양성에도 힘을 쏟고 있었다. 친한 친구들과의 교류도 활발하였는데 특히 성혼과는 철학적인 논의가 많았다.

7월 신하들이 간청하여 이이를 직제학으로 다시 불렀다. 상소하여 사직을 청하나 허락하지 않자 입궐하여 사은하고 다시 세 차례나 상소하여 사직을 청하니 비로소 허락하였다. 삼사가 글을 올려 만류하기를 청하니 이번에는 선조가 윤허하지 않았다.

유몽학이 이이에게 말하기를 "물러갈 것을 청해서 물러가게 되었으니 유쾌한 일이라 할 수 있겠으나, 사람들마다 모두 물러갈 마음이 있으면 누가 국가를 위하여 일하겠는가" 하니,

이이가 웃으며 "만일 위로는 삼정승으로부터 아래로는 참봉에 이르기까지 모두가 물러갈 것을 생각하는 사람이라면 국가의 형세가 자연히 태

평하게 될 것이니, 국가를 부지하지 못함을 근심하지 말게" 하였다.

8월 심의겸을 대사헌으로 삼았다. 정언 정희적이 경연에서 아뢰기를 "특지를 외척에게 쓰는 것은 부당합니다" 하였다. 선조가 화난 목소리로 이르기를 "오직 그 사람이 어진가 아닌가에 달렸을 뿐이다. 외가 친척이라 해서 무슨 허물이 되겠는가" 하였다. 이에 집의 신응시가 아뢰기를 "정희적의 말이 공론이니, 전하께서는 지나치게 꺾어서는 안 됩니다" 하였다.

9월 26일 헌부가 공판의 폐단을 말하였다. 공판이란 각 관청 인원의 점심, 행사, 접대, 연회에 소용되는 것을 국가에서 지급하여 마련하는 것을 말한다. 국가에서 지급하다 보니 함부로 쓰는 것도 많고 또 갖가지로 담당 관원 또는 서리들이 훔쳐 먹는 것이 많았다. 그래서 국고가 고갈되고 또한 지공을 담당하는 노복들은 무리한 요구, 불필요한 장만 등으로 무척 힘들었다. 그래서 공판을 폐지하고 가공으로 해야 한다고 이이가 먼저 주장하였다. 10월에 삼공의 의논은 다 공판을 폐지해야 한다는 것이었는데, 영상이 의논드리기를 "먼저 호조를 시켜 가공의 절목을 상정한 뒤에 각 아문이 한꺼번에 거행하는 것이 마땅하겠습니다" 하였다. 12월에 사헌부의 말에 따라 각사에서는 일체 가공하라고 명하였다.

신하들의 끈질긴 요청으로 향약을 실시하기로 하였다. 선조는 스스로 알아서 하는 것이 좋겠다고 하였으나 신하들은 시키지 않으면 행할 리가 없으므로 명을 내려 시행해야 한다고 하였다. 이이는 향약을 실시하기는 어렵다는 부정적인 말과 함께 이제 명하였으니 임금이 몸소 솔선하여 행해야 한다고 하고, 김우옹은 향약을 오늘날에 행할 수 없다고 여긴다면 크게 일을 그르치는 것이 될 것이라며 임금이 모범을 보이고 독려해야 한다고 적극적인 말을 하였다.

9월 27일 예조가 향약을 시행하기 전에 미리 폐단을 없앨 것을 대신과 의논하라고 청했다.

"향약의 글은 본디 백성을 교화하고 풍속을 이룩하는 요체입니다마는 우리나라 사람의 생리·기습은 중국과 같지 않으니, 시행하려 한다면 반드시 번거로운 것을 없애고 간략하게 하여 토속에 맞춤으로써 구원한 규범으로 만들어야 할 것입니다. 대개 우리나라는 땅이 메마르고 백성이 가난하여 의식에 찌들리고 부역에 시달리는데 달마다 한 번씩 모이게 하면 견디기 어려운 형세이니, 여러 달 만에 한 번씩 모이게 해야 합니다. 과일·술·국수·밥을 베푸는 것은 가난한 자가 장만할 수 있는 것이 아니니 될수록 간략하게 술 한 잔이나 밥 한 그릇으로 하도록 힘써야 하겠습니다. 외방은 인가의 분포가 고르지 않은데 먼 마을 사람을 한곳에 모이게 하면 노고의 폐단이 없지 않을 것이니, 부근에서 서로 모이게 해야 합니다. 젊은이·어린이가 어른에게 세수(歲首)·동지·사맹월의 초하룻날에 모두 다 예견하게 하면 또한 번거로울 것이니, 세배의 예만을 두어야 할 듯합니다. 선행을 적는 적부는 본디 선행을 권장하는 데에 근본이 있으므로 빨리 시행하지 않을 수 없습니다. 그러나 악행을 적는 적부는 선유도 미안하게 여겨 시행하지 말게 하자고 한 말이 있는데, 이는 성인은 악을 숨기고 선을 드러낸다는 뜻에서 나온 것입니다. 향약 중에 허물이 있거나 약속을 어긴 자는 의당 징계하되 우선 적부에는 적지 말아서 공경히 오교를 편다는 뜻에 맞게 해야 하겠습니다. 또 약정·직월은 반드시 공정하고 선량한 사람을 얻어야 인심을 복종시킬 수 있고 폐단도 없을 것이니, 외방의 사인이 드문 곳에는 수령이 또한 약정의 직임을 겸하게 해야 하겠습니다. 신들이 들은 물정은 대개 이러합니다. 대신에게 명하여 회의하고 절충하여 시행하는 데에 폐단이 없게 하는 것이 어떠하겠습니까?"

이 내용으로 보면 시행하지 않는 것이 나을 것 같다. 선조의 생각도 옳다. 이것은 주민이 자치적으로 해야 할 것이지 강요할 성질의 것은 아니었다.

남전 여씨의 향약은 그 강령이 바르고 조목이 정연하다. 그러나 이것은 지식과 역량을 갖춘 사람들이 서로 규약을 정하여 예법을 행하는 것이지 무식한 백성에게 강제로 시행시킬 일이 아니었다. 그래서 주자도 실행하려 했다가 못한 것이다. 하물며 백성들은 도탄에 빠져 살아 갈 힘을 잃고 부모 자식이 서로 보전하지 못하고 형제와 처자가 흩어지는데, 이런 백성들을 결속시켜 유학자 같은 품행을 하도록 바란다는 것은 불가능한 일이다. 또한 약정, 직월 같은 책임자로 적당한 사람을 얻기도 어려우니 고을의 호족들이 백성들에게 폐만 끼칠 것이었다.

9월 28일 헌부가 군적의 일을 아뢰었다. 명종 때 만든 군적은 잘못되었다 하고 병들고 약한 자와 품 팔아먹는 자는 제외시키자 하였다. 각 향교의 정원 이외의 유생들에 대해서도 고려하자 하고 여외를 폐지하자고 하였다. 정몽주의 자손은 제외시키자는 말도 있었다.

젊은 선조가 여자를 총애함이 점점 성하였는데, 홍섬·박대립 등이 고시관이 되어 여색에 대한 문제를 시제로 하였다. 그 후에 홍섬 등이 입시하였을 때 임금이 조용히 이르기를, "전날 시제는 누가 냈는지 모르겠으나, 신하의 도리로 임금에게 간할 것이 있으면 간할 것이지 어찌 그렇게 자취를 남기게 한단 말이냐. 내가 유감스럽다" 하니, 박대립이 "시제는 신이 낸 것입니다. 신하가 간하는 데는 그 방법이 한 가지가 아니어서, 정당하게 간하는 방법과, 풍자로 간하는 방법과, 꾀로 간하는 방법이 있는데, 어느 것이나 임금을 사랑하는 데에서 나온 바 아님이 없습니다" 하였다. 선조는 "경의 말이 진실로 옳기는 하지만, 그래도 정당하게 간하는 것이 그중 옳을 것이다" 하였다.

이이를 다시 부르니 할 수 없이 부임하였다.

이이가 다시 나온 후 경연에 참석하여 "소신이 병으로 오래 물러가 있다가 오늘 옥음을 듣건대 매우 통리하지 않으시니, 무슨 까닭으로 그러하신지 모르겠습니다. 듣건대 전하께서는 여색을 경계하는 말을 즐겨 듣지 않으신다 하니, 성의가 어디에 있는지 모르겠습니다" 하였다.

선조가 "그대가 전에 올린 상소에도 이렇게 말하였으나 그런 것이 아니다. 사람의 말소리는 원래 같지 않은 것인즉 내 말소리가 본디 그러한데 무슨 의심할 것이 있겠는가?" 하였다.

이이가 아뢰기를 "전하의 초년에 신이 입시하였었는데 그때에는 옥음이 낭랑하여 이렇지 않았기 때문에 신이 감히 의심하였습니다" 하였다.

이이가 일을 아뢸 때에 너무 직설적이었으므로, 이때 선조의 안색이 자못 언짢아하며 이르기를 "그대는 무슨 까닭으로 오래 물러가 있는 채 오지 않았는가?" 하고 물었다.

이이가 아뢰기를 "신은 쇠약하고 병들어서 힘써 진달할 수가 없었습니다. 심질이 있는 데다 능력도 짧아서 여기에 있어도 도움을 줄 수가 없으므로 구차하게 녹을 먹는 것을 생각할 때마다 심질이 더쳤습니다. 이 때문에 어쩔 수 없이 물러가 있었으나 군신의 의리야 마음에 감히 잊었겠습니까" 하니,

선조가 "그대는 머물러서 나를 보좌해야 하겠으니 다시는 떠난다고 하지 말라" 하였다.

10월 이이가 경연에서 물러나오다가 김우옹에게 말하기를 "오늘날의 일은 임금의 마음을 돌리는 것만 어려운 것이 아니고 대신의 마음을 돌리기도 어렵네. 임금의 마음이 전날보다 조금 달라졌으니, 이때야말로 대소 관료들이 협력하여 정성껏 임금의 마음을 계발시킬 때인데, 높은 대신들이 한참 자고 있으니, 어떻게 할 수가 없네. 나랏일을 근심하는 자는 다만 박순 한 사람이 있을 뿐인데 그도 역시 역량이 부족하니, 오늘에 있어 가장 걱정되는 것은 나랏일을 같이 할 사람이 없는 것이네" 하였다.

그러면서도 선조를 훌륭한 임금으로 만들려고 하는 이이의 노력은 계속된다.

10월 12일 이이가 아뢰기를 "신은 전리에 엎드려 있었으므로 성학이 얼마나 성취되셨는지 모릅니다마는, 임금이 구중에 깊이 있으면서도 참다운 덕이 있으면 백성이 보고 느껴서 사방이 감동하는 법인데, 오늘날 백성이 초췌하고 풍속이 퇴패한 것이 이보다 심한 때가 없습니다. 신은 성학이 날로 밝아지기를 기대했었으나 끝내 보람을 보지 못하니, 적이 괴이하게 여깁니다. 성질(聖質)이 영명하시어 참으로 큰일을 하실 수 있는 자질이신데, 즉위하신 처음에 대신이 잘못 보도하여 번번이 천근한 규례를 끌어대어 선비들의 말을 물리치고 억눌렀기 때문에 오늘에 이르도록 잘 다스려지지 않는 것입니다" 하였다.

선조는 "내 성품이 불민하여 감히 큰일을 할 수가 없다" 하였다.

이이가 아뢰기를 "성질이 영명하지 못하신다면 신도 절망하겠으나 이제 성질이 영명하셔도 다스려지기를 바라는 큰 뜻을 분발하지 못하시니, 이것이 신이 알 수 없는 것입니다. 필부가 글을 읽고 몸소 행하는 것도 세상을 구제하고 백성을 편안하게 하는 데에 뜻이 있는데, 더구나 전하께서는 한 나라의 백성을 맡아서 다스릴 수 있는 권세를 가졌고 할 수 있는 자질을 타고나셨으니 어찌 강개히 스스로 분발할 뜻이 없겠습니까. 향약은 삼대의 법인데 전하께서 거행하라고 명하셨으니 참으로 근대에 없던 경사입니다. 그러나 모든 일에는 근본이 있고 말단이 있는 것입니다. 임금이 마음을 바로 하여 조정을 바루고 조정을 바루어 백관을 바루고 백관을 바루어 만민을 바루어야 하는 것인데 향약은 만민을 바루는 법입니다. 조정·백관이 바루어지지 않았는데 먼저 만민을 바루려 한다면 이는 근본을 버리고 말단을 다스리는 것이어서 일이 성취되지 않을 것입니다. 이제 이미 성전을 거행하였으니 중지할 수 없습니다. 전하께서 반드시 몸소 행하고 마음으로 체득하시어 조정에 시행함으로써 정령이 다 올바른 데에서 나오게 한 뒤에야 백성이 감동되어 흥기하게 될 것입니다" 하고,

또 "전하께서는 의리에 대하여 소견이 정밀하신데 어찌하여 이 마음을 나라를 다스리는 데에 옮기지 않으십니까. 요즈음 보건대, 천시·인사가 날로 점점 어그러져서 천변이 거듭 나타나도 예사로 여겨 두려워하지 않습니다. 기강이 풀리고 인심이 흩어져서 장차 나라를 다스릴 수 없게 될 것이니, 위에서 큰 뜻을 분발하여 퇴폐를 정돈하지 않으신다면 토붕와해의 형세가 얼마 안 가서 올 것입니다" 하였다.

선조가 "우리나라의 일은 참으로 하기 어렵다. 한 가지 폐단을 고치려 하면 한 가지 폐단이 또 생기어 폐단이 고쳐지기도 전에 도리어 그 폐해를 더하게 되니, 손발을 쓸 수 없다 하겠다" 하였다.

이이가 아뢰기를, "그러한 까닭이 있습니다. 기강이 서지 않아서 인심이 해이하고 벼슬에 사람을 가리지 않아서 구차하게 채운 자가 많으므로 먹고 지내는 것만을 알 뿐 나랏일은 생각하지 않습니다. 폐단을 고치라는 명이 한번 내려지면, 먼저 꺼리는 마음을 품고서 받들지 않을뿐더러

또 따라서 고의로 폐단이 생기게 하니, 이것이 공을 들여도 이루어지지 않는 이유인 것입니다. 위에서 먼저 성지를 정하여 반드시 다스려지기를 기필하여 호오·시비를 한결같이 천칙(天則)을 따라서 정연하여 어지럽지 않게 되면, 기강이 확립될 것입니다."

"오늘날 나라에 기강이 없어서 아무 일도 할 수가 없는데, 이대로 구습을 답습한다면 다시 기대할 것이 없게 됩니다. 반드시 위에서 큰 뜻을 분발하여 지난 잘못을 깊이 뉘우치고 인하여 대신과 백료를 신칙하여 일시에 진기시킴으로써 기강을 세워야, 나라를 다스릴 수 있게 될 것입니다. 기강은 법령·형벌로 억지로 확립시킬 수 없는 것으로 조정이 선을 좋아하고 악을 미워하는 것이 공정하게 되고 사정이 행해지지 않아야 기강이 서는 것인데, 지금은 공이 사를 이기지 못하고 정이 사를 이기지 못하니 기강이 무엇을 말미암아 서겠습니까.

신의 뜻도 갑자기 그 보람을 보려는 것이 아니라, 오늘 한 가지 일을 행하고 내일 한 가지 일을 행하여 점점 아름다운 지경으로 들어가게 하고자 한 것일 뿐입니다. 우리나라가 다스려지지 않은 지 오래되었습니다. 오직 세종대왕의 정치가 참으로 본받을 만한데, 그때에는 사람을 쓸 적에 상례에 얽매이지 않고 어진 사람에게 맡기고 재능 있는 사람을 부려서 각각 그 재기에 맞게 했으므로 어진 사람과 불초한 사람의 분수가 정해졌으니, 오늘날에도 반드시 사람을 가려서 벼슬을 주고 책임을 맡겨 성취를 요구해야 모든 공적이 빛날 수 있을 것입니다. 기묘년에 조광조가 중종의 지우를 받아 큰일을 할 큰 희망이 있었으나 연소한 사류로서 일을 점차적으로 하지 못하여 소요를 면하지 못하였으므로 소인이 틈을 타서 사람을 해쳤기 때문에 지금까지도 일을 맡은 자들이 기묘년의 일을 경계하고 있습니다. 기묘년의 사람들이 일을 점차적으로 하지 못한 것은 잘못이었으나 어찌 오늘날 전혀 일하지 않는 것보다야 낫지 않겠습니까.

위에서 참으로 정치에 뜻을 두고 정성을 기울여 아랫사람을 거느리신다면, 뭇 신하들이 감히 스스로 편리를 취하지 못하고 힘을 다하여 직무를 수행할 것입니다. 오늘날의 일은 공도를 넓히는 것보다 더 급한 것이 없으니, 반드시 위에서 털끝만 한 사사로운 뜻도 없으셔야 사람들을 감동시켜 분발하게 할 수 있는 것입니다. 근일 대간이 아뢴 것이 궁금·내수 등에 관계되는 일이면 위에서 반드시 굳게 물리치시므로 뭇 신하들이 전하께서 사의가 있는 것인가 의심합니다" 하였다.

10월 22일 이이를 동부승지, 이발을 예조좌랑, 윤선각을 전라도사에 제수하였다.

11월 이이와 김우옹이 군적의 정원을 줄여서라도 백성들이 힘을 펴게 하자고 하였다. 이때 군적사들이 실적만 좋게 하려고 액수 채우기에 급급하여 허위로 작성된 것이 많아서 백성들이 괴로워하고 고을들이 소란하였다. 군, 현에서 상소를 올려 교정해 달라고 요청하였으나 모두 거부하였다.

또 이이 등이 국가가 사천에 대해서만 입법이 치우쳐서 이미 모역을 따르게 하였는데 또 부역을 따르게 하기 때문에 그 폐단이 양민에 미쳐 모두 사가에 들어가게 되어 군정이 날로 줄어간다고 하였다.

선조가 "이 법은 참으로 온편하지 못하다. 대저 법전은 변동할 수 없는 것이지만 이런 법은 변통해야 할 듯하다" 하였다.

대부분의 신하들이 변통하는 것이 온편하다고 찬성을 하니, 곧바로 의논하라고 명하였다. 상이 또 부역을 따라야 하는가, 모역을 따라야 하는가를 하문하니, 사람들이 모두 모역을 따르게 하는 것이 온편하다고 하였다. 김우옹은 "부역을 따르게 하는 것이 의리에 당연한 것인데, 어찌 모역을 따르게 함으로써 사람의 도리를 어길 수 있겠습니까" 하니, 사람들이 모두 김우옹을 오활하다고 하였다.

11월 5일 이이가 아뢰기를 "근래 기강이 아주 무너져 명령이 행해지지 않아서 백성의 고통이 마치 물불 속에 있는 듯합니다. 예로부터 조정에 기강이 없으면 백성이 도탄에 빠지게 되고 따라서 무사한 국가가 없었습니다. 이제 반드시 어진 선비를 바삐 모아서 각각 품은 뜻을 아뢰게 하여 백성을 구제하는 데에 절실한 말을 채택하여 쓴다면 오히려 미치어 구제할 수 있겠지만, 혹 전철을 그대로 따라서 날로 비하되어 간다면 크게 어진 사람이 있더라도 어떻게 할 수가 없게 될 것입니다. 신처럼 어리석은 자에게는 본디 하문할 만한 것이 없겠으나 여러 날 입시하여도 한 번도 나라를 다스리는 도리를 자문하지 않으시니 신은 감히 전하께서 다스리려는 뜻을 가지셨는지를 알 수가 없습니다. 신하들은 이것을 답답하게 여깁니다" 하였고,

검토관 김성일이 아뢰기를 "진번이 '나라에 세 가지 빈 것이 있는데, 조정이 비고 창름이 비고 전야가 빈 것을 세 가지 빈 것이라 한다' 하였습니다. 지금 사람이 없다고는 할 수 없는데 나랏일을 담당할 만한 자가 한 사람도 없습니다. 국계·민생은 위에서도 이미 아시는 바이거니와, 이렇게 하면 10년이 못 가서 위망의 화가 닥칠 것입니다. 만약 전하께서 정심하여 본원을 닦지 않으신다면 한 나라의 인심을 어떻게 열복시킬 수 있겠습니까" 하였다.

이이가 다시 아뢰기를 "명령이 행해지지 않는 까닭도 오늘 밤에 헤아릴 수 있습니다. 군신 사이는 부자와 같아서 상하가 서로 믿어야 일이 성취되는 것인데, 이제 지척인 곳에 입시하여서도 위에서 오히려 품은 뜻을 터놓지 않으시어 정의가 이렇게 막히니, 더구나 천리 밖에 명령이

통할 수 있겠습니까" 하니

선조가 그제야 "내가 말하지 않는다는 것은 옳다. 그러면 무슨 말을 해야 하겠는가? 지금 말한 것은 다 내 한 몸에 책임을 돌리는 것인데, 스스로 돌이켜 보면 변변치 못하여 진실로 치도를 일으킬 수가 없다. 이 때문에 말하지 않는 것이다" 하였다.

이이가 아뢰기를 "지금 전하께서 여색에 빠지십니까, 음악 듣기를 좋아하십니까. 술 마시기를 즐기십니까, 말을 달려 사냥하기를 좋아하십니까? 다만 전하께 부족한 것은 잘 다스리기를 꾀하려는 뜻을 세우지 않는 것일 뿐입니다. 이것은 바로 학문에 실천하는 공부가 부족하기 때문이니, 진실로 큰일을 하려는 뜻을 세우신다면 다스리지 못할 것을 걱정할 것이 뭐 있겠습니까" 하니,

선조가 "지금 말한 것은 내가 감히 감당할 수 없다. 덕은 없어도 그런 잘못은 과연 없다. 예부터 임금은 재능과 덕이 있으므로 그 나라를 잘 다스렸으나, 나는 재능도 덕도 없는데 다스리기 어려운 시대를 만났기 때문에 일을 하기가 어렵다" 하였다.

이이가 아뢰기를 "임금의 덕이 반드시 요·순·탕·무와 같아야 다스릴 수 있다면 과연 어렵겠습니다. 그러나 이제 전하께서 이미 덕을 잃으신 것이 없으면 이로 말미암아 덕을 진취시킬 수 있고 덕이 진취되면 재능도 생길 것입니다. 만약 스스로 재능이 나라를 다스릴 만하지 못함을 아신다면 반드시 보다 어진 사람을 얻어서 맡기셔야 할 것입니다" 하니,

선조가 "예부터 새로 나라를 세운 임금은 그 행사를 살펴보면 덕을 잃은 일이 없지 않았는데도 오히려 소강을 이루었으나, 나라를 세운 지 오래되어 점점 쇠약해지면 어진 임금이 있어도 잘 다스리지 못하였다" 하였다.

이이가 아뢰기를 "그 뜻을 세우는 것이 어떠하냐에 달려 있는 것입니

다. 이제 전하께서 뜻을 세워 다스려지기를 도모하여 쌓여온 폐단을 고치신다면 어찌 다스림을 이룩할 수 없겠습니까. 신이 지극히 어리석기는 하나 젊어서부터 글을 읽어서 의리를 대강 아는데, 오늘 조정에 와서 벼슬하는 것은 따뜻이 입고 배불리 먹기 위한 것이 아닙니다. 신에게 나라에 유익한 것을 말하게 하신다면 정수리로부터 갈아서 발꿈치에 이르더라도 피하지 않을 것이지만 남들을 따라 녹을 먹기만 하는 것은 신이 아무리 염치가 없다 해도 결코 감당할 수 없습니다" 하였다.

선조가 "오늘날 폐단을 고치기는 지극히 어렵다" 하였고

이이는 "사람을 얻으면 폐단을 고치기가 어렵지 않지만 마땅한 사람을 얻지 못하면 일을 성취시키지 못할 것입니다" 하였다.

관원들의 피혐·휴고가 많다는 데에 말이 미치자 김성일이 아뢰기를 "지금 위로 삼공, 육경부터 모두들 직분을 제대로 수행하지 못하고 있습니다. 듣기로는 의정부의 좌기에도 중대한 일에 관계되는 것은 하나도 없고 예식만을 갖출 뿐이라 합니다. 대신이 이러하니 관원들이 직분을 다하지 못하는 것은 또한 당연한 일입니다" 하니

선조는 "그렇다. 내가 임금으로서 임금답지 못하니, 신하가 이러한 것이 당연하다" 하였다.

이이가 출신하지 못한 사람에게도 대간의 길을 허통시킬 것을 청했다. 선조가 대신에게 의견을 물으니 모두 옳다 하였다. 이탁이 누구보다도 강력히 주장하였다.

이이의 생각은 정성을 쌓아 임금을 훌륭히 만들고자 하는 것이었다. 성혼이 그에게 말하기를 "상의 마음을 돌이키기 어려우면 마땅히 빨리 인퇴하여야 한다. 상의 마음을 얻지 못하고 먼저 사업을 힘쓰면, 이는 한 자를 굽혀 한 길을 펴는 효과를 추구하는 패자의 일이지 유자의 일은 아니다" 하였다.

이이는 "이 말이 진정 옳긴 하다. 그러나 상의 마음을 어찌 갑자기 돌이킬 수 있겠는가. 마땅히 정성을 쌓아 감동하여 깨닫기를 기대해야 한다. 지금 얕은 정성을 가지고 몇 달 사이에 효과가 나타나기를 바라다가 뜻대로 되지 않으면 곧장 인퇴하려고 하는 것도 신하 된 도리가 아니다" 하였다.

11월 10일 김우옹이 아뢰기를 "전하께서는 선을 좋아하지 않는 것이 아니나 좋아하되 혹 깊지 못하고, 악을 미워하지 않는 것은 아니나 미워하되 혹 절실하지 못하십니다. 잘못이 있는 사람을 차마 종신토록 폐척하지 못하는 것은 참으로 임금의 도량이긴 하지만 간사하여 바르지 않은 사람이라면 깊이 미워하여 통렬히 끊어야 합니다. 고경명 같은 자는 권간에게 빌붙었었는데, 이러한 사람도 일체 용납하려 한다면 큰 잘못입니다" 하였다.

11월 28일 홍문관이 차자를 올렸는데 김우옹이 지은 것이었다.

첫째는 '정현조의 첩의 종 익랑은 분명히 정현조의 종인데 내수사가 입속을 용납하였고 위에서도 감쌌다'는 것이었다.

둘째는 '위에서 강경하게 한 뒤로 정사의 길이 자못 맑아졌는데 이번 도목에는 이비·병비가 청탁을 많이 따랐으므로 처음 입사하는 사람이 인망 밖에서 나온 경우가 많았고, 진보의 장수 중에는 뇌물을 주고 청탁을 하여서 얻은 자가 이따금 있으니, 계칙하여 통렬히 고치기를 청한다' 였다.

셋째는 '지금 군민이 고달프므로 각 고을의 양정의 부족 여부를 살펴서 남는 데는 부족한 데로 채우게 하고 여외를 폐지하여 정군을 채워서 유망한 자가 돌아와 모이게 하라'는 내용이었다. 저녁까지 등불을 밝히면서 교정하여 들였는데, 선조가 유념하겠다고 답하였다.

　병조의 정사가 사정을 따른 것이라 하여 차자를 올리고자 하는데, 어떤 사람이 '병조판서 강사상은 매우 청렴하고 정직하므로 경솔히 의논하여서는 안 된다'고 하였다. 그러나 모두들 '강 판서는 청렴하나 이제 수원 사람 김극하가 우상의 아우 노극신에게 뇌물을 주고 우상에게서 서간을 받아서 병조판서에게 보내어 권관이 되었는데, 김극하는 뇌물에 비해 직임은 하찮다는 것으로 유감을 품고 사람이 많은 곳에서 공언하였으니, 이것은 논하지 않을 수 없다고 하였다.

12월 2일 도승지가 천인인 지아비와 양인인 지어미가 낳은 자식이 양인이 되는 것은 온편하지 못하다는 뜻을 아뢰니, 상도 그렇게 하면 양천이 문란해질 것이라고 하였다. 제공이 다 아뢰고 나자 정승에게 물러가서 함께 의논한 다음 단자는 녹사를 시켜 바치게 하였는데,

　김귀영·이후백·유희춘·심의겸·박승임·이식의 의논은 대략, "자식이 아비를 놓아두고 어미를 따를 수는 없는 것이고 또 천인이 까닭 없이 양인이 될 수 없는 것인데, 만약 어미가 양인이라 하여 어미를 따라 양인이 되는 것을 허가한다면 인기가 문란해질 것입니다. 신들이 삼가 《대명률》을 살피건대 양천이 서로 혼인하는 것을 금하는 영이 있으니, 이를 시행하면 양족이 천족에 들어가는 길을 막을 수 있어서 양정이 점점 늘어나게 되고 따라서 군액에도 보탬이 있을 것입니다" 하였다. 선조가 알았다고 답하였다.

　양정을 늘리고 따라서 군액을 늘리고자 하면 천인을 줄여가고 양인을 늘려야 한다. 그러려면 부모 중 어느 한 사람이 양인이면 자식은 양인이 되도록 하거나, 적어도 아비가 양인이면 어미는 따지지 않고 자식을 양인으로 해야 될 일이었다. 그렇게 하지는 않고 결혼만 금지한다고 양인

이 늘어날 것인가. 이 문제에 있어서는 부의 신분을 따라야 한다는 김우옹의 생각이 절대적으로 옳았다. 모든 것을 부 중심으로 하는 사회에서 신분만은 모를 고려하도록 한 것은, 아버지가 자기 자식을 천하게 만드는 아주 비윤리적인 모순이었다. 조선 사회는 이 문제 하나만으로도 구제 불능이었다.

왜적들의 왕래가 있었다.
1월 23일 대마도에 양곡 주는 일로 나온 배의 대, 중, 소를 재는 문제가 있었다.

3월 14일 간원이 아뢰기를 "하동에 사는 백성 9명이 적왜에게 잡혀간 것을 숨기고 아뢰지 않았으니, 현감 이광준, 우후 정승복은 나추하고 수사 정걸은 먼저 파직한 뒤에 추고하도록 명하소서" 하니, 상이 그대로 따랐다. 이때 정걸이 경상우수사였던 것 같다.

4월 4일 전산전 사신의 요청을 들어줄 것을 말하였다. 부관은 귤강광이었다. 그 말에 "서울로 올라오는 길의 각 고을의 지공이 일정하지 않으니 돌아갈 때에는 수륙 두 길로 나누어 보내 달라" 하였다. 지역을 염탐하려는 의도가 엿보이는 말이었는데 아마 허락하지 않았을 것이다. 예조가 왜인에 대해 험포하는 일을 하지 말자고 청했다. 해사가 할 것이다.

6월 9일 금오도 수토장이 왜선과 싸웠다는 전라감사의 장계가 있었다.

7월 20일 일본국 소이전의 사신이 왔다.

이해의 다른 일들은,

4월 14일 《육서부록》 두 책을 홍문관에 내렸다. 유희춘의 미암일기에 '어필로 쓴 제목을 보니 방정하고 휘환하므로 경탄을 금치 못하여 곧 화원을 불러 설화지에 모사하게 하였다'고 하였다. 선조의 명필에 유희춘이 반한 장면이었다.

4월 21일 이황의 저서는 한마디 한 글자도 다 후세에 전할 만한 것인데 혹 흩어져 없어지기라도 하면 반드시 후회가 있을 것이니, 교서관을 시켜 인출하도록 예조 등에 전교하라는 명이 있었다.

4월 24일 "율학은 옥사를 결단하는 데에 쓰므로 조금만 본의를 잃어도 사람이 죽고 사는 것이 관계되는데, 근래 그 학술을 진습하는 자가 매우 적어서 의율할 즈음에 경중이 잘못되니 매우 온당하지 못하다. 그 중에서 학술에 능통한 자는 법전에 따라 동반 6품에 서용하도록 각별히 권장하라고 이조에 하유하라" 하였다.

4월 25일 문소전에 입번한 종친과 환관이 감히 쓸 만한 수박을 인정이 부족하다 하여 고의로 퇴짜를 놓아 찬선에서 빠지게까지 하였다. 종친 및 동참한 관원은 파직하고 환관과 아랫사람은 조옥에서 추고하라 하였다.

4월 26일 헌부가 "내관의 수가 《대전》의 규정보다 더하여 보솔이 매우 범람하니 한결같이 《대전》의 본액을 따르게 하소서. 지난번 내시부가 뻔뻔스레 이문하였으니 차지 내관을 추고하여 죄를 다스리소서" 하니,
　선조가 "이것은 결코 시행할 수 없다. 근일 헌부가 통하지 않는 의논

을 자주 제기하는 것은 형세를 짐작하여 상세히 생각하지 못한 데에서 나온 것으로, 사람들이 보기에 온당하지 못하다. 윤허하지 않는다" 하였다.

어쩔 수 없는 일 중의 하나다. 이제는 가장 지근거리에서 모시는 내시들의 행위에 익숙해질 때가 된 것이다.

9월 성균관에서 알성시를 보였는데 이발이 장원하였다. 김수도 뽑혔다.

유성룡은 8월에 부친상을 당하여 고향으로 내려갔다. 3년 동안은 보지 못할 것이다. 선조가 많이 아쉬워했을 것이다. 이이는 9월에 다시 올라왔다. 이번에는 선조를 기어이 변화시키기로 작정한 것 같다. 성혼과의 대화를 보면 시간에 억매이지 않고 끈질기게 노력할 생각이었다.

29세의 이순신은 아직 다리가 완전하지 않아 제대로 훈련은 하지 못했다. 그 대신 커가는 조카들 교육에 시간을 할애하고 있었다.
유성룡은 32세 이이는 38세 선조는 22세였다. 모두가 아직 한창 젊어서 열심히 일할 때였다. 그런데 상황은 자의든 타의든 마음대로 되지 않고 있었다.

09
이이, 나라를 위한 충심의 소를 올리다 :
선조 7년 (1574 갑술년)

해가 바뀌고도 이이의 국가와 백성을 위한 노력은 계속된다. 만언소를 올려 백성들을 기쁘게 하고, 황해감사로써 폐단을 바로잡고 백성들의 어려움을 해소하고자 한다. 그러나 현실은 마음대로 되지는 않는다.

‖ 이이, 만언소를 올리다 ‖

지난 연말에 흰 무지개가 해를 꿰뚫는 궤변이 있어 정전을 피하고 감선 철악을 명하였고 초하루의 망궐례와 문소전의 대제도 정지하였다. 그리고 좋은 의견을 구하는, 즉 구언하는 전지를 내렸다. 이는 재변에 대처하는 형식적인 절차였지만, 우부승지 이이는 자신의 견해를 선조에게 직접 전달하는 좋은 기회로 여겨 만여 언에 달하는 장문의 상소를 올렸다. '만언소'라 한다.

서두에 '정사는 시의를 아는 것이 귀하고 일은 실공을 힘쓰는 것이 중요하니, 정사를 하면서 시의를 모르고 일을 당하여 실공을 힘쓰지 않으면 비록 성군과 현신이 서로 만난다 하더라도 치적이 이루어지지 않을 것입니다' 하였다.

시의는 법을 시대에 따라 적절하게 변통하여 백성을 구제하는 것이다. 이에 대하여 요순시대 등 중국의 역사와 우리의 역사를 고증하였다.

그리고 지금의 법은 연산군 때 억지로 붙인 것이 많음을 거론하며 변통, 즉 개혁의 필요성을 강조하였다.

실공은 일을 하는 데 성의가 있고 헛된 말을 하지 않는다는 것이다. 즉 실천을 해야 한다는 말이다. 지금은 실공이 없어 좋은 정치의 성과를 얻지 못하는데 걱정되는 것이 일곱 가지가 있다 하였다. 그것은, '첫째 위와 아래가 서로 믿는 실상이 없는 것, 둘째 신하들이 일을 책임지려는 실상이 없는 것, 셋째 경연에서 성취되는 실상이 없는 것, 넷째 현명한 사람을 초치하여 거두어 쓰는 실상이 없는 것, 다섯째 재변을 당하여도 하늘의 뜻에 대응하는 실상이 없는 것, 여섯째 여러 가지 정책에 백성을 구제하는 실상이 없는 것, 일곱째 인심이 선을 지향하는 실상이 없는 것' 이었다. 이 걱정거리를 알고 임금이 분발하라는 요지였다.

이어 나라를 일으키고 유지하는 방안을 두 부분으로 하였는데 임금의 몸을 닦는 것과 백성을 편안하게 하는 것이었다.

몸을 닦는 것은 네 가지로, 첫째는 성상의 뜻을 분발하여 삼대(三代)의 흥성했던 시대로 되돌려 놓기를 기약하는 것이고, 둘째는 성학을 힘써 성의와 정심의 공부를 다하는 것이고, 셋째는 편벽된 사사로움을 버려 지극히 공정한 도량을 넓히는 것이고, 넷째는 어진 선비를 친근히 하여 깨우치고 보필해 주는 이익이 되도록 하는 것'이었다.

백성을 편안하게 하는 것은 다섯 가지인데 '첫째는 성심을 열어 뭇 신하들의 신임을 얻는 것이고, 둘째는 공안을 개혁하여 지나치게 거두어 들이는 폐해를 없애는 것이고, 셋째는 절약과 검소함을 숭상하여 사치스런 풍조를 개혁하는 것이고, 넷째는 선상의 제도를 바꾸어 공천의 고통을 덜어주는 것이고, 다섯째는 군정을 개혁하여 안팎의 방비를 굳건히 하는 것'이었다.

이이가 상소를 올린 주안점은 물론 백성을 편안하게 하려는 것이었다. 그중에서도 공안은 연산군 때 백성들을 착취하는 수단으로 과다하게 책정한 것인데 아직까지도 그대로이니, 오늘날 시급한 일로서 이보다 더 큰 일은 없다고 하였다. 그리고 군정에 대해서는 '하늘의 재변은 헤아리기 어려우니 사실 무슨 일 때문에 일어난 것인지 지적할 수가 없기는 합니다. 그러나 옛날 역사를 가지고 증험해보건대, 흰 무지개가 해를 꿰는 것은 대부분 전란의 상징이었습니다. 현재 군정은 무너지고 전 국경은 무방비 상태인데, 만약 급박한 일이라도 생긴다면 비록 장량·진평 같은 이가 지혜를 짜내고 오기·한신 같은 이가 군대를 통솔한다 하더라도 거느릴 병졸이 없는 상황에서 어떻게 홀로 싸울 수가 있겠습니까. 생각이 여기에 미치면 가슴이 떨리고 간담이 서늘해집니다' 하고, 그 폐단과 대책에 대해서 자세하게 논하였다.

마지막 말로 '전하께서 신의 계책을 채택하신다면 그 진행을 유능한 사람에게 맡겨 정성껏 그것을 시행하게 하고 확신을 갖고 지켜 나가게 하소서. 그리하여 보수적인 세속의 견해로 인하여 바뀌게 하지 말고, 올바른 것을 그르다 하며 남을 모함하는 말로 인하여 흔들리는 일이 없도록 해야 하겠습니다. 그렇게 하여 3년이 지나도록 나랏일이 여전히 부진하고 백성이 편안해지지 않으며 군대가 정예로워지지 않는다면, 신을 기망의 죄로 다스려 요망한 말을 하는 자의 경계가 되도록 하소서' 하였다.

이이의 혼을 담은 절실한 상소였다. 이때가 바로 개혁 경장 변통을 요하는 때라는 절박한 인식이 묻어난 글이었다. 특히 공안, 선상, 군정의 개혁은 백성들에게 직접적으로 큰 혜택을 줄 수 있는 것으로 아주 상세하고 구체적으로 기술하였는데 당면한 국가의 폐단과 대책으로는 더 이상의 것이 없었다.

이 상소에 대하여 선조는 "상소의 사연을 살펴보니 요순시대를 만들겠다는 뜻을 볼 수 있었다. 그 논의는 참으로 훌륭하여 아무리 옛사람이라도 그 이상 더할 수 없을 것이다. 이와 같은 신하가 있는데 나라가 다스려지지 않을까 어찌 걱정하겠는가. 그 충성이 매우 가상하니 감히 기록해 두고 경계로 삼지 않겠는가. 다만 일이 경장에 관계된 것이 많아 갑자기 전부 고칠 수는 없다" 하고, 소를 여러 대신에게 보여 의논하여 조처하게 하는 한편, 또 소를 등서하여 올리라고 명하였다.

이 상소에 대한 조정의 반응도 좋았다. 우의정 이탁이 매우 기뻐하였고, 남에게 뒤지지 않을 유희춘은 재질과 학식이 이 사람만 못한 것이 한스럽다고 하며 이이에 대하여 감격할 정도로 칭찬하였다. 김우옹도 동조하며 실행하는 것이 종사와 백성의 복이 될 것이라 하였다.

이러한 소문은 빨리 돌아 시중의 백성들도 기뻐하였고 이이에 대한 기대감은 더욱 높아졌다. 그러나 불운하게도 선조는 학문을 이해하고 판단하는 데 능하고 말은 잘하였지만 실행하고는 거리가 먼 임금이었다.

이 무렵 김우옹도 선조의 신임을 얻고 있었다. 김우옹은 조식의 수제자답게 학문도 정통하고 행동과 언어도 지극하여 경연에서 그 능력을 발휘하고 있었다. 선조가 '내가 너의 학문을 잘 알고 있으니, 네가 사우에게 들은 것과 자신이 공부한 것으로 잠계를 지어 오라'고 할 정도였다.

주강에서 김우옹이 아뢰기를 "어제 입시한 대신 및 근신 몇 사람에게 모두 자문하실 수 있었는데, 전하께서는 어찌하여 어느 일을 시행해야 하고 시행하려면 어떻게 해야 하는지 자세히 물어서 서로 강구하게 하여 분명히 안 뒤에 시행하지 않으셨습니까? 이이가 상소하자 상께서 가납하셔서 대신들에게 상의하도록 명하셨으니 이는 진실로 아름다운 일입니다. 그러나 어찌 직접 물어서 깊은 속을 다 털어놓게 하여 상께서 그 뜻을 환히 아신 뒤에 시행하시는 것만큼 아름다운 일이 있겠습니까. 입시할 때마다 단지 말로만 한바탕하여 끝내 실제로 쓴 것은 하나도 없었으니, 공언만 가지고는 아마도 민생을 구제하고 하늘에 응답하기에 부족할 것입니다" 하였다.

유희춘도 아뢰기를 "전하께서 전번에 이이의 상소를 가납하여 포장하셨고, 또 김우옹에게 분부하셨으니, 보고 들은 사람들이 누군들 탄복하지 않았겠습니까. 신의 생각에 오늘날의 큰 강령과 시급한 일은 이이의 상소에 이미 다 말했다고 여겨집니다. 이이는 시무를 아는 사람으로 소활한 서생들과는 다르니 진실로 채택하여 쓰셔야 합니다" 하였다.

선조의 답변은 이런 것들이었다. "나와 같은 사람도 또한 큰일을 할 수 있겠는가?" "나는 자질이 매우 거칠어 일을 하지 못할 듯하다" "누구나 자기 자신을 알지 못하는 법이다. 그대가 나를 보건대 선치를 할 수 있겠는가?"

이이, 유희춘, 김우옹이 이구동성으로 '전하께서는 자품이 고명하고 영명하시니 어찌 큰일을 하지 못하겠습니까' 하였다. 그러나 한번 마음에 없는데 쉽게 마음이 잡히지는 않을 것이다. 너무 어린 나이에 왕이 되었는데, 제위한 지도 벌써 8년이나 되었으니 피곤하기도 할 것이다. 실제로 이 무렵 23세인 선조는 건강도 별로 좋지 않았으니 의욕도 없었을 것이다.

선조가 이이에게 "한 문제가 어찌하여 가의를 쓰지 않았는가?" 하니,

이이가 아뢰기를 "한 문제가 비록 현명하기는 했지만 지취가 고매하지 못했기에 가의의 말을 듣고서 큰 의심이 나서 쓰지 않은 것입니다. 무릇 사람이란 큰 뜻이 있은 다음에야 큰일을 해낼 수 있습니다. 비유하자면 주인은 두어 칸의 작은 집을 지으려고 하는데 공사는 큰 집을 지으려고 한다면, 공사의 말을 들으려 하겠습니까" 하였다.

선조는 이이가 뜻은 크지만 실정에 맞지 않다는 것을 말하고 있고, 이이는 선조는 한 문제 같이 작은 그릇이 되지 말라는 말이었다. 그래도 이이와 유희춘 등은 계속 법을 변통하고 폐단을 바로잡는 경장, 즉 개혁

을 해야 된다고 멈추지 않고 기회 있을 때마다 강조하였다.

이이가, 먼저 백성을 구제하고 폐단을 개혁하는 행정을 거행한 다음에 향약을 시행하자 하니 유희춘도 동의하였다. 선조는 대신들과 의논하겠다고 하였다.

2월 7일 향약의 시행을 민생이 안정된 뒤에 하라고 전교하였다.

향약의 시행을 강력히 주장했던 허엽이 이이에게 반박하였다. 허엽은 이이에게 대죄해야 한다고까지 하였다. 이이는 그르다는 것을 모르므로 대죄하지 못하겠다 하였다. 허엽은 개탄해 마지않았고 둘 사이는 많이 틀어졌다.

이이는 사실 향약에 관심이 많았다. 존경하는 조광조가 실시하려던 것이었고 이황도 관심이 많았으니 이이가 관심을 갖는 것은 당연했다. 그래서 청주목사 시절에 시행하는 것을 검토했었다. 그런데 검토 결과 기존 폐단이 상존하고 백성들이 부역에 뼈가 빠지게 시달리는 상황인데 향약의 실시는 백성들에게 부담만 더해 준다는 결론을 얻은 것이다. 그래서 기존 폐단을 개혁하여 백성들이 안정된 다음에 실시하자는 것이 이이의 주장이었다. 이이는 '향약의 약정(約正: 회장) 직월(直月: 월 당번)은 맡을 만한 사람을 얻기 어려우니, 토호들이 향약을 핑계로 백성들에게 괴로움을 끼칠 것이 뻔하다. 이것을 누가 검제할 것인가. 만약 향약을 행하게 되면 백성들은 반드시 더욱 곤란하게 될 것이다. 허엽 같은 어둡고 허망한 선비는 한갓 옛것을 앙모할 줄만 알고, 시의를 헤아리지 못하며, 다스림의 도에 본말과 완급이 있는 것을 알지 못하고서 이에 향약으로 말속을 만회하여 태평을 이루려 하고 있으니 잘못된 생각이 아닌가' 하였다.

그래도 이왕 시작한 것이니 계속 추진하는 것이 좋지 않았을까. 물론 현실에 맞지 않고 부수적인 폐단이 있겠지만 지속적으로 개선해 가면 되지 않았을까. 어차피 많은 기존 폐단을 바로잡는 것도 어렵고, 또 세상이 이상사회가 될 때는 올 것 같지 않기 때문이다. 이이는 자신이 옳다고 생각하는 것에는 양보가 없었다. 이 점은 안타까운 것이었다.

3월 이이를 대사간으로 하였다. 이이가 자신은 소루하며 오류가 있고 연약하며 졸렬하다 하면서 체직을 청했으나 윤허하지 않았다. 이이는 간원의 자리에는 맞을 것 같지 않다. 홍문관에서 글로 견해를 밝히거나 간접적으로 진언하는 것은 좋겠지만 임금에게 직접 대놓고 간하는 것은 위험한 일이기 때문이다. 우려가 실제가 되었다.

선조가 특명으로 황랍(밀랍) 5백 근을 궁중으로 들이라 하였다. 양도 많았고 궁중에서 불사에 쓸 것이라는 말이 돌았다. 간원들이 가만히 있을 리가 없었다. 용처를 거론하고, 불사를 일으켜서는 안 된다 하였다. 몇 번의 간언에 선조도 화가 나서 답하기를 "옛적에 양 무제가 입이 써 꿀을 찾았으나 구득하지 못했거니와 오늘의 일이 이러하니 마음이 아픔을 견디지 못하겠다. 비록 지금 부처를 존숭한다는 말이 있은들 어찌 나를 손상하겠는가. 다만 그 의를 알지 못한다는 사실을 알겠고 또한 이로 인해 더욱 인심이 떠들기 좋아하고 야박함을 알 수 있어 한층 나의 유감을 일으킨다. 내가 이래서 이 세상에 무심하고 일을 할 생각을 끊게 되는 것이다" 하였다. 이런 생각지 않은 하교에 신하들이 놀랐다. 그렇지만 결국 선조가 후퇴하였다. 초를 만들려는 것이었다고 말하면서 모두 돌려보냈다. 그렇지만 앙금은 남았다.

황납 건은 불교 문제와 연관되어 대사간 이이로서는 물러설 수 없는 것이었고, 선조는 대비와 관련된 일로 어쩔 수 없는 힘든 문제였다.

이 일이 있은 후, 조정에 있기 싫어진 이이가 병을 핑계로 사직을 청하니, 선조도 대응하여 이르기를 "병세가 그렇다면 어찌할 수 없다. 은거하는 것이 제일이다. 고시에 '맑은 물에 귀 씻어 인간사 아니 듣고, 푸른 소나무 벗삼고 사슴과 한 무리라' 하였으니, 어찌 즐겁지 않겠는가" 하였다.

그리고 이이를 체직하고 이산해를 대사간으로 하였다.

조강에서 김우옹이 "황천이 백성을 위해 임금을 세우는 것은 천하가 임금 한 사람을 받들게 하려는 것이 아니라 오직 한 사람으로 하여금 천하를 다스리게 하려는 것입니다. 임금이 이러한 뜻을 알지 못하고 임금 자리만을 즐겁게 여기면 안일하고 향락할 생각이 생기어 위망의 화가 닥치는 것입니다" 하였다. 그리고 병을 핑계로 사직을 청했다. 선조가 잠을 올린 것을 치하하며 말렸으나 간절히 다시 청하니 고향에서 휴양하되 다만 오래 지체하지 말라 하였다.

6월 대사간 이산해 등이 지난날의 원통함을 풀어 줄 것을 대신들과 의논하길 청하고, 또 사헌부에서도 청했다. 선조는 답하기를 "이들은 별로 억울하게 된 것도 없고 실제로 기록할 만한 것도 없으므로 결코 할 수 없다" 하였다.

우상 노수신은 오래 폐기된 사람들을 쓸 것을 말하였다. 대부분 명종 때 윤원형이나 이양에게 붙어 못된 짓을 하다가 명종 말기에 쫓겨난 사람들이었다. 선조가 허락하였다. 이에 삼사가 들고 일어나 이들을 서용하지 말라고 연일 논하였다. 노수신이 어쩔 수 없이 물의를 빚은 것을 대죄하였다. 그러고도 여러 날 계속 논계한 뒤에야 선조가 마침내 윤허하였다.

노수신은 젊었을 때 이미 청명한 명성이 있었으므로 복귀한 이후로 이조판서를 거쳐 우의정이 되었다. 그런데 이조판서 때부터 사정을 쓰고 뇌물을 받아 사람들의 입에 올랐는데 이번의 일로 인하여 사람들이 더욱 크게 실망하였다.

7월 박순을 좌의정으로 하고 이이를 대사간으로 다시 불렀다. 이이가 해주에서 사장을 올리니 답하기를, "그대가 상소에 진달한 것을 살펴보건대 진실로 마음속에서 나온 말이어서 직에 나오기를 강청하기가 어렵기에 지금은 우선 체직을 윤허한다. 그대의 뜻 둔 바를 내가 평소에 알고 있는 바이다. 이번에 나오지 않는 것은 내가 선비들을 애호함이 지성스럽지 못한 때문이 아니라고 할 수가 없을 것이다. 그대는 마땅히 힘써 병을 조리했다가 앞날에 다시 부르거든 아프다고 사양하지 말라" 하였다.

‖ 이이, 황해감사가 되다 ‖

9월 이이를 황해감사로 명하니 외직은 근시와 다르고 또 감사는 백성들의 고통을 알아보고 조금이라도 없애 줄 수 있다고 여겨 부임하였다.

황해도의 상황은 실제로 부딪쳐 보니 보통 상황이 아니었다. 특히 공물의 진상과 군역으로 수자리 사는 것이 큰 문제였다.

공물의 진상은 과중한 것은 물론 그 마련을 위해 산으로 강으로 헤매느라 농사짓기도 어려웠고, 고을에서 생산되지 않는 것은 먼 곳으로 사러 다녀야 했다. 뼈골이 빠지는 일이었다.

황해도의 군역은 멀리 평안도 국경 압록강 연안을 지키는 수자리 임무가 주어져 있었다. 멀기도 하지만 진의 수령이나 장수들의 무자비한 착취에 더하여 평안도 군졸들의 텃새가 아주 심했다. 그래서 한 번 수자리 사는 데는 많은 전포가 필요했고 두 번 살면 패가망신할 정도고 세 번 살면 죽음을 면하기 어려울 정도였다. 그래서 견디지 못해 도망하면 친족에게, 이웃에게, 이웃의 이웃에게 연쇄적으로 책임을 지우니 사람 사는 동네가 되지 못했다. 이러한 문제는 비단 황해도만 그런 것이 아니라 조선 팔도가 다 비슷한 그 모양이었다. 그렇지만 황해도는 특히 더 심했다.

감사 이이는 이런 상황을 자세히 파악한 후 폐단을 조목조목 열거하고 대안을 제시하여 대책을 청하는 상소를 올렸다. 그 대략은,

"삼가 아룁니다. 외람되게 성상께서 돌보아 주는 은덕으로 한 도를 맡기시니 성상의 은혜에 감격하여 감히 굳이 사양하지 못하였습니다. 명을 받은 이래로 먹어도 맛이 달지 않고 잠을 자도 자리가 편하지 않으며 백성을 편안하게 어루만져서 조그마한 효과라도 나타낼 도리만 생각하였지만 민폐가 이미 깊어서 한 가지 약으로는 고치기 어렵게 되었습니다. 대개 신이 스스로 할 수 있는 한도에서는 폐정을 거의 다 제거하였지만 백성의 괴로움을 백분의 일도 구제하지 못하고 있습니다. 이에 이 도의 폐단을 대강 진술하니, 조정의 처분이 있기를 바람과 동시에 한번 전하께서 열람하시기를 바랍니다. 도내 백성의 병폐에는 큰 것이 둘이 있으니, 그 하나는 먼 서쪽 변방에 가서 수자리 사는 괴로움이며, 그 둘째는 진상이 번거롭고 무거운 폐단입니다.

이른바 '먼 서쪽 변방에 가서 수자리한다'는 것은 이런 뜻입니다. 본도의 군졸이 국초에는 연해의 각 진에만 머물러 방비하였는데, 그 후에는 서쪽으로 나누어 보내어 평안도에서 수자리하게 되었습니다. 이것이 어느 때부터 시작된 것인지 알지 못하겠습니다. 을묘왜란 이후로는 서쪽 수자리의 역을 없애고 본도 방어를 힘쓰는 데만 충실하게 하더니, 4

년이 지난 기미년에 평안도의 감사와 병사가 함께 의논하여 계청함으로써, 별시위, 갑사, 기병 등 2천 명을 10월 1일부터 다음 해 2월 말일까지 둘로 나누어 보내 교대로 서쪽 변방에서 수자리하게 하고, 그다음 해에는 또 2천 명을 전에 수자리에 나아간 예에 따라 합니다. 4천 명으로써 한 해 걸러 먼 곳에서 수자리하는 것은 혼자만 수고한다는 불평이 있으므로 별시위, 정로위, 갑사, 기병 등을 모두 계산하여 윤번으로 복역하게 하여 1년은 상번하고 1년은 휴식하며 또 1년은 부방하고 또 1년은 휴식하여 혼자만 수자리 사는 괴로움을 구제하고자 하였으나, 당번의 차례도 드물게 닥쳐오는 자도 있고, 자주 닥쳐오는 자도 있어 괴로움과 편안함이 같지 아니하고, 정로위와 기병은 상번이었던 자가 다음 해에 부방을 하게 되는 자가 많으니, 원망하고 괴로워하는 형상이 도리어 전보다 심합니다. 그리고 처음에 구현에서 섬호하고 다시 영변에서 점호하는데 점호할 때마다 반드시 비용을 쓰게 하고, 또 나누어 방비하러 갈 때는 간사한 관리가 틈을 타서 뇌물을 토색했는데 그 많고 적음에 따라 부임하는 곳의 멀고 가까움을 정합니다. 게다가 진의 장수는 착취가 심하고 그 지역의 병졸들도 업신여기고 난폭하게 합니다. 그리하여 부방한 지 얼마 되지 아니하여 전대는 텅 비어 버리고, 적은 일이라도 시키는 일이 있으면 반드시 다른 사람을 고용해서 대행하게 하느라 옷을 전당에 잡히고 말을 팔아서 거의 벌거숭이가 되어 버리며, 배가 고프고 지쳐서 병이 들고 사람의 모양 같지 않게 됩니다. 이렇게 해 가지고 말 탄 적군을 만난다면 달음질쳐 도망조차 못할 형편인데, 하물며 어찌 적을 막고 방어하기를 바랄 수 있겠습니까. 이러므로 서쪽 사람들은 이 군대를 황군이라 하여 뭇 개미들이 노린내 나는 고기 한 덩이를 물어뜯듯이 하고 황군으로서 수자리에 가는 자는 함정에 몸을 던지는 것과 같고, 한 번 수자리 역을 겪고 난 후에는 그 집을 보전하는 자가 열 집 중 예닐곱이고, 두 번 갔다가 패가하지 않는 자는 열 집 중 서넛이고, 세 번 갔다가 죽음을 면하는 자는 열 집 중 한둘입니다. 그러므로 수비시킬 사람을 보낼 때마다 갑사를 더 시험하고 한정을 긁어 모으며 나이 따라 병적에 올리게 되는데, 민간의 소요는 늘 적이 침입하여 군사를 뽑아 보내는 때와 같습니다. 한계가 있는 양민으로서 무한의 부족 수를 채우려는 것이니, 그것이 계속할 수 있는 방도가 아님은 어린아이라도 알 수 있는 일입니다. 신이 밤낮으로 깊이 생각하여 한 계책을 얻었습니다. 병사는 정강을 힘쓸 것이며 많은 것을 힘쓸 것이 아니니, 대개 2천의 병사를 한갓 변경의 고깃덩이로 만들어 두는 것은 1천 정예로 선발하여 적의 침입을 방어하는 임무를 맡게 하는 것만 같지 못할 것입니다. 지금 만일 기병을 뽑지 말고 다만 도내의 서쪽 경계에 가까운 군읍의 별시위, 갑사 3천 명을 세 번으로 나누어 항구적으로 부방하도록 정해서 2년 휴식하고 1년 부방하게 하고, 매년 2번으로 나누어 1번에 500명으로 하되, 그 거리의 원근을 참작해 나누어 방비하는 장소를 정합니다. 강계를 지키는 사람은 영구히 강계로만 정하고 이산을 지키는 사람은 영구히 이산으로만 정하며, 다른 진도 또한 그렇게 하여 임의로 바꾸어 정하지 못하게 합니다. 또 조금씩 쪼개서 여러 진에 흩어 두게 하지 말고, 다만 긴요히 방비해야 할 요해처에만 충분한 병력의 수를 나눠 더 보낼 것이며, 변장에게 엄중히 명하여 침탈하는 폐단을 영원히 없애야 합니다. 또 기병 1천 호를 그 번서는 역을 면제하고, 매년 호와 보를 물론하고 각기 면포 3필을 내게 하되 사졸들에게는 면포 두 필을 내게 하여 군영 창고에 거둬 넣었다가, 수자리하는 병사가 서쪽으로 갈 때마다 나눠 주어 보내되, 갑사와 같이 보가 많은 자는 적게 주고 별시위까지 보가 없는 자는 많이 주어 수자리하는 비용으로 삼게 해야 합니다. 또 구현과 영변 두 곳의 점고를 폐지하고 다만 본 읍의 수령으로 하여금 임시 검열하여 영리에게 맡겨 주게 하며, 또 수자리하는 병사 중에서 근면 성실하고 글을 아는 자를 골라 도장으로 차임하여 곧장 방비할 곳으로 바로 보내소서. 방비에 빠지는 자는 중한 형률로 다스리되 으레 방비하는 지역에서 군사를 충원하도록 하고, 도장과 영리의 죄도 다스려야 합니다. 상번하는 군사의 경우는 별시위, 갑사, 기병으로 서울 가까운 군·읍에 사는 자를 적당히 참작하여 상번으로 영구히 정하되, 6삭 군사는 1년 상번하고 2년 휴식하고, 2삭 군사는 1년 상번하고 1년 휴식하게 하며, 또 별시위와 갑사 등 연해의 군·읍에 있는 자를 적당히 참작하여 머물러 방비하는 군사로 영구히 정하되 또한 1년 걸러 휴식하게 하며, 정로위의 경우는 본래 숙위를 위해서 신설한 것이므로 녹도 없고 보도 없어 변경에 나아가 수자리해서는 안 되니 모두 상번으로 영구히 정하되 또한 1년 걸러 휴식하게 해야 합니다. 대개 이와 같이 하면, 임시로 자주 고치는 폐단이 없어져서 백성들의 마음이 그로 인해 안정되어 힘을 저축하고 정예병을 양성하는 효과가 있게 되며, 사기도 씩씩해져서 숙위도 허술하지 않고 방비도 소홀하지 않을 것이니, 공사가 모두 편하게 될 것입니다.

　이른바 '진상이 번거롭고 무겁다'는 것은 이런 뜻입니다. 본도의 진상이 어떤 다른 도보다 더욱 무겁습니다. 우리나라 모든 도에서 토지의 넓이로 보나 물력의 성대함을 보아, 하삼도와 같은 도가 없는데, 진상하는 물품은 도리어 이 도만도 못하니, 당초에 나눠 정한 본의를 신은 참으로 알지 못하겠습니다. 한 도의 쇠잔한 백성들이 산으로 사냥하러 가고 물로 고기 잡으러 가므로 날마다 틈이 없어 밭이 묵어도 풀을 매지 못하고 집이 부서져도 수리하지 못하며, 떠돌며 정착해 살지 못하고 그 지역에서 생산되지 않는 물건 같은 것을 모아서 멀리 다른 지역으로 사러 가니, 수고로움은 열 갑절이나 됩니다. 심지어 아장(사향노루)과 보장(甫獐) 따위의 봉진은 노루를 몇백 마리를 잡더라도 아장과 보장이 아니면 잡기를 그칠 수 없으니, 그 괴로움이란 너무 심합니다. 어리석은 신이 곰곰이 생각건대, 아장과 보장을 약용으로 진상하는 것이라면, 마땅히 의사에 바쳐야 할 것이지, 사옹원에 바쳐서는 안 됩니다. 그리고 노루는 한 가지인데 반드시 아장과 보장만을 구한다는 것은 신은 진실로 그 까닭을 알지 못하겠습니다. 또 사슴의 꼬리와 혀는 본래 좋은 맛도 아니어서 전하께 바치는 물건으로서는 합당하지 않고 도내의 군읍에 사슴이 많지 아니하여 모두 베나 재화를 가지고 서울로 가서 사게 되는데, 대부분 귀족들 집안에서 사게 되고 그 값이 엄청나게 비싸며 가끔 한 번 진상했던 물건이 돌고 돌아 다시 바치는 수도 있으니, 이것은 백성의 피땀을 착취하여 귀족들이 이익을 추구하는 바탕을 만들어 줄 뿐입니다. 생각하면 기가 막힙니다. 그리고 본도는 서울과의 거리가 수일 걸리는 노정인데, 따뜻한 때도 생물을 진상합니다. 비록 아침에 준비하여 저녁에 봉한다 하더라도 봄여름이면 수일 안에 색과 맛이 반드시 변할 것인데, 그것을 반드시 미리 준비하여 얼음 창고에 두었다가 여러 날이 지나서야 도회관에게 보내게 됩니다. 이 때문에 처음 봉할 때도 이미 많이 변질이 된 상태인데, 하물며 수백 리를 지나서 서울에 도착한 것이야 말해서 무엇 하겠습니까. 만일 미리 마련한 것이 부패하여 불합격이 되면, 때에 임해서 급작스레 대부분 마련할 수 없습니다. 이것은 형편상 필연적인 일입니다. 무릇 사람을 책함에 있어 절대로 할 수 없는 일로써 하고 거기에 따라서 처벌을 한다면, 성왕의 정사이겠습니까. 지난날의 봉진이 무사히 되어 온 것은 사옹원의 관리에게 뇌물을 준 것에 불과할 뿐이고 빛깔과 맛이 변하지 않아서 그런 것은 아닙니다. 삼가 바라건대, 깊이 백성의 고통을 생각하여 성상의 마음으로 결단을 내리시어 산 사슴과 날 돼지의 진상을 참작하여 견감하신다면, 비록 대여섯 마리의 면제라도 성상의 은택이 백성에게 미치는 것은 넓을 것입니다. 아장과 보장은 반드시 따로 명칭을 세우지 마시고 단지 산 노루를 잡는 대로 봉진하게 하시면 사냥하는 괴로움이 조금은 덜어질 것이고, 사슴의 꼬리와 혀는 맛이 좋지 않을 줄 아시고 진상을 다 없애라고 명하신다면 갑절로 드는 값으로 먼 데서 사 오는 고통이 조금은 사라질 것입니다. 만일 본도로 하여금 2월 이전과 10월 이후에만 생물을 봉진하게 하고 3월 이후부터 9월 이전에는 본도의 생물을 경기의 건물과 바꾸도록 명하신다면, 공진하는 물품이 어선에 합당하고 군읍에서는 꼭 도착시켜야만 한다는 책임을 면하게 될 것입니다.

대개 이 몇 가지는 밝으신 성상 입장에서는 손을 뒤집는 것만큼 쉬운 일이고 백성들 입장에서는 뼈에 사무칠 은혜이니, 한 번 유념하시어 나라의 근본을 공고히 하시어 길이 만세토록 뽑히지 않을 기반을 세우신다면 매우 다행이겠습니다. 만일 신이 말한 것이 진실로 쓰지 못할 것이라면, 신이 관직을 태만히 하고 전하의 은혜를 저버리는 죄가 분명해지는 것입니다. 신은 차라리 초야에서 말라 죽을지언정 소나 양 같은 백성의 죽음을 차마 서서 보고 있을 수는 없습니다. 신은 지극히 떨리고 두려운 마음을 금할 수 없습니다" 하였다.

황해감사 이이는 현지에서 백성들의 어려움을 해결하기 위해 자신이 할 수 있는 일에 주력하였다. 학교를 세우고, 교화를 숭상하고, 백성의 근심을 돌봐 주고, 군정을 닦고, 착한 일 하는 사람은 표창하고, 악한 짓 하는 사람은 벌을 주는 일에 오로지 힘쓰니, 선비와 백성들이 탄복하여 좋아하고, 탐관이나 교활한 아전은 겁이 나서 꼼짝 못하였다.

이이가 재임 시 한 일에 대해 절친인 성혼에게 토로한 내용을 보자.
"임지에 이르러 천천히 살펴보니, 무릇 큰 폐해는 반드시 조정에 아뢰어야 되고, 내 마음대로 고칠 수 있는 것이 없었습니다. 이에 혹은 상소를 올리고 혹은 장계를 올려 조목별로 자세히 아뢰었으나, 실질적인 혜택이 두루 돌아갈 만한 것은 으레 조정의 의론에 저지되어 한 걸음도 나아가기 어렵고, 그 밖에 그다지 이해가 없는 것 한두 가지 일만이 좋다는 결과가 났는데, 그중에서 시작하여 이미 이루어진 것이 한 가지 일이요, 시작하여 이루지 못한 것이 두 가지 일이요, 감영에서 스스로 결단한 것이 네 가지 일입니다.

만약 반드시 탐관오리와 요행을 바라는 백성들이 모두 즐거이 순종하기를 기다린 뒤에 일을 하려고 한다면, 묵은 폐해를 끝내 고칠 수 있는 날이 없게 될 것입니다. 제가 고친 일은 비록 약간의 이익은 있지만, 탐관오리와 요행을 바라는 백성들은 모두 즐거워하지 않을 것이니, 이것이 얼마 못 가서 곧 그전대로 회복되는 까닭인 것입니다.

각 진포의 수군에게 다달이 약간 명을 제외하고는 소금과 황각을 바치게 하여, 흉년에 빈민을 구제하는 밑천을 삼게 한 것입니다. 당초에 만호나 첨사들이 수량을 함부로 더 받은 일이 실로 많았으며, 이미 바치고 난 뒤에는 또 도적질하여 쓰는 것이 많았는데 다 써 버렸다고 핑계하며, 만약 회계가 감축되면 으레 호조에 보고하여 수군에게 나누어 징수하였으니, 수군은 그 고통을 견디지 못하였습니다. 저는 '흉년에 빈민을 구제하는 데는 조세보다 절실한 것이 없으니, 비록 소금을 산더미처럼 쌓아 두었더라도 곡식이 없으면 굶주린 백성을 구제하기 어렵다'고 생각하여, 이에 조세로 소금과 황각을 대신하게 하기를 계청하였으니, 이것은 수군에게 편리하고 흉년에 빈민을 구제하게 하는 데 절실하지마는, 만호나 첨사는 그들의 큰 이익을 잃게 될 것입니다.

해서 지방의 역로가 피폐하므로, 군사와 백성으로써 역사를 돕게 하는데 이를 이름하여 관군이라 합니다. 혹은 돌려 가면서 하기도 하고, 혹은 영구히 정해서 하기도 하여 그 규정이 일정하지 않았는데, 을축년에 윤현이 감사가 되면서부터, 그 역사를 상세히 정하여 영구히 세습하는 제도로 확정시켰습니다. 처음에는 백성을 모집하여 이를 실시하였으나, 그 뒤에는 백성 중에 모집에 응하는 사람이 없으므로 강제로 영을 내려 영구히 확정시켰던 것입니다. 이에 관군으로 정해진 사람은 죄가 없는데도 역자의 역을 맡게 되었다고 원통한 것을 호소하였습니다. 그 소란함을 이루 다 말할 수 없었습니다. 이에 돌아가면서 하기를 계청하였는데, 그중에는 또한 자못 영구히 확정해 주기를 자원하는 사람도 있었습니다. 그러므로 저의 생각으로는 '자원하는 사람은 그전대로 영구히 확정시키기로 하고, 이외에 원하지 않는 사람의 모자라는 수만 뽑아내어, 군사와 백성으로 돌아가면서 맡게 한다면, 양쪽이 다 편리하게 될 것이다'고 여겼습니다.

도내의 산 고을은 수군이 되면 육군이 되기를 원하고, 바닷가 고을은 육군이 되면 수군이 되기를 원합니다. 제가 관내를 순행할 적에 또한 분분하게 호소하였는데, 이것은 비록 큰 이해는 없지만 어렵지 않은 일로 백성들의 사정을 들어줄 만한 것이었습니다. 그러므로 바꾸어 정하기를 계청하였는데, 오래도록 회보가 없었다가 제가 임지를 바꾼 뒤에야 허가되었습니다.

공물의 값은 고을마다 각각 같지 않는데, 대개 백성들에게 일정한 액수 외에 함부로 징수하였던 것입니다. 그러므로 다 비싸고 저렴한 것을 저울질하여 그 쌀값을 정하였는데, 이것은 백성에게는 매우 편리하나, 탐관오리들은 즐거워하지 않는 것입니다.

수군으로서 진상 등 여러 역에 차출되는 사람은 가포를 수합하여 각 진무관에게 맡겨 바치게 하였는데, 그 값이 정해지지 않아 항상 수량 외에도 함부로 징수해 갔습니다. 저는 영을 내려서 그 값을 면포 3필로 정하였는데, 이것은 수군에게는 편리하지만 진무관들이 싫어하는 것입니다. 또 조선군은 그전에는 많은 수량을 함부로 정하여, 그 군포의 값을 거두어서는 장수와 관리들의 사용으로 삼았는데, 제가 그 수량을 헤아려 정하여 배를 만드는 데만 넉넉하게 하고 남는 것이 그다지 없게 하였습니다. 이것은 관청에게는 이익이 되지만 장수와 관리들은 크게 원망할 것입니다.

감영에 예속된 사람은 으레 가마솥을 바치는데, 저의 생각에는 '가마솥이 어찌 많이 쓰이겠는가'라고 여겨, 이에 감영에 예속된 사람으로 하여금 한 해에 면포 2필을 바치게 하여, 감영에 저장하여 두고는 국가의 뜻밖의 수요에 대비하게 하였습니다. 만약 저장한 것이 이미 많아지면, 국상이나 명나라 사신 등이 올 때 드는 비용을 백성에게 부담시키지 않아도 될 것입니다.

도내의 어선이 바다에 많이 모이는데, 감영의 진무관이 다 장부에 등록하여 배마다 어물을 징수하는데 이것을 원정이라 합니다. 큰 것을 골라 가고 많은 것을 요구하기 때문에 어민들이 이를 매우 괴롭게 여겼습니다. 저의 생각에는, '감사는 여러 고을의 공물을 앉아서 먹기 때문에, 어물이 필요 없다'고 여기고 이를 폐지하였는데, 어민들이 말하기를, '만약 전부 폐지하면 다시 만들 염려가 있으니 정목 1필을 바쳐 이를 대신하기를 원한다'고 하였습니다. 저도 또한 공용을 돕고자 하였으므로 그들의 소원을 따라, 10을 감하고 1를 남겨 둔 것입니다. 이것은 어민들에게는 매우 편리하지만 감영의 진무관이나 창고지기 등은 가산을 잃은 것과 같았습니다. 그것은 출납할 즈음에 이익을 얻는 것이 매우 많았던 까닭입니다" 하였다.

그런데 이렇게 애써서 시행한 일들이 후에 후임 감사에 의해 모두 없었던 일이 되고 말았다. 그것을 안 이이가 안타까운 심정을 토로했다.

'사람이 개혁한 것이 있으면, 교대해 온 사람도 이를 계속하여 시행하되, 만약 장애가 있어 행하기 어려운 걱정이 있으면 종전대로 회복하는 것이 옳을 것입니다. 그런데 지금은 옳고 그른 것은 논하지 아니하고, 이롭고 해로운 것도 헤아리지 않고서 다만 개혁하는 것을 옳지 않다고만 하여, 날마다 탐관오리나 요행을 바라는 백성들의 시끄러운 말만 듣고는 종전대로 다 회복하고 마니, 이는 진실로 덮었던 물건을 걷어 버리거나, 떨어지려는 잎을 흔드는 것보다 쉬운 일입니다. 다만 일에 있어서는 어찌 될는지 알 수 없습니다. 곁에 있는 사람들도 또한 깊이 생각하지도 않고 말소리를 따라 부화뇌동하면서 도리어 경솔히 고친 죄라고 합니다. 다만 한 도뿐만 아니라, 온 세상이 모두 그러합니다. 이는 세속의 견해가 깊이 고질화되었고 세상의 도의가 구제하기 어렵게 된 이유이니, 무슨 말을 더하겠습니까' 하였다.

이때 황해도사는 29세의 이원익이었다. 이이가 그 재주를 알아보고 기꺼이 정무를 맡겼고, 이원익은 그 성실함과 충실함으로 일을 잘 처리하여 큰 힘이 되었다. 그러나 중앙 조정에서 해결해야 할 문제는 쉽게 해결되지가 않았다. 방백의 업무 또한 잘하자면 얼마나 힘든 일이겠는가. 그렇지 않아도 건강이 별로 좋지 않은 이이가 일에 파묻히고 해결이 힘든 일에 노심초사한 날들을 보내니 병이 되지 않을 수 없었다.

10월 공판을 혁파하고 가공으로 한 것을 다시 혁파하였다. 가공의 폐단으로 첫째는 국고의 저축이 고갈되어 지탱할 수 없다는 것, 둘째는 사공을 일체 하지 못하므로 늦게 사진했다가 일찍 파하여 국가 일에 있어 허술하게 되는 것, 셋째는 식사를 제때에 하지 못하므로 비위를 손상하여 병을 얻는 사람이 잇따라 생긴다는 것이었다. 영상 권철은 가공의 폐단을 말하고 좌상 박순은 부득이한 일이라 하였다. 선조는 "나도 역시 당초에 가공을 시행하고 싶은 뜻은 없었다" 하였다.

한번 시행했으면 폐단을 극복하는 길을 찾아야 하는 것 아닌가. 대부분 반발하는 자들은 국고를 도둑질할 기회를 빼앗기기 때문인 것이다. 그때 그 사회가 그랬다. 공판을 혁파하고 가공으로 했던 것은 본래 이이의 주장이었다. 그러나 이것도 잘 되지 않았다.

성절사의 질정관으로 중국에 갔다 돌아온 조헌이 시무에 절실한 8조문의 상소를 올렸다. 중국에 몇 개월을 머물면서 그곳의 문물을 자세하게 파악하였다. 그리고 그 중국의 문물들을 우리의 경우와 비교하며 고쳐야 할 것들을 자세하게 논하였다. 그러나 선조가 풍속은 서로 다른 것이므로 억지로 본받아 시행하려 한다면 소요만 일으킨다고 하였다. 그래서 준비했던 더 자세한 16조문의 상소는 올리지 않았다. 조헌은 글을 읽거나 깊이 사고할 때 현실에 시행하는 것을 주 목표로 하였다. 처음으로 중국에 들어갔지만 몇 개월간 객관에 머물면서 여러 가지를 알아보고 물어서 거의 빠뜨린 것이 없었다. 그 정근하고 충직한 말은 전에 어느 누구도 하지 못했던 일이었다 한다.

12월 김우옹이 이이를 정성으로 대하라는 말을 하고 또 아뢰기를 "수성하는 세대라도 아무 하는 일이 없이 편안하게만 지낼 것이 아니라 반드시 전장과 법도를 닦고 밝혀야 함을 말한 것이요 반드시 선조의 기업을 더욱더 확대해 가야 함을 말한 것이니, 이를 일러 수성을 잘했다고 하는 것입니다. 만일 그럭저럭 세월만 보내며 생각도 하지 않고 일도 하지 않으면서 선왕의 법을 지켜갈 뿐이라고 한다면 퇴폐하고 낙후해서 떨치지 못하게 되지 않는 자가 적은 법입니다" 하였다.
선조가 "진실로 옳은 말이다. 그러나 망령되이 하다가 나라를 망하게 하는 것이 예전대로 따라 하여 과오를 적게 하는 것만 못하다" 하였다. 이것이 선조의 솔직한 생각이었다.

김우옹이 다시, 망령되게 하는 것과 닦고 밝히고 증대하는 것이 다르다는 점을 아뢰었다. 그러나 특진관 이준민은 "성상의 분부가 진실로 옳습니다. 하물며 지금은 기강이 크게 무너지고 관사들이 태만해져 조종의 법도 지켜 가지 못하고 있는데 어느 겨를에 딴 일을 의논할 수 있겠습니까" 하였다. 이것은 지극히 아부하는 것이기도 하며 또한 그때의 일반적인 생각이었다.

김수가 아뢰기를 "법이 너무 중하여 법대로 시행하기 어려운 경우도 있습니다. 봉상시의 숙수가 제사에 쓰는 사소한 물건을 훔친 경우만 해도 모두 사형에 해당되는 것이기 때문에 전사관이 적발할 수 없었습니다" 하였고, 정언 김성일은 우상 노수신이 사정을 써서 사람들을 벼슬시킨 잘못을 대놓고 공격하였다.

경연에서 유희춘은 임금을 가르치기에 바빴다. "글씨와 활쏘기는 비록 육예이기는 하지만 만일 좋아하며 집착하게 된다면 또한 뜻을 손상할 수 있는 것입니다" 하였다. 이때 상이 글씨 쓰기를 잘했고 또한 활쏘기를 좋아했기 때문에 이렇게 풍간한 것이다.

이해의 다른 일들을 살펴보면,
해마다 수해는 빠지지 않는데 올 7, 8월에는 금강 이북의 수해가 심했고 경기 지역이 특히 심했다.

이런 폐단이 있었다.
3월 14일 김우굉이 아뢰기를 "경상도 군적 경차관 정이주는 데리고 간 얼속들을 한정 추쇄에 참여하게 하고는 뇌물 받는 짓을 방임하여 공공연히 뇌물이 행해진다고 합니다. 신이 오래전에 그런 사실을 들었는데 이번에 김성일이 올라와서 직접 보았다고 했습니다. 이제 마땅히 논계하

여, 이런 사람에게 그대로 그 소임을 맡김으로써 한없는 폐단을 끼치지 말아야겠습니다" 하였는데,

노수신은 아뢰기를 "이는 모두 토호들이 자기에게 편리하지 못하므로 말을 만들어 훼방하는 것입니다. 이남에 그런 풍습이 더욱 심하니 살피지 않아서는 안 됩니다" 하였다.

김우굉이 다시 아뢰기를 "김성일에게 들었는데 김성일은 망령된 말을 할 사람이 아닙니다" 하니, 노수신이 또다시 반박하였다.

다음 날 대사헌 심의겸이 아뢰기를 "경상도 군적 경차관 정이주는 시행하고 조치하는 일이 전도된 것이 많습니다. 유생들에게는 본래부터 지난날에 읽어 온 글을 시험 보이는 법이 있는데, 반드시 보기 드문 글을 끄집어내어 심오한 뜻을 강하게 하여서 고의로 대답할 수 없게 하여 탈락시킨 사람이 4분의 1이나 되었습니다. 또 무뢰배인 서얼 동생을 데리고 가서 부서(簿書)를 감독하는 권한을 맡기니 동생이 이를 기화로 여겨 농간을 부려 갖가지로 뇌물을 취하였습니다. 익명서로 사족들을 공동하기도 하였는데 뇌물을 바치는 자는 화를 면하고 뇌물을 바치지 않으면 억울한 일을 당하였습니다. 산중 고을이나 해변 고을에서 나는 것은 있는 대로 갖가지 징색을 일삼아 짐바리가 잇달았고 또한 운반하지 못한 것은 서울의 장사꾼을 모아 놓고 저자처럼 팔았습니다. 온 도가 소란하여 마치 난리를 겪은 것 같은데도 정이주가 살피지 않고 있으므로 사람들의 비난을 받고 임금의 명을 욕되게 함이 심하니, 정이주를 빨리 파직하라 명하고 새 경차관을 가려 보내게 하소서" 하였다.

선조가 답하기를 "정이주에게 하서하여 계칙하면 된다" 하였다.

계속 아뢰어 결국 정이주는 체직되었지만, 경차관이 아니라 도적을 보낸 것 같다. 이 기회에 한몫 잡으려고 생각한 것은 아닐까? 꼭 정이주가 한 것은 아닐지라도 이런 자가 부지기수였을 것이다. 또한 이것은 반

대로 규정대로 공정하게 하니 토호들이 자기들 뜻대로 되지 않으므로 온갖 것을 끌어들여 모함한 것일 수도 있다. 이런 일에 어사를 내려보내도 마찬가지이다. 봐주는 어사는 함께 비리를 저질러 일을 망치는 것이고, 공정하게 하는 어사는 기어코 모함을 당할 것이다. 이런 것들이 상존하므로 군적을 바로잡기가 어려웠다. 군적뿐만이 아니라 대부분의 일이 이런 식이었다. 공정하고 건전한 사회가 아니라 심하게 병든 사회였다.

이런 속임수도 있었다.

7월 11일 간원이 청송부사로 발령 난 박신원이 중병이 들었다 하며 체차하기를 청했다. 그런데 정원이 박신원은 실로 병이 없다며 기망하는 것이라 하였다. 그러자 사헌부가 간원의 일을 승지들이 논했다고 승지들을 파직하라 청했다. 이 일로 한 달을 두고 말이 많았다.

8월 4일 정언 최황이 피혐하며 아뢰기를 "간관들이 당초에 박신원의 일을 논계했을 적에는 잘못된 풍문을 들은 것으로 생각되었었지만, 정원의 논박을 받음에 당해서는 반드시 널리 공론을 들어보고 사실을 모두 알게 되었을 것입니다. 이미 자신들이 아뢴 말이 사실이 아닌 것임을 깨달았다면 부끄럽게 여기고 두려워하며 사직하고 물러가기에 겨를이 없었어야 하는데, 여러 날을 두고 잘못을 꾸며 대는 행동을 하여 위로는 군부를 속이고 아래로는 자신들의 양심을 속였습니다. 더구나 박신원의 탐오 방종하여 기탄이 없음은 사람들이 다 아는 바로서 공론이 여러 차례 일어났으나 그때마다 정지되었었습니다. 그런데 이것은 탄핵하지 않고서 미미한 병만을 들어 그의 벼슬을 체직하게 하려 하였으니, 그들이 논박을 했던 까닭은 곧 박신원을 기쁘게 하기 위한 것이었습니다. 그렇다면 간관은 남을 기쁘게 만드는 기구가 되었고, 탄핵하는 글은 임금을 속이는 물건이 된 것입니다. 언론하는 사람을 죄주지 않는 것은 만고의 공통된 도리이지만, 이번에 죄를 다스리려는 것은 단지 바른말을 하지 않은 죄를 다스리려는 것이지 언론하는 사람을 죄주려는 것은 아닙니다" 하였다.

삼사는 국가의 기강을 잡고 있는 곳인데 사정을 따르고 임금을 기망하기를 이렇게 하고 있으니 할 말이 있을 수 없었다. 그러나 허엽 등은 계속 대간이 한 말은 시비를 따지지 말고 그것을 시행해야 한다는 편벽된 논의를 하고 있었다.

신하들이 교묘하게 사정을 쓰고 임금을 속이는 수법이 이렇게 비상했다. 박신원이 청송에 가기 싫어하는 것을 도우려고 병이 들었으니 안 된다고 간언 아닌 간언을 하여 임금을 속인 것이다. 이러니 임금 노릇 하기도 정말 힘들겠다.

대사간 이후백이 박신원 문제에 대해 중립적인 말을 하니 양사가 자기들 소견과는 모순된다며 체차해주기를 청했다. 이에 선조가 답하기를 "대간을 소소한 혐의를 잡아내어 한꺼번에 경솔하게 체직할 수 없는 것은, 일에는 도움이 없고 단지 시끄럽게 되는 폐단만 있어서이다. 그리고 소견이 만일 동료들과 같지 않다면 나와서 그 뜻만을 아뢰고 물러가 공론을 기다리는 것이 옳은 일인데, 바로 자기의 소견을 가지고서 자신의 동료들을 배척했으니 또한 뒤 폐단이 있게 될까 두렵다. 논계한 말은 윤허하지 않는다" 하였다.

국가에 중요한 일도 아닌 사소한 문제로 다투고 거론하여 임금을 짜증스럽게 하는 간원들의 행태가 너무 한심하다. 맨날 하는 일이 의견이 맞지 않으니 '체차해 달라' '사직한다' 이런 것이니 국가가 잘 될 수 있겠는가. 악독한 간신들이 있을 때에는 쥐 죽은 듯하다가 좋은 때를 만나면 맨날 이런 일로 날을 보내고 임금을 귀찮게만 하며 세월을 보낸다.

선조가 '근년 이래로 조정에서 마음을 합쳐 국가 일을 보필할 생각은 하지 않고 오직 자기에게 붙지 않는 사람을 배척하기만 일삼으니 장차 어찌하려는 것인지 알지 못하겠다' 하고 한탄하였다.

그 외에 다른 일들은,

2월 변방의 수령을 임명하는 일에 선조가 '적을 방어하고 백성을 다스리는 것은 당사자의 심지가 어떠한가에 달린 것이지 어찌 꼭 직접 말을 타고 달리며 표적을 맞춘 다음에만 상대방을 꺾어 두려워하게 할 수 있겠는가' 하였다. 선조의 탁월한 생각이 돋보이는 말이었다.

3월 헌부가 아뢰기를 "정묘년 이후에 사대부들이 외람하게 차지한 해택과 관둔전을 모두 관으로 몰수하소서" 하니, 선조가 그대로 따랐다.

5월 문신 2품 이하의 활쏘기 시험에서 최경회가 25분으로 장원했고, 전라감사의 장계에 왜노들이 올해는 중국으로 향하는 자가 매우 많다고 하였다.

7월 이발은 이조좌랑이 되고 8월에 김효원은 이조정랑이 되었다.

토정 이지함이 포천현감으로 있다가 벼슬을 버리고 고향으로 돌아갔다. 이지함은 처신을 검소하게 하고 백성 보기를 자식처럼 하였다. 고을이 빈약하여 곡식이 모자라자 조정에 건의하여 바닷가의 어량을 절수 받아 곡식을 사서 빈약한 재정을 보충하려고 하였다. 그러나 조정이 따라주지 않았다. 이지함은 본래 고을 수령으로 오래 있을 생각이 없었는데 이 때문에 병을 핑계로 사직하고 돌아갔다.

연초에 이이가 자신의 역량을 집중하여 나라를 바로잡고자 하는 '만언소'를 올려 모든 사람들의 각광을 받았다. 그러나 선조는 칭찬은 하면서도 실행 의지가 없어 그 귀중하고 절실한 내용이 나라를 위하여 시행되지 않는 안타까움이 있었다. 선조는 이이를 대사간으로 삼았지만 맞는 역할도 아니고 난제까지 겹쳐 오히려 선조와의 사이가 소원해지게 되었다. 9월에 이이는 황해감사가 되어 직접 민정을 살필 기회를 가졌다. 민생 현실은 생각보다 훨씬 가혹하고 암담하였다. 할 수 있는 노력은 다 해 보지만 중앙 조정은 너무 민생을 외면하고 무사태평했다. 이이가 애써 바로잡은 폐단들은 후임자가 없던 일로 해 버리니 되는 일이 없고 백성들은 고통에서 벗어나기 힘든 그런 세월이었다.

이순신은 30세였다. 33세의 유성룡은 여묘살이 중이었고, 39세의 이이는 황해감사로 힘든 날을 보내고 있었다. 선조도 23세나 되어 있었다.

10
동서 당파가 시작되다 :
선조 8년 (1575 을해년)

사람 사는 세상에 파벌은 항상 존재한다. 그런데 대부분의 파벌은 순기능보다는 역기능이 더 성하게 된다. 특히 정치판의 파벌은 피를 부르는 보복의 악순환으로 이어져 나라를 병들게 하기 때문에 문제가 심각해진다. 이제 그런 문제의 서막인 동서 당파가 표면화될 것이다.

1월 2일 명종 말년에 이양이 득세하여 모략을 꾸밀 때 심씨 일가가 없었다면 나라에 또 큰일이 벌어졌을 것이다. 그 어려운 시기에 그나마 인순왕후(명종비 심씨)가 있었으므로 화를 막을 수 있었고 또 선조의 왕위 등극도 순조롭게 되었다. 인순왕후는 백성들의 복이었다. 그런 인순왕후가 승하하였다.

선조가 대렴 때 곡하던 중 기침을 많이 했는데 콩알만 한 핏덩이 다섯 개가 나와 크게 놀랐다. 또한 먹지를 않아 한 달여 동안 신하들을 애태우게 하였다. 국상으로 문상차 올라온 이이가 지나친 슬픔은 불효라고 아뢰었다. 대신이 백관을 거느리고 연일 청하여 2월 20일에야 권제를 받아들였다.

3월 11일 이이가 인순왕후의 상으로 인하여 경성에 올라와서 병으로 사직하고자 하였는데 바로 부제학으로 임명하였다. 다시 사직을 청하니, "그대가 지금 출사하고 있으므로 나의 마음은 진실로 위안이 된다. 선을 말하고 그른 것을 바루는 것은 내가 기대하는 것이니 사직하지 말라" 하였다. 이후 이이는 병으로 파주에 머물기도 하였지만 5월에는 돌아와 국상에 참여하였다.

6월 이이가 친정하기를 권했다. 이 뒤로 선조가 친히 정사를 다스리기도 하였으나 오래가지는 않았다. 이이는 이어 초천(등급을 뛰어넘어 등용하는 것)·구임(관직의 임기를 길게 하는 것)의 법을 아뢰고, 또 경연 외에도 군신을 자주 접할 것도 권했다.

선조는 이이에게 "항상 어떤 책을 읽으며 또 가장 좋아하는 것은 무슨 책인가?" "사서 중에서 어떤 글을 가장 좋아하는가?" "소시 때 문장을 익힌 적이 있는가? 그대의 문사를 보건대 매우 좋으니, 배운 적이 있는가?" 등을 묻기도 하였고 이이는 성의를 다해서 답하였다. 그 끝말은 '지금은 반드시 경장한 뒤에야 백성을 구제할 수 있는 형세입니다' 하였다.

홍문관이 차자를 올려 입지, 진덕, 추행, 보궁의 뜻을 논하였는데 이이의 글이었다. 선조는 너무 고상한 의논을 하지 말라. 감당하지 못하겠다 하였다.

이이와 김우옹은 상의 은총을 꽤 입었다. 그러나 이이의 뜻은 정치를 개혁하려고 하였기 때문에 선조는 옳다고 여기지 않았다. 임금 노릇하기가 힘든 것도 표현되었다. 또 이이가 친정에 대해 말하고 허엽 등이 사사건건 반대하는 것이 나타났다.

그래도 이이의 과감하고 직설적인 진언은 계속되었다. 왕의 덕에 대해서 논하기도 하고 경장의 필요성도 강조하여 경장하지 않고 이런 상태가 계속된다면 망하는 길로 가는 것이라며 분발을 촉구하였다. 선조는 듣기는 잘하나 하는 일은 없었다.

7월 이이가 아뢰기를 "학생을 공천하는 것이 비록 《대전》에 기재되어 있는 바는 아닙니다마는, 실로 인재를 뽑는 훌륭한 방법입니다. 과거를 달갑게 여기지 않는 선비들이 이 공천으로 인하여 벼슬길에 나오게 된다면 사로가 점점 깨끗해질 것입니다. 그런데 갑자기 그 법을 폐지하였으니, 상의 뜻이 어느 곳에 있으신지를 모르겠습니다" 하였다.

헌부의 하리가 길에서 신분에 넘치는 복장을 한 궁노를 체포하려 하자 궁노가 하리를 구타하고 숨었다. 헌부가 관리들을 풀어 체포하였다. 임금이 노했다. 이 일에 대해 헌부가 아뢰기를 "근일에 있었던 헌리의 일을 말씀드리겠습니다. 법을 지켜 뜻을 거역하는 신하를 상께서는 반드시 싫어하시나, 전하께서도 지난날의 역사를 두루 보셨으니 어찌 소견이 없으시겠습니까. 예로부터 아첨하여 붙는 자는 후일엔 반드시 배반했고 정도를 지켜 아부하지 않는 자는 후일엔 반드시 충성을 다하였습니다. 이 뜻은 상께서만 아실 것이 아니라 비·빈들도 모두 알아야 합니다" 하였다.

흔히 말하는 당파의 근원은 멀리 거슬러 올라간다. 명종 19년 의정부 사인 심의겸이 공무로 윤원형의 집을 방문하였는데 집을 둘러보는 중에 김효원이 그 집의 문객으로 숙식하고 있는 것을 알았다. 당시 김효원은 과거에 급제 전이었으나 학식이 있다고 이름이 나 있었다. 심의겸은 명망이 있는 젊은 선비가 권신의 집에 기숙하는 것에 대해 의구심을 가졌다. 다음 해 김효원은 알성시에 장원 급제하였고, 한창 조정에서 윤원형의 죄를 논할 때 김효원에게 상소를 짓게 하니, 심의겸이 김효원은 윤원형의 집에 출입한 자라고 하며 저지하려 하였으므로 주위에서 그 사실을 알게 되었다.

명종 21년 10월에 공조참판 윤옥이 사은사로 북경에 갈 때 김효원이 서장관이었다. 김효원은 어렸을 때 윤옥과 같은 동네에 살았다. 그래서 윤옥은 김효원이 상사이며 대선배인 자신을 잘 따를 줄 알았다. 그러나 김효원은 사정을 두지 않고 단속을 철저히 하여 불법인 것을 용납하지 않았다. 명종 시절에는 중국에 사신으로 가게 되면 궁중에서 요구하는 것이 많았다. 이번에도 윤옥은 은냥을 규정보다 매우 많이 가지고 가는데 대부분 궁중에서 나온 것이었다. 김효원이 강력하게 단속하자 윤옥은 할 수 없이 그 은냥을 궁중으로 되돌려 보냈다. 그래서 김효원은 윤옥의 원한을 샀고 궁중에서도 싫어하였다. 이후로 유망한 자리에는 낙점되지 못했다. 김효원에게는 불운이었다. 이런 사실을 모르는 김효원의 동료들은 김효원이 그 능력에도 불구하고 좋은 자리에 진출하지 못한 것을 심의겸의 탓으로 돌렸다.

김효원은 장원급제할 정도로 학식도 있었지만 청렴하고 행실이 바른 사람이었다. 전에 형조좌랑이었을 때 영남 지방에 경차관으로 갔는데, 그 때에 이황, 조식과 그 문하의 명사들을 두루 찾아 학문을 논하고 사귈 기회를 가졌었는데 이황과 조식이 모두 좋아하고 크게 칭찬하였으므로 영남의 신진들이 그를 따르게 되었다.

심의겸도 천성이 순후하고 온화했으며 도량도 넓은 편이었다. 조부 심연원이 그 손자 8명을 모두 겸손할 겸(謙) 자로 이름을 지었는데 그 뜻을 받들어 겸손하려고 노력한 사람이었다. 이양을 축출한 공로로 그 시절 신진 동료들의 찬사를 받았고 더구나 인순왕후의 동생까지 되니 승진도 빨랐고 따르는 사람이 많았다. 사람 사귀기를 좋아하여 명사로 소문난 사람은 찾아다니며 교류도 하였다. 그의 문전은 찾아오는 사람들로 성시를 이뤘는데 가깝게 사귄 사람들은 이양과 윤원형을 축출하는 데 일조를 한 그 시절 비슷한 연배의 명망이 있고 자부심 강한 사람들이었다.

선조가 등극한 후에도 김효원은 특별히 유망한 직에는 나가지 못하고 있었다. 한 해 늦게 급제한 유성룡은 선조 3년에 이조좌랑이 되었는데 장원까지 한 김효원은 되지 못하고 있었다. 그러다 선조 4년에 오건이 이조좌랑이 되었을 때 조식이 김효원을 특별히 부탁하였다. 오건이 부임한 후 맨 먼저 김효원을 지평으로 의망하였다. 그러자 이때 심의겸이 대사간으로 있는 사간원이 이를 저지하려 하였다. 그러나 대사헌 박응남이 '그는 좋은 선비이다. 지금 입대한 것도 늦은 감이 있다' 하고 만류하여 그대로 되었다. 이때에 파당적인 흔적은 없었다. 박응남은 심의겸과 가까운 사이였다. 심의겸도 김효원의 사람됨을 알아보아 별문제를 삼은 것 같지는 않았다. 가을에는 드디어 이조좌랑이 되었다. 그리고 2년 뒤인 선조 7년에는 이조정랑이 되었다. 실록에 의하면 '효원이 전랑(이조좌랑과 정랑)이 되자, 인재를 뽑아 천거하는 데 있어 정직하게 시행하여 동요하지 않았으므로 소원했던 선비들이 많이 발탁되었는데, 영남지방이 더욱 많았다. 이리하여 후배의 사류들이 흡족하게 여겨 칭찬하였고, 명성과 위세가 갑자기 성대해져 친하게 붙좇는 자가 날로 많아졌다'고 하였다.

그런데 그 중간에 심의겸의 동생 심충겸이 선조 5년 장원 급제하여 예조좌랑, 정언을 거쳐 이때에 이조좌랑에 의망되었다. 그러자 김효원이 '외척을 진출시키는 데 있어서 이처럼 급급하게 하는 것은 마땅치 않다' 하고 저지하였다. 외척에 대한 경계는 일반적인 것이었다. 김효원도 파당적인 생각으로 저지한 것은 아니었다. 그러나 이것이 드디어 파당으로 확대되었다.

심의겸을 편드는 자들은 '심충겸은 합당한 인물인데도 김효원이 틈을 타서 원수를 갚는 것이다' 하고, 김효원을 편드는 자들은 '김효원은 앞일을 징계하여 뒷일을 삼가는 것으로 국가를 위하여 하는 것이지 다른 뜻이 있는 것은 아니다' 하여 서로 다투고 반목하며 화합하지 못하게 되었다.

심의겸이나 김효원은 모두 그 사람됨을 볼 때 사사로운 감정으로 일할 사람들은 아니었다. 그들에게 잘못이 있다면 사람 사귀기를 좋아했다는 데에 있을 것이다.

말 만들기를 좋아하는 자들이 심의겸이 도성 서쪽 정릉방에 살았기 때문에 그 일파를 서인이라 부르고, 김효원은 도성 동쪽 건천동에 살았기 때문에 그 일파를 동인이라 불렀다.

심의겸과 가까운 서인은 박순, 정철, 윤두수, 윤근수, 김계휘, 홍성민, 신응시, 이해수, 이산보 등으로 박순을 제외하고는 대부분 40대 초반이며 명종 때 상대적으로 일찍 관직에 나간 중진들이고, 김효원과 가까운 동인은 허엽, 이산해, 김우옹, 유성룡, 허봉, 김성일, 우성전, 이발 등인데 허엽과 이산해 외에는 서인들보다는 6~7세 어린 30대 중반의 신진들이었다. 심의겸과 김효원으로 인하여 동서로 나누어졌다고 해서 그들이 자기 파의 영수라고 할 수는 없다. 대부분의 사람들의 면모를 보면 모두들 일가견이 있고 명망이 있는 자부심 강한 사람들이어서 누구를 추종한다거나 아부하여 붙좇는 사람들은 아니었다. 굳이 영수라고 한다면 서인의 영수는 박순이고 동인의 영수는 허엽이었다. 박순과 허엽은 서경덕의 문인으로 동문수학한 사이였다. 그런데 나이가 6살이나 적은 박순이 이조판서가 되고 허엽은 그 밑의 이조참판이 되자 그때부터 둘의 사이가 틀어졌다. 박순은 중후하고 온화한 사람으로 성혼과 이이를 중히 여겼으며 선조의 신임을 얻어 이미 좌의정이 되어 있었다. 그러나 허엽은 학식은 있으나 경망스러워 노신들과 중진들이 인정하지 않았으므로 신진들과 어울렸고 선조도 인정하지 않아 겨우 3품의 직에 있었으므로 불평이 많았다. 그러나 허엽은 자부심이 강했고 그의 자식들은 허봉, 허성, 허균, 허난설헌으로 재주가 비상한 사람들이었다.

유성룡은 부친상으로 여묘살이 중이었으므로 이 무렵 당파와는 별 연관이 없었지만, 그 출신과 성향으로 자동으로 동인이 되었다. 그리고 멀리 있어도 편지 등 교류는 항상 있었으므로 돌아가는 사정은 잘 알고 있었다. 또한 우연이지만 김효원, 허엽, 허봉, 유성룡, 이순신은 모두 같은 동네 출신이었다.

이이와 성혼은 정철과는 친한 친구였고 심의겸과는 나이도 비슷하고 교류도 없지 않았다. 또한 서인의 자제들은 대부분 이이와 성혼의 제자가 되었고 후에 대를 이어 서인이 되었다. 그렇다고 이이와 성혼을 서인이라고 지목하는 것도 어렵다.

여기까지가 동서의 분당이 생긴 과정이다.

한 번 파가 갈리면 다시 합쳐지기는 어려운 것이다.

재령군에서 종이 주인을 죽였다는 사건이 있었는데 명확한 증거를 찾기가 어려웠다. 8월에 증거가 없다는 이유로 왕이 종을 석방하도록 하였다. 그러자 사간원에서는 잡아 가둘 것을 주장하였고 사헌부는 석방을 말하였다. 이때 대사간은 허엽이었고 사간은 김효원이었다. 사헌부의 대사헌은 김계휘였고 재판을 맡은 위관은 좌의정 박순이었다. 그리고 죽은 사람은 허엽의 친척이었다. 이래서 허엽은 옥사를 제대로 하지 않았다고 박순을 비난하고 박순은 증거가 없다고 하며 말이 많았다. 이에 이이가 이 사건은 강상과 관계된 것이니 진상을 가려야 한다고 주장하여 왕이 석방의 명을 철회하였다. 그러자 허엽이 박순이 옥사를 잘못하여 체통을 잃었다며 장으로 다스려야 한다 하였고 김효원은 허엽의 뜻에 따라 박순의 추고를 요청하였다. 재상을 장을 친다거나 추고를 하는 일은 역적죄가 아닌 한 있을 수 없는 일이었는데 억지 주장을 한 것이었다. 서인 측에서는 김효원이 허엽의 뜻을 따라 박순을 공격하여 서인의 세력을 약화시키려는 의도로 의심하였다. 그래서 정철과 신응시가 온당하지 않은 요청을 한 사간원을 홍문관에서 탄핵하라고 이이에게 강하게 말했으나 이이가 듣지 않았다. 그때에 정종영이 이조판서가 되었는데 김효원과 가까운 사이였으나 인망이 없었다. 그러자 또 정철이 이이에게 부적격자가 이조판서가 되었는데 왜 홍문관에서 가만히 있느냐며 나무랐으나 이이는 또 듣지 않았다. 정철이 이이를 그르다고 하며 매우 섭섭해하였다.

이때 정언 조원이 사간원이 대신을 추고하자고 청한 것은 잘못이라고 하여 다시 논란이 일어났다. 사간원과 사헌부의 싸움이었다. 또한 동과 서의 싸움이었다. 이에 이이가 차자를 올려 양사를 모두 체직시키고 조원만을 출사하도록 청했는데 동인들이 성을 냈다. 특히 허엽은 박순을 논죄하여 파직시키지 못한 것을 한탄하였고 이것을 이이의 탓으로 돌렸다. 이성중이 허엽에게 말하기를 "영공이 좌상을 추고하자고 청한 것은 잘못입니다" 하니, 허엽이 화난 목소리로 "내가 처음에 파직시키자고 청하려 하였으나 동료들이 굳이 만류하여 추고를 청하는 데에 그쳤으니, 내가 약하고 용렬한 탓이다. 그런 데다가 옥당의 대간에 대한 처치가 매우 잘못되었다. 숙헌같이 일을 모르는 젊은이가 이내 옥당의 장관이 되었으니 나랏일이 그릇되지 않을 수 있겠는가" 하였다.

결국 대사간 허엽과 대사헌 김계휘가 체직되었다.

이때 허엽의 아들 허봉이 이조좌랑이었는데, 김계휘가 자기 부친을 반대하면서 잘못을 말한 것에 앙심을 품었다. 그래서 이조참판 박근원과 짜고 꾸며 김계휘를 평안감사로 내보냈다. 이후백은 함경감사로 보냈다. 유희춘은 시끄러운 조정이 싫어 벼슬을 버리고 시골로 돌아갔다. 이것은 동인들이 한 일로 서인들의 원망을 샀고, 9월에는 사간원이 이조가 사정을 따라 정사를 잘못 처리했다고 탄핵하여 참판 박근원, 좌랑 허봉과 이성중을 체직시켰다. 이 일에는 동인들의 불만이 컸다.

유성룡이 훗날 말하였다. "당론이 일어난 것은 전랑의 천거에서 시작되어 대신을 추감하자는 데서 걷잡을 수 없이 터진 것으로서, 각박한 풍속이 경조하여 서로 선동한 것이지, 두 사람이 각자 당을 만들어 알력이 생긴 데서 이루어진 것은 아니다" 하였는데 정확한 말이었다.

9월 27일 사헌부가 "북방이 텅 비었으므로 오랑캐의 기병이 침입해 온다면 방어할 방책이 없으니, 장수를 미리 골라 명망을 배양하소서" 하였다.

이에 선조가 "조정에 큰소리치는 자들이 많으니 만약 오랑캐의 기병이 침입한다면 큰소리친 자들에게 막게 하겠다" 하였다. 선조는 인순왕후의 상으로 아직까지 소식을 하고 있었으며 건강이 매우 좋지 않았다. 게다가 조정이 화합하지 못하고 시끄러우니 짜증이 났음이 분명하다.

이이가 나아와서 아뢰기를 "상께서 말씀하신 큰소리치는 사람이란 어떤 사람을 가리키신 것입니까? 만약 실속 없이 큰소리만 치는 자를 가리키신 것이라면 그를 임용하여서는 일을 망칠 것인데 어찌 적을 막게 할 수 있으며, 만약 옛것을 좋아하고 성인을 사모하는 사람을 큰소리친다고 여기신다면 상의 전교는 매우 온당치 않습니다" 하였다. 선조는 별말이 없었다.

이이가 2년에 걸쳐 집필한 《성학집요》를 올리니, 치도에 도움이 있다 하며 매우 아름답게 여겼다. 격군에 뜻을 두고 힘을 써서 곧 경전과 사책의 요긴한 말 중에서 학문과 정사에 간절한 것을 뽑아 모아 분류 편찬하여 수기·치인으로 순서를 정했으니 모두 5편이었다.

이튿날 상이 경연에 나아가 이이에게 이르기를 "그 글이 매우 간절하고 요긴하니, 이는 부제학의 말이 아니고 바로 성현의 말씀이다. 치도에 매우 도움이 있겠으나 다만 나같이 불민한 군주는 능히 행하지 못할까 걱정될 뿐이다" 하니,

이이가 일어났다가 다시 땅에 엎드려 아뢰기를 "상께서 매양 이런 말씀을 하시니 신은 매우 민망하게 여깁니다. 전하께서는 자질이 탁월하시

니, 성학을 하지 않는 것이지 능력이 없으신 것은 아닙니다. 바라건대 퇴탁하지 마시고 독실한 뜻으로 스스로 분발하시어 윤덕을 이루소서. 옛날 송 신종이 '이것은 요순의 일인데 짐이 어찌 감당할 수가 있겠는가' 하니, 명도가 근심스러운 낯빛으로 '폐하의 이 말씀은 종사와 생민의 복이 아닙니다' 하였는데, 전하의 말씀이 이에 가깝지 않습니까" 하였다.

당파가 생기자 사대부들은 대부분 당파에 휩쓸렸다. 영남의 선비들은 대부분 동인이 되었고, 호남의 선비들은 정철의 영향을 받아서인지 서인이 많았다. 기호지방의 이이와 성혼의 제자들은 서인이 되었다. 그래도 동인이 훨씬 많았다. 안면이나 친분으로 저절로 당파에 속하게 된 사람도 있었고, 이쪽저쪽 드나들고 살피며 기회를 엿보는 자들이 많았다. 그럴수록 말은 많아지게 마련이다. 조정은 불신과 의심의 장소가 되었다.

이이가 양쪽을 무마시킬 것을 고심하여 심의겸과 김효원을 당분간 외직으로 내보낼 것을 생각하였다. 그래서 우의정 노수신과 상의하여 상에게 아뢰도록 하였다.

10월 24일 노수신이 조심스럽게 아뢰기를 "근래 심의겸과 김효원이 서로 흠을 말하므로 이로 인하여 사람들의 말이 시끄러워 사림이 편치 못할 조짐이 있으니, 이 두 사람을 모두 외직에 보임하는 것이 마땅합니다" 하였다.

선조가 "한 조정에 있는 사람들은 서로 다 같이 공경하고 합심하여야 되는 것인데도 서로 헐뜯는다 하니 매우 옳지 못하다. 두 사람을 모두 외직에 보임하라" 하였다.

이이가 아뢰기를 "이 두 사람은 사이가 크게 나쁜 것은 아닙니다. 단지 우리나라 인심이 경조하고 말속의 시끄러움이 더욱 심하여, 두 사람의 친척과 친구들이 각각 들은 말을 전하여 고자질하였으므로 드디어 어지럽게 된 것입니다. 대신은 그것을 진정시켜야 되므로 두 사람을 외직으로 보내어 언근을 끊으려는 것이니, 상께서도 반드시 이 일을 아셔야 할 것입니다. 오늘날 조정에 드러난 간인은 없지만 그렇다고 반드시 소인이 없다고 할 수 있겠습니까. 만약 소인들이 이 두 사람을 붕당을 한다고 지목하여 둘 다 치죄할 계획을 한다면 사림의 화가 일어날 것이니, 이것을 살피지 않아서는 안 됩니다" 하였다.

선조가 "대신은 마땅히 진정시킬 것으로 마음을 먹으라" 하였다.

그리고 심의겸을 개성유수, 김효원을 부령부사로 하였다.

선조는 김효원이 먼저 틀어져서 스스로 당을 만들어 편안하지 못하게 하였다고 여겼기 때문에, 먼 곳으로 내쫓아 견책하는 뜻을 보인 것이고, 심의겸은 오랫동안 존중을 받았기 때문에 가까운 곳으로 내보낸 것이었다. 그러나 동인들은 김효원을 멀리 보냈다고 이이를 비난하였다. 허엽은 대신이 그런 의논을 가벼이 제기하였다고 탓하며 노수신에게 나아가 책망하였다. 사실 당파는 이미 심의겸, 김효원의 문제가 아니었다.

이이가 다시 소대하여 김효원이 병이 있으므로 나은 곳으로 고쳐줄 것을 청하니 선조가 이이가 김효원을 두둔하는 것으로 생각하여 크게 화를 냈으나 바로 사실을 알고 김효원을 삼척부사로 하였다.

편 가르는 것은 인간의 본성으로 항상 존재하는 것이지만, 권력을 쥔 자들이 무자비한 칼을 휘두를 때는 반대하는 자들은 숨을 죽이고 살아야 하기 때문에 파당이 나타나지 않는다. 파당의 존재는 그 사회가 그만큼 다른 때에 비해서 서로 할 말을 할 수 있는 사회임을 말해주는 것이다. 파당의 명칭은 가까운 시기만 해도 대윤 소윤이 있었고 노당 소당이 있었다. 좋은 방향으로 파당이 유지되면 좋을 것인데 인간사가 그렇게 되지 않는다. 세월이 갈수록 변질되고 심해져 상대방을 피로 제거하는 살륙의 쟁투장이 되어버리는 것이 문제다.

선조가 묻기를 "오늘날 민생이 과거에 비해 어떠한가?" 하였다.

이이가 답하기를 "권간이 국정을 담당할 때에 비교해보면 가렴주구는 줄어든 듯하지만, 공부와 요역의 법이 매우 사리에 어긋나서 날로 잘못되어 백성이 그 폐해를 입고 있으니, 만약 고치지 않는다면 비록 날마다 백성을 사랑하라는 전교를 내려도 소용이 없을 것입니다" 하였다.

10월 28일 이이가 서경덕을 추증하였으니 성수침도 추증하자고 하였다. 선조는 포증이 중요한 것이지 작위의 높고 낮음이 무슨 관계가 있겠는가. 서경덕의 증직도 너무 지나친 듯하다 하였다.

이이가 물러 나와 사람들에게 말하기를 "상이 지금 시대의 폐단은 생략하여 강론하지 않고 전 시대의 일에는 강론하기를 좋아하니, 가령 논의가 정밀하고 상세하더라도 시사에 무슨 도움이 되겠는가. 시사는 해 볼 만한 희망을 가질 수 없다" 하고, 이이는 드디어 부제학을 사면하였다. 당파까지 생겨 중재 노력을 하였으나 한쪽에서는 내보냈다고 불평하고 다른 쪽은 멀리 보내 형평에 맞지 않는다고 불평하는 등 양쪽에서 공격하니 일할 마음이 가셨을 것이다.

이해의 왜적의 일은,

2월 29일 비변사와 대신이 입계하여 전라좌수사 김지와 흥양현감 최경회를 체직하였다. 다음 날 비변사가 은밀히 아뢰었다. "신장의 말에 '귀국을 침범한다' 하였는데 그 속이는 거짓말을 다 믿을 수 없다 하더라도 우리의 방비하는 일에 있어서는 미리 조사하는 것이 무방하니, 무장을 골라 뽑고 외방에 있는 파산 무사들도 채비하고서 기다리게 하소서" 하였다.

3월 3일 정결을 서용하였다.

3월 17일 비변사 낭청이 아뢰었다. "대마도주가 보낸 제일선에서 등서해서 올린 서계 안에 '금년 봄에 다수의 적도들이 배를 손질하는데 어떤 나라를 침범하려는 것인지는 모르겠습니다. 만약 귀국을 침범하고자 한다면 즉시 보고하겠습니다'고 하였습니다. 그 서계에 '침범하려 한다'고 한 말이 신장의 말과 같으니, 믿기 어려운 거짓말이라고 하여 미리 조치를 하지 않아서는 안 됩니다. 그러므로 오늘 대신들이 회의하여 각도의 방어사와 조방장에게 대비하도록 하였습니다" 하였다.

이해에 선조는 사서오경의 언해에 착수했는데 이것은 선조의 치적으로 남을 만한 사업이었다.

그리고 조선 역사의 대사건 중 하나인 동서 당파가 표면화되었다. 심의겸이나 김효원은 개인적으로는 명망이 있는 좋은 사람들이었다. 그들이 파벌을 조성하고자 하는 생각은 추호도 없었다. 그들의 추종자 또는 동료들이 상대방을 사사건건 서로 물고 늘어지는 바람에 당파의 단서를 연 사람으로 지목되어 역사의 죄인이 되어버렸다.

이이가 중간에서 무마하려고 애를 썼지만 한번 갈라진 틈은 막을 수가 없었다. 이것이 인간사이다. 그리고 초창기의 당파를 조장한 사람 중 한 사람은 허엽으로, 그것은 동문수학한 후배 박순이 인정을 받아 정승이 되고 자기는 인정을 받지 못한 데서 오는 시기심이 크게 작용하였다.

31세의 이순신은 아직도 무과 준비에 열중하고 있다. 34세의 유성룡은 여묘살이를 끝냈으나 선조의 부름에는 응하지 않고 있었다. 조정의 탁류에 휩쓸리고 싶지 않아서겠지만 그런다고 가만히 놔둘 리가 없었다.

40세의 이이는 동서를 무마하려 하지만 점점 더 힘든 세계로 빠져들고, 그가 피를 토하는 심정으로 외치는 개혁은 멀어져만 간다. 24세의 선조도 힘들기는 마찬가지이다. 인순왕후의 상까지 겹쳐 슬픔과 함께 힘든 상례에 건강이 말이 아니었다.

11
당쟁은 심화되어 간다 :
선조 9년 (1576 병자년)

해가 바뀌고도 당파 싸움은 그칠 줄을 모른다. 두 파 사이에서 비난만 받고 실망한 이이는 해주로 물러간다. 배고픈 백성들에게 전염병까지 겹쳐 많은 사람들이 죽어 간다.

1월 윤두수의 조카 윤현이 이조정랑이 되었는데 이이의 만류를 듣지 않고 조원을 좌랑으로 끌어들였다. 이해수, 정철, 구봉령, 신응시 등은 여전히 김효원을 소인이라고 배척하였다. 정철이 남쪽으로 돌아갈 때 이이에게 김효원을 배척하라고 하였으나 듣지 않았다. 정철은 동인들이 인순왕후가 승하하자 바로 심의겸을 권세를 부리는 외척으로 지목하고 선배들을 공격하는 것을 분하게 여겼다. 또한 이것은 이이가 두둔하기 때문이라며 이이를 탓했다.

동인들은 김효원을 애석히 여기고, 이이가 두 사람을 외직으로 보낸 것을 좋지 않게 여기며 말하기를, "천하에는 둘 다 옳고 그른 적이 없는 법인데, 공이 옳고 그름을 가리지 않고 둘 다 온전하게 하려고 힘쓰니 인심이 불만스럽게 여긴다" 하였다. 이이가 응답하기를 "천하에 진실로 둘 다 옳고 둘 다 그른 것도 있으니, 백이·숙제가 서로 나라를 사양한 것과, 무왕과 백이·숙제가 서로 뜻이 합하지 않은 것은 둘 다 옳은 것이고, 춘추·전국 시대에 의로운 전쟁이 없었던 것은 둘 다 그른 것이다. 김효원과 심의겸의 일은 국가에 관계되는 일이 아닌데도 서로 불화하여 알력을 빚음으로써 조정이 평온하지 못하게까지 되었으니, 이는 둘 다 그른 것이다. 그러나 이들이 모두 그르지만 본시 사류들이니 당연히 화해하고 융합하는 것이 옳다. 그런데 반드시 저쪽은 그르고 이쪽은 옳다고 하면 자꾸만 생겨나는 말과 서로 알력을 빚는 정상이 어느 때에 그치겠는가" 하였다.

이때 이성중이 지평이 되었는데, 대사간 홍성민이 이이의 만류에도 불구하고 동료들의 의견에 쫓기어 이성중을 탄핵하였다. 전에 이조좌랑으로 있을 때 인사를 마음대로 했다는 것이었다. 이에 동인들의 불만이 더욱 커졌다.

이이는 양쪽에서 비난만 받고 자신의 말도 따르지 않자 더욱 조정에 있을 마음이 없어졌다.

김우옹이 김효원을 애석해하자 이이가 김효원의 잘못이 먼저임을 지적하고, 자신의 말을 따르지 않는 것은 정철의 주장이 너무 세기 때문이라 하였다. 김우옹이 어떻게 바로잡을 것인가를 묻자, 이이가 유성룡 김우옹 이발이 중지를 모으면 바로잡게 될 것이라 하였다. 먼저 잘하라는 것이었다.

이이는 노수신과 박순에게도 유성룡, 김성일, 김우옹, 이발, 정철을 모두 불러 보합하고 안정시켜야 한다는 것을 강조하였다. 박순은 이이에게 떠나지 말고 이 일을 맡아서 하라고 간절하게 권하였으나 이이는 서울에 온 후, 한 권의 책도 읽지 못했다며 이러다가 일생을 그르칠까 두렵다고 하며 사양했다.

2월 이이가 계속 사의를 표하자 선조도 화가 났다. 이이를 한나라의 개혁가 가의를 좋지 않게 빗대어 '가의는 말만 잘할 뿐이지 쓸 만한 재주가 아니었다'고 하였다. 박순이 이이를 만류할 것을 청하니 이르기를

"그가 교격스러운 것 같으니 인격이 성숙된 뒤에 쓰는 것도 해로울 것이 없겠다. 그리고 그가 나를 섬기려 하지 않는데 어떻게 그의 뜻을 꺾을 수 있겠는가?" 하였다. 또 구봉령이 이이가 훌륭한 선비임을 말하니 이르기를 "내가 잘은 모르지만 범상한 사람인 것 같다" 하였다. 김우옹도 이이의 뜻을 잘 살펴야 한다고 하였으나 선조는 답하지 않았다. 선조는 고집이 있었다. 이 상황에서 물러간다는 말을 하는 것에 마음이 상한 것이다. 선조의 반응을 들은 이이는 물러가는 일을 서둘렀다.

이이가 해주로 돌아갈 때 이발 등 많은 사람들이 나와서 작별하는데 이이가 말하였다. "권간이 탁란시킨 지가 오래되었었는데, 그 기세를 꺾어 버리고 말끔히 씻어내어 사론이 펴지게 한 것은 어찌 방숙(심의겸) 등 제공의 공이 아니겠는가. 인백(김효원)이 국사를 해보려고 하였다면 의당 거실의 마음을 잃지 말았어야 될 터인데, 선배들을 배척하여 모두 분함을 품도록 하였는가 하면 또 사림들이 서로 대립하게 하였으니, 이는 인백의 죄이다. 이 까닭으로 공론이 억제하여 인백을 외직에 내어보냈으니 이미 중도를 얻은 것이다. 그런데도 미워하기를 지나치게 심히 하고 공격하기를 지나치게 극렬히 하니 이는 선배들의 죄이다. 이처럼 결론을 내리면 실정을 찾은 것이니 지금 이후로는 서로 의심하여 저지하지 말고 허심탄회하게 대처하면 다시 무슨 일이 있겠는가. 만일 이렇게 하지 않으면 조정의 걱정은 그치지 않을 것이다. 옛날에는 단지 사류와 속류의 두 편일 뿐이었는데, 지금은 사류가 두 편으로 나뉘었으니 이렇게 만든 사람이 인백이 아니고 누구이겠는가?"

이이의 판단력이 돋보이는 말이었다. 그러나 아무리 좋은 말도 소용이 없었다. 어쨌든 이이는 양쪽을 중재하려고 많은 노력을 기울였다.

3월 이이가 떠나자 유성룡을 불렀다. 유성룡을 헌납으로 삼고, 전관으로서 한쪽에 치우쳐 이론을 제기한 자를 논하여 윤현, 조원을 외직으로 보냈다. 모두 탄핵하여 체직시킨 것이다.

7월 이준민을 대사헌, 윤두수를 대사간으로 하였다.

8월 허엽을 이조참의로, 이발을 부교리로, 이원익을 정언으로 삼았다. 황해도의 군적이 최고여서 이원익은 이 일로 이름이 드러났다. 이이의 적극적인 추천도 있었다.

10월 정언신을 집의, 조직을 지평, 유성룡을 전한으로 하였다.

11월 좌의정 박순이 조정이 화목하지 못하므로 병을 핑계하고 사직하니 영중추부사로 하고 홍섬을 좌의정으로 하였다.
이순인을 이조좌랑으로 삼았다. 이순인이 일찍이 김효원은 권세를 탐내는 사람이라고 논박한 까닭에 윤현이 끌어올려 전랑으로 삼았다. 그런데 요직에 있으면서 공론이 윤현을 편들지 않는 것을 알고는 도리어 김효원에게 빌붙자, 동류들이 그가 출세를 위해 조급히 여기는 것을 미워하였다.

12월 정철을 다시 불러 응교로 삼았고, 이산보를 이조정랑으로 하였다. 이산보는 중후한 역량을 지니고 있으면서 화평한 의논을 견지하였다.
이 무렵 선조는 이쪽저쪽을 편들지 않고 두루 기용하려고 노력하였다.

이해의 다른 일들을 살펴보자.

1월 전 영의정 이탁이 졸하였다. '이탁은 심사가 정대하고 도량이 웅위하였으며 성심으로 어진 이를 좋아하고 선비를 사랑하였다. 평생 조정에 있으면서 대의에 입각하여 대간을 탄핵하였으므로 늠연히 직신의 절개가 있었고, 청고한 지조도 일세의 으뜸이 되기에 충분하였다. 재기와 간국도 출중하여 전조의 장관으로 있을 적에는 사람들이 모두 그의 공정하고 청렴함에 감복하였고 삼공으로 있을 적에는 태산 같은 인망이 있었는데, 갑자기 병으로 졸하였으므로 탄식하지 않는 이가 없었다.' 이조판서 때에는 역대 가장 공정하고 청렴하다는 평이 났던 훌륭한 사람이었다. 이해수가 그의 아들이다.

3월 방답첨사 이종원이 왜선을 포획하여 왜인의 귀를 올려 보냈으므로 상을 주었다.

4월 어부 10여 명이 왜적에게 잡혀갔으므로 복병장 마도 만호를 죄주는 등 소소한 왜적의 침입이 있었다.

태학 유생들이 5현의 문묘종사를 청했다. 유희춘도 청했으나 윤허하지 않았다.

6월 종친인 풍산군 이종린의 집에 몰래 숨겨둔 양정이 60여 명이나 되어 죄를 주도록 하였다. 양정을 종이라 속이고 군적에서 빠지도록 한 것이다. 국가의 지도층이 이러하니 군정이 제대로 될 수가 없었다.

사람의 간과 쓸개가 창질의 치료에 좋아 값이 많이 나간다는 소문이 돌아 어린이를 유괴하고 남녀노소를 불문하고 배가 갈려 죽은 사람이 많았다. 어른도 혼자 다니면 위험하고 나무꾼도 나무를 하러 갈 수가 없었으므로 현상금을 걸고 체포하게 하였다.

7월 대간은 으레 새 관직을 제수 받을 때에 논핵하는 것이 습관이 되어 있었다. 선조는 모든 관원의 과오를 오늘에야 비로소 들은 것은 아닐 것이니 잘못은 평소에 논핵해야 한다 하였다.

의주목사 곽월이 상소하여 시국의 폐단을 진술하였는데, 그 소의 내용 중에 이준경의 그른 점을 논하고, 또 백인걸이 사림에게 화를 주려 하였으나 주위에서 모두들 반대하니 부끄러워 자퇴하였다고 논했다. 임금이 삼정승을 불러 이르기를, "이준경은 국가의 주석이 되는 원로였는데 곽월이 감히 추후로 헐뜯고, 백인걸은 순수한 충정이 해를 꿰뚫었는데 사림에게 화 주기를 꾀했다고 지적하니, 그 정상이 망측하다. 잡아다가 치죄할 것을 의논하라" 하였다. 영상 홍섬이 아뢰기를, "그런 근거 없는 말을 감히 아뢰니 망령되고 경솔하다 하겠으나 치죄할 것은 없습니다. 관용을 베푸시어 언로를 넓게 열어 주소서" 하였다. 곽월은 임진왜란 때 의병장으로 크게 활약하는 곽재우의 부친이다.

봄부터 전염병이 돌아 여름까지 죽은 사람이 아주 많았다. 평안감사가 도내에서 5월까지 만여 명이 죽었고 그 뒤에도 4천6백여 명이 죽었다는 보고를 하였는데 그 숫자가 놀라울 정도로 많기도 하지만 전염병이 평안도 한 도에만 그치지 않았을 것이니 얼마나 심했는지는 보지 않아도 알 수 있을 것이다. 그런데도 조정은 파당만 일삼으니 한심한 일이었다.

선조가 《대전(大典)》을 열람하다가, 여러 고을에 꼴과 땔나무를 모두 쌓아 두는데 주와 부에는 10만 속을 두고, 길가 고을에는 1만 속을 더 둔다는 말이 있자, 법전대로 꼴과 땔나무를 쌓아 두도록 하교하였다. 조정 신하들이 대부분 올해는 흉년이 들어 백성들이 먹고살기가 곤궁한 터이므로, 이 일은 감당하지 못할 듯하다고 하였으나, 선조가 따르지 않고 시행하였다. 이리하여 민간에 꼴이 귀해지고 수령들이 이 일을 빙자하여 백성들을 괴롭혀 이익을 취하는 자가 많았다.

이이는 이렇게 말했다. "지금 임금이 조종의 좋은 법과 좋은 생각을 회복하려 아니하면서 다만 백성을 병들게 하는 법은 신속히 행하려 하여 백성들로 하여금 더욱 곤란하게 하니, 어찌 운명이 아니겠는가. 또 해마다 섶과 꼴을 쌓으면 썩어서 쓸데없이 되고 한갓 백성의 걱정만 된다. 만일 군사를 일으킬 때를 당하여 임시로 마련한다 해도 어찌 불급(不及)할 우려가 있겠는가. 더구나 해변의 군·읍은 다만 왜구만 막는 것인데 마찬가지로 꼴을 쌓으라고 명했다. 왜구는 반드시 여름에 오는 것이니 여름의 말이 마른 꼴을 능히 먹겠는가, 나라에 이익은 없고 백성에게 해만 되는 것이 이보다 더 심한 것은 없다" 하였다.

꼴을 쌓아 두던 법은 전쟁 때 쓰고자 대비하는 것이다. 선조가 전쟁에 대비하고자 하였다면 먼저 군정을 개혁하는 것이 순서였다. 먼저 할 것은 하지 않고 급하지 않은 것을 서두르게 하여 결과적으로 백성들을 괴롭게 한 것이다. 또 수령들은 그 일을 빙자하여 수탈과 치부의 수단으로 하였다. 이것이 더 큰 문제였다.

일단 당파가 나누어지자 걷잡을 수 없게 되어간다. 양보란 없다. 이이가 아무리 중간에서 절충하려 해도 소용이 없었다. 선조마저도 이이를 과격하고 말만 잘한다고 하며 일을 해 보려고 하지 않으니 될 수 있는 일이 없었다. 어떻게 보면 잘난 사람이 너무나 많았다. 선조 이이 정철 윤두수 유성룡 이발 심의겸 김효원 김우옹 이산해 박순 노수신 허엽 허봉 김성일 등이 있었다.

41세의 이이는 파주로 물러난 후부터 해주의 석담에 거처를 마련하고 교육에 열중하기로 마음을 먹었다. 그리고 살림집과 교육장 등이 어느 정도 준비가 되자 10월에 석담으로 이주하였다. 율곡의 해주시대가 시작된 것이다. 그를 따르는 사람과 배우고자 찾아오는 사람이 많았다. 친한 벗인 우계 성혼과 구봉 송익필과의 교류도 빈번하였으며, 여유롭지는 않았지만 그래도 자신만의 시간을 많이 갖게 되었다.

‖ 이순신, 무과에 급제하다 ‖

32세의 이순신은 드디어 무과에 급제하였다.

초시는 전년에 있었을 것이고 복시와 전시는 보통 봄에 치르는데, 이 해에는 복시는 4월에 있었고 9월 27일에야 전시가 있었다. 복시에 합격하면 일단 과거에는 합격한 것이고, 전시는 복시에 합격한 자들이 임금 앞에서 시험하여 등수를 정하는 것이다. 복시 시험 중에 무경을 외우고 강하는 시험에서 시험관이 "장량이 적송자를 따라가 놀았다 하였으니 장량이 과연 죽지 않았을까?" 하고 물었다. 이순신이 답하기를 "사람이 나면 반드시 죽는 것이요 강목에도 '임자 6년에 유후 장량이 죽었다'고 하였으니 어찌 신선을 따라가 죽지 않았을 리가 있겠습니까. 그것은 다만 가탁하여 한 말이었을 따름입니다" 하였다. 이순신은 본래 문과를 준비했었기 때문에 이런 정도는 쉬운 것이었으나 다른 무과 지망자들은 쉽게 알 수 없는 질문이었다. 시험관들이 서로 돌아보며 놀랐다 한다. 이렇게 복시를 합격하고 전시에서 최종 병과 4등을 했다. 전체 25명 중 12등으로 중간 성적이었다. 과거에 합격하는 경사가 났으니 당연히 선영에 인사를 하러 갔다. 그런데 무덤 앞의 석상이 넘어져 있었다. 여러 하인들이 일으키려고 애를 썼으나 세우지 못했다. 이순신이 하인들을 물리치고 웃옷도 벗지 않고 등으로 떠밀어 일으켜 세웠다. 이순신이 건장하기도 했지만 힘을 잘 이용하는 요령을 파악했기 때문에 할 수 있었던 것이다. 주위에서 '힘으로만 되는 것이 아니다' 하고 탄복하였다. 무과에 합격했다고 해서 바로 발령이 나는 것은 아니다. 어떤 사람들은 몇 년이 걸려도 발령이 안 나는 경우도 있다. 그래도 이순신의 집안이 이름이 있었으므로 비교적 쉽게 12월에 발령을 받았다. 함경도 삼수의 동구비보 권관으로 관직을 시작하였다. 멀기도 하고 열악한 환경에 쉽지 않은 임무이다. 그러나 우리의 이순신은 잘 해낼 것이다.

12
을사년의 억울함이 모두 신원되다 :
선조 10년 (1577 정축년)

    새해 들어 봄이 시작되기도 전부터 전염병으로 죽어가는 사람이 많아 구제하기에 바빴다. 서울에서는 보리밥을 먹어야 병을 면할 수 있다는 소문이 돌아 보리쌀 값이 쌀값과 같아졌고 보리를 구하지 못한 사람들은 차선책으로 백토로 문밖 벽 위에 손바닥을 그렸다. 이해엔 다행히 을사년의 원통함이 모두 신원되어 30여 년에 걸친 모진 한이 풀어진다.

    2월 정인홍을 지평으로 하고, 3월에 김귀영을 예조판서로, 윤현을 호조판서로, 유희춘을 부제학으로, 정걸을 전라수사로 삼았다. 고경명을 쓰려고 하였으나 양사가 반대하여 쓰지 못했다.

    4월 선조가 친아버지의 사당에 제사를 지내려 하니 홍문관에서 반대하였다. 이에 선조가, "그대들은 부모에게서 태어나지 않았는가? 어찌하여 이와 같이 경박한 말을 하는가" 하였는데 허봉이 여러 말을 더하여 선조의 화를 더욱 부추겼다. 허봉은 이것으로 선조의 미움을 샀다.
    이이가 해주에서 이것을 듣고 탄식하기를, "남의 후계가 된 때의 의리가 진실로 중하지만, 낳아 준 은혜도 가볍게 여길 수 없는 것이다. 주상이 대원군의 사당에 제사 지내는 것은 예에 어긋난 점이 없는데, 유신들은 무엇을 보고서 중지하기를 청하였는가?" 하였다.

5월 유희춘이 졸하였다. 향년 65세였다. 젊었을 때는 윤원형을 배척하여 20년을 유배생활을 하였다. 변방 종성에 유배 중에도 학문을 게을리하지 않았고 후학을 양성하는 데에도 열심이었다. 다시 조정에 돌아온 후 옳은 일에 힘썼으며 선조를 좋은 임금을 만들고자 노력하였다. 그는 특히 기억력이 뛰어나서 박학다식하였다. 많은 저술도 있었는데 그중 《미암일기》는 임진왜란으로 사초가 없어진 선조실록을 편찬하는 데 귀중한 자료가 되었다. 그때의 훌륭한 사람 중의 한 분이었다.

6월 인성왕후(공의전: 인종 비)의 병세가 위중했는데 죽음이 머지않았음을 예견했는지 그동안 참고 참았던 윤임 등의 직첩을 환급하는 일을 말하였다. 그러나 선조는 유관, 유인숙의 직첩은 환급하라 하였으나 윤임은 제외하였다. 윤임까지 완전히 환급하게 되면 이제는 정말 을사년에 공훈이라고 했던 위훈을 없애야 하는 것이니 선조도 어려울 수밖에 없었다. 이것을 대신들에게 물었는데 우물쭈물하였다. 노수신의 애매한 태도에 사람들이 크게 실망하였다. 사헌부가 위훈을 삭제하고 공의전이 무고 당한 통분을 풀어 줄 것을 아뢰었다. 7월에도 계속 윤임과 계림군 이유의 역명을 제거하고 위훈을 삭제할 것을 청했다. 8월에도 계속되었고 삼공이 당상 이하를 거느리고 청했다. 그래도 윤허하지 않았다. 그러고도 몇 달이 갔다.

9월 양전(量田)을 명하였다. 이때 양전한 지 오래되어 문서의 기록이 실상과 많이 달랐으므로 이를 명한 것이다. 양전을 실시하는데 필요한 경차관이 백여 명이었다. 그들을 모두 전직 관료들로 임명을 하니 대부분 그 일이 고달프다고 응하지 않았다. 이것이 권력이나 재물이 생기는 일이었다면 뇌물까지 주어 가며 서로 하려고 하였을 것이다. 그래서 궁여지책으로 충찬위의 녹사들을 경차관으로 하고 군읍에 명하여 반드시 생원, 진사로서 유식한 사람을 감관으로 삼게 하였다. 이에 지방의 생원, 진사들이 '감관은 경차관에게 속하게 되는데 잘못이 있으면 형장을 받아야 된다. 우리들이 사족으로서 어찌 서류에게 욕을 받을 수 있는가?' 하고 피했다. 그리고 수령들은 또 수탈의 좋은 기회로 여기고 민간의 미포를 많이 거두어 착복하였다. 그러니 원성이 높았다. 이에 어렵게 생각하고 흉년이 들어 양전할 수 없다는 것으로 핑계를 대고 중지하였다.

이이가 이것을 알고 탄식하여 말하기를, "나라에 기강이 없으면 모든 일을 할 수가 없는 것이다. 지금 유식한 선비들로 하여금 외적을 막게 할 수 있겠는가? 만일 적국이 침입해 오는 외환이 있으면 반드시 무인지경에 들어가듯 할 것이다" 하였다.

이이의 이 말은 깊이 음미할 필요가 있다. 한번 생각해 보자. '지금 외적이 쳐들어온다면?' 깊이 생각해 본다면 이것은 큰일이었다. 이이의 말 그대로 '무인지경에 들어가듯 할 것이다'가 정확한 표현일 것이다. 그러나 그때 만약 그런 말을 내놓고 한다면 대부분 이런 평화 시에 무슨 헛소리냐 하였을 것이다. 이 시절 누가 이런 걱정을 했겠는가. 적어도 이이와 그의 친한 벗인 성혼과 송익필은 이런 걱정을 나누고 있었다. 그리고 이이는 국가 전란에 대한 대비로 양병에 관한 대책을 계속 구상하고 있었다.

이이는 특이하게 어렸을 때부터 일가가 함께 모여 사는 공동사회의 꿈을 가지고 있었다. 해주 석담에 그 꿈을 실현하여 형제들과 친척들이 함께 모여 살게 되었는데 모두 1백여 명이나 되었다. 율곡의 모범된 행동과 통솔로 집안은 규율과 질서가 있고 화목하였다. 그러나 그 많은 수가 먹고사는 것은 걱정이 아닐 수가 없었다. 그래서 대장간을 만들어 호미 등 농기구를 만들어 팔아 생활에 보태기도 하였다. 그래도 살림이 어려우니 점심을 먹지 않았다. 해주에 거주한 목적은 먹는 것이 아니고 가르치는 것이다. 은병정사를 세우고 본격적으로 저술과 후진 양성에 주력하였다. 가르침을 받으러 오는 자가 매우 많았는데 그중에 훗날 이름을 크게 날린 사람들이 있었다.

사계 김장생은 김계휘의 아들이다. 예학의 대가로 인조 때 이름을 날리고 우암 송시열의 스승이 된다.

중봉 조헌은 임진왜란 때 의병장으로 금산 싸움에서 순국한다. 충의로운 사람으로서는 그를 따를 자가 없다.

묵재 이귀는 율곡의 제자로서의 역할을 충실히 한 사람이다. 율곡 사후 율곡을 비난할 때마다 통렬한 반박을 한다. 훗날 인조반정을 이끈 사람이다.

추포 황신은 강직한 사람으로 임진왜란 중에 통신사로 일본에 가게 된다.

윤방은 윤두수의 아들로 인조 때 영의정을 지낸다.

그 외에 이름이 눈에 띄는 사람들은 심예겸, 이정립, 변이중 등이 있고 전라도에서도 배우러 오는 사람들이 많았다. 교육은 장소를 불문했고 격식도 크게 따지지 않아 제자들과 함께 술자리를 같이 하기도 하고 유람도 다녔다. 율곡 이이의 일생에서 가장 한가로우면서도 보람된 순간이었다.

11월 인성왕후의 병세가 아주 위급해져 갔다. 선조가 문안을 드리고 나오자 안에서 통곡하는 소리가 들렸다. 선조도 탄식을 했다. 왕이 되지 않았으면 이런 어려운 일은 맡지 않았을 것이라는 탄식이었다. 그만큼 위훈을 삭제하는 것은 어려운 일이었다. 위훈된 자가 천여 인인데 거기에 딸린 사람들까지 고려하면 수천 명에 해당되는 것이고, 그들이 30

년 동안 자기 재산으로 생각했던 집과 종들을 다 내놓아야 하고, 엉터리 공으로 받았던 관작도 없어지고 엉터리 공으로 양민이 되었던 사람들은 모두 다 천인으로 되돌아가야 한다. 이게 쉬운 일이 아닌 것이다. 그래서 선조는 10년을 버텨왔고 올해도 몇 개월을 힘들게 지내왔는데 이제 그 결론을 낼 때가 되었다. 선조가 결심을 하였다.

11월 28일 전교하였다. "상전의 증후가 여러 달 되었는데 날이 갈수록 위독해지니 내 마음이 망극하기 그지없다. 을사년의 일은 본디 내가 모르는 일이요 선조에서 동맹한 큰일이기 때문에 감히 손을 댈 수가 없었다. 그러나 지금 사세가 이에 이르렀으므로 관작을 회복시키고 위훈을 삭제할 것을 이미 상전에 고하였으니 경들은 알고 있으라. 다만 내가 마지못해서 하는 것이니 후세에서는 나를 구실 삼는 일이 없기를 바란다. 그리고 이것을 교서로 반포할 것이니 잘 지으라" 하였다.

다음 날 인성왕후가 승하하였다. 윤임의 직첩을 돌려주고 위훈을 삭제한다는 말을 듣고 편안하게 승하하였다. 궁인들이 녹훈 관련자가 많아 은밀한 반대가 심했었다. 공의전이 이 때문에 원통함이 더욱 사무쳐 병이 깊어졌었다. 다행히 선조가 마음을 돌리게 되고, 오랜 한을 풀고 가서 주위 사람들도 마음이 편했다. 인성왕후는 인종비답게 현숙한 분이었다. 인종과 함께 젊은 시절 고난을 함께 했고, 인종이 승하한 후 30여 년의 인고의 세월을 보냈다. 윤임의 문제도 어린 왕에게 누가 될까 염려하여 말을 하지 않고 왕의 처분을 기다렸다가 겨우 죽음에 임박해서야 어렵게 말을 꺼낸 것이었다. 1년 전에 아팠을 때 죽으면 상을 아주 간소하게 하라는 유언의 명을 내렸었고 이번에는 '내가 죽은 뒤에는 의원과 의녀를 추문하지 말라' 하였다.

12월 8일 위훈을 삭제하고 신원시킨다는 교서를 반포하였다. 드디어 윤임 등 을사사화 이후 모든 억울한 사람들이 완전히 회복되었고 위훈까지 삭제되었다. 이로써 30년에 걸친 을사사화가 막을 내렸다. 나라의 오랜 체증이 내려간 것이다. 정말 오래 걸렸다.

‖ 이순신, 함경감사 이후백의 칭찬을 받다 ‖

이순신은 처음으로 수행하는 공직 임무에 쉴 틈이 없었다. 조그마한 요새였지만 할 일은 많았다. 2월에는 셋째 아들이 태어났다는 기쁜 소식도 들었다. 어느 날 아마 봄이었을 것이다. 함경감사 이후백의 순시가 있었다. 여러 진과 보를 순시하며 병기 등의 준비와 방어태세 및 장수들의 무술 실력도 점검하였는데, 제대로 된 곳도 거의 없고, 장수들의 활쏘기 실력도 형편없어 형장을 맞지 않은 사람이 거의 없었다. 그런데 이순신은 오히려 칭찬을 받았다. 신입이라 열심히 준비한 덕분이겠지만 이순신의 활 솜씨가 보통이 아니었던 것이다. 이순신이 용기를 내어 말하기를 "사또의 형벌이 너무 엄해서 변방 장수들이 손발 둘 곳을 모릅니다" 하니 이후백이 웃으면서 "그대 말이 옳다. 그러나 난들 어찌 옳고 그른 것을 가리지 않고 하랴" 하였다.

청련 이후백은 청현직을 두루 거친 유능한 인재였다. 임금이 신하들에게 보이는 정시에서 장원할 정도로 학문과 문장도 출중하고 그 사람됨은 침착하고 중후하며 기개가 있었다. 또한 공사에 있어서는 청렴하고 엄격한 사람이었다. 그런데 서인이라 밀려 함경감사로 발령 난 것이었다. 그런데 부임한 이후 함흥에 문회서원을 짓고 인재를 양성하였다. 주현의 백성들 중에 시서를 외우고 글을 잘 짓는 사람이 있으면 친히 그와 주객의 예를 차리니 사람들에게 저절로 권장이 되어 글을 숭상하는 풍습이 성하게 되었다. 그 결과 조정에 등용된 자가 많게 되었다 한다. 이후백은 이후 10월에 이조판서로 임명되어 공정한 인사에 힘쓰다가 다음 해 6월 병으로 갑자기 졸하게 된다. 아까운 사람이었다. 국가에는 이런 사람이 필요한데 안타까운 일이었다. 이순신으로서도 이런 상관과의 좋은 인연은 보통 인연이 아닌 것인데 아쉽게 되었다.

33세로 동구비보에 근무하는 이순신은 감사 이후백의 순시 때 병기 등의 준비와 활쏘기를 잘하여 신임을 얻을 정도로 잘하고 있었다. 36세의 유성룡은 중견 관료로 빛을 내기 시작하고 있었고, 42세의 이이는 해주에서 후진양성 중에도 항상 나라 걱정이 많았다. 겨울에 인성왕후의 상으로 잠시 상경하였다가 다시 돌아갔다. 26세의 선조는 임금으로서의 연륜이 붙어 가고 있었다.

13
이이 상소하여 선조의 분발을 촉구하다 :
선조 11년 (1578 무인년)

3월 해주에서 후진 양성에 힘을 기울이던 이이가 서울에 올라왔다. 대사간으로 부름을 받았고 마침 인성왕후의 출상 때라 사직하더라도 올라와서 하는 것이 도리라 생각한 것이지 머무를 생각은 아니었다. 선조도 굳이 만류하려는 기색이 없었다.

집의 정철이 화평한 논의를 가지고 이이를 붙잡았고 김계휘와 이지함이 서울에 머물 것을 적극 권했다. 특히 이지함은 이이가 조정에 있어야 나라가 위망의 지경에 이르지 않을 것이라며 만류하였다. 그러나 이이는 정철에게 다시 한번 화해를 하도록 당부하고 돌아갔다.

좌의정 홍섬, 우의정 노수신이 모두 병을 핑계로 사면을 청하니 체직하였다. 부제학 이산해가 이이에게 "노수신이 정승에서 체직된 것이 시사에 관계가 있는가?" 하자, 이이가 "노수신이 정승으로서 이렇다 할 건명의 사실이 없어서 사람들이 그를 하찮게 여기고 있다. 그러나 지금 같은 상황에서 아무리 경국제세의 재능을 가진 사람을 정승 자리에 있게 한다 하더라도 그가 어떻게 무엇을 할 수 있겠는가. 공장으로 비유하자면 노 정승은 팔짱을 끼고 앉아서 먹는 사람과 같아서 이익도 없지만 그렇다고 해를 주는 것도 없다. 그러나 노 정승이 체직된 뒤에 도움은 주지 못하고 훼방이나 놓는 자에게 그 자리를 맡게 한다면 그 피해가 어찌 크지 않겠는가" 하였다. 이산해가 옳다고 생각하고 곧 차자를 올렸는데 윤허하지 않았다. 그러나 얼마 지나지 않아 다시 복직시켰다.

4월 사헌부 지평 김천일이 병을 핑계하고 고향으로 돌아갔다. 천일이 청백하다는 이름으로 발탁되어 지평이 되었다. 하루는 입시하였다가 당시의 폐단을 극진히 진달하고 또 어진 인재를 거두어 등용할 것을 주청하였는데 사연이 간곡하고 절실하였으며 많은 말로 진시에서 사시까지 아뢰었으나 상이 답하지 않았다. 그러자 천일은 의기가 저상되어 마침내 병을 핑계로 사직하였다. 다시 임실 현감에 제수하였다.

5월 5일 사헌부가 아뢰기를 "아산 현감 이지함과 임실 현감 김천일을 체직하여 상당한 직에 제수하소서" 하니,

답하기를, "어진 사람을 등용하는 것은 백성을 다스리기 위해서인데 백성 다스리는 데 쓰지 않고 어디에 쓰겠는가? 그런 말은 할 필요가 없다. 윤허하지 않는다" 하였다.

5월 6일 아산현감 이지함이 시폐를 진술한 상소를 올렸다. 선조가 그대의 뜻이 옳다고 답하였다. 이지함이 부임하여 백성들의 질고를 물으니, 아산에 어지가 있어 괴로운 것이 된다 하였다. 대개 읍에는 양어지가 있는데, 인민을 시켜 돌려 가며 고기를 잡아들이게 하므로 영세민들이 심히 괴로워하였다. 그래서 이지함은 그 못을 없애버렸다. 명령을 내리는 것은 모두 백성을 사랑하는 것을 위주로 하니 백성들이 그를 칭송하였다. 그러나 얼마 지나지 않아 이질을 얻어 갑자기 졸하였다. 아까운 인재였다.

이때 이이는 물러가 해주에 거처하고 있었고, 김우옹도 병을 핑계로 향리로 돌아가 있었다. 선조가 대사간으로 이이를 다시 불렀다. 그러나 이번에는 쉽게 올라올 생각이 없었다.

이이가 상소하여 아뢰기를, "전하께서 신이 쓸 만한가의 여부를 알려

고 하신다면 마땅히 시사에 대해 하문하셔야 합니다. 그리하여 그 말을 쓸 수가 없다면 다시 부르지 말기 바랍니다" 하니,

선조가 답하기를, "그대의 상소 내용은 살펴보았다. 간장이 오래 비어 있기 때문에 본직을 체직한다. 그리고 그대가 품은 생각이 있으면 실봉으로 계문하도록 하라" 하였다.

이에 이이가 상소하였다. 임금의 병폐를 말하고 분발을 요했으며 당시의 폐단을 진술하고 그 폐단을 구제할 수 있는 방책에 대해 진술하였다.

먼저 선조의 병폐를 네 가지로 지적하였다. 첫째는 실질적인 것을 추구하지 않고 실천을 하지 않는 것, 둘째는 정치를 잘해 보겠다는 마음이 없어 하는 일이 없다는 것. 셋째는 능력 있는 신하를 믿고 쓰지 않아 되는 일이 없다는 것. 넷째는 폐단을 경장하지 않아 백성이 도탄에 빠져 있다는 것이었다. 임금의 병폐라고 직설적으로 지적하여 선조의 분발을 촉구하려는 의도였다. 그 외의 절실한 말들을 간추려 보면,

'선을 행하면 하늘이 상서를 내려 주고 악을 행하면 재앙을 내려 주며, 백성들은 자신을 보살펴 주면 임금으로 여기지만 포악하게 하면 원수로 여기게 됩니다. 그래서 하늘의 뜻과 백성의 마음을 환하게 관찰할 수 있습니다. 이러한 사실을 임금이 모르는 것은 아니지만 선을 행하는 경우가 적은 것은 욕심에 가로막혀 자기의 본심을 잃은 때문입니다.

전하께서 세상일을 유념하고 계시며 백성들의 시련을 염려하고 계시지만 지금까지 정사의 폐단을 한 가지도 고치지 못하였고 백성이 겪고 있는 고통을 한 가지도 해결하지 못하고 있는 것은 전하께서 전규만을 굳게 지키시고 변통할 것을 생각하지 않고 있기 때문입니다.

조종의 성헌에 있어서는 빈 명칭만 지키고 있을 뿐 실속이 없으며, 근대의 폐법에 대해서는 그대로 따르는 데만 힘쓸 뿐 고치지 않고 있으

니 정치가 부흥되지 못하고 백성들이 곤궁하게 되는 것은 주로 이 때문입니다.

연산군이 정했던 공안 같은 것은 바로 임사홍이 설치한 법에 지나지 않습니다. 그런데, 저 임사홍 같은 무리가 만들어 놓은 폐법을 반드시 탁월한 재능을 가진 사람만이 개정할 수 있다고 한다면 말이 되겠습니까. 가령 오늘날 이 잘못된 전례를 고치지 않는다면 비록 성주가 위에서 걱정하고 훌륭한 정승이 아래에서 몸이 지치도록 충성을 다한다 하더라도 백성들이 못살게 되는 폐해를 구제할 길이 없어서 마침내는 망하고야 말 것입니다.

오래될수록 온갖 병폐가 더욱더 발생하여 정사는 날이 갈수록 문란해지고 기강은 날이 갈수록 무너져 가며 백성의 생활은 날이 갈수록 괴로워지고 풍속은 날이 갈수록 퇴패됩니다. 이렇듯 온 나라 기강이 무너져 마치 터져 흐르는 강물을 막아 낼 수 없는 것 같은 상태가 되었으니, 그 까닭은 무엇이겠습니까. 전하께서도 그 실상을 알고 계실 것인데 어찌하여 반복해서 생각해 보지 않으십니까.

오늘날 나라의 형편과 백성들의 정황으로 볼 때 일이 없는 보통 때일지라도 이미 병이 깊어 정신이 오락가락하는 사람이 형체는 겨우 보존하고 있으나 숨이 곧 끊어져 가는 것과 같습니다. 그런데 만약 만에 하나 조정 안에서는 소인들이 사림에게 화를 전가시키는 일이 발생하고 밖에서는 전쟁이 벌어질 조짐이 생겨 적이 침입해오는 일이 있게 된다면 이는 국가의 운명이 끝장나는 계기가 될 것입니다. 소인들이 사림들에게 화를 전가시키는 작태에 대해서는 성명이 위에 계시니 걱정하지 않아도 되겠습니다만 전쟁의 경우는 어찌 반드시 없을 것이라고 보장할 수 있겠습니까.

만일 오늘날에 외적의 침략을 받게 된다면 비록 1만 명이 못되는 기병이 온다 하더라도 어느 사람이 감히 막아 내겠습니까.

지금 신이 애끓는 음성으로 속마음을 피력하여 여러 편의 상소와 연속적인 글을 이미 물러나서도 오히려 그만두지 못하고 올리는 것은 다만 전하의 자질이 도에 들어갈 수 있다고 보고 오늘 깨닫지 못하시면 내일은 반드시 허물을 뉘우치실 것으로 믿고 있기 때문입니다. 아, 신의 계책은 참으로 자신을 헤아리지 못한 것이오나 신의 정상은 참으로 슬프다 하겠습니다.

전하께서 진실로 어느 날 시급히 개연히 분발하시어 「사람의 성품은 모두 선한데 나만 홀로 요순이 될 수 없단 말인가. 도는 고금의 차이가 없는데 나만 홀로 지극한 다스림을 일으키지 못한단 말인가. 조종이 나에게 부탁해 주신 왕업을 어찌 차마 내가 직접 무너뜨릴 수가 있겠는가. 조종이 바른 도로 다스리던 백성들을 어찌 차마 지금 와서 버릴 수가 있겠는가. 인재는 다른 시대에서 빌려오는 것이 아닌데 우리나라에 어찌 인재가 전혀 없겠는가. 법은 때에 따라 변통을 해야 하는 것인데 옛 규례라 하여 어찌 다 지킬 수 있단 말인가」 하시고, 이미 이 마음을 분발하시어 기본을 세우시고 지난날의 잘못을 깊이 뉘우치시어 손수 애통해 하시는 전교를 써서 내리시는 한편 지성으로 현능한 사람을 부르시고 지성으로 충성된 말을 구하시며 전날의 평상적인 일만을 따르던 습관을 벗어 버리시고 온 나라의 신하와 백성들의 희망을 북돋아 주소서.

지금 신이 드리는 말씀은 범연히 하는 말이 아니옵고 감히 전하의 몸에 핍절한 병통을 가지고 정성을 다하여 말씀드리는 것이오니 삼가 바라건대 전하께서는 보통 말로 여기지 마시고 다시 깊은 생각을 더해 주소서. 우리나라의 운명이 비색해질 것인가 태평해질 것인가 하는 기틀과, 종사가 보존되느냐 망하느냐의 기틀과, 천명과 인심이 떠나느냐 결합되느냐 하는 기틀이 전하께서 선을 따르느냐 따르지 않느냐의 여부에서 결판될 뿐입니다.

폐단이 있는 법은 당연히 고쳐야 하며 새로운 제도로서 행할 만한 것은 반드시 여러 사람의 의논을 널리 채택하여 명백하게 살펴보고 정밀하게 선택해서 고치기도 하고 새로 만들기도 하여 시의에 맞도록 힘써야 할 것입니다. 그리하여 정치의 하자와 백성의 폐해를 일체 제거시켜야 합니다. 그리고 반드시 주·현으로 하여금 부렴을 너그럽고 공평하게 하고 요역을 가볍고 고르게 하여 관리에게는 까다로운 정무가 없게 하고 백성들에게는 일정한 생업이 있게 한다면 하늘의 뜻을 돌릴 수 있고 백성들의 마음을 얻을 수 있어서 교화가 베풀어지고 예악이 일어날 수 있을 것이니 어찌 다만 위망을 면할 뿐이겠습니까.

지금은 위망의 현상이 이미 보이는데 명철하고 성스러운 전하께서 도모하지 않으시겠습니까. 형세가 급박하고 정상이 시급하오니 조금도 늦출 수 없습니다' 하였다.

충직하고 애절한 내용이었다. 선조가 상소의 내용을 살펴보고 충직함을 매우 가상히 여긴다고 하였다. 그러나 불러도 오지는 않은 데다가 상소 내용이 자신만을 지적한 것이어서 형식적으로 답한 것이었다.

성혼이 율곡의 상소를 읽어 보고 말하기를, "참으로 이른바 곧은 말로 극진히 간한 경국제세의 말이다. 이 말이 윤허를 받는가의 여부는 바로 시운에 관계되는 것이니, 인력으로 미칠 수 있는 것이 아니다" 하였다.

6월 2일 직제학 정철을 동부승지로 승진시켰는데 두 번 사직하였으나 허락하지 않았다. 이때 동인 서인 하는 당파가 더욱 무성하였다. 이이가 정철에게 권고하여 연소한 사류들과 교분을 두텁게 해서 동인, 서인의 설을 타파해야 한다고 하였다. 정철이 처음에는 그 말을 따랐다. 그런데 그때 지평 홍가신이 이조좌랑 조원이 사정을 따른 잘못이 있다고 탄핵하였다. 홍가신은 젊어서부터 조원과 친한 벗이었는데도 그를 논박하여 스스로 공론에 맞추니 이이는 그를 풍력이 있다고 칭찬하였으나 정철은 편하게 여기질 않았다. 홍가신이 서인과 맞지 않아 공격하는 것인가 하고 의심했기 때문이었다. 이처럼 이이와 정철 두 사람조차도 지향하는 뜻이 동일하지 않았다.

7월 16일 전교하기를 "사대부로서 하민 이름을 가탁하여 해택을 점유하고 있는 자는 즉시 규찰 핵실하여 풍기를 진작시키라" 하고,

또 "황해도 갈대밭을 사람들이 많이들 다투어 점유하고 있는데 그 이끗의 근원을 막기가 어렵다. 내 생각은 그곳을 개간하여 둔전을 만들고 거기서 나오는 것을 거두어 관서지방에 실어 보내어 군량미를 충족시키는 것이 어떨까 한다. 비변사에 이르라" 하였다.

비변사가, 사체가 중대하다는 이유로 대신에게 의논하여 시행하기를 청했다.

이에 전교하기를 "아뢴 대로 하라. 본도의 감사에게 강명한 차사원을 정하여 타량하게 하라. 그리고 시일의 구근을 따지지 말고 입안하되 묵은 곳부터 먼저 하게 하라" 하였다.

8월 백인걸을 우참찬으로 삼았다. 상이 손수 비답을 써서 칭찬하는 말로 타이르고 사직을 허락하지 않으니, 드디어 입시하였다. 선조가 용모를 고치며 간절하게 물었으나 인걸이 귀가 어둡고 말이 둔하여 하고 싶은 말을 다하지 못하였다. 그것을 한스럽게 여겼고 직분을 다하지 못하였다고 하여 녹봉을 받지 않았는데, 선조가 그 말을 듣고 유사에게 명하여 녹봉의 쌀을 실어다 주게 하였다.

영의정 권철이 졸하였다. 비록 건의하여 밝힌 것은 없었지만 신중하게 법을 지켰으므로 사람들이 감히 그의 흠을 논하지 않았고 복 있는 정승이라고 일컬었다. 후일 구국의 명장 도원수 권율이 그의 아들이다.

선조가 출행하여 나이 어린 병사가 있는 것을 보고 가엽게 여겨 어린 병사들은 돌려보내게 하였으나 고향에 돌아가면 수령에게 다시 고된 신역을 받을 것이 두려워 돌아가기를 원하는 자가 적었다.

군사의 역은 본래 중국 제도를 본받아 그 역을 농민에게 부과하고 서울에 상번하는 자들에게는 다만 수위를 맡게 하였다. 그들에게 필요한 비용과 장비는 보인 세 사람이 부담하도록 하여 번을 서게 되면 그 날짜를 계산하여 녹질을 주게 하였으니 군사를 대우하는 일이 제법 후하였었다. 그런데 천인 종모법을 실시한 후로 양민들이 점점 천적에 들어가게 되어서 군사의 수가 크게 감축되었다. 그리고 시대가 평화롭다 보니 국법이 퇴폐되어 한가롭게 놀면서 병역을 피하는 자들을 관에서 군사 대장을 만들지 못하고 있었다. 또 각 사 노비가 피하고 달아났기 때문에 상번한 군사가 모두 각 사의 입역에 배치되어 날마다 이서들에게 시달리고, 보인이 구비되지 않아서 자급할 길이 없게 되었다. 그래서 입역자가 도망을 하고 나면 그 족속과 이웃이 받는 폐해가 더욱 불어나게 되었고 수령은 그 궐원을 충당할 길이 없어서 마침내 어린아이까지 뽑아 충당하게 되었다. 또한 수군·관군·조례 등의 역군을 두었는데 정군에 비하여 더욱 괴롭기 때문에 어떤 사람은 스스로 어린 아들의 나이를 올려 정군에 충역시켜서 다른 잡역을 피하고 있었다. 군정의 폐단이 이렇게 심했다.

9월 김계휘를 대사헌으로 삼았다. 김계휘는 벼슬길이 점점 혼탁해져서 관리들이 탐욕스러워 장오를 일삼고 무관심하는 자가 많아지자 수십 인을 탄핵하여 추방하였다. 그들은 모두 형세 있는 가정의 친속이었으므로 원수로 여겨 원망하는 자가 많았다. 또 정실의 왕자는 없고 후궁이 낳은 여러 왕자들이 점점 자라나는데 세자가 정해지지 않은 것을 보고 경연에 입시하여 경전에 밝고 행실이 닦여진 사람을 가려 사부로 삼아서 보필하고 인도하는 일을 책임지게 할 것을 청하니, 상이 허락을 하지 않았으나 얼마 후에 사부를 두어 왕자를 가르치게 하여 마침내 그의 말대로 하였다.

‖ 삼윤을 탄핵하다 ‖

10월 양사가 윤두수, 윤근수, 윤현을 논핵하여 파직시켰다.

이들을 파직함으로써 동인과 서인은 화합할 수 없는 길로 들어섰는데 그 전말은 이러하였다.

대사헌 김계휘는 비록 서인으로 분류되었지만 재능과 인망이 있었으므로 나이 젊은 사류들이 중시하였다. 당시 윤현·김성일이 함께 전랑이 되었었는데 서로의 논의에 모순이 있어서 마침내 틈이 생겼다. 윤현의 숙부 윤두수, 윤근수가 모두 숙덕과 인망으로 요직에 있으면서 서인을 부추기고 동인을 억제하고자 하는 뜻을 가지고 있었기 때문에 동인들이 더욱 윤현을 미워하였다. 윤두수는 성품이 단순하고 솔직하여 몸과 마음을 검속하는 일이 적었지만 청렴하지 못하다는 기롱이 있었다. 후배 중에서 그 점을 탄핵하고자 하는 자가 있자 김계휘가 저지하며 말하기를, "지금 선비의 논의가 들끓고 있으니 그것을 진정시키도록 노력해야지 공격을 하는 것은 옳은 일이 아니다" 하였는데, 이 일 때문에 김계휘 역시 후배들이 의심을 하였다.

교리 강서는 경연에서 아뢰기를 "사류들이 동인과 서인으로 갈라졌는데 두 쪽 모두 쓸 만한 사람들입니다. 그러니 한쪽 사람은 버리고 한쪽 사람만 취해서는 안 됩니다" 하였다.

정철은 서인의 대표 격이었고 이발은 동인의 대표 격이었는데, 두 사람이 모두 명성이 있어서 당시 사람들에게 추대를 받고 있었다. 그래서 이이가 정철과 이발 두 사람에게 말하기를 "그대들이 의논을 화평하게 유지하고 마음을 함께하여 협조를 해간다면 사림은 아마 무사할 것이다" 하였다. 그 말이 매우 간절하여 정철은 자기 소견을 바꾸어 이발과 더불어 교분을 정하고 조정의 의논을 전개하기도 하였다.

그러나 이이가 아무리 동서 화합을 위하여 노력하여도 이미 될 일이 아니었다. 동인 중에 뒤늦게 속한 자들이 자신들 입지를 세우기 위해 다투어 서인을 공격하고자 하였다. 이들은 윤두수, 윤근수, 윤현 세 사람을 사악의 괴수라고 지목하고 있었다.

당시 무안현감 전응정이 뇌물을 바친 사실이 발각되어 하옥시킨 다음 국문을 하였는데, 이 일로 인하여 조정안에서 탐관이 경계의 대상이었다. 이때 진도군수 이수가 쌀을 운반하여 윤두수, 윤근수, 윤현 세 사람에게 뇌물로 주었다는 말이 돌았다. 그런데 이것은 이수가 윤씨 집과 친척이었기 때문에 죄에 빠뜨리려는 모함성 유언비어에 가까웠다. 하여튼 김성일이 그 말을 들었는데 그냥 넘어갈 사람이 아니었다. 경연에서 "어떤 사람이 배에 곡식을 가득히 실어다 요직에 있는 자에게 주었습니다" 하니, 교리 강서가, "성일이 두서없는 말을 하니 자못 간관의 기풍이 없습니다" 하였다. 성일이 다시 아뢰기를, "곡식을 받은 자는 윤두수, 근수 및 그 조카 윤현이요, 준 자는 진도 군수 이수입니다" 하였다. 이때 윤두수가 도승지로서 자리에 있었는데 엎드리면서, "이수는 신의 사촌입니다. 신에게 늙은 어미가 있으므로 어물을 보내왔으나 다른 것은 신도 알지 못합니다" 하였다. 강서는 삼윤과 사이가 좋았는데, 윤씨 집을 가리키는지 몰라서 성일을 공격한 것인데 말썽이 되고 말았으니 후회한들 소용없는 일이었다.

대간이 마침내 이수를 탄핵하여 구속해 심문을 하였다. 부제학 허엽이 양사가 뇌물을 받은 자를 논핵하지 않은 잘못을 탄핵하여 체직시켰다. 새로 제수된 장령 이발 등이 세 사람을 죄주자고 여러 번 청했으나 윤허하지 않았다.

대사헌 김계휘가 휴가를 받아 고향에 가 있었는데 그 말을 듣고 말하기를, "젊은이들이 마음 씀씀이가 공정하지 못하니 이들과 함께 일을 하지 못하겠다. 내가 차라리 죄를 얻고 물러나는 것이 좋겠다" 하고, 곧 서울에 올라와 복명하고, 즉시 아뢰기를 "윤두수, 윤근수, 윤현 이 세 사람은 모두 어진 선비로 탁용된 자들이니 별로 대단한 과오가 없을뿐더러, 지금 그들이 뇌물을 받았다는 일에 있어서도 사실인지 아닌지 알 수 없습니다. 어떻게 남몰래 죄에 빠뜨리려는 자들이 만들어 낸 말이 아닌지 알겠습니까. 우선 옥사가 이루어지기를 기다렸다가 죄를 다스려도 늦지 않을 터인데 먼저 세 사람의 이름을 뽑아서 범연히 죄를 다스리고자 청한 것은 선비를 대우하는 도리가 아닙니다. 사류의 진퇴는 관계되는 바가 가볍지 않은 것이어서 부득이 논계합니다" 하였다.

이에 후배들이 들고 일어나 김계휘가 나라 망칠 말을 하였다고 지적하고 마침내 논핵, 체직시켜 전라감사로 내보냈다. 헌납 심충겸도 김계휘의 의논에 편들다가 또한 배척을 당했다. 그리고 새로 임명된 대사헌 박대립, 대사간 이산해가 윤두수, 윤근수, 윤현 세 사람의 죄악을 파헤쳐 마구 공격하였는데 그것은 모두 장령 이발이 떠도는 말을 주워 모아 직접 쓴 것이었다. 이리하여 조정이 대단히 시끄러워졌고 정철과 이발의 사이도 다시 크게 틀어져 동인·서인이 다시는 화합할 희망이 없게 되었다.

이때 전 옹진 현령 이신로 역시 뇌물을 준 일 때문에 탄핵을 당하고 하옥되었는데 뇌물을 받은 자는 우상 노수신이라고 사람들이 말하였지만, 대간의 논의가 아울러 탄핵하기에 곤란하다 하여 중지하였다. 그러자 이수의 일도 억울하다는 말이 있게 되었는데 동인들은 옥사가 이루어지지 않으면 도리어 세 사람에게 당할까 염려하여 법조문을 각박하게 하느라고 못하는 짓이 없었다.

헌부가 이수가 뇌물로 준 쌀을 장사꾼인 장세량의 집에 두었다는 말을 듣고 다른 일을 핑계로 하여 장세량을 체포 구속하여 금부에 이송하였는데, 이것을 그르게 생각하는 사람들이 많으므로 다른 일을 끌어들여 그 일을 정당화시키려 하였다. 장세량은 본래 진도의 공물 납인으로 그 집에 둔 쌀은 공물의 값으로 바치는 쌀이었고 문서도 모두 보존되어 있었다. 그런데 마침 진도의 저리 중에 이수와 원한을 맺은 자가 있었는데 그 저리를 잡아 문초하니 이수가 세 윤씨에게 뇌물로 준 쌀이라고 공초하였다. 그러나 장세량과 이수는 끝까지 승복하지 않았다.

대간은 저리의 말에 따라 세 사람을 죄줄 것을 청하였다. 이리하여 선조는 할 수 없이 이 논의에 따라 윤현, 윤두수, 윤근수 세 사람을 파직시켰다.

당시에 김귀영이 가장 탐욕스럽고 야비하기로 이름이 났으나 그의 권세가 대단하여 어느 누구도 감히 언급하지 못했다. 논자들이 말하기를 "김현경이 이조판서가 되자 윤두수, 윤근수, 윤현이 탐오로 죄를 얻었다. 비록 선을 좋아하고 악을 미워한다고 하더라도 어느 사람이 그 말을 믿겠는가" 하였다.

이 후로는 동인에 가담한 자들이 날로 늘어나게 되었다.

11월 정철을 대사헌으로 삼았다. 정철이 시론이 공평하지 못한 것에 대해 분한 마음을 먹고서 벼슬에서 물러나 고향으로 돌아가려고 하였는데 이 명이 있었다. 그래도 관직에 나아가려 하지 않았다. 그러자 이이가 서신을 보내어 '사류들이 그대를 의심하는 것이 비록 사류들의 잘못이라고는 하지만, 그대가 말을 삼가지 않은 탓도 있으니 그대 스스로 취한 것을 가지고 전적으로 시배들을 탓해서는 안 된다. 지금 그대가 관직에 나오지 아니하면 사류들의 의심과 저해는 더욱 심해져서 끝내 화합할 수 없게 될 것이며, 만일 후일에 사류를 공격하는 자들이 그대를 빙자하여 중요한 논란거리로 삼는다면 그대의 수치인 것이다. 그러니 반드시 이번에 관직에 나와서 의논의 평화를 유지해서 사류들의 의심을 풀어 주어야 할 것이다' 하니, 정철이 관직에 나왔다. 이이가 비록 외방에 나와 있어도 나랏일이 걱정되어 차라리 조정에 들어가 동인·서인의 의견을 조정하여 화합시키는 책임을 맡고자 하였다.

성혼이 경계하기 "이미 도가 시행되지 않는다고 하여 벼슬을 버리고 떠났는데 아무 이유 없이 다시 나가는 것은 의리에 근거할 데가 없다. 예로부터 도를 행하려는 군자가 그 도가 행해질 것인지 아닌지의 여부를 따져 보지도 않고 단지 싸움을 말리는 것으로 능사를 삼는다는 말을 들어 보지 못하였다" 하였다. 이에 이이가 조정에 들어가려던 일을 중지하였다.

12월 세말 사면으로 윤두수, 근수 및 윤현을 모두 서용하자, 간관이 "이수의 옥사가 아직 결말이 안 난 지금 복직시켜서는 안 된다" 하였는데, 대사헌 정철만이 이수의 옥사를 원통한 것이라고 여겨 논의에 참여하지 않았다. 이에 동인들이 더욱 정철을 사당을 위한다고 헐뜯었다. 정철은 탄핵을 받아 체직되었다.

이제신을 진주 목사로 삼았다. 제신은 오랫동안 보통 관직에 막혀 있었다. 이번에 사간에 제수하였는데 숙배하지 않았다. 그러자 조정에서 진주에 호강한 족속이 많아서 다스리기가 어렵다고 여겨 특선하여 목사로 삼은 것이었다. 제신은 엄격하고 공정하여 부역을 균등히 하였으며 결단함에 있어 기탄하는 바가 없었다. 이런 조치가 진주의 유지들과 서리들에게는 못마땅하였다. 그래서 서리들이 그의 병부를 훔쳐 내어 그가 죄에 걸려 파면되기를 바랐는데 선조가 그 사실을 알고 몇 사람을 국문 치죄하도록 하였다. 호강들이 크게 좌절되었으나 그들은 조정의 대신들과 연결되어 있었으므로 조정에 비방하는 소리가 떠들썩하였고 공론도 역시 그가 지나치게 엄하다고 하였다. 이에 이제신은 사직하였다.

34세의 이순신은 북방 근무에 열심이었고, 37세의 유성룡은 8월에 휴가를 얻어 안동에 어머니를 뵈러 갔다.

14
동서 당파는 화합의 길에서 멀어져 갔다 :
선조 12년 (1579 기묘년)

해가 바뀌어도 좋아지는 것은 없다. 이제 반대파를 공격하는 것은 일상사가 되면서 더욱 심해져만 간다. 보다 못한 이이가 동인의 잘못을 말하지만 결과는 좋아질 리가 없다.

2월 박순을 영의정, 유성룡을 동부승지, 심의겸을 함경도 관찰사로 하였다.

흰 무지개가 두 번이나 태양을 가로지르자, 상이 하교하여 구언하였다. 이에 사헌부가 상차하여 당시의 폐단을 논하였는데 동인과 서인의 시비를 말하면서 심의겸을 소인이라 하고 정철과 김계휘를 사당이라고 하며 서인을 드러나게 배척하였다. 이식·홍혼·정희적 등이 대간이 되면서 더욱 강력하게 주장하였는데, 국시를 정해서 서인이 다시 조정에 들어오는 길을 막으려고 하였다.

3월 25일 김우옹이 선조에게 심의겸과 김효원을 좋게 이야기하여 편당을 무마하고자 하니 선조가 받아들였다.

‖ 이이가 동인의 잘못을 지적하다 ‖

4월 선조가 장세량이 오래도록 자복하지 않는 것을 보고 억울함이 있는가 의심하여 삼공에게 물었다. 그러나 삼공은 시론을 거스를까 두려워하여 감히 대답하지 못하니, 선조가 그를 석방하라고 특명을 내렸다. 그러자 정원이 시끄럽게 아뢰면서 그 특명을 금부에 내리지 않고 모두 네 차례나 아뢰었다. 이에 선조가 노하여 입직 승지 김우굉·송응개를 파직하고 도승지 이산해 등을 모두 체직하라고 명하였다. 다음 날 양사와 옥당이 다투어 논하였으나 받아들이지 않았고, 대신들도 승지를 파직하지 말라고 주청하였으나 모두 따르지 않았다. 이에 이수와 장세량이 마침내 석방되었다.

장세량이 뇌물을 받아 두었다는 죄목으로는 법률상으로 볼 때 세 번의 형신만 해야 한다. 그리고 반드시 사죄에 해당하는 죄수라야 그 실정을 자복할 때까지 형신하는 것인데, 동인들은 기필코 장세량에게 자복을 받아 내어 삼윤을 체포하고자 하였다. 그래서 무고한 사람을 죽이는 것도 염두에 두지 않았다. 단지 그 옥사가 성립되지 않아 도리어 그 화를 당하게 될까만을 걱정하였다. 이로 말미암아 사람들의 소문이 좋지 않았다.

이이가 이발에게 편지를 보내 이 일에 대해 준엄하게 책망하였다.

선조가 조강에 나아가 이르기를 "대간의 논의가 윤씨 집안의 일을 너무 심하게 잡고 늘어진다" 하였다. 유성룡이 이수의 일은 윤가에게 사원이 있어 한 것은 아닐 것이라고 변명하였다.

5월 22일 대사간의 벼슬로 이이를 부르니 이이가 병을 핑계로 사양하고 오지 않고서 상소를 올렸다. 동서의 분당에 대하여 논하면서 '동인이 서인을 공격함이 너무 심하여 억지로 시비를 결정하고자 하니 바라건대 동서의 당론을 타파하고 사류들을 보합게 하여 그들이 한마음으로 나라에 몸 바치게 하소서' 하였다. 그러나 선조는 상소의 사연이 시사에 맞지 않는다는 이유로 이이를 체직하라 하였다. 그 후 양사와 옥당에서 이이를 어지럽게 논박하였다.

이이가 시골에 있어도 방문하는 사람도 많고 전하는 것도 많아 조정의 돌아가는 상황을 어느 정도는 알고 있었다. 이번에는 동인의 행위가 너무 심하다는 생각이 들어 상소하는 중에 동인의 잘못을 언급했는데 동인 측에서는 이이를 완전히 서인으로 몰고 공격하였다. 그리고 이이를 모함하여 탄핵하려고 하여 그 꼬투리를 찾았는데 어처구니없는 일이었다.

6월 8일 집의 홍혼, 유성룡, 김우옹 등이 이이의 상소로 인하여 이이를 크게 비판하였다.

사실, 화합할 생각은 하지 않고 자신들의 견해만 옳은 것으로 생각하고 남을 하찮게 생각하는 것을 스스로 반성할 일이지, 동서의 화합을 위해 노력하는 이이를 비판할 일은 아니었다. 이원익이 말년에 사람들에게 '동, 서의 의논이 있던 처음에 이이가 심하게 패한 것은 그가 두 당 사이에 중립해서 양편으로부터 공격을 받았기 때문이다' 하였다.

6월 16일 이발이 이이에게 편지를 보냈다. 비난하는 편지에 가까웠다. 이에 이이가 장문의 답서를 보냈다. 나무라는 내용이었다. 그 대략을 보면,

'나의 소 가운데 이른바 깊이 염려하고 먼 장래를 위한 식견이 있는 사람이라고 한 것은 바로 그대들 두서너 사람을 가리킨 것이네. 그런데

이제 그대의 뜻도 과격한 의논과 서로 부합되니, 다시 무슨 말을 하겠는가.

지난번에 어떤 사람이 옥당의 상소는 곧 그대의 손에서 지어졌다고 하였으나, 나는 이 말을 매우 의심하여 그대의 평소 마음먹은 바가 단연코 이와 같지는 않을 것이라고 믿고, 아마 이것은 거짓으로 전한 말이라고 여겼네. 그런데 지금 보내온 편지를 받고 나서 더욱 실망하였네.

'인백(김효원)을 옳게 여기는 사람은 비록 유속일지라도 모두 공심이요, 방숙(심의겸)을 옳게 여기는 사람은 비록 사류일지라도 모두 사심이다'라고 하였으니, 이것이 과연 성실하여 거짓이 없는 말인가. 인백은 내가 처음에는 자세히 알지 못하였으나, 그의 하는 일을 차차 보고 또 믿을 만한 사람들에게 차차 들어 보고서, 비로소 그가 쓸 만한 사람임을 알게 되었네. 심의겸과는 본래 서로 알고 있었는데, 그는 다만 외척 중에서 조금 나은 사람일 뿐이네. 비록 이 사람이 없어도 세상에는 아무런 손해도 없을 것이요, 이미 사류들과 서로 불화하였으니, 비록 쓰지 않아도 될 것이나 다만 소인이라고는 할 수 없네. 나의 뜻은 이와 같네. 내가 김효원을 좋게 여기지 않는 것은 아니나, 다만 그대가 임금께 실상대로 아뢰지 않은 것이 한스럽네. 혹시 마음에 해롭지 않겠는가.

물은 본래 소리가 없지마는, 바위의 울퉁불퉁한 곳을 만나면 소리가 나게 되니, 이것이 어찌 물의 허물이겠는가. '칼날을 피한다'고 한 것은, 지금 마음의 공사는 논하지 않고, 말 한마디라도 합하지 않으면 흠점을 캐려는 의론이 마구 일어나니, 이것이 칼날이 아니고 무엇인가. 그대들이 칼날을 세우지 않는다면, 어째서 칼날을 세우는 사람들을 억제하지 않는가.

내가 상소한 것은 사류들을 양편 다 온전하게 하여 조정을 편안하게 하고자 한 것이지, 본래 소요시킬 계획은 아니었는데, 다만 한 편에 치우친 사람들은 자기에게 알력이 있을까 두려워하기 때문에 스스로 소란을 일으키니, 나 또한 어떻게 하겠는가. 사람은 비록 지극히 어리석더라도 남을 꾸짖는 일에는 밝으며, 비록 총명하더라도 자기를 용서하는 일에는 어두운 법이네. 몇 해 전에, 계함(정철)이 서인이 주장하는 견해를 편벽되게 고집하며 도리어 나를 의심하므로, 나는 그대와 더불어 입이 쓰도록 간절히 말하고, 힘을 다하여 만류해 마음을 돌렸는데, 지금 그대는 계함을 어떻게 여기는가. 오늘날 그대가 동인을 주장하는 것도 또한 계함이 서인을 주장하는 것과 다른 것이 없으니, 어찌 계함을 꾸짖던 것으로 반성하여 자기를 책망하지 않는가.

인심의 두려워함과 유식한 사람의 걱정이 을해년보다 심한데도 바야흐로 시끄럽게 사람들을 향해서 다투어 변론하기를, '동인은 옳고 서인은 그르다' 하니, 이 말은 다만 같은 무리로서 벼슬길을 구하는 사람이나 믿을 뿐이지, 다른 사람이야 누가 이를 믿겠는가. 만약 오늘날의 일을 처리함이 중도를 얻었다면, 누가 동인은 옳고 서인은 그르다고 하지 않겠는가. 지금 이미 그 과실을 본받으면서도 이와 같이 스스로 옳다고 하니, 명색이 군자인 자가 무턱대고 행하거나 거꾸로 시행하더라도 군자 됨에 해가 안 되는가.

지금 그대들의 소견은 이미 배척하는 것으로 공론을 삼으면서도 화평을 하고자 하니, 하는 일의 진퇴가 근거가 없어서 모양을 이루지 못하네. 만약 가슴속이 명백하고 밝게 트였다면, 이런 따위의 모호한 식견이나 의론이 어디서 나오겠는가. 만약 화평을 하고자 한다면 김효원과 심의겸의 구구한 시비의 분별이 무슨 큰 관계가 되겠는가. 내버려 두고 묻지 말고 그 우열만을 보아서 등용하거나 버리면 될 것이네. 만약 배척을 하고자 한다면 또한 마땅히 분명하게 그 죄를 바로잡아야 될 것인데, 무슨 까닭으로 입으로는 화평을 말하면서 마음속으로는 배척을 주장하는

가. 이는 마치 그 목을 조르고 그 뺨을 치면서도 그와 서로 잘 지내기를 구하는 것과 같은 것이네.

경함(이발)은 평소에 글을 읽어 무슨 사업을 하고자 하였기에, 오늘날 조정에 있으면서 기관을 다하여 다만 동인만 돕고 서인을 억누르는 일을 성취하려고 할 뿐인가. 유자의 도를 행하는 것이 과연 여기에 그치는가.

그대가 숙부(김우옹), 이현(유성룡)과 마음을 같이하고 힘을 합한다면, 혹시 바로잡을 수 있을 것이네. 다만 듣건대, 이현의 뜻이 과격한 사람과 같다고 하니, 만약 그렇다면 바라는 바가 아닌데, 과연 그러한가. 다만 생각건대, 숙부가 출처의 의리를 온전하게 하고자 한다면 만류하기가 어려우니, 이것이 근심스럽네. 그대와 이현은 일을 처리함이 중도를 잃어, 이미 호랑이와 들소가 우리에서 뛰어나오게 한 책임을 면하지 못하였으니, 모름지기 머물러 시사를 수습하여 우리들로 하여금 사지에 귀양 가지 않게 하는 것이 또한 한 가지 방도이네.

우리들이 다투는 것은 의리일 뿐, 나는 실로 조금이라도 편파적이거나 분노하는 마음은 없네. 다만 나의 성품이 느슨하여 본래 화복에는 마음이 없으니, 도리가 만약 굽히지 않았다면 가령 쇠바퀴가 이마 위에서 돈다 해도 조금도 흔들리지 않을 것인데, 하물며 온 세상이 막된 말로 비난하는 것이야 어찌 나의 일호나마 움직이겠는가. 만약 도리가 굽혔다면 비록 삼척동자가 머리에 진흙칠을 하고 가시나무를 등에 지게 하더라도 또한 달가운 마음으로 사양하지 않을 것이네' 하였다.

이 답서를 받은 이발이 다시 편지를 보냈다. 사림을 해치려고 하는 것 아니냐는 내용까지 있었다. 다시 답서를 보냈다. 그 대략은,

'형의 의론은 그 마음을 의론한 것이고, 나의 의론은 그 자취를 의론한 것이네. 사람을 관찰할 적에는 마땅히 그 마음으로써 하고, 상벌은 마

땅히 그 자취로써 해야 하는 것이니, 만약 그 자취는 논하지 않고 다만 마음으로써 상 주고 벌준다면 인심을 복종시킬 수 없네.

심의겸은 외척으로 약간 두각을 나타낸 사람이니 진실로 말할 것이 못 되지만 김효원도 역시 기국과 도량이 얕고 학술도 짧으니, 다만 사류 속에 둘뿐이며, 유림의 종장이 될 만한 사람은 아니네. 이 사람들의 시비가 어찌 시운의 성하고 쇠하는 데 관계되겠는가. 두 사람의 시비의 분변은 나라의 치란에는 관계되지 않으나, 도리어 시비를 분변하기 때문에 인재를 망가뜨리고 국맥을 상하게 하였네. 온 세상이 그 풍조를 따라 그렇다는 것을 깨닫지 못하니, 이것은 참으로 아이들의 소견이네.

또한 떠돌아다니는 늙은 재신은 전날 서인에게 뜻을 얻지 못하였는데, 오늘날 뜻을 얻어 바야흐로 동인에게 충성을 바치고자 하니, 그들이 조제하는 것을 그르게 여기는 것은 도리와 형세가 그렇게 되는 것이네. 이런 사람들은 곧 덮인 것을 열고 마른 잎을 흔들어 떨어뜨리는 것처럼 쉬운 일이므로, 때가 변하고 세력이 가면 또 동인을 배척할 것이니, 어찌 믿을 수 있겠는가.

형이 이미 사람을 해친다고 나를 의심한다면, 죽고 사는 것도 돌볼 것이 없을 것인데, 어찌 반드시 오늘날의 일을 구제하려고 하겠는가. 말의 순서가 매우 조리에 맞지 않으므로 형이 희롱을 하는가 의심하였는데, 지금 말하기를, '희롱하는 말이 아니다' 하니, 몹시 부끄럽네. 이것은 내가 형편없어서 스스로 현형에게 경시를 당한 것이니, 마땅히 스스로 반성해야 되겠네. 또 형이 내가 홀로 형에게만 힘써 권하고 서인에게는 경계하지 않는다고 의심하니, 이것도 그렇지 않네. 내가 먼저 형에게 알린 말을 서인이 듣지 못했으니, 그 서인에게 경계한 말을 형이 어찌 들을 수 있겠는가.

오늘날 조제의 책임은 동인에게 있네. 만약 뒷날에 번복될 것을 어찌 미리 헤아릴 수 있겠는가. 대저 군자의 도리는 '차라리 남이 나를 저버릴지언정 나는 남을 저버림이 없어야 된다' 하니, 번복될 것을 미리 헤아려 먼저 거조를 잘못하는 것은 옳지 못하네. 하물며 사변은 한이 없으니, 어찌 계손의 걱정이 전유에 있지 않을 줄 알겠는가. 현명한 사람이 더 살펴 준다면 매우 다행이겠네. 이현이 남쪽 고향으로 돌아가고, 숙부도 물러가기를 결정하였으니, 시사가 진실로 근심스럽네. 다만 이현의 물러감은 분수와 의리에 결점이 있는 듯하니, 형이 권해서 만류할 수 없겠는가. 형은 이미 일을 맡았으니, 비록 여러 현명한 사람이 모두 물러가더라도 마땅히 혼자서라도 그 책임을 맡아서 죄를 얻고 난 뒤에야 떠나는 것이 옳을 것이네' 하였다.

아무리 좋은 이야기를 한들 무슨 소용이 있는가. 이발도 보통 사람이 아니고 이미 마음이 변해서 돌이킬 수 없는데 공허한 메아리일 뿐이었다.

6월 28일 정언 송응형이 방정맞고 음흉하고 성미가 급한데 먼저 말을 내어 이이를 탄핵하여 동인으로 입지를 굳히고자 하였다. 이내 동료들에게 의논하였지만 대사간 권덕여 등이 따르지 않았다. 그러자 응형이 피혐하며 아뢰기를 "지난번 백인걸이 상소를 올려 시사를 논한 것 가운데 한 조목은 이이가 대술한 것임을 조정 사이에서는 들어서 모르는 사람이 없음은 물론 대신 쓴 초고를 직접 본 사람도 있습니다. 백인걸은 늙어 꼬부라진 사람이니 나무랄 것도 없습니다. 그러나 이이는 경악의 구신으로 산야에 물러가 살고 있으니 생각하는 바가 있으면 숨김이 없이 직접 진달해야 할 것인데 무엇을 꺼려 감히 자취를 숨기고 거짓 꾸며서 몰래 대술해서 천청을 미혹하려 했단 말입니까? 신이 그 잘못을 논하여 과실을 바로잡으려 하다가 동료들에게 저지되었습니다" 하였다.

대사간 권덕여 등이 아뢰기를 "그를 논박함에 있어 파직시키려니 휴직하고 초야에 있는 몸이요 추고하려니 공사에 간여된 것이 아니라서 별로 할 만한 일이 없습니다. 그래서 송응형과 논의가 불합했던 것입니다. 지금 그가 피혐한 내용을 보니 자취를 숨기고 비밀히 속인 것이라고까지 배척했습니다만 신들은 그렇지 않다고 여깁니다" 하였다.

7월 1일 선조가 이조판서 이문형을 불러 묻기를 "들으니 경이 백인걸의 집에 갔을 적에 백인걸이 저번 날의 상소는 바로 이이의 손에서 나온 것이라고 했다 했는데 이 말이 사실인가?" 하였다.

이문형이 답하기를 "신이 백인걸의 집에 가서 만나 보고 우연히 묻기를 '전일 상소 가운데 한 조목이 이이가 쓴 상소의 내용과 서로 동일한 곳이 있는데 왜 그런가?' 하니, 백인걸이 답하기를 '이이와 통하였다'고 하였습니다" 하였다.

선조가 옥당의 차자에 답하기를 "남을 시켜 상소하게 했다니 이는 실로 놀랍고 해괴한 일이다. 뜻이 비록 화평을 귀하게 여기는 것이지만 이치상 그 죄과는 숨기기가 어렵다. 출사에 대한 일은 아뢴 대로 하라" 하였다. 이런 일을 백인걸이 전해 들었다.

7월 2일 백인걸이 상소하여 "시사를 논하고자 하였으나 글이 짧아서 뜻을 진달할 수가 없을까 저어하여 이이에게 보내어 윤색하게 한 것입니다. 정자도 남을 대신하여 저술한 것이 많았기 때문에 신도 혐의쩍게 여기지 않고 남에게 말을 전한 것입니다. 신이 비록 변변찮으나 어찌 자신의 뜻이 아닌 것을 남이 시키는 대로 따랐겠습니까" 하였다.

선조가 답하기를 "경의 상소를 보고야 비로소 사건의 전말을 알았으니 경은 안심하라" 하였다. 이 여파로 서로 피혐하여 양사가 갈렸다.

정지연을 대사헌에, 홍혼을 집의에, 이원익·김성일을 장령에, 성혼·강서를 지평에, 구봉령을 대사간에, 최황을 사간에, 이노를 헌납에, 김태정·허감을 정언에 제수하였다.

정지연은 사양하여 체직시키고 이산해로 대신케 하였다. 새로 임명된 대사헌 이산해 등이 역시 이이를 헐뜯기 그지없었고, 집의 홍혼은 더욱 분개하여 "어찌 응형을 체직시켜 언로를 막아서야 되겠는가" 하면서 상소를 올려 다투려고까지 하였는데, 유성룡·이발이 힘써 말려 중지시켰다.

김우옹이 듣고서 말하기를 "만일 사헌부의 상소가 올라갔다면 나도 역시 상소하여 그들이 어진 이를 해치는 죄를 배척하고 나도 물러갈 것이다" 하였다. 우의정 노수신은, "사헌부가 과연 이이를 공격하였다면, 우리들도 마땅히 그들의 잘못을 아뢸 것이다" 하였다.

그리고 노수신이 동몽훈도 박형에게 묻기를 "송응형이 이이를 공격하고 있는데 바깥의 의논은 어떠하던가?" 하자,

박형이 말하기를 "시론이 비록 이공을 헐뜯고 있지만 이공은 훼손할 수가 없습니다. 우리 문하에 교유하고 있는 학도들이 3백, 4백 인이 되는데 내가 그들의 뜻을 시험하고자 하여 여러 사람에게 묻기를 '이공은 어떤 사람인가' 하니, 그를 군자라고 하지 않은 사람은 한 사람도 없었습니다. 이들은 바로 후일의 사림입니다. 한때 어떤 사람이 망령되게 헐뜯는다고 하더라도 후일의 공론을 없앨 수 있겠습니까" 하였다. 노수신이 참으로 그렇다고 여겼다.

그 뒤에 경연 석상에서 박순과 더불어 선조에게 아뢰기를 "이이는 인품이 분명히 군자입니다. 비록 소탈한 실수가 있다고 하더라도 나라를 걱정하는 정성에서 나온 것이니 헐뜯는 의논을 해서는 안 됩니다" 하니,

선조가 "사람들이 이이가 백인걸을 유도하여 상소하게 했다고 말하였기 때문에 나도 그를 그르게 여겼다. 그런데 지금 그 사실을 들어 보니

서로 의견만을 통하였을 뿐이었으니, 이것이 무슨 허물이 있겠는가" 하였다.

이때 동인들 중에 부박한 자들이 기필코 이이를 해치려고 하였는데, 대신과 김우옹이 큰 소리로 그들의 기를 꺾었기 때문에 끝내 자행하지 못하였다.

이때에 백인걸과 이이처럼 덕망이 있는 어진 사람도 탄핵을 받는 일을 면하지 못하게 되었다. 그러자 이때부터 공론이 동인을 일컬어 편당이라 하였고, 여염의 백성들도 모두 동인을 소인으로 지목하였다. 이발과 김우옹 등은 그 말을 싫어하여 억지로 조정하여 화합하는 논의를 해서 조정이 조금 안정되었다. 사람들이 말하기를 "이이의 상소가 비록 억제당하였으나, 국사에 도움이 없지 않았다" 하였다.

이이가 말했다. "서인은 꼭 '심이 옳고 김이 그르다' 하는데, 진실로 미혹한 일이요, 동인의 '김이 옳고 심이 그르다'는 말도 저쪽에서 하는 말을 막자는 것이니, 이것 역시 미혹이 아닐 수 없다. 심의겸이 자신의 덕과 힘을 헤아리지 않고 국사를 하려는 것이 이미 글렀고, 김효원이 선배를 경솔하게 훼방하여 선비들로 하여금 동·서 양쪽으로 분열되게 한 것이 또 어찌 옳으랴. 일을 말하면 두 사람이 모두 그르고 재주를 말하면 두 사람이 모두 속류보다 나으니 버려서는 안 된다. 만약 '김이 심보다 낫다' 하면, 말이 옳거니와, 만약 '김이 옳고 심이 그르다' 하면, 사리에 맞는 말이 아니다. 가령 두 사람이 분명히 시비가 있다 하더라도 이것은 국가에 관계 있는 것이 아닌 것이다. 이것을 분별하려 하기 때문에 사론이 결렬되어 인재를 버리고 국맥을 상하게 하여 큰 화단이 되었다. 온 세상이 이에 휘말려 들어 잘못을 깨닫지 못하니, 아! 어찌 운명이 아니랴" 하였다.

7월 대사간 구봉령이 사양하고 나오지 않았다. 구봉령은 사류들이 서로 갈라지고 논의가 부정하다는 말을 듣고 조정에 들어와 바로잡아 구제하려고 하였는데 친한 벗들이 힘써 만류해서 병을 핑계로 사양한 것이다. 구봉령도 조정하여 화합해야 한다는 논의를 주장했으므로 사람들이 서인으로 지목하였으나 영남 선비들의 명망을 짊어지고 있었기 때문에 세상의 심한 비난을 받지는 않았다.

선조가 경연에 나아가자 좌의정 노수신이 문형을 맡을 만한 사람으로 구봉령, 이이, 허봉을 추천하였다. 그리고 아뢰기를 "신이 이이를 거두어 등용하기를 주청한 것이 여러 번이었는데 지금까지 분부를 내리지 않고 계시니, 무슨 이유 때문입니까?" 하니,

선조가 "이이에 대해서는 나도 알고 있다. 내 나이가 아직 젊고 그 사람 역시 늙지 않았으니 좀 늦는다고 한들 무슨 관계가 있겠는가" 하였다.

8월 김명원을 의주목사로 삼고 품계를 더하여 가선으로 올리니, 대간이 논의하여 개정할 것을 청하였다.

선조가 이르기를 "장차 명원을 등용하여 서방의 장수로 삼으려 하니 개정할 수 없다" 하였다. 김명원이 외방에 나가게 된 것은 이산해에게 거스름을 당했기 때문이었다.

9월 윤두수를 다시 서용하여 연안 부사로 삼았다. 인견하여 "내가 경을 대우함에 있어 내직과 외직이라 하여 간격을 두지 않고 있으니, 경도 내직과 외직을 구분하지 말고 잠시 외직에 나가 있으라. 뒤에 마땅히 다시 부를 것이다" 하였다. 윤두수가 물러가 사람들에게 말하기를, "처음 생각에는 오랫동안 성상과 이별하게 되었으므로 한번 우러러 뵙고자 한

것이었다. 그런데 상께서 정녕하게 말씀하시니 감격함으로 인해 눈물이 샘솟듯 하여 마침내 감히 용안을 우러러 뵙지 못했다" 하였다.

사관은 '윤두수는 심의겸과 가장 친했다. 또한 을해년에 김효원의 당을 지나치게 배척하자 논자들이 조정을 탁란시키는 무리라고 지목하였다. 그리고 뇌물을 탐했다는 이유로 탄핵을 받았으므로 선비들이 버린 사람으로 취급하였다. 그런데 상만은 구신으로 대우하고 끝내 붙들어 세워서 마침내 크게 등용하였으니, 성상의 밝은 헤아림은 당시의 신하들이 미칠 바가 아니었다' 하고 논하였다.

윤근수는 강릉부사로 했다가 그 어머니를 위하여 다시 개성유수로 하였다.

백인걸이 졸하였다. 83세였다. 그 기풍과 절의를 중히 여겨 선조가 총애하고 염려하였다. 조선의 선비 정신을 지킨 선비 중의 선비였다.

이해의 다른 일들을 살펴보면,

3월 김우옹이 영남 백성들이 기근으로 고통받고 있으니 구제할 것을 말하고, 수령들이 호강을 억제하는 것이 심하고 탐관오리들이 백성들에게 횡포를 부리면서 허물을 호강들에게 돌리고 있음을 말하였다.

4월 19일 경연에서 유성룡이 "뜻을 세우면 만사가 다 잘되고 뜻을 세우지 않으면 만사가 모두 무너지는 것입니다" 하였다. 강을 마치자 유성룡과 윤선각이 모두 민간의 질고에 대하여 아뢰었다. 김우옹은 또 변장들의 횡포를 말하였다. 좌상 노수신은 "여러 사람들이 매양 민간의 질고에 대해 말하고 있으나 구제책에 대해서는 말하지 않으니 어디에 쓰겠습니까" 하였다. 맞는 지적이었다.

5월 김성일을 사헌부 장령으로 삼았다. 김성일은 근시로 있을 적에 귀근들을 논핵하였으므로 많은 사람들이 두려워하여 전상호(殿上虎)라고 일컬었다. 하원군 이정은 왕실의 지친으로서 술에 빠져 방자하게 행동하고 여염에 침해를 끼치고 있었는데, 김성일이 그 집의 노복을 체포하여 중형으로 다스리니, 궁가에서 원망하고 노엽게 여겼으나 감히 말하지 못하였다.

선조가 경연 석상에서 "근래에 염치가 아주 없어지고 있는데 무엇 때문에 그러한가?" 하고 묻자, 성일이 대답하기를 "대신으로서 뇌물을 받은 자도 있으니 염치가 없어진 것은 괴이하게 여길 것이 없습니다" 하였다. 이때 정승 노수신이 수석에 있다가 나아가 땅에 부복하고 아뢰기를, "성일의 말이 옳습니다. 신의 일가 사람이 북방의 변장이 되었는데 신에게 늙은 어미가 있다 하여 작은 초피 갓옷을 보내왔기에 신이 받아서 어미에게 주었습니다" 하였다. 선조가 "대간의 곧은 말과 대신이 허물을 인책한 것은 둘 다 정도를 얻었다고 할 만하다. 신료들이 서로 이와 같이 책려한다면 나랏일을 잘해 갈 수 있다" 하였다.

목첨을 도승지로 삼았는데, 이는 구신을 특별히 발탁하여 등용한 것이었다.

허엽을 경상감사로 하였다. 선조가 허엽을 나이 많은 구신이라 하여 먼저 등용하였다. 그러나 백성을 보살피고 통솔하는 재능이 없어서 문부가 수북이 쌓이도록 잘 결재해 내지 못했고, 사민들의 시끄러운 소송을 잘 판단하여 처리하지도 못하였다. 그러고는 관사를 아전들에게만 맡겨 정사가 어긋나고 어지러웠기 때문에 백성들이 매우 원망하였다. 대체로 이때에 국가가 태평하여 오로지 문학의 명망만으로 사람을 취하였으므로 재능을 가진 사람이 자기 재능을 나타낼 방도가 없었다.

6월 27일 전라도에 큰물이 져서 인물이 다수 표류되고 전답이 모두 매몰되는 등 전고에 없던 재해가 발생하여 보기에 참혹하다는 감사의 보고가 있었다.

11월 곽재유란 사람이 말하기를 '사람을 죽인 자, 장오를 범한 자, 군사를 패배시킨 자가 죽지 않으니 이로 인해 장차 나라가 망할 것이다' 하였는데, 모두 명언이라 하였다.

‖ 이순신, 훈련원 봉사로 근무하다 ‖

35세의 이순신은 2월에 만기가 되어 함경도 임기를 끝내고 돌아와 훈련원 봉사가 되었다. 여기라고 근무가 쉬운 것은 아니었다. 병조정랑 서익이 자기와 친한 사람을 서열을 뛰어넘어 참군으로 승진시키려고 서류를 올리게 하였다. 이순신이 마침 담당 장무관으로 있었는데 따르지 않고, "아래 있는 자를 건너뛰어 올리면 당연히 승진할 사람이 승진하지 못하게 되는 일이라 공평하지 못할뿐더러 또 법규도 고칠 수 없는 것이오" 하였다. 병조정랑은 병조의 인사책임자로서 막강한 위치였다. 그 위력으로 강요하였지만 끝내 듣지 않았다. 서익은 크게 화가 났지만 이 일은 어쩔 수가 없었다. 그는 보통내기가 아니어서 다른 사람들이 두려워하는 존재인데 앞으로 어떤 불이익을 당할지는 알 수가 없었다. 또 한번은 병조판서 김귀영이 서녀 딸을 첩으로 주려고 하였다. 그러나 이순신은 "벼슬길에 갓나온 내가 어찌 권세 있는 집에 발을 들여놓을 수가 있겠는가" 하며 거절하였다. 그 마음은 가상하나 굴러 온 복을 차버린 느낌이다. 그러다 10월에는 충청병사의 군관이 되었다. 거기서도 이순신의 결벽성은 계속된다. 그가 거처하는 방에는 옷과 이불뿐이었으며 휴가차 집에 다녀올 때엔 남은 쌀을 반납하였다. 충청병사가 좋은 사람이었기에 이순신을 좋게 여겼고 자신의 잘못된 행동을 지적해도 기꺼이 받아주었다.

38세의 유성룡은 수시로 근친을 핑계로 안동으로 내려갔다. 어지러운 당파 싸움에 휘말리기 싫어서 그랬던 것 같다.
이이는 44세로 당파에 근심이 쌓여가고, 선조는 28세로 이제는 어른이라고 할 만하게 되었다.

15
선조 다시 태어나다 :
선조 13년 (1580 경진년)

즉위 14년째의 선조는 그동안의 임금 노릇에 시달리고 지쳐서 몸이 상했는지 심하게 아파 10월에는 거의 죽다 살아나게 된다. 여전히 자연재해는 극심하고 전염병은 창궐해서 못 먹고 못 입는 백성들의 피해는 크다.

2월 정철은 강원도 관찰사가 되어 나갔다. 그에게 또 다른 재능을 발휘할 기회가 생긴 것이다. 그를 가사문학의 대가로 만든 유명한 〈관동별곡〉은 이때에 태어난 것이다. 그렇다고 정사를 소홀히 하지는 않았지만 정철은 차라리 관직을 그만두고 가사 문학에만 전념했으면 그 개인에게는 더 좋았을 것이다.

윤4월 유성룡은 상주목사로 나갔다. 시끄러운 세상이 싫은 유성룡은 노모의 봉양을 핑계로 외직을 청했고 선조가 허락한 것이었다.

궁궐 안에서 알 수 없는 공사를 하므로 홍문관에서 그래서는 안 된다는 차자가 있었다. 이에 대해 선조가 화가 났다.

윤4월 13일 "대체로 궁궐에 관한 일은 내 집의 일이므로 외신이 간여해 말할 것이 아니다. 이러한 풍습을 한번 열어 놓으면 후일에 반드시 간신이 이 일을 구실삼아 차마 말 못 할 큰일을 저지를 자가 있을 것이다. 논계한 일을 이제는 다시 변론하지는 않겠다. 다만 먼저 제창한 자를 힐문하려던 것은 말의 출처를 물어보려는 것이었는데 불문에 부치고 말겠다. 이른바 후원에서 영선한다는 일을 들어와 살펴본 후에 한마디 하려 했는데 지금 어기고 들어오지 않았으니 내 또한 무슨 말을 하겠는가. 대저 신하가 진언할 때 말 한마디에 지혜로운 사람이라고 여길 수도 있고 경망한 사람이라고 여길 수도 있으니 신중하게 말하지 않아서는 안 된다. 차자에 이른 말에 대하여는 유의하겠다" 하였다.

잘못되어 가고 있는 현실을 초야의 선비들이 가만히 있지만은 않았다.

윤4월 20일 전욱의 상소에, 조정의 불화한 현상을 언급하고, '사혐을 품고 무죄한 사람을 탄핵하며 근거 없는 말을 선동하여 전리로 추방하는 등, 위로는 성상의 총명을 속이고 아래로는 말 못 할 울분을 끼치고 있다······'고 하였다.

이에 대해 선조가 전교하기를 "초야에 사는 사람으로서 반드시 목격한 것이 있어서 한 말일 것인데, 무슨 일을 지적하는 것인지는 알지 못하겠다. 대체로 신하가 붕당을 조직하여 서로 대립하려고 하는 것은 그 죄가 이미 큰 것인데 사혐을 품고 군주를 속이기까지 하는 것은 더욱 놀랄 일이다. 이 뜻을 상세히 알라" 하였다.

6월 2일 해주의 유학 박추가 상소하기를 "외방에 있는 탐관오리들이 사욕에 탐닉하여 이치를 어기고 도리를 손상시키며 백성을 병들게 하고 나라를 좀먹으니, 감사와 도사를 심복의 신하로 선택하여 이목의 책임을 위임하면 수령의 현부와 민생의 휴척과 관고의 허실을 잘 알게 될 것이므로 상벌을 분명하게 하여 권장과 징계를 행할 수 있을 것입니다. 수령들이 가장 두려워하는 것이 어사이니 강직하고 청렴하여 특이한 조행이 있는 신하를 선발하여 어사로 삼아, 각 읍의 양곡 수량을 모두 파악하게 하고 수령들로 하여금 염산을 관장하되 낭비하는 일이 없도록 하소서. 또한 옛날 모곡에 대비하는 법을 설치한 것은 나라를 위해 이식을 늘려서 모손되는 것에 대비하는 뜻이었습니다. 그러나 오늘날의 수령들은 오로지 사사로운 영리에만 급급하여 창고의 양곡을 모두 탕진해 버리고 흙과 먼지를 쓸어 담아서 원수를 채워 놓고 있습니다" 하였다. 통렬한 고발이었다. 그러나 고발은 고발로 끝나고 그런 병패는 몇백 년이 지나도 없어지지 않는다.

6월 3일 신하들의 나태도 문제였다.

사헌부가 아뢰기를 "위에서 말한 것을 5개월 내지는 1년이 넘어도 태만히 하여 회계하였는지조차도 살펴보지 않다가 하문을 받은 뒤에야 상고해 아뢰는데 또한 하루가 지나서야 비로소 아뢰면서도 조금도 대죄하는 말이 없으니, 자리만 지키고 직책을 제대로 수행하지 않음이 너무 심하지 않습니까" 하였다. 승정원 승지들의 나태함을 비판한 것이다. 승정원은 임금의 비서실이다. 비서들이 이 모양인데 나랏일이 제대로 될 리가 없었다.

7월 7일 서빙고의 관원이 얼음을 반출할 때 살펴보지도 않고 하리에게만 맡겼으므로 대부분 도둑맞아 여름도 지나지 않았는데 거의 다 써버렸다. 이 정도의 도둑질이야 너무 흔했다. 또한 서민을 위한 것도 아니어서 다행이었다.

7월 11일 죄인의 재산을 적몰하여 관으로 들여갔으면 이미 공가의 물건이 된 것이므로 유사가 사사로이 남에게 주어서는 안 되는 일이었다. 문희준의 가옥은 호조가 적몰했다고 한성부에 이문하여 이미 장부에까지 기록하였는데, 그 후 한성부가 마음대로 녹사 이윤성에게 절급하였다. 이에 당상관을 추고하라 하였다.

7월 13일 강화부사 김오는 부임한 후에 백성의 고통을 구제하지 않고 선사에만 힘쓰며 직무에 태만한 일이 많다 하여 파직을 청했다. 상이 누구에게 선사하고 무엇이 태만했는지를 명확히 하라 하니, 그것을 가지고 삼사가 며칠을 계속 아뢰어 겨우 무마되었다. 임금의 입장에서 보면 사간원의 간원들이 애매하게 탄핵하는 것에 불만을 가지지 않을 수가 없다. 속이는 경우도 많았으니 당연히 명확히 알고자 하는데, 삼사에서는 또 언관들의 입을 막는 것이라고 줄지어 말하니 화가 나지 않을 수 없었다. 또 매번 쓸데없는 것들의 말꼬리를 잡아 사단을 일으키고 또 그로 인하여 체직되곤 하니 이게 무슨 나랏일인가. 실로 한심하였다.

7월 28일 수령들이 해유에만 급급하여 체직되어 올 때 대부분이 왕년에 흩어 준 환자곡을 시급안에 기록하는 것이 이미 폐습을 이루고 있었다. 이는 드러나는 대로 엄중히 다스려야 할 일이었다. 나주 목사 문익성은 전일 양양부사로 있었을 때 장부에 허위 기록한 곡식이 무려 5천7백여 석에 이르렀다. 사간원이 아뢰기를 "유식한 문관이 감히 이런 일을 저지르고 있으니 매우 부당합니다. 그를 파직시켜 후인을 경계하소서" 하였다.

10월 20일 이산해를 형조판서에 특별히 제배하였다. 이이·정철과 벗으로 지냈는데, 동서의 당파가 나누어진 뒤로부터 두 사람이 동인에 의해 심하게 거슬림당하는 것을 보고는 끝내 그들과 갈라졌고 두 사람도 그를 경시하였다. '사람됨이 청렴하고 신중하나 겸손하고 나약해서 사람들을 무서워하여 여러 사람과 함께 있을 적에는 무능한 사람과 같았다'는 것이 지금까지의 이산해에 대한 평이다. 앞으로 어떻게 바뀌는가를 보게 될 것이다. 이이는 말하기를, "내 친구 여수(이산해의 자)는 오래지 않아 정승이 될 것이다. 우리나라의 정승은 순직하고 삼가며 재기도 없고 하는 것은 없으나 청명을 가진 사람이 되는 것이니, 여수가 바로 그렇다" 하였다.

11월 선조는 계속 건강이 좋지 않았는데 이달 들어 더욱 심해졌다. 어린 나이에 등극한 이후 중국 사신도 여러 번 오고 국상도 두 번이나 치렀다. 어느 것 하나 쉬운 일이 아니고, 특히 국상을 치르는 일은 몸이 망가지는 일이었다. 다른 왕은 한두 번 닥치는 이런 일들이 짧은 기간에 여러 번 있었으니 몸이 무척 힘들었을 것이고 근래에는 그렇지 않아도 힘들 조정에서 당파까지 생겨 날마다 서로 다투기만 하니 머리가 아프지 않을 수가 없었다. 한 번 앓아누우니 일어나기가 힘들었다. 4일에는 위독한 상황까지 갔다. 그래서 시약청을 설치하였고, 병세가 위급하자 중신을 사직·종묘·목멱산·삼각산·소격서·한강·양진·감악·오관·송악 등 처에 보내 각각 기도를 드리도록 하였다. 며칠을 사경을 헤맨 후 다행히 기사회생하였다. 죽다 살아난 선조는 느끼는 바가 많았는지 조금 달라져 있었다.

11월 18일 홍문관에서 차자를 올려 옥체를 보양할 것을 아뢰니, 답하기를 "외람하게도 부덕하고 혼매한 몸으로 국가의 기업을 지키면서 이미 마음을 다스려 한 가지 덕도 쌓지 못하였을 뿐 아니라 또한 힘을 다하여 만민을 위로하지도 못하였으므로 이에 하늘이 노하사 이 몸에 벌을 내리셨다. 돌이켜 생각하건대 이 몸이 꼭 죽어서 신인에게 사죄해야 당연한데 군신의 힘을 수고롭게 하고 상천의 용서를 받아 심하던 병이 사라지고 정신과 기식을 보존하게 되니, 비록 감격하고 다행하나 실상 황공한 마음이 간절하여 깊은 근심이 항상 가슴속에 서려 있다. 차자 속에 경계한 말은 곡진하게 펴보겠다" 하였다.

12월 5일 정탁을 대사헌, 이이를 대사간, 성혼과 정인홍을 장령으로 삼았다. 성혼은 여전히 부임하지 않았다. 정인홍은 영천군수로 있을 때 상관인 감사 허엽이 좋아하지 않고 모욕을 준 일이 있어 벼슬을 버리고 있었는데 이번 부름에 응하였다.

12월 18일 이이가 건강이 좋지 않았다던 임금도 뵙고 사은하고 사면을 청하고자 입시하여 알현하였다.

선조가 "오랫동안 서로 보지 못했는데 혹 하고 싶었던 말은 없는가?" 하니,

이이가 절하고 대답하기를 "신이 비록 물러가 산야에 엎드려 있으나 늘 목을 늘이고 희망하기를, '금년은 비록 분발하여 흥기하지 못하였으나 명년은 반드시 진작됨이 있을 것이다' 하고 기대해 온 것이 벌써 몇 해가 되었습니다. 지금 전하께서는 큰 병환을 겪으신 나머지 선단이 개발되시어 호령이 내릴 때마다 인심을 열복시키므로 신민의 희망이 처음 등극하실 때와 다를 것이 없습니다. 현재 민생의 곤궁함은 날이 갈수록 더 심해지고 세도와 인심은 물과 같이 더욱 떨어지고 있음을 보는데 지금 만일 옛 그대로 전철을 밟는다면 결코 이룸이 있을 희망이 없으니, 반드시 크게 진작하여 모든 묵은 폐단을 완전히 제거한 연후에라야 훌륭한

정치를 바랄 수 있을 것입니다. 지금 조정의 기강이 크게 무너져서 대소의 관원이 그 직책을 다하려 하지 않는 것이 풍습을 이루고 있는데 이는 일시적인 위력으로는 다스릴 수 없고, 반드시 상께서 선치를 갈구하시는 뜻을 굳게 정한 다음 뛰어난 인재들을 불러 조정에 모이게 하시고 각각 그들의 재능에 따라 알맞은 직책을 선택하여 주고 그들에게 위임하며 다시 독책하여 이루도록 하신다면, 국사는 정돈될 수 있고 치도는 진흥시킬 수 있을 것입니다" 하였다.

선조가 "대간은 으레 피혐으로 자주 바뀌고, 대간을 충원하기 위하여 다른 관원들도 또한 자주 체직되는데, 피혐이란 규례를 옛날에는 들어보지 못했고 고사에도 보지 못했다" 하고,

또 "지금의 삼공만 한 인물을 쉽게 만나겠는가? 나는 매사를 반드시 삼공들에게 자문한 뒤에 택하여 시행하였으나 근일의 정사가 끝내 이루어지는 것이 없으니, 자못 괴이하고 한스러운 일이다" 하였다.

영의정 박순은 "숙헌이 조정에 나오자 나는 기뻐서 잠을 이루지 못했다" 하였다.

이해의 다른 일로는,

2월 허엽이 졸하였다. 자기가 제일 잘난 사람이어야 하는데 더 잘난 사람이 있는 것이 한이었다. 그래도 명사였다. 그의 자식들, 허봉, 허성, 허균, 허난설헌도 다들 너무나도 잘난 사람들이었다. 그러나 그들도 대부분 크게 성공하지는 못하고 불운했다. 사위 한 사람은 우성전이었고, 다른 한 사위인 김성집은 허난설헌의 남편인데 난봉꾼에 가까웠다.

6월 경기, 강원, 서울에 가뭄 끝에 비가 내렸는데 너무 큰 비가 내려 강물이 넘쳤고 해안에는 해일이 있었으며 산이 무너지고 가옥이 떠내려

갔다.

하삼도에는 돌림병이 치성하여 많은 백성들이 사망하였다.

‖ 이순신, 발포만호가 되다 ‖

36세의 이순신은 6월에 고흥 발포의 만호가 되었다. 만호라고 하지만 실제로는 만호의 직을 대행하는 권관이었을 것이다. 어떻든 사람들은 만호라고 불러 주었고 포구의 주장이 된 것이다. 그러나 어느 곳 하나 이순신에게 쉬운 곳은 없었다. 전라감사 손식이 이순신에 대한 좋지 않은 평을 들었는데, 순행차 능성에 들렸을 때 시험하고 벌을 주려고 벼르고 불러들였다. 이순신에게 진서에 대한 강독을 하게 하고 이어 진도를 그리게 하였다. 이순신이 붓으로 멋지게 그려 내니 감사가 자세히 보고 그 정밀함에 놀랐다. 그리고 다른 사람이 헛된 말을 하였음을 깨닫고 그 후로는 정중하게 대했다. 다행이었다.

어떻든 이순신이 발포만호가 되어 수군의 실정을 알게 되고 수군 장수로서의 경력을 쌓게 된 것은 역사적인 운명이라 할 것이다.

39세의 유성룡은 4월에 외직을 자원하여 상주목사로 내려갔다.

45세의 이이는 다시 부름을 받고 입경하였고, 선조는 29세였는데 거의 죽을 뻔하다가 살아났다. 그래서 그런지 많이 달라진 것 같았다. 이이가 그것을 느끼고 일해 볼 만하다고 생각한 것 같다.

16

이이 다시 선조의 분발을 위해 노력하다 :
선조 14년 (1981 신사년)

　　이이의 당파를 무마하려는 노력은 계속된다. 그러나 헛고생일 것이다. 또한 선조를 개혁의 길로 인도하려는 줄기찬 노력도 계속된다. 그러나 어려울 것이다.

1월 장령으로 임명된 성혼이 올라와 병을 이유로 고사하였고, 함경감사 심의겸과 강원감사 정철은 병으로 사직을 청하여 체직되었다.

2월 선조가 일을 해 보려는 의욕이 생긴 것을 느낀 이이는 다시 열성적으로 자신의 의견을 토로하기 시작했다.
　　"우리나라 사람은 가볍고 얕아서 겨우 뭔가 큰일을 하려고 하면 곧 떠들썩하게 경장하자는 의논이 일어납니다. 상께서는 소요스러운 것을 염려하기 때문에 큰일을 하려고 하지 않는 것입니다. 그러나 이런 것을 염려하여 태평지치를 구하는 마음을 그만두어서는 안 됩니다" 하고,
　　또 "오늘날 국사가 안으로는 기강이 무너져서 백관이 맡은 직무를 수행하지 않고 밖으로는 백성이 궁핍하여 재물이 바닥나고 따라서 병력은 허약합니다. 만약 전쟁이 일어난다면 반드시 토붕와해되어 다시 구제할 계책이 없을 것입니다. 대소 관원들은 오랫동안 태평한 세상에 젖어 있어 우려할 만한 상황임을 모르고 있습니다. 모름지기 전하께서는 염려스러움을 깊이 아시어 심상히 보지 마시고 스스로 면려하고 진작하여 먼저

본원상의 공부를 더 하시어 학문이 정밀하고 밝으며 본원이 맑고 투철하게 한 다음에, 신하들을 일깨우고 훌륭한 인재를 불러들여 중요한 자리에 앉혀 날로 하는 일이 있게 하고 사공을 힘차게 일으키고 백성의 병폐를 제거하는 동시에 이 마음을 굳게 지켜 다시는 물러서지 않으신다면, 국가의 일이 거의 희망이 있을 것입니다.

그리고 임금은 호오를 분명히 하여 인심을 안정시키지 않으면 안 됩니다. 전일에 이조에 명하시면서 사람을 쓰는 법을 논하셨는데 훈계하신 뜻이 고명하고도 간절하여 눈물을 떨구는 사람이 많았으며 온 나라 사람이 다 전하께서 반드시 큰일을 이루고자 하심을 알았습니다.

이제 전하께서 만약 선을 좋아하고 악을 미워하는 뜻을 분명히 보이신다면 많은 선비가 감동하여 일어날 것이며 여염의 민속까지도 선을 향하는 마음이 일어날 것이니 이것이 오늘의 급선무입니다" 하였다.

여기서 이이가 '만약 전쟁이 일어난다면 반드시 토붕와해되어 다시 구제할 계책이 없을 것입니다. 대소 관원들은 태평한 세상에 젖어 있어 우려할 만한 상황임을 모르고 있습니다'고 말한 구절을 다시 한번 생각해 보자. 만약 전쟁이 일어난다면 어떻게 될 것인가. 군대다운 군대가 있는가. 무기가 제대로 있는가. 군량이 제대로 있는가. 어떻게 막을 것인가.

이이는 마치 신들린 사람처럼 앞날을 예언하고 있었다. 그만큼 국가를 걱정하는 마음과 생각이 깊었기에 절박함을 느끼고 따라서 이러한 선견지명이 있게 되었을 것이다. 사실 선견지명이라기보다는 탁월한 역사 인식에 의한 일관된 견해였다. 그러나 우려하는 바와 같이 조정의 우수하다는 신하들은 전혀 딴 세상이었다. 북쪽의 오랑캐가 어떻게 성장하는지 바다 건너 왜적들은 무엇을 하고 있는지 전혀 알지도 못하고 알려고도 하지 않는 우물 안 개구리들이었다.

김수가 "암행어사가 선문이 없으면 사체를 손상할까 염려됩니다" 하였다. 먼저 알리고 암행하자는 어처구니없는 말이었다.

그러자 이이가 "김수는 외방의 사정을 모르고 하는 말입니다. 어사가 만약 선문을 내고 순행한다면 절대로 불법 행위를 살필 도리가 없습니다. 모름지기 비밀리에 민간에 출입하도록 해야 합니다" 하였다.

정인홍은 풍채가 남보다 뛰어났고 성격이 강직해서 사헌부 장령에 잘 맞는 듯했다. 사람을 탄핵할 때 강한 세력을 피하지 않고 금령을 매우 엄하게 하여 기강이 있음을 깨닫도록 하였다.

정인홍이 아뢰기를 "민생이 곤궁한 것은 공상할 물건은 얼마 되지도 않는데 방납으로 모리하는 무리에게 들어가는 양이 거의 3분의 2가 넘고, 게다가 수령이 욕심을 부리고 아전이 애를 먹여서 그 형세가 마치 삼분 오열로 할기하듯 하니 민생이 어찌 곤궁하지 않겠습니까" 하였다.

강한 성격답게 이런 일에는 적격이었다. 그러나 그는 모든 일을 자신의 뜻대로만 하려고 하고, 유성룡 등 이황의 문인들을 매우 싫어하는 것이 문제였다. 그래서 또 다른 당파의 원흉이 되었다.

우성전은 어렸을 때 이황의 문하에서 수업하였다. 역리에 대한 논설을 잘하였으므로 현직에 오르게 되었다. 그러나 재주를 믿고 변론을 좋아하고 사람을 멸시하면서 스스로 '경제를 감당할 만한 재주를 가졌다'고 하였다. 그의 친구 홍혼·성낙 등이 모두 추대하여 중히 여겼고 그의 동아리들이 매우 많았다. 그러나 이발·김우옹 등은 그를 싫어하였고, 드디어 논핵하고자 하였다. 이때 이이는 사류들을 화합시키고자 하였는데 이발 등의 말을 듣고서는 또 다른 구적을 만들까 염려하여 강력히 말렸었다. 그런데 정인홍은 '우성전은 임기가 만료되었으니 체직시켜야 한다. 그로 하여금 다시 들어와 청현직에 있게 해서는 안 된다'고 하면서, 곧바로 우성전이 서울에 오랫동안 머물러 있으면서 관무를 폐기하였다고 논핵하여 파직시켰다. 그러자 그의 동료들이 모두 불평하였는데 이것은 동인들 간의 다툼이었다. 남북 분당의 조짐 중의 하나였다.

당시 정여립은 학문을 강론하는 것으로 행세하였다. 이이의 문하에도 드나들고 있었다. 그러나 이조좌랑 이경중은 그의 행실을 살펴 파악하고 미워하여 그가 진출 기용되는 것을 저지하였다. 그리하여 정여립이 전랑의 의망에 참여되지 못하였기 때문에 이경중에 대한 원망이 매우 컸었다. 이때 정인홍이 정여립의 편을 들어 선인을 질투하여 배척했다고 하면서 이경중을 탄핵하고자 하였다.

3월 7일 장령 정인홍과 지평 박광옥이 아뢰기를 "신들이 이조좌랑 이경중을 탄핵하려고 하였으나 동료들의 의논이 일치되지 않았습니다. 말을 했으나 신의를 받지 못하였으니 신들의 직임을 갈아 주소서" 하였고,

대사헌 정탁과 장령 권수는 아뢰기를 "동료가 이경중을 탄핵하려고 했으나 사류를 탄핵하는 일은 경솔히 할 수 없으므로 자신의 견해만을 지키고 감히 구차하게 따르지 않은 것입니다. 그러니 신들의 직을 갈아 주소서" 하였다.

이 일로 며칠간 시끄러웠다. 결과로 정탁과 이경중이 체직되었다. 그리고 이식이 대사헌이 되었다. 그런데, 정인홍과 박광옥은 다시 대사헌 이식을 비판하면서 체직을 청했다.

선조가 답하기를, "이 계사를 보니 놀랍다. 이는 다 사리에 맞지 않는 말로 이식을 쳐서 제거하려고 한 말일 것이다. 대저 조정은 마땅히 화평을 위주로 해야 한다. 만약 조용하고 맑지 않으면 국가에 이익이 없을 뿐 아니라 끝내는 반드시 자신에게도 피해가 있는 것이다. 사직하지 말라" 하였다.

이 일에 대해 유성룡은 매우 못마땅하게 여겼다. 그러나 이이가 "덕

원(인홍의 자)은 초야에서 일어난 고독한 이로서, 충성을 다하고 공도를 받들고 있다. 그가 논한 바에는 지나친 것이 있는 듯하나, 이것은 실로 공론인데 어째서 옳지 않다 하겠는가" 하니, 유성룡도 더 이상 말하지 않았다. 이때 우성전·이경중이 잇따라 논핵을 당하게 되자 물정이 미흡하게 여겼는데 이러한 논의의 물밑에는 이발이 있었으므로 유성룡 등은 이로부터 이발 등과 진로를 달리하게 되었다.

4월 1일 체직되었던 정탁을 이조참판에 제수하였다.

4월 11일 이산해를 대사헌으로, 노직을 동부승지로, 임국로를 사간으로, 권극례를 판결사로, 윤자신을 호조참의로, 유몽정을 직강으로, 성수익을 회양부사로, 고경명을 영암군수로, 김우굉을 대사성으로 삼았다. 드디어 고경명은 다시 관직에 나가게 되었다. 며칠 후 이산해를 다시 이조판서로 하였다.
　유성룡은 선조가 부제학으로 불러 올라와 있었다.
　유성룡이 이이에게 묻기를 "전일 궐정에서 의논할 때 공은 근본적인 장책이 아니라고 하였는데 어떻게 하는 것이 근본적인 장책입니까?" 하니,
　이이가 "위로는 임금의 마음을 바루고 아래로는 조정을 깨끗하게 하는 것이 근본적인 장책입니다. 그런데 상의 뜻은 사류를 경시하고 유속의 무리들을 신임하니 무슨 일인들 할 수가 있겠습니까" 하였다.

5월 24일 영의정 박순이 동서의 설은 항간의 잡담이니 거론하지 말아야 한다 하고 김효원을 쓰기를 청했다. 이이, 유성룡도 쓰자고 동조하였으나 선조는 끝까지 석연해하지 않았다.

김효원을 사간에 의망하니 선조가 물리치면서 "조정이 평화롭지 못하게 한 것은 다 이 사람의 잘못이다" 하였다.
　옥당의 유성룡·이발·김우옹·백유양 등이 상차하기를 "김효원이 관직에 임하여 직무를 다하다가 고립되어 곤경을 겪었는데도 화합하지 못하게 했다고 지목하시는 것은 신하를 위해 권면하는 말이 아닙니다" 하였다. 그러나 허락하지 않았다.

　이때 가뭄이 대단히 심하여 농사가 또 장차 흉년이 들게 되었는데 평안·황해 두 도는 더욱 심했다.
　선조가 경연에 나아가 시신들에게 이르기를, "흉황이 이러한데 서도는 더욱 심하다. 기근이 계속된 데다가 병난마저 일어난다면 계책을 어떻게 세워야 하겠는가?" 하니,
　박순이 아뢰기를 "모름지기 미리 재력을 축적하여 구제해야 합니다" 하였고,
　이이는 아뢰기를 "만약 폐단이 되는 법을 변통하여 어려움을 구제하지 않고 다만 곡식을 옮겨 백성을 살리려고 한다면 곡식 또한 이미 절핍되어 옮길 것이 없을 것입니다. 나라의 형세가 이와 같이 위급하니 상께서도 마땅히 변통할 대책을 생각하셔야 하고 모든 경비도 또한 마땅히 재감해야 합니다" 하였다.
　선조가 이르기를 "쓰임새는 별로 늘린 것이 없이 단지 옛 규례만 따르는데도 오히려 부족하니 어찌해야 하겠는가" 하였다.
　이이가 아뢰기를 "조종조에서는 세금의 수입이 매우 많았으나 지금은 해마다 흉년이 들어 세금의 수입이 매우 적습니다. 그런데 경비는 그대로 구례를 따르고 있으니 어찌 절핍되지 않겠습니까. 세금의 수입을 적절히 늘려 정해서 나라의 경비를 넉넉하게 하는 것이 좋을 듯하지만 백

성의 생계가 매우 곤궁하여 형편상 더 거둘 수 없으니, 반드시 먼저 누적된 고통을 풀어 민심을 기쁘게 한 다음에 세금을 거두는 것이 적절한 방법일 것입니다. 우리나라의 공안은 민가의 빈부와 전결의 다소를 헤아리지 않은 채 무원칙하게 나누어 배정하고 또 토산물이 아니기 때문에 방납하는 무리가 모리를 할 수 있어 평민이 곤궁과 고통을 겪습니다. 이제 공안을 개정하되 민가와 전결을 헤아려 균등한 수량을 공평하게 배정하고 반드시 토산물로 바치게 한다면 백성의 쌓인 고통이 풀어질 것입니다" 하였다.

유성룡도 아뢰기를 "이 일은 서둘러 시행해야 할 것입니다" 하였다.

이이가 또 아뢰기를 "반드시 적합한 사람을 얻은 다음에 비로소 폐단을 바로잡을 수 있으니 적합한 사람을 얻지 못한다면 형세로 보아 필시 이루어지지 못할 것입니다. 그리고 백성의 휴척은 수령에게 달렸고 수령의 근면과 태만은 감사에게 달렸는데, 감사가 자주 바뀌기 때문에 누구나 구차하게 세월만 보내면서 정사에는 마음을 두려 하지 않고 관례에 따라 오가고 있으며, 그중에 직책을 다하는 자가 있더라도 또한 미처 시행하지 못하고 맙니다. 그러니 모름지기 큰 고을로 감영을 만들어 감사가 그 고을에 머물러 가족을 데리고 가서 다스리게 하여 책임을 맡겨 공효를 독책하면서 그 직에 오랫동안 있게 하고는 조정의 신하 가운데 법도를 제정해서 다스릴 만한 재간이 있는 자를 특별히 가려서 제수한다면 반드시 그 공효가 있을 것입니다" 하였다.

선조가 "오랫동안 맡기면 권세를 잡고 제멋대로 독단할 우려가 없겠는가" 하고 물었다.

이이가 "이는 사람을 가리기에 달렸습니다" 하였다.

선조가 "우리나라는 주현이 매우 많아 수령을 정선할 수가 없다. 나는 병합하여 줄이고 싶은데 어떻게 생각하는가?" 하니,

여러 신하가 다 대답하기를 "상의 분부가 매우 지당합니다. 만약 극히 쇠잔한 고을을 병합하여 다른 고을에 붙인다면 백성의 부역이 매우 수월하게 될 것입니다" 하였다.

선조가 "변혁하는 일은 경솔히 시행하기 어렵다. 나는 고을의 이름은 없애지 않고 한 고을 수령이 두세 고을을 겸임해 다스리게 하고 싶은데 어떻게 생각하는가?" 하니,

박순이 아뢰기를 "조종조에서도 자주 변혁한 일이 있었으니 이는 크게 어려운 일이 아닙니다" 하였다.

이때 이이가 깊이 염려한 나머지 동료와 상의하고 차자를 올려, 나쁜 법을 변통하고 공안을 개정하며 주현을 병합하여 줄이고 감사를 오랫동안 맡길 것을 청하고, 또 어진 이를 써서 인재를 진작하게 하고 몸을 닦아 다스리는 근본을 맑게 하며 붕당을 없애 조정을 화목하게 할 것을 청했다.

선조가 답하기를 "차자를 살펴보니 참으로 좋은 말이다. 옛법을 변경하는 일은 경솔히 하기 어려울 듯하다. 마땅히 대신과 의논하여 조치하겠다" 하였다.

대신들이 모여 의논하여, 홍문관의 상소와 사간원의 차자에서 건의한 공안의 개정·주현의 병합·감사의 직임을 오래도록 맡겨 두는 것 등 세 가지를 들어서 삼사가 입계하게 하여 시행할 것을 청하였다. 그런데 선조는 "조종의 법을 경솔히 고칠 수는 없으니, 우선 그냥 두고 거론하지 말라" 하였다.

이때 사람들은 일이 시행될 것을 바랐다가 윤허를 얻지 못하자, 크게 실망하였다. 다음 날 박순이 이 일을 아뢰어 시행할 것을 청하니, 임금은 호조에 명하여 전조의 공안을 들이라고 하였다. 그래서 사람들은 아직도 약간의 희망을 가졌다. 그러나 될 리가 없었다. 성인이 된 선조는 이미

왕실로 들어오는 공물을 줄일 생각은 전혀 없었다.

윤의중을 형조판서에 제수하니 이이 등이 개정을 요청하였다. 윤의중은 이발의 외숙이었다. 이때 이발은 두터운 인망을 지고 있었기 때문에 이발에게 붙으려고 하는 자가 많아서 언관들도 윤의중을 논박하기를 꺼려 하였다. 이이가 웃으면서 말하기를 "경함(이발의 자)을 꺼려서 윤을 힘써 공격하지 못하는 자는 경함을 모르는 자다" 하였다. 성혼이 이이에게 말하기를 "형이 이발과 매우 친밀하니 마땅히 장차 탄핵하려는 사유를 말하여야 할 것이다" 하니, 이이가 말하기를 "어찌 생질을 대하여 외숙의 과실을 말하겠는가" 하고 드디어 아뢰기를 "윤의중은 청렴하지 못하게 부를 이루어 평소 청의가 비루하게 여기는 바입니다. 만일 이 사람을 승진시키면 온 세상을 인도하여 이익만을 좇게 하는 것이니 개정하소서. 또 박근원은 일찍이 병을 핑계하여 법을 이용해 수릉관을 피하였으니, 마음 씀씀이가 형편없는데 이조가 연달아 청요직에 의망하고 승진시켜 발탁하려고까지 하는 것은 옳지 않으니 이조 관원을 추고하소서" 하였다.

이로부터 이발이 이이를 미워하기 시작했는데, 이를 알지 못한 이이는 이발이 당시의 인망을 받고 있다 하여 전과 다름없이 친분을 가졌었다.

이산해가 모친상으로 이조판서를 사임하자 김귀영으로 대신하였다. 이이가 이산해가 직무를 성심껏 하였고 청탁이 행해지지 않았음을 극찬하여 김귀영을 풍간하였다. "모든 사람이 제각기 장점이 있는 것입니다. 이산해와 같은 경우는 평소 직책을 맡아 벼슬살이를 할 때는 다른 사람보다 나은 점이 없었습니다만 이조판서가 되어서는 그 직무에 마음을 다하여 제수를 하는 데는 한결같이 공론에 따르고 청탁을 일절 용납하지 않아 문정이 쓸쓸하기가 가난한 선비 집과 같습니다. 직접 듣고 본 착한 선비만을 천거하여 벼슬길을 맑게 쓰고 있습니다. 이와 같이 몇 해만 지나면 인심과 세도가 거의 변화될 수 있을 것입니다" 하였다.

선조는 "이산해는 재기가 있으면서도 과장하려는 생각이 없으므로 내가 일찍이 덕이 있는 사람이라고 생각하였다" 하였다. 이때까지의 이산해는 나무랄 데가 없었다.

김계휘를 종계변무 주청사로 하였는데 고경명을 서장관으로 하였다.

‖ 정인홍이 말썽을 일으키다 ‖

특지로 이이를 대사헌으로 하였다. 그러나 대사헌 직책도 이이에게는 맞지가 않았다.

7월 양사가 청양군 심의겸을 파직시킬 것을 청하였으나 선조는 따르지 않았다. 이때 정인홍은 강인하나 고집이 세서 자기 뜻대로만 하고 남을 공박하는 일에 과감하였다. 그 강한 것이 이이의 마음에 들어 가깝게 지내며 논의가 서로 통하기도 하였다. 그런데 정인홍이 우성전·이경중을 논핵한 이후 일부 동인들은 이이 등이 이 일을 주장한 것으로서 동인을 억누르고 서인을 부추기는 것이라고 의심하여 불평하는 사람이 많았다. 그런데 실제로는 이미 남인과 북인의 싸움이었다. 이발은 평소부터 심의겸을 증오하였는데 그 죄를 드러내어 논핵하고 이를 빌미로 서인을 공격하려 하였다. 이때 심의겸이 상이 즉위하던 초기에 남모르게 대비를 통하여 기복되기를 희망하여 권세를 마음대로 잡으려 하였다는 유언비어가 나돌고 있었는데, 이 말은 실정에 맞지도 않고 실체도 없는 모함하는 말이었다. 이발은 정인홍이 기가 드세어 일을 논할 적에 허실을 따지지도 않고 무슨 말을 듣기만 하면 곧바로 흥분한다는 것을 알고서 이 말로 그를 충동시켰다. 그러자 정인홍은 "맹서코 이 적과 더불어 조정에 함께 있지 않을 것이다" 하였다. 이이와 성혼이 말리기를 "이 말은 실정에 근사하지 않은 것이니 절대로 믿어서는 안 된다. 의겸은 오늘날에 있어서 어미를 잃은 병아리와 같고 썩어 문드러진 쥐와 같은 처지이니 그를 산직에 있게 하더라도 나라를 다스릴 수 있다. 만일 그를 논핵하면 사람들이 의혹을 품게 되어 부질없이 사단만 일으키게 될 것이다" 하였고 김우옹도 불가한 일이라고 하였다. 그러나 이발은 이들의 말을 모두 듣지 아니하고 인홍에게 한번 결단하라고 권면하였다. 정인홍은 이이가 그의 말을 따르지 않자 혼자서 발론하기는 어렵다고 여겨 관직을 버리고 돌아가려 하였다. 이발이 이이를 설득하기를 "시배들이 공을 그다지 신임하지 않는 것은 공이 의겸을 버리지 않는 것인가 하여서이다. 공이 이 사람을 아주 끊어 버린다면 일시의 사류들이 모두 공에게 신복할 것이고 서인 편의 선사들도 수용하여 보합할 수 있을 것임은 물론 국사도 그런대로 해 나갈 수 있을 것이다. 그리고 이 사람을 논핵하지 않으면 정인홍도 관직을 버리고 떠나가려 할 것이니 어찌 애석하지 않겠는가" 하니 이이가 정인홍이 그만둔다는 말에 이발의 수에 걸려들고 말았다. 이이가 성혼에게 말하기를 "오늘날 무단히 의겸을 논하는 것은 매우 옳지 않은 일이지만, 시배들은 본시 내가 심의 편만을 비호하는가 의심하고 있다. 만일 정인홍이 이 논의가 합치되지 않는 것을 인하여 떠나간다면 반드시 이것으로 주장을 세워 나를 공격할 것이다. 내가 떠나감으로써 사류들이 뿔뿔이 흩어지면 국사는 더욱 낭패스럽게 될 터이니 오늘날의 형세는 여러 사람의 의논을 따라야 할 것이다" 하였다. 성혼은 말리지 못하고 탄식하며 말하기를 "이거야말로 평지풍파를 일으키는 격이라 하겠다" 하였다.

김우옹이 이이에게 단지 차지만으로 한번 논죄하고서 중지하라고 권하였으나 인홍이 따르지 않자, 이이는 끝내 인홍의 말을 따라 자신이 계사를 초하기를, "청양군 심의겸은 일찍이 외척으로 오랫동안 조정의 논의를 주도해 오며 권세를 탐했으므로 사류의 마음을 잃게 되었습니다. 근년 이래 조정의 논의가 흩어져 보합할 수 없게 된 것은 실로 이 사람의 소치인 것입니다. 따라서 공의의 불평이 날이 갈수록 더 심해지는데 아직도 드러나게 공척을 받지 않았기 때문에 호오가 분명하지 못하고 인심이 의혹되고 있습니다. 그러니 파직을 명하여 호오를 밝히고 인심을 진정시키소서" 하였다.

이이가 인홍에게 말하기를 "이 논계가 타당하고 무난하니 연계하는 내용에 다시 딴 내용을 증가하지 말아야 한다" 하였다. 그런데 정인홍이 첫 번째 계 끝에다 '심의겸이 선비들을 끌어들여 그 세력을 늘린다'는 등의 말을 덧붙여 썼다. 선조가 묻기를 "선비라는 사람이 누군가?" 하니, 정인홍이 대답해 아뢰기를 "선비라고 하는 사람은 심의겸과 윤두수·윤근수·정철 등 여러 사람으로, 서로 결탁하여 형세를 엿보고 있습니다" 하였다.

기어이 정철까지 아울러 탄핵하여 심유겸을 파직시킨 것이었다.

그리고 선조는 "그대들도 또한 스스로 자신의 일을 살펴서 신하가 붕당을 지으면 종말에는 반드시 주멸된다는 것을 경계하라" 하였다.

이이가 정철을 끌어들인 것에 노하여 정인홍을 나무랐으나 이미 지난 일이 되어버렸다. 그러자 정언 윤승훈이 자신을 부각시킬 기회로 여기고, 이이가 정철과 심의겸을 두둔했다고 탄핵하여 한참 동안 시끄러웠다. 양사에서 윤승훈을 지적하여 배척한 것이 너무 지나치다 하여 이이를 체차할 것을 청하였다. 선조가 노하여 윤승훈을 신창현감으로 내보냈다. 이 일로 이이가 사직을 청하여 체직되었다.

박순이 탄식하기를 "나이 젊은 사람들이 식견이 없다. 숙헌 같은 이는 선비의 종장이 될 만하니, 시속 무리들은 그 명령을 들어야 할 것인데도, 조그만 일을 가지고 다투어 여기까지 이르고 나랏일은 도외시하니, 사슴을 쫓느라 태산을 보지 못하는 경우라 할 수 있다" 하였다.

이이가 총명하기는 하나 순진하여 정인홍을 잘못 판단하고 그에게 힘을 실어 주고자 한 것이 화근이 되었고, 또한 이이가 서인을 옹호하려는 것을 못 하게 하고자 하여, 이발이 농간을 부려 이런 사단을 일으켰던 것이다.

정철은 관직을 버리고 향리로 돌아갔다. 정철은 시인들이 이수의 옥사를 일으킨 뒤로부터 마음속에 늘 불평을 품고 이를 언사에 자주 드러냈었다. 그리고 술 마시기를 좋아하였는데 취하기만 하면 남들의 장단점을 말하였다. 어느 날 술김에 이발에게 욕을 하고 꾸짖자 이발도 반발하여 완전히 절교하였다. 이때에 이르러 대간의 논핵을 중하게 입었기 때문에 바로 가솔을 데리고 호남의 향리로 돌아갔다. 이이와 이해수가 강가에까지 나아가 전송하면서 술을 끊고 지조를 지키라고 당부하자, 정철은 이발의 심술은 믿을 수 없으니 그와 벗하면 반드시 농락당할 것이라고 극언하였다. 언어가 그지없이 강개하였으나 이이는 그렇게 여기지 않았다.

뒤에 동인들은 정철이 호남으로 돌아가서 경박하고 언론을 좋아하는 놀고먹는 선비들을 많이 모아 밤낮으로 술을 마시며 시사를 조롱하였다고 비난하였다.

장령 정인홍도 해직되어 향리로 돌아갔다. 그가 심의겸 등을 공척하자마자 동인들은 모두 훌륭하게 여겼으나, 사인 안민학은 "나는 인홍을 선사라고 여겼었는데 지금 그의 소위를 보니 바로 괴이한 귀신일 뿐입니다. 인홍의 이번 행위는 단지 동인의 기세만 조장시켰을 뿐 나라를 다스리는 대도에는 한마디도 언급한 것이 없으니 은일들에게 끼친 치욕이 막대합니다" 하였다.

이이가 말하기를 "그 사람은 강직스럽기만 하고 식견이 밝지 못하다. 용병에 비유하자면 돌격장을 삼을 만한 자이다" 하였다.

이이가 선조에게 아뢰기를 "예부터 나라가 중엽에 이르면 반드시 안일에 젖어 점차 쇠약해지기 마련인데 그때 현명한 임금이 일어나 진작하고 분발하여 천명을 다시 이은 뒤에야 뻗어 가는 햇수가 긴 것입니다. 우리 국가가 2백여 년을 전해 왔는데 이제 이미 중엽으로 쇠퇴해 가는 시기이니 이는 진정 천명을 이어주어야 할 때입니다. 전하께서 옛날의 임금들을 내리 살펴보시더라도 전하와 같은 임금이 매우 적습니다. 전하께서 욕심이 적으시고 청백하게 몸을 닦으시며 백성을 사랑하고 선비에게 겸손하니 이는 진정 큰일을 할 수 있는 임금이십니다. 그러므로 오늘날 분연히 일어나지 못한다면 다시는 바라볼 날이 없을 것입니다. 세속의 논의는 다 새로운 일을 추진하는 것을 가리켜 일 벌이기를 좋아한다 하고 전대로 답습하는 것을 안정된 것이라고 합니다만, 소신은 소요를 일으키려는 것이 아닙니다. 다만 쌓인 폐단과 고질화된 것을 바로잡지 않으면 안 되기 때문입니다. 만약 세속의 논의대로 한다면 한 가지 폐단도 고치지 않고 앉아서 망하기를 기다릴 따름이니, 어찌 보존될 수 있겠습니까. 바라건대 전하께서는 항상 비상한 대업을 이룩하겠다는 뜻을 갖고 점차로 선정을 일으켜 사대부의 기망을 잃지 마시고 적자를 구제하소서" 하였다.

선조가 이르기를 "예부터 임금이 어찌 앉아서 망하는 것은 기다리려고 하였겠는가. 다만 하지 못했을 뿐이다" 하였다.

10월 16일 선조가 천재로 인하여 공경들을 연방하였다. 입시한 사람은 영상 박순, 병조판서 유전, 형조판서 강섬, 한성부 판윤 임열, 좌참찬 심수경, 우참찬 이문형, 공조판서 황임, 예조판서 이양원, 이조판서 정지연, 호조판서 이이, 도승지 이우직, 대사헌 구봉령, 부제학 유성룡이었다.

상이 좌우를 돌아보며 이르기를, "천재가 비상하니 장차 어떻게 대응해야겠는가? 좌우의 신하들은 차례로 자기 의견을 진달하라" 하였다.

이이가 아뢰기를 "예부터 나라를 세운 지가 오래되면 법제가 점차 폐단이 생기고 인심이 해이해지는 법인데 그때는 반드시 현명한 군주가 나와서 폐지되고 추락된 것들을 일으켜 세워 그 정사의 기강부터 개혁한 연후에 국세가 다시 진작되고 국운이 새로워지게 되는 것입니다. 그렇게 하지 않으면 그대로 무너지고 넘어져서 바로잡아 구제할 수 없는 지경에 이를 것이니 그 상황을 알기는 어렵지 않을 것입니다.

그리고 임금은 반드시 한 시대의 폐단을 안 다음에야 한 시대의 치병을 일으킬 수 있는 것이니 이는 마치 의원이 반드시 병의 근원이 어디에 있는가를 알아야만 증세에 맞는 약을 쓸 수 있는 것과 같은 것입니다.

신에게 망령된 계책이 있습니다. 바라건대 대신과 상의하여 한 '경제사'를 설치하여 대신으로 하여금 통솔하게 하고 사류 가운데 시무를 잘 알고 국사에 마음을 둔 자를 택하여 선임케 하고 모든 건백한 사항은 다 그 관사에 내려서 상의 확정하여 폐정을 개혁하게 한다면 천심을 거의 돌이킬 수 있을 것입니다. 경제사를 설치한다는 것은 우선 듣기에는 생소한 것 같습니다마는 이와 같이 하지 않으면 국사를 어떻게 처리할 수가 없어 점차로 비하될 것입니다" 하였다.

선조는 "경제사를 설치하면 나중에 반드시 큰일이 생길 것이다. 우리나라는 모든 공사를 육부가 나누어 관장하고 있는데 거기에는 까닭이 있을 것이다" 하였다.

이이가 나아가 아뢰기를 "소신이 창졸간에 그에 대한 말을 자세하게

다 하지 못했기 때문에 말이 뜻을 다 전달하지 못했습니다. 지금 갖가지로 폐단이 쌓여 군왕의 은택이 백성에게 미치지 않으니 반드시 시무에 마음을 둔 사람을 얻어 한곳에 모여 서로 대책을 강구해서 시폐를 개혁하게 해야 합니다. 폐단만 다 개혁되면 또한 도로 관서를 혁파할 수도 있으며 관서를 설치하여 오래도록 보존하려는 것이 아닙니다" 하였다.

선조는 "내 생각에는 오활하다고 본다. 그리고 어떤 사람에게 맡긴단 말인가? 지난날 정공도감도 폐단이 있었는데 이것도 폐단이 없다는 것을 어떻게 보장할 것인가?" 하였다.

개혁을 부르짖는 이이의 입만 아플 뿐이다. 안타까운 일이었다.

말이 붕당의 일에 미치니, 선조가 "요즘 조정이 불화하다고 말하는 자가 많이 있다. 조정이 불화하면 어찌 천재를 부르지 않겠는가" 하고,

박순을 돌아보며 이르기를 "이는 대신의 책임이다. 신하가 감히 붕당을 만든다면 비록 멀리 귀양을 보낸다 하더라도 괜찮다. 누가 감히 붕당을 만든단 말인가?" 하였다.

이에 이이가 "선비는 동류끼리 상종함을 면치 못하는 것인데 가끔 식견의 차이로 의심하고 저지함을 면치 못하는 자가 있기는 합니다만 어찌 사적으로 서로 붕당을 만든 일이야 있겠습니까. 급작스레 벌을 줄 수는 없습니다" 하였다.

이이가 아뢰기를, "전일에 여러 신하들을 연방하여 구언을 하셨는데 어느 계책을 써서 어느 폐단을 구제했다는 말은 듣지 못하였습니다. 이와 같이 한다면 한갓 관례적인 형식에 지나지 않을 뿐이니 어떻게 천재에 대응하겠습니까" 하고, 이어 아뢰기를 "전하께서는 긍정하거나 부정하는 마음을 갖지 마시고 대신 및 시무를 잘 아는 자와 시폐를 구제할 대책을 상량해 정하시되 개혁을 위주로 하지도 말고 그렇다고 보수를 위주로 하지도 말며, 조종의 좋은 법이 폐지되어 시행되지 않는 것이면 닦

아서 시행하고 근래의 법규로서 생민에게 해를 끼치는 것이면 고쳐 없애고, 새로운 계책으로 나라를 이롭게 하고 백성을 살릴 수 있는 것이면 강구하여 시행하소서" 하였다. 율곡 이이는 어떻게든 선조를 분발시키려고 처절하게 말하고 있었다.

이날 유성룡도 좋은 이야기를 많이 하였다.

11월 의주목사 김명원을 평안병사로 하였다. 김명원은 문신이지만 무장의 직책을 수행하고 있었다. 선조가 장수의 재질이 있는 것으로 파악하고 그 길을 걷게 하고 있었다.

12월 부제학 유성룡이 상소하여 열 가지 일을 진술하였는데 '성실한 덕을 닦아 천심에 보답할 것, 내외를 엄격하게 하여 궁금을 엄숙하게 할 것, 정치의 체모를 살펴 규모를 확립할 것, 공론을 존중하여 조정의 기강을 바로잡을 것, 명분과 실상을 밝혀 인재를 기용할 것, 공도를 회복하여 요행의 문로를 막을 것, 염치를 배양하여 혼탁한 세속을 맑게 할 것, 정사와 형벌을 밝혀 간사하고 부정한 무리들을 단속할 것, 누적된 폐단을 제거하여 민생을 구제할 것, 학술을 창도하여 선비들의 기풍을 진작시킬 것' 등이었다. 그런데 문장과 사리가 모두 아름다웠으므로 한때 널리 전송되었다고 한다.

이해의 다른 일로는,
3월 26일 일본 사신의 접견이 있었다.

4월 삼공과 육경 그리고 삼사의 장관이 모두 모여 구황책을 논의하여 절목을 마련하였다. 구황을 잘한 수령 중에는 연안부사 윤두수가 있었고,

구황을 착실히 하지 않은 부평부사 김시민과 서익은 파직되었다. 이런 와중에도 배불리 먹고 춤추고 노는 자들도 많았다.

당파에 의한 골은 깊어만 간다. 이이가 아무리 노력해도 소용이 없다. 이발이 모사를 꾸미고 정인홍이 말썽을 일으켰다. 이이는 대사간이나 대사헌 등의 직책을 맡았지만 오히려 이런 직언을 하고 남을 탄핵해야 하는 직책에는 맞지 않았다. 홍문관 대제학이 가장 알맞은 직책일 것이다. 글로 하고 또 사안을 중재하는 데 가장 알맞은 직책이기 때문이다. 이제 우여곡절 끝에 그 직책에 도달했다. 그러나 그것도 쉽지는 않을 것이다. 사사건건 물고 늘어지는 것을 어떻게 헤쳐 나갈 것인가. 유성룡도 자리를 잡았다. 부제학으로 시사를 말하는 열 가지 일을 진술하였는데 문장과 사리가 모두 아름다워 널리 전송되었다 한다. 당파의 사이에서 대처하는 선조의 능력은 대단하다. 영민한 그가 아니고서는 이렇게 잘 대처하기가 어려울 것이다. 다만 폐단을 개혁하는 것에는 마음이 없는 것이 안타까운 점이다. 민생에 있어서는 이것이 절실한 것인데 한 번 올린 세금은 내리기가 그만큼 어려운 것이다.

‖ 조헌이 이순신을 옹호하다 ‖

37세의 이순신은 발포만호의 일을 잘하고 있을까. 이번에는 직속 상관인 전라좌수사 성박이 발포 객사 뜰에 있는 오동나무를 베어다가 거문고를 만든다고 사람을 보내왔다. 이순신이 허락하지 않으며 "이것은 관의 물건이요. 또 여러 해 길러 온 것을 하루아침에 베어 버릴 수는 없다" 하고 돌려보냈다. 성박이 화가 났으나 베어 가지는 못했다. 이러다가 수사가 바뀌어 이용이 수사가 되었는데 이순신이 고분고분하지 않다는 것을 들어 알고 불시 점검하여 약점을 찾아 혼내 주려고 마음을 먹었다. 그래서 관할 다섯 포구를 일시에 점검하였다. 발포의 결원은 세 사람이었다. 다른 곳은 훨씬 더 많았다. 그런데 이용은 다른 곳은 그만두고 이순신만을 장계하여 파직시키려 하였다. 이순신도 만만치 않았다. 이미 다른 곳의 결원 숫자를 확보하고 있었다. 이것을 아는 본영의 장령들이 "발포의 결원이 제일 적을뿐더러 또 네 포구의 결원 명단을 이순신이 얻어 쥐고 있으니 만일 장계를 올렸다가는 뒷날 후회할 일이 있을지도 모릅니다" 하였다. 이용이 생각해 보니 일리가 있었다. 그래서 급히 사람을 보내 장계를 돌려받고 없던 일로 하였다. 이것으로 끝이 아니었다. 감사가 수사와 함께 수령과 변장들의 고과를 매기는데 이순신을 최하로 주려고 하였다. 그때 전라도사는 조헌이었다. 조헌이 말하기를 "이순신이 군사를 다스리는 것이 이 도에서는 제일이라는 말을 들어왔는데 다른 여러 진을 모두 아래에다 둘망정 이순신을 폄하할 수는 없는 것이오" 하였다. 조헌은 지위는 낮았지만 보통 기가 센 사람이 아니어서 함부로 할 수가 없었다. 이래서 얼굴도 모르는 조헌이 이순신을 위해서 좋은 일을 하였다. 조헌은 이렇게 똑바른 사람이었다. 사실 조헌은 이이와 성혼의 제자를 자처하는 사람이고 유성룡을 무척 싫어하는 사람이었다.

40세의 유성룡은 벌써 부제학이 되었고 아름다운 상소를 올려 그 이름을 더욱 날렸다. 46세의 이이는 선조가 무언가 하려는 의지를 보이자 더욱 분발하도록 부단한 열성을 쏟고 있었다.

17
이이, 선조의 분발을 위한 노력은 계속되다 :
선조 15년 (1582 임오년)

선조가 이이를 중용할 마음을 굳힌 것 같다. 그러나 아쉽게도 개혁에는 마음이 없다. 이이가 하고자 하는 일에는 무조건 반대하는 자들이 많았다. 그래서 되는 일이 없었다.

새해가 되자 바로 이이를 이조판서로 삼았다. 양관 대제학도 겸하고 있었다. 이이가 두 번 사양하였으나 허락하지 않자, 아뢰기를, "옛사람이 '요순을 본받으려면 우선 조종을 본받아야 된다'고 하였습니다. 오늘날 정치가 잘 거행되지 못하여 치적을 이루지 못하는 것은 조종의 좋은 법과 훌륭한 의도를 오랫동안 폐기하여 시행하지 않고 근래의 잘못된 규례와 폐습을 도리어 성헌처럼 여기기 때문입니다. 조종조에서는 전조의 장관을 중시하여 반드시 당시에 제일가는 인물로 선임하였습니다. 이리하여 간혹 삼공이 맡기도 하고 중신이 겸하기도 하였으니, 어찌 오늘날처럼 순서대로 인물을 뽑아 자리만 채우게야 하였겠습니까. 옛날 이 직임에 있는 사람은 국정과 세도를 자기의 임무로 삼아 관리들의 잘잘못을 감별함에 있어 아주 분명하게 하고, 인재를 선발함에 있어서도 지극히 공정하게 하여 일시의 청론을 주장하였으므로 낭관은 그저 그가 미처 하지 못하는 것을 보좌할 뿐이었습니다. 그런데 요즘 관각의 청선은 일체 낭료들에게 위임시키고 단지 미관말직만 주의하는 것으로 자기의 임무를 삼고 있는데 그것도 전후 사정을 살펴보면서 청탁의 높낮이에 따라 경중을 가름합니다. 이리하여 그중에 공과 사가 서로 비슷한 자에게는 시론이 잘한다고 칭찬하기 때문에 청의가 낭료들에게 있고 장관에게는 있지 않습니다. 이로 말미암아 위아래의 신분이 거꾸로 도치되어 기강을 이루지 못하는 것입니다.

옛날에는 해당 관원이 각자 자기의 직책을 맡아 수행하여 일을 바로잡고 임금을 바루었습니다. 그리고 은전을 베푸는 명령이 위에서 나왔더라도 공론에 부합하지 않으면 반드시 되돌리기를 마지 않아 임금의 뜻에 순종하는 것만을 공경하는 것으로 여기지는 않았습니다. 그런데 오늘날 해조에서는 문서만을 받들어 시행해야 한다고 여기면서 작위를 수여하라는 명이 있으면 시비를 따지지도 않고 오직 상의 명령만을 따르고 있으니, 이것이 진정 이른바 삼지재상이란 것입니다.

그리고 이조에는 고공사를 두고 있습니다. 이리하여 옛날 고공의 임무를 맡은 사람은 백관을 검찰하여 자기의 직무를 수행하지 못하는 자가 있으면 나타나는 대로 제거시켰기 때문에 백관들이 직무를 수행하는 데 있어 감히 태만하거나 소홀히 하지 못했습니다. 지금 전조에서는 제수하는 일만을 관장하고 있을 뿐 고공에 관해서는 무슨 일인지도 모르고 있습니다. 이리하여 모든 관사가 해이해지고 온갖 일들이 그르쳐지고 있는데, 이러한 고질적인 폐단을 신의 재능과 신망으로 어떻게 개혁하여 바로잡을 수 있겠습니까. 더구나 신은 타고난 천품이 소활하고 우직스러우므로 인정과 물정에 대해서 전혀 모릅니다. 외로운 처지의 혼자 몸으로 여러 사람이 헐뜯고 비웃는 상황 속에서 스스로 분기하여 어리석은 충성을 바치려고 한다면 필시 좌우에서 저지하여 결코 보익되는 것이 없게 될 것입니다. 그렇다고 여러 사람의 행동을 따라 하기만 한다면 이것 역시 위로는 국은을 저버리고 아래로는 배운 바의 포부를 저버리게 되는 것으로 아무리 생각해 봐도 결코 직무를 수행하기가 어려울 듯싶습니다. 사직시켜 주소서" 하였다.

선조가 답하기를 "경이 실로 적임자이니 굳이 사양하지 말라" 하였다. 이이가 구폐를 개혁시키고 사로를 깨끗이 하기 위하여 어진 선비를 뽑아 대간과 헌부에 충원시킬 것, 학행이 훌륭한 사람을 가려 사유로 삼을 것, 염치가 있는 사람을 추천하여 명절을 권면시킬 것, 인재를 천거하여 백성 다스리는 일을 맡길 것, 감사의 선임을 중하게 하고 수령의 천거를 엄하게 할 것 등에 대해서 모두 시행할 것을 계청하자, 선조도 즉시 허락하였다.

그러나 청선을 낭료에게 위임시키고 있다는 말(청요직, 즉 사간원과 사헌부의 인원을 이조좌랑과 정랑이 추천하는 것을 말한다)에 대해서 시론이 '이이가 권병을 천단하려는 계책을 하였다'고 비난하였다. 이 때문에 한 가지 일도 뜻대로 이루어진 것이 없이 낭관이 권병을 전단하는 일이 더욱 심하였는데 얼마 안 되어 이이는 병으로 사직하여 체직되었다.

4월 대제학 이이가 《학교모범》을 만들어 올렸는데, 뒤에 공박하는 자들이, "이이가 이 논의를 제기한 것은 그의 문도들을 반학에 있게 하여 위아래의 권병을 독점하려고 한 것이다" 하였다.

6월 선조가 경연에 나아가 대제학 이이에게 이르기를 "내가 《강목》을 강하고 싶으니 경은 재주 있는 신하를 미리 선발하여 그들에게 강독을 전임시켜 고문에 대비하게 하라" 하였다. 이이가 봉교 이항복, 정자 이덕형, 검열 오억령, 수찬 이정립, 봉교 이영을 선발에 응하게 하니, 상이 각자에게 내부에 비장해 두었던 《강목》을 하사하고 또 다섯 신하에게 이문·한어·시사 등 모든 예습을 그만두고 문사만을 전념하게 하였다.

이때 진사 유극신이란 자가 있었는데 그는 유몽학의 아들이었다. 그는 방달의 행동을 주창하였는데 무리를 모아 술을 마시면서 호리곡을 지어 애절하게 부르고 또 동동곡을 지었는데 그 뜻은 한세상을 어린아이처럼 여기는 내용이었다. 그리고 공경들을 조롱하여 때로는 웃기도 하고 울기도 하였는데 이에 유명한 선비들이 많이 모여들었다. 이들은 대부분 득세한 가문의 자제들이었으므로 그 무리에 끼어 있는 자들은 과거에 급제하여 영달을 얻게 되거나 급제하지 못했더라도 그것을 빙자하여 명성을 얻어 벼슬길에 진출하는 것이 매우 빨랐다. 그런데 유성룡만은 이들의 행위를 취택하지 않으면서 '이들은 세속을 혼란시키는 자들이니 의당 국법으로 다스려야 한다' 하였는데, 이 때문에 약간 수그러졌었다. 기축년에 이르러 극신이 죽고 그의 무리 백진민 등이 역옥으로 죽자 그 풍조가 결국 종식되었다. 그러나 이때부터 선비들에게 학행을 지닌 명성이 사라졌다.

7월 정철은 전라감사로 있었다.

9월 7일 성절사 이해수가 치계하여 지난 8월 11일 황태자가 탄생하여 조서를 반사하는 사신 황홍원과 왕경민이 9월 보름경에 출발한다 하였다.

‖ 이이, 혼신의 힘을 다한 상소를 올리다 ‖

9월 13일 이이를 우찬성에 임명하였다. 이이가 세 번 사양하였으나 허락하지 않았다. 이에 배명하고 봉사를 올려 시폐에 대해 극력 진달하였다. 또다시 자신의 혼을 담은 절실한 내용이었다.
 "신은 듣건대, 상지(上智)의 사람은 미연에 환히 알고 있으므로 난이 일어나기 전에 미리 다스리고 나라가 위태롭기 전에 미리 보전하며, 중지(中智)의 사람은 사태가 발생한 뒤에 깨닫게 되므로 난이 일어나 나라가 위태롭게 된 다음에야 다스려 안정시킬 것을 도모한다고 하였습니다. 그런데 난이 닥쳤는데도 다스릴 것을 생각하지 않고 위태로움을 보고도 안정시킬 방도를 강구하지 않는다면 이는 하지(下智)의 인물이 될 것입니다.

삼가 생각하건대, 전하께서는 상지의 자질로서 국운이 점차 쇠퇴해지는 때를 당하였다고 봅니다. 따라서 위망스런 형상은 불을 보듯 환한 것으로 중지의 사람들도 탄식하며 안타깝게 여길 것입니다. 그런데 전하께서는 우리 황천과 조종이 맡겨주신 책임에 부응하고 아래로는 신하와 백성들의 간절한 소망에 보답할 만한 치안책을 끝내 마련하지 않고 계십니다. 지금 국세가 위급하다는 것은 어린아이들도 알고 있는 터인데 성명께서 어찌 모르실 리가 있겠습니까? 전하께서 이미 알고 계신다면 무엇을 믿고 정사를 잘 다스려 나라를 보전할 수 있는 계책을 마련하지 않고 있습니까. 아, 매우 위태롭습니다.

위망의 형상에 대해 신은 주벌을 무릅쓰고 그 대체적인 것을 아뢰어 보겠습니다. 세도는 시속을 따르는 데에서 나빠지고, 공적은 작록만 탐내는 자를 먹여 주는 데서 무너지고, 정사는 부의(浮議)를 일으키는 데에서 어지러워지고, 백성들은 오랫동안 쌓인 폐단으로 곤궁해지는 것인데 이 네 가지가 그중에 큰 항목입니다.

선비들도 이끗을 좋아하고 의리를 무시하는데 일반 백성들이 무엇을 본받을 수 있겠습니까. 심지어는 임금이나 부모도 잊고 염두에 두지 않는 판국이니 삼강이 없어지고 구법이 무너졌다는 말은 오늘날을 두고 한 말입니다. 무사한 때에 이미 강상이 해이해졌는데 혹시라도 위급한 상황이 벌어지면 윗사람이 죽는 것을 보고만 있으면서 구제하지 않을 것이니 흙더미가 무너지는 것 같은 사세는 기다릴 여지도 없이 이를 것입니다. 이것이 첫 번째 위망의 형상인 것입니다.

관직을 나누어 설치한 것은 곤궁한 사람들에게 녹을 주기 위한 것이 아니라 인재를 얻어 국사를 잘 다스리기 위한 것입니다. 그런데 지금은 그렇지 아니하여 사람만을 위해서 관직을 고르고 재주가 있는지 없는지의 여부는 묻지 않습니다. 이리하여 대관들은 녹봉만을 유지하면서 실지로 나라를 걱정하는 뜻을 지닌 사람이 적고 소관들도 녹 받아먹기만을 탐내면서 전혀 직책을 수행하려는 생각을 갖지 아니하여 서로 옳지 못한 행위만을 본받으므로 관직의 기강이 해이해졌습니다. 이리하여 모든 공적이 날로 무너지고 여러 관사가 모두 피폐해지고 있습니다. 이러한 것이 군현에까지 파급되어 전파되지 않은 고을이 없으니 안팎이 텅 비어 나라가 꼴을 이룰 수 없습니다. 이것이 두 번째 위망의 형상입니다.

조정의 의논이 여러 갈래로 갈라져 조석으로 변경되지만 시비의 권한을 누구도 주장하는 사람이 없고 상하 대소가 서로 관섭하지 않으므로 조정의 관료들이 각자 자기의 의견만을 주장합니다. 비유하건대, 1만 석의 무게를 가진 배가 망망대해를 운항하는데 누구도 키를 잡는 사람이 없이 그냥 풍랑에 맡겨 두는 것과 같은 것이라 하겠습니다. 이것이 세 번째 위망의 형상인 것입니다.

대체로 법이 오래되면 폐단이 생기는 것은 고금의 공통적인 병폐인 것으로 변통시키지 않으면 백성들의 살길이 곤궁해지는 것은 필연적인 것입니다. 백성은 나라의 근본인 것으로 근본이 튼튼해야만 나라가 편안해질 수 있는 것입니다. 지금 민생이 날로 위축되어 극심한 고난 속에 살고 있으니 '우리를 보살펴 주면 임금이고 우리를 학대하면 원수이다'라는 말에 대해서 어찌 매우 두려워하지 않을 수 있겠습니까. 이것이 네 번째 위망의 형상입니다.

아, 전하께서는 한 나라의 임금이십니다. 그런데 한 나라가 다스려지지 못할 경우 누구를 책하겠습니까?

아, 전하께서는 오늘날 국가의 형세에 대해서 의관만 정제하고 가만히 앉아 있더라도 끝내 보존할 수 있다고 여기십니까? 아니면 바로잡아 구제하고 싶어도 그 대책을 모르고 계시는 것입니까? 또한 그 뜻이야 갖고 있지만 어진 신하를 얻지 못하여 일을 추진하기에 어렵다고 여기시는 것입니까? 그도 아니면 흥하든 망하든 천운에만 맡기고 아예 인력을 드리지 않으려고 하시는 것입니까?

삼가 생각하건대 네 가지 위망의 형상은 모두 전하에게 달린 것이니 폐단을 개혁하고 태평 시대를 일으키는 것도 전하에게 달려 있다고 봅니다. 그렇다면 하시지 않는 것일 뿐 못하는 것이 아닙니다.

전하께서는 선을 좋아하는 것이 지극하지만 도를 믿는 것은 독실하지 못합니다. 따라서 충효·청백 등의 선행을 지닌 사람이 있다는 말을 들으면 그지없이 탄상하면서도 도학으로 자임하는 사람이 있다는 말을 들으면 혹시 거짓인가 의심합니다. 대체로 도학을 지닌 사람은 반드시 선행을 구비하는 것이지만, 선을 행하는 사람이 반드시 도를 아는 것은 아닙니다. 전하께서 도를 중시하고 선비를 존중하는 정성이 지극하지 못하기 때문에 호령을 내리고 거조하는 데 있어 시속을 따르는 자를 좋아하고 비상하게 행동하는 사람을 미워합니다. 그리고 곧은 절개가 있는 선비는 그들이 과격하다고 의심하고, 입을 다물고 말하지 않는 신하는 순후하다고 여기는가 하면 고도(古道)의 설에 대해서는 큰소리에 불과하다고 배척합니다.

전하께서 선비를 아끼시는 뜻은 성심에서 나온 것입니다. 그러나 이기기 좋아하는 사심을 극복하지 못하고 다스리기를 구하는 뜻이 확립되지 못했기 때문에 관직에 연연하는 자들은 순종하는 것으로 은총을 받게

207

되고, 벼슬길에 나오기를 어렵게 여기는 반면 미련 없이 물러가는 사람은 거역하는 것으로 전하의 뜻에 거슬리게 됩니다.

지금 전하께서는 영명하므로 소인이 진정 농간을 부리지 못합니다. 그러나 군자에 대해서도 깊이 믿어 전적으로 위임하시지 않기 때문에 군자들도 뜻을 행할 수 없으니, 이것은 군자와 소인이 모두 쓰임을 받지 못하는 것입니다.

예로부터 대업을 계승한 임금으로서 수성을 잘한 경우가 두 가지가 있는데, 치세를 계승했을 경우에는 그 법을 그대로 따라 잘 다스린 것과 난세를 계승했을 경우 그 폐단을 개혁시켜 치세를 이룩한 것이니, 일은 다르다 하더라도 방법은 같은 것입니다. 그러므로 진서산은 '굳게 지켜야 할 경우이면 굳게 지키는 것이 본시 계술하는 것이지만, 변통해야 할 경우에는 변통하는 것 역시 계술하는 것이다' 하였는데, 이것이야말로 변할 수 없는 정론인 것입니다.

지금 전하께서는 폐단이 오랫동안 쌓인 뒤에 계승하였으니 의당 경장시킬 계책을 강구하셔야 합니다. 그런데 매양 제도를 고치는 일에 대해 중난하게 여기시므로 변통해야 한다는 말을 조금도 채납하지 않습니다. 비유하건대, 오래 묵은 집에 재목이 썩어서 언제 쓰러질는지 모르는데 서까래 하나, 기둥 하나도 갈거나 고치지 않고서 그저 앉아서 무너지기만을 기다리는 것과 같다고 할 수 있는데, 이것이 무슨 도리라 할 수 있겠습니까.

옛날 제갈양은 '적을 토벌하지 않으면 왕업 역시 망할 것이니, 그저 앉아서 망하기를 기다리는 것보다는 적을 치는 것이 낫다' 하였습니다. 신 역시 '경장하지 않으면 나라는 필시 망할 터인데 그냥 앉아서 망하기만을 기다리는 것보다는 경장하는 것이 낫다'고 말할 수 있으니 경장하여 잘되면 사직에 복이 될 수 있습니다.

지금 백성은 흩어지고 군사는 쇠약하며 창고의 양곡마저 고갈되었는데 은혜가 백성에게 미치지 않고 신의도 여지없이 사라졌습니다. 혹시라도 외적이 변방을 침범하거나 도적이 국내에서 반란을 일으킨다면 방어할 만한 병력도 없고 먹을 만한 곡식도 없고 신의로 유지할 수도 없는데, 모르겠습니다만 전하께서는 이 점에 대해 어떻게 대응하려 하십니까?

나라를 경륜하는 원대한 계획에 대해 언급하면 어진 사람은 눈살을 찌푸리면서도 오히려 임금의 뜻을 돌리기 어렵다고 걱정을 하는데, 그 다음가는 사람은 천명에 돌리면서 어떻게 해 볼 도리가 없다고 하고, 아주 못난 사람은 그 자리에서 비웃으며 어리석고 부질없는 것이라고 합니다. 이리하여 묘당에서는 건의하는 일이 없고, 육조는 문서의 규례만을 지키며, 대간은 세세한 사건을 들추어내고 남의 묵은 죄악을 캐내는 것을 일과로 삼고, 시신은 문구를 주워 모아 한만스런 담론이나 펼치는 것으로 보필하는 일에 견주려 할 뿐, 국사에 대해 깊이 우려하거나 강령을 잡아 바른말로 극간하는 사람이 있다는 말을 들어 본 적이 없습니다. 이러한 까닭은 다름이 아니라 전하께서 잘 다스려보겠다는 뜻을 신하들에게 분명히 보여 주지 않기 때문에 조정의 신하들이 전하께서 귀에 거슬리는 말을 듣기 싫어하실까 의심하여 충성을 다하지 않고 있는 것입니다.

제거시켜야 할 누적된 폐단에 대해서는 지금 일일이 거론하기 어려우나 어리석은 신이 늘 경연에서 아뢴 것은 공안을 개정하고 수령을 줄이고 감사를 구임시키는 세 가지뿐이었습니다.

공안을 개정하는 데 있어서 유능한 사람에게 맡겨 규획을 잘하게 할 것은 물론, 단지 토산품으로만 균평하게 배정하고 한 고을에서 바치는 것이 두세 관사에 지나지 않도록 한다면 원액의 수입은 별로 감소되는 것이 없으면서 백성의 부담을 10분의 9쯤 줄일 듯싶습니다. 이렇게 민력이 여유를 갖게 해서 백성들의 심정을 위안시킨 다음 적당히 조세를 증가시킨다면 국가의 경비도 점차 충족될 것입니다. 그렇다면 공안을 개정하려는 것은 단지 백성을 위하는 것일 뿐만 아니라 실제로는 경비를 위해서입니다.

　이른바 수령을 줄이자는 것은, 고을을 설치하여 수령을 두는 것이야말로 백성을 보살펴 주기 위한 것인데 지금 고을은 많은 데다가 백성은 적으므로 수령들이 대부분 빈자리만 차지하고 있습니다. 따라서 아전이나 백성의 고달픔은 날이 갈수록 심해지고 수령을 제수할 때에도 인물을 뽑기가 어려운 실정입니다.

　이른바 감사를 구임시켜야 한다는 것은, 감사는 한 도의 주인이므로 그 직에 오래 있으면서 백성들의 신뢰를 쌓아야만 왕화를 펼 수 있고 호령이 시행되어서, 평상시에는 정사를 이룰 수 있고 위급한 때에는 변란에 대응할 수 있는 것입니다. 지금은 그렇지 아니하여 감사의 임기가 단지 1년인 데다가 가족마저 데려가지 못하기 때문에 사람들이 모두 싫어하여 명을 받는 날부터 이미 병을 핑계 대고 사임할 생각을 가지는가 하면 수개월 동안 지체하면서 임무를 수행할 생각을 갖지 않다가 끝내는 병으로 면직하게 됩니다. 이 때문에 도에는 늘 주인이 없는 것과 같이 정사를 담당하는 사람이 없으므로 백성들이 교화를 받지 못하게 됩니다. 그중에는 국가를 위할 마음을 가진 자로서 정치와 교화를 정리하고 싶어도 임기가 얼마 안 가서 만료되어 업적을 이룰 수 없습니다. 때문에 감사가 있든 없든 백성들은 상관조차 하지 않으니, 감사를 두는 것이 어찌 진정 이러한 것이겠습니까. 감사로 하여금 가족을 데리고 가서 양계의 예와 같이 수령의 직무를 겸임하여 그 직에 오래 있게 하소서. 그리고 조정 신하들 중에 경제에 마음을 가져 백성을 보살피고 대중을 다스릴 만한 사람을 특별히 뽑아 보내어 직무를 성심껏 수행하여서 공효를 이루게 하는 한편, 들어오면 조정의 정사에 참여케 함으로써 내직을 중하게 여기고 외직을 경시하는 폐단이 없게 한다면 백성들이 실다운 혜택을 입게 되어 석서의 시가 소리가 읍리에서 일어나지 않을 것입니다. 이것이 어찌 백성을 편안하게 하는 지상의 계책이 아니겠습니까.

매양 생각하건대, 전하께서는 영명하신 자질과 맑고 순수한 덕을 지니시고도 어진 마음을 미루어 넓혀 정사에 베풀지 못하기 때문에 옛날 황음무도한 군주와 똑같이 위망의 전철을 밟으려 하니, 이에 대해 신은 밤낮으로 안타까워하며 마음 졸이고 있습니다. 전하께서 신의 말을 망령되지 않다고 여기신다면 깊이 생각하고 오래 강구한 다음 대신에게 문의하여 조금이라도 채용해 주소서. 이것이 신의 구구한 소원입니다" 하였다.

온 마음을 다한 간절한 호소였다. 이 상소를 보고 선조가 답하기를, "경의 상소를 보고 충성스러움을 잘 알았다. 나 역시 마음을 가다듬고 일을 해 보고 싶지 않은 것은 아니지만 너무도 몽매하고 재주와 식견이 부족하여 지금까지 일이 마음대로 되지 않았으니, 생각해 보면 한탄스러울 뿐이다. 그러나 더욱더 경계하여 살펴 유념하겠다" 하였다.

선조가 그 봉사를 입시한 신하들에게 보이면서 이르기를 "우찬성이 전부터 이런 논의를 해 왔는데 나는 매우 어렵다고 본다. 모르겠다만 경장시키는 것이 어떠하겠는가?" 하니, 좌우 신하들이 누구도 대답하지 못했는데,

장령 홍가신이 대답하기를 "이것이야말로 지금의 급무입니다" 하였다.

선조가 "설명할 수 있겠는가?" 하니,

대답하기를 "비유하건대 이 궁전은 본시 조종이 창건하신 것입니다.

211

그러나 세월이 오래되어 무너질 형편이라면 조종이 창건한 집이라 하여 수리하여 고치지 않고 그저 앉아서 무너지는 것을 보고만 있을 수 있겠습니까. 필시 재목을 모으고 공장을 불러들여 썩은 것은 갈아내고 허물어진 데는 보수한 뒤에야 산뜻하게 새로워지는 것인데 경장시키는 계책이 이것과 무엇이 다르다 하겠습니까" 하자, 선조가 그렇다고 하였다.

부제학 유성룡이 이 말을 듣고 이튿날 차자를 올려 이이의 논의가 시의에 적합하지 않다고 극론하자, 그 의논이 끝내 중지되었다. 홍가신이 유성룡에게 가니 그가 이이의 논의에 부회하였다고 힐책하였다.

홍가신이 말하기를 "공은 과연 경장하는 것을 그르다고 여기는가?" 하니,

유성룡이 말하기를 "경장하는 것은 진실로 옳은 것이다. 하지만 그의 재주로 그 일을 해내지 못할까 염려될 뿐이다" 하였다.

이이가 매번 작심하고 절실한 마음과 애절한 호소로 선조를 자극하기도 하고 자존심에 호소하기도 하면서 경장, 즉 개혁을 하지 않으면 위난이 닥칠 것을 강조하고 또 강조하였다. 그런데 선조는 면전에서는 따를 듯하다가도 돌아서면 마찬가지였다. 게다가 유성룡이 이이의 경장에는 한사코 반대하였다. 온건하면서도 유능한 유성룡이 반대하니 그러지 않아도 실행에는 의지가 없는 선조가 그것을 핑계로 삼으니 되지가 않았다. 오직 이이만 애가 탈 뿐이었다.

전에 이이가 경연에서 '미리 10만의 군사를 양성하여 앞으로 뜻하지 않은 변란에 대비해야 한다'고 말하자, 유성룡은 '태평한 시대에 군사를 양성하는 것은 화단을 키우는 것이다'고 하며 매우 강하게 반대하였다는 말이 있다. 이이의 10만 양병설을 확인할 수는 없다. 그러나 숫자만 많은 군적을 정리하여 정예병을 양성해야 한다는 것은 이이가 계속 주장하는 핵심이었다. 이이는 늘 탄식하기를 '유성룡은 재주와 기개가 참으로

특출하지만 우리와 더불어 일을 함께 하려고 하지 않으니 우리들이 죽은 뒤에야 반드시 그의 재주를 펼 수 있을 것이다' 하였다.

이이, 선조, 유성룡 등은 모두 역사를 많이 읽고 정통하였으나 그 깊이에 있어서는 선조나 유성룡은 율곡 이이를 따라가지 못했다. 이이는 모든 나라들이 2백 년쯤 되면 쇠퇴하게 되어 망하거나 망하는 단계에 들어서는 것을 통찰하고, 이제 2백 년이 된 이 나라의 현 상황이 모든 것이 쇠퇴한 위급한 형세로 판단하였다. 그래서 개혁을 하여 일신하지 않으면 망하는 길로 들어설 것으로 확신하고 마음이 급했다. 그러나 선조나 유성룡은 모두 이 사실을 경시하였다.

이이가 이번 상소의 서두에서 언급한 바와 같이 '상지의 사람은 미연에 환히 알고 있으므로 난이 일어나기 전에 미리 다스리고 나라가 위태롭기 전에 미리 보전한다' 하였는데 이이는 이 상지에 가깝다. 그런데 선조와 유성룡은 '중지의 사람은 사태가 발생한 뒤에 깨닫게 되므로 난이 일어나 나라가 위태롭게 된 다음에야 다스려 안정시킬 것을 도모한다'는 중지의 인물들이었다. 그 결과 선조와 유성룡은 10년 뒤에 뼈저린 후회를 하게 되고 말로 표현할 수 없는 고난의 길을 걷게 된다. 그 외 대부분의 신하들은 동인, 서인을 막론하고 대부분 하지의 인물들이었다.

선조는 개혁을 요하는 어려운 문제의 실천은 하지 않아도 이이를 크게 신임하여 서로 상의하는 것이 많았다. 그런데 그럴수록 옆에서 질시하는 사람은 많아지고 있었다.

10월 이이를 중국 사신을 맞을 원접사로 하였다. 이이가 황정욱, 허봉, 고경명을 종사관으로 데리고 가겠다고 하여 허락을 받았다. 이이가 항상 고경명의 재능을 소중히 여겼었는데 이때 불러서 종사관으로 삼았다.

이이가 두 사신을 접견하였을 때 사신 황홍헌이 역관 홍순언에게 묻기를, "그대의 빈사는 산림의 기상을 지니고 있으니 국왕이 산야 사람으로 우리를 대우하게 한 것이 아닌가?" 하였다.

황순언이 답하기를 "원접사는 삼장에 장원한 사람으로 오랫동안 시종으로 있다가 중년에 병으로 수년간 산림에 물러가 휴양하였기 때문에 산림의 기상을 지니게 된 것이다. 그러나 지금은 국왕께서 크게 믿으시는 신하입니다" 하였다.

황홍헌이 "그렇다면 그가 바로 〈천도책〉을 지은 사람인가?" 하자, 그렇다고 대답하니 두 사신이 고개를 끄덕였다. 길을 오면서 이이의 예에 대한 논의와 화답한 시를 보고 특례로 정중히 대하였으며, 모든 서한에 반드시 율곡 선생이라 칭하였다.

뒤에 사신들이 서울에 들어와서 문묘를 배알할 적에 명륜당 벽상에 사물잠을 걸어 놓은 것을 보고 이이에게 그 뜻을 해명해 주기를 청하고 또 말하기를, "송나라 선비의 격식에 얽매이지 않는 것이 좋겠다" 하였다.

이이가 말하기를 "우리나라 사람은 식견이 고루하여 단지 정주의 학설을 지킬 뿐 다시 다른 도리로 부연할 수 없으니 아무리 격식에 얽매이지 않으려고 해도 할 수 없다. 그런데 지금 고명의 물음을 받고 분발하게 되었다. 중국은 성리학의 고장이니 반드시 정주를 이어 학풍을 일으킨 사람이 있을 것이다. 고명의 가르침을 받아 문견이 좁은 의혹을 풀어 보고 싶다" 하니,

두 사신이 다시 변론하지 않았다. 대체로 중국에는 육·왕의 학설이 성행하였는데 황홍헌도 문장가로 시속에 젖었기 때문에 그의 말이 이러한 듯하였다.

부사 왕경민이 이이에게 말하기를 "내가 살고 있는 곳이 기자의 고허

에서 가깝기 때문에 항상 홍범당 안에서 홍범의 뜻을 풀어 보기도 한다. 그런데 늘 기자가 동쪽으로 온 사적에 대해 알 수 없는 것이 한스럽다. 본국에 기록된 것이 있으면 보고 싶다" 하므로, 이이가 전에 저술한 《기자실기》를 주었다.

이때 이덕형이 과거에 급제하여 이미 명성이 있었는데 두 사신이 한강에 유람하며 좌우에게 말하기를 "조선에 이덕형이란 사람이 있다는 말을 들었는데 한번 만나 보고 싶다" 하였는데, 이덕형은 감히 그럴 수 없다고 사양하였다. 왕경민이 시를 지어 주었는데 그 내용에 깊이 사귀고 싶다는 말이 있었다.

정철을 도승지에 제수하였었는데 사헌부가 정철은 술주정이 심하고 광망하니 체직시키기를 청했다. 이에 정철은 사직하고 오지 않았다. 그래서 유성룡을 도승지에 임명하였다.

12월 8일 유성룡은 중국 사신에 대한 여러 가지 일들을 절차와 예절대로 잘 주선하여 선조가 가상히 여기고 대사헌에 임명하였다. 이발은 부제학, 김응남은 동부승지가 되었다. 정철은 함경감사로 발령이 났다.

이해의 다른 일들은,
1월 중국인과 동양인 막생가, 서양인 마리이 등이 표류하여 와서 중국에 주문하였다.

4월 21일 김계휘가 졸하였다. 유능한 사람이었는데 갑자기 돌연사하였다. 후일 명유인 김장생의 부친이다. 아까운 사람이었다.

이때 선조가 이이를 크게 신임하여 중임하고 일을 맡겼으나 반대자들이 사사건건 물고 늘어져 어느 것 하나 제대로 하지 못하였다. 유성룡도 중임하여 벌써 재상의 대열에 들어서게 되었다. 둘이 힘을 합쳐 일했으면 국가의 복이었을 것이다. 그러나 두 뛰어난 천재는 그 잘난 것으로 인해 화합하지 못했다. 직선적이고 개혁을 부르짖는 조급한 이이에 비하여 유성룡은 온건하고 정중하여 변화를 원하지 않고 점진적이었다. 그 시절의 백성들의 어려움을 생각하면 유성룡은 너무 태평하고 미온적이었다 할 수 있겠다. 이이는 시대를 앞서가는 사람이었고 유성룡은 시대를 보존하는 사람이었다.

‖ 이순신, 발포만호에서 파직되다 ‖

38세의 발포만호 이순신은 여러 번 위기를 잘 모면했으나 이번에는 원수를 외나무다리에서 만났다. 1월에 서익이 군기 경차관으로 내려왔다. 전에 훈련원에서 악연을 맺은 자다. 서익은 성혼, 이이의 추종자이고 서인 계열이었다. 당연히 유성룡을 좋아하지 않았고 이순신이 유성룡의 사람임을 다 알고 있었다. 더구나 구원까지 있다. 그러니 어떻게 했겠는가. 다른 곳보다 훨씬 더 잘 정비된 군사 장비들을 유지 보수하지 않았다고 보고하였고 이에 따라 이순신은 파직되어 돌아왔다. 그러나 2년 가까운 발포만호의 경험은 수군 장수로서의 좋은 경험이 되었다. 훗날 이것이 증명이 될 것이다.

실직자가 된 이순신에게 유성룡이 이이를 만나 보라고 하였다. 이이는 이때 이조판서로 있었다. 앞서 유성룡이 이이에게 이순신의 이야기를 하니 이이가 한번 보자고 하였던 것이다. 같은 덕수이씨로 먼 친척도 되니 한번 찾아볼 수도 있는 것이지만 이순신은 만나 볼 생각이 없었다. '나와 율곡이 같은 성씨라 만나 볼 만도 하나 이조판서로 있는 동안에 만나 보는 것은 옳지 못하다' 하였다. 말은 그렇게 하였지만 자기를 중매까지 해 준 명재상 이준경을 적대시한 이이를 싫어했을 수도 있고, 자기를 친동생처럼 아껴주는 유성룡과도 대립하는 상대이기 때문에 더욱 싫어했을 수도 있다. 그래도 장차 나라를 짊어지고 또 나라를 최고로 걱정하게 될 이순신이 당대에 나라의 장래를 최고로 걱정하는 최고의 명신 이이를 만나 보지 않은 것은 아쉬운 일이 아닐 수 없었다. 어쨌든 이런 주위의 인연들이 작용했는지 이순신은 5월에는 훈련원 봉사로 복직되었다. 그리고 또 이런 일이 있었다. 병조판서 유전이 이순신에게 좋은 화살통이 있다는 것을 알고서 이순신을 불러 그것을 달라고 하였다. 이순신이 공손히 말하기를 "화살통은 드리기 어렵지 않으나 남들이 대감이 받는 걸 어떻게 생각하며 소인이 바치는 것을 어떻게 말하겠습니까. 화살통 하나로 대감과 소인이 함께 더러운 지탄을 받게 되는 것이 미안합니다" 하였다. 유전이 "그대 말이 옳다" 하였다. 지금까지 보면 이순신은 거절하는 것에는 일가견이 있다. 보통 사람이 아니기 때문이겠지만, 걱정스러울 정도이다. 너무 세면 쪼개지거나 부러지기 쉬운 것이다.

이해에 일본에서도 큰 변화가 있었다. 여름에 최고의 실력자 오다 노부나가가 심복 부하의 배반으로 어이없이 사망하였다. 이때 풍신수길은 오다의 명령으로 서부지역에서 모리 일가와 전투 중이었다. 급보를 듣고 유리한 전황이었지만 휴전하고, 군사를 돌려 돌아와 배반자를 격파하였다. 그리하여 이제는 풍신수길이 실력자로 전면에 부상하게 되었다.

18
이이, 심하게 공격을 받다 :
선조 16년 (1583 계미년)

북변 육진이 오랑캐의 반란으로 소요스럽다. 북병사 이제신이 전력을 기울이고 신립 등의 맹활약으로 진정되나 이제신은 오히려 억울하게 된다. 이이는 병조판서로 힘든 일에 능력을 발휘하지만 반대 세력의 악랄하고 집요한 공격에 할 일을 못 하고 아까운 때를 놓친다. 이이를 공격한 자들에 대한 선조의 대응이 보기 드물게 흔들림 없이 확고하다.

1월 이이를 병조판서로 하였다. 북쪽 오랑캐를 걱정하여 내린 조치였다. 여러 번 사양하였으나 허락하지 않았다.

1월 22일 이이가 병중에 출사하여 숙배하고 이어 사직을 청하니,

선조가 이르기를 "아조의 병력이 전조에 못 미치고 있는데 오랫동안 승평을 누린 나머지 병정 또한 해이된 지 오래이다. 나는 가끔 그것을 생각하고 남몰래 걱정하였으며, 실로 적당한 인재를 얻지 못한 것을 한탄하였다. 경은 경장과 개기를 부단히 주장해 왔었으니 이것은 바로 경의 평소의 생각인 것이다. 지금 경이 참으로 기발한 계책을 세워 전래의 폐습을 모조리 혁파하고 이어 양병의 계획을 세운다면 국가에 있어서 다행일 것이다. 《서경》에 '융병을 잘 다스려야 한다'고 하였고, 유자도 '나라의 큰일은 제사와 군대이다'고 하였으며, 순자도 '군대가 크게 정리되면 천하를 제어할 수 있고 작게 정리되면 가까운 적을 다스릴 수 있다' 하

였다. 군대야말로 나라를 다스리는 자가 절대로 소홀히 할 수 없는 것이니 경은 그 점에 대하여 노력하라. 또 병을 조리하면서 행공하더라도 일을 볼 수가 있는 것이니 사면하지 말라" 하였다.

선조가 체직을 허락하지 않은 데다가 또 북쪽 변방에 경보가 있었으므로 마침내 감히 다시 사양하지 못하였다. 병조는 사무가 매우 많고 바빠 아무리 재간이 있고 민첩하여 일에 익숙하다고 자부하는 자라도 늘 제대로 조처하지 못할까 걱정하였다. 그런데 이이는 마침 변방이 소요스러운 때를 당하여 처리해야 될 문서가 가득 쌓였는데도, 크고 작은 일 어느 하나도 빠뜨림이 없이 강령과 조목별로 물 흐르듯이 분석하고 처결해 나갔다. 이를 보고 병조의 노련한 관리들이 모두 말하기를, "판서로서 이처럼 재간이 있고 처결 능력이 있는 분은 본 적이 없었다" 하였다.

북쪽 육진에서는 번호들이 반란을 일으켜 치열한 싸움이 벌어지고 있었다. 먼저 경원성이 함락되었고, 주위의 고을들을 공격하고 있었다. 신립 등이 분전하여 이들을 물리쳤다.

2월 7일 북병사 이제신의 급보에 '경원부의 번호 이탕개 등이 도적이 되어 경원과 아산보를 포위하고 있다'고 하였다. 선조가 삼공과 비변사의 당상들을 인견하고 파직 중에 있던 무신 오운과 박선을 서용하여 조방장으로 삼아 용사 80명을 거느리고 먼저 가도록 하고, 경기감사 정언신을 우참찬으로 하여 도순찰사를 겸하게 하고, 곧이어 남병사 김우서를 방어사로, 이용을 남병사로 삼았다.

2월 9일 북병사의 서장에 '경원부와 안원보의 성이 함락되었다'고 하였다. 선조는 경원부사 김수와 판관 양사의는 성을 지키지 못하였으므로 바로 진전에서 목을 베어 군율을 진작시키도록 하라고 명하였다. 다만 병사로 하여금 베게 할 것인가, 아니면 순찰사가 내려간 뒤에 베도록 할 것인가에 대하여 대신들에게 물었는데, 대신들의 논의는 순찰사가 내려가서 안핵한 후에 목을 베는 것이 온당하다고 하였다.

2월 10일 선조가 결연히 북번의 오랑캐를 토벌하라 하였다. 선조의 생각은, 우리가 한 방면의 군대를 명하여 그들의 죄를 성토하고 응징하여 소굴을 소탕해 버린다면, 다른 여러 오랑캐들이 듣고 반역을 하고 거칠게 굴어 보았자 이득이 없다고 생각하여, 반역을 꾀하려던 마음을 고쳐먹고 온순하게 굴 것이라는 거였다. 한번 마음먹으니 조급해진 선조는 기회를 놓칠 수는 없다 하며 서두르게 하였다.

비변사에서는 선조의 생각에 적극적으로 동의하며 '일단 순찰사를 내려보내 본도의 병력과 군자를 점검하여 군졸은 얼마가 필요하고 군량은 얼마가 소요되며 기타 형세의 편부에 대해서도 자세하게 헤아린 다음 빠짐없이 치계하게 한 후에 군마를 출동시켜 천토를 해야 할 것입니다' 하였다.

무관 중 쓸 만한 사람들을 석방하여 북도 요해처를 방비하도록 청했다.

이어 북방 대책에 관한 것을 전교하였다. 지금까지 이이가 계속 주장한 보람이 있었다.

"백성이 있고 난 다음에야 전수가 가능한 것이니 백성들을 옮겨 변방을 채우는 것이 어떻겠는가? 군대는 먹을 것이 충분해야 병졸들이 믿는 것이 있어 용기가 배가되는 것이니, 경상도 연해의 각 고을에 있는 쌀을 배를 이용하여 육진으로 운반하고 배가 못 가는 곳은 육로로 운반하되 만약 운반에 필요한 민력이 부족하면 종재들로 하여금 각기 소와 말을 내어놓게 하는 것도 무방할 것이다.

우리나라에 사노가 있는 것이 원래 무리한 일이다. 이러한 사변을 당하여서는 비록 상전들도 적과 맞서 싸워야 하는데 더구나 노비들이겠는가. 안변 이북의 사노들 중에 건장한 자는 모두 징발하여 군대로 편성한 후 번을 갈라 북도의 방수에 임하게 하고, 그 대신 하삼도의 공천으로 충급하여 주거나 혹은 다른 일로 상을 내리는 것이 어떻겠는가?

채은에 관한 금령을 해제하여 병식에 보탬을 주도록 하되 다만 육진과 갑산에 한하여 채취하게 하고 기타의 곳은 절대 금하는 것이 어떻겠는가?

양계의 호마 무역 통로를 활짝 열고, 또 목장에 있어서는 다른 관리가 감목을 겸하기 때문에 성의를 다하지 않는 실정이니, 감목만을 전담할 별도의 관원을 두되 우선 함경도와 강화 등에서 시험해보는 것이 어떻겠는가?

인재가 있어야 모든 일을 할 수가 있다. 옛날 진 효무제가 훌륭한 장수를 구하려 하자 사안은 자기 형의 아들을 천거하였고, 송 신종이 어진 인재를 구할 때 정호는 자기 아우를 으뜸으로 꼽았다. 경들도 친척이라는 것에 구애받지 말고 각기 아는 인재를 천거할 것이며, 또 사방에 명하여 준예들을 두루 불러 모으게 하라. 이른바 준예란 슬기와 용기가 있는 선비를 말하는 것이지 유담이나 일삼는 썩은 선비를 말하는 것이 아니다" 하였다.

2월 12일 선조가 "예로부터 군령을 엄하게 하지 않고서 나라를 제대로 다스린 자는 없었다. 김수(경원부사) 등을 평상시와 같이 순찰사가 내려가서 추고하여 계문한 다음 조치하도록 하였는데 패군하여 성을 함락당한 장수에 대해서 어찌 오래도록 왕법을 지체할 수 있겠는가. 빨리 선전관을 보내어 그들의 목을 베라" 하였다. 일벌백계도 좋지만 성급한 조치였다. 복명할 기회는 주어야 했다.

　순찰사 정원신 이하 북정장사들에게 잔치를 내리고 부교리 정희적, 이조좌랑 김수를 순찰사 종사관으로 하였다.

　2월 13일 비변사에서는 북병사 이제신을 파척하라 청했다. 그러나 선조는 체직시킬 필요는 없다고 하였다.

　이제신의 보고에, 적이 훈융진을 포위하자 첨사 신상절과 온성부사 신립이 역전 끝에 적의 목 50여 급을 베고 이어 강 건너까지 추격하여 그들의 부락을 소탕하였다고 하였다.

　이때 경원·종성·회령 등의 번호가 모두 배반하였으나 온성의 번호만은 배반하지 않았는데, 그것은 신립의 무용에 승복했기 때문이었다. 신립은 평소에 철기 5백여 명을 훈련시켜 사냥을 하며 진술을 익히게 하고 연안에서 치돌하는 연습을 시켰는데 그 빠르기가 귀신같았다. 이 광경을 오랑캐들이 모두 모여서 구경하였던 것이다. 당시 태평세월을 오래도록 누린 나머지 군사들이 싸울 줄을 모르고 그저 성벽이나 지키면서 마치 먼 거리의 과녁을 맞히는 것처럼 활을 쏠 뿐이었다. 그래서 적이 혹시라도 육박전을 하며 성에 올라오기라도 하면 모두 겁에 질려 활을 제대로 쏘지 못하였다. 그러다가 신립이 칼날을 무릅쓰고 육박전을 벌이며 싸울 때마다 공을 세우는 것을 보고 변방의 군사가 비로소 분발하여 과감하게 야전을 벌여 적을 공격하였다. 육진을 보전하여 지킬 수가 있었던 것은 이렇게 신립이 앞장서서 용맹을 떨쳤기 때문이었다.

　비변사가 아뢰기를 "지금 북병사의 계본을 보면 훈융진 싸움에서 신립 등이 용맹을 떨쳐 역전한 공로가 매우 가상합니다. 우선 신립을 포상하여 전사들을 격려하소서. 그리고 병사는, 원병이 모이기를 기다려 반호를 토멸하기 위하여 현재 포치 중에 있으므로 병세도 점점 신장되어 가고 있다니, 다른 사람으로 대신할 필요가 없겠습니다. 체직시킬 것이 없다고 하신 성교가 실로 사의에 맞습니다" 하고, 또 아뢰기를 "군대는 위엄을 제일로 치는 것이기는 하나 법 적용이 합당한 연후에야 죄를 받은 자가 딴말이 없는 것입니다. 김수가 복패한 죄가 있어 당시의 주장이 형을 집행해 버렸다면 그만이겠으나, 지금 주장의 명령에 의하여 공을 세워 죄를 씻을 생각으로 28일의 싸움에서 고군으로 분투 끝에 적 40여 급을 베었다고 하는데, 그 공로로 속죄를 하기에는 비록 부족하지만 그렇다고 안국도 하지 않고 그대로 상형을 집행한다면 다소 미진한 뜻이 있지 않을까 염려됩니다. 신들이 모여서 의논한 결과 의견이 모두 같으므로 감히 아룁니다" 하였다.

선조는 "아뢴 뜻은 알겠으나 김수는 그럴 이유가 없으니 선전관을 빨리 보내도록 하라" 하였다.

잘잘못을 가려서 죄를 정하고 형을 집행해야 할 것을 성이 함락되었다고 무조건 죽이는 것은 올바른 일이 아니다. 더구나 장수 한 사람도 귀해서 죄짓고 파직된 사람들을 다시 쓰는 마당에 한 사람이라도 살리기를 본업으로 해야 할 임금이 직접 나서서 죽이라고 하는 것은 훌륭한 왕의 결단은 아니었다. 그나마 일벌백계한다는 이 원칙이라도 계속 지켜나가기만 한다면 죽는 사람도 덜 억울할 것이다.

2월 14일 선조가 묘당에서는 북변을 대처하는 계책을 내지는 못하고 성을 함락당한 장수를 구제하는 일에만 마음을 쓴다고 질책하였다. 선조의 말이 대단했다. '오랑캐의 수급 40급만 대단한 것인 줄 아는구나. 경원성 전역에 시체가 들을 덮고 해골이 쌓여 산을 이루었으며, 신음하는 자가 일어나지 못하고 상처 입은 자는 안정을 찾지 못했으며, 남의 자식을 고아로 만들고 남의 아내를 과부로 만들어 원통한 울부짖음이 길에 가득하고 통곡소리가 땅을 흔들고 있는 것은 생각지도 않는다는 말인가' 하였다. 그리고 이제신을 파직 요청한 것이 잘못되었음도 말하였다.

당시 박순이 수상이고 이이가 병조판서였다. 이때 이제신이 변무 12조를 상소하여 개진하였는데, 박순이 이이로 하여금 복의하여 그 주장을 다 수용케 하였다. 그러나 동인 측에서는 그들이 추진하려는 계획에 대해서 한결같이 공박하며 제지하였다. 그러다가 선조가 이런 하교를 내리게 되자, 때를 만난 듯이 다투어 묘당에서 계책을 잘못 세웠다고 아우성을 쳤다.

선조가 전교하여 "신립은 가자하는 것이 옳으니 교서를 지어 하유하도록 하고, 그의 어미에게 쌀과 콩을 합하여 20석을 내리라. 부령부사 장의현은 따로 건원을 지키면서 반적이 와 포위하자 고군으로 혈전 끝에 적을 물리쳤고, 훈융첨사 신상절은 반적이 와 포위했을 때 힘을 다하여 막았을 뿐만 아니라 또 용기를 내어 출병하여 신립과 합세하여 적을 쳐부수고 돌아왔으니, 이 두 사람의 공도 작지 않다. 장의현은 가자할 것이며, 신상절은 4자급을 뛰어넘어 어모로 삼고 준직을 제수하라" 하였다.

양사가 북병사 이제신을 탄핵하였다.

"북병사 이제신은 사납고 모진 데다 처사까지 앞뒤가 맞지 않아 북변을 지키면서 위학만을 일삼아 열보에서는 마음을 돌리고, 번호들은 원망하고 배반하게 하였으니 오늘에 이러한 변란이 있게 된 것도 실은 이제신 때문입니다. 그런데 변란이 일어나자 겁에 질려서는 얼마 안 되는 거리에 있는 외로운 성이 함몰되어 가는 것을 보면서도 속수무책으로 달려가 구원하지 못하였습니다. 그리하여 장사들의 생사와 인축의 창살에 대해서는 전혀 알지도 못하고 또 무엇을 지적한 것인지조차도 모를 정도의 전도되고 착란된 장계를 전후하여 올렸던 것입니다. 군기를 그르쳐 성을 함몰시키고 나라를 욕되게 한 죄가 크니, 잡아들여 추국한 다음 율에 의하여 죄를 정하소서" 하였다.

선조가 답하기를 "이제신을 어찌하여 그렇게 논하는가? 이후에 비록 서서히 논할 수는 있으나 지금으로서는 결코 따를 수 없으니 내 뜻을 이해하고 다시는 말하지 말라" 하였다.

사간원이 "비변사와 병조의 당상들이 요즈음 건청하거나 처리하는 일들이 장책은 하나도 없고 거의 구차한 것들뿐이니 모두 추고하소서" 하니,

답하기를 "슬기로운 자도 천려일실이 있기 마련이다. 이렇게 근로해야 하는 때에 추고해서는 안 된다" 하였다.

양사에서는 적을 막는 데에는 전혀 도움이 되지 않으면서 반대파를 탄핵하거나 질책하는 일에는 아주 열심이었다. 그래도 선조가 중심을 잘 잡고 있어 다행이었다.

순찰사 정언신이 배사하였다. 신립에게는 금대와 철릭을 하사하였다.

2월 15일 병조판서 이이가 등용, 양병, 재용, 전마, 수세 등 전란대비에 대하여 상소하였다.

"우리나라가 오래도록 승평을 누려 태만함이 날로 더해 안팎이 텅 비고 군대와 식량이 모두 부족하여 하찮은 오랑캐가 변경만 침범하여도 온 나라가 이렇게 놀라 술렁이니, 혹시 큰 적이 침범해 오기라도 한다면 아무리 지혜로운 자라도 어떻게 계책을 쓸 수가 없을 것입니다. 옛말에, 먼저 적이 나를 이기지 못하도록 대비한 다음에 적을 이길 수 있는 기회를 기다리라고 하였는데, 지금 우리나라는 하나도 믿을 만한 것이 없어 적이 오면 반드시 패하게 되어 있습니다. …… 지금 서둘러 다스릴 수 있는 힘을 길러 후일의 대책을 세우지 아니하고, 그때그때 미봉책만 쓰려 든다면 어찌 한 모퉁이에 있는 적만이 걱정거리이겠습니까. 아마 뜻밖의

환란이 말할 수 없이 많게 될 것입니다.

　신은 원래 부유로서 외람되이 병관의 자리에 있으면서 밤낮으로 애태우며 생각한 나머지 감히 한 가지 계책을 올립니다. 그러나 여기서는 그 대강만을 아뢰고 자세한 내용에 대하여는 면대하여 자세히 아뢰겠습니다. 그 조목을 말씀드리면, 첫째, 현능을 임용할 것, 둘째, 군민을 양성할 것, 셋째, 재용을 풍족하게 만들 것, 넷째, 번병을 튼튼하게 할 것, 다섯째, 전마를 갖출 것, 여섯째, 교화를 밝힐 것 등입니다.

　현능을 임용한다는 것에 대하여 말씀드리겠습니다. 지금도 관직을 제수할 때면 의당 사람을 고르고는 있지만 아침에 임명하고 저녁에 딴 곳으로 옮겨 버려 자리가 따스해질 겨를이 없으므로, 비록 그가 임무를 다하고 싶더라도 다할 방법이 없는 것입니다. 지금 관리가 자주 바뀌는 데에는 두 가지 원인이 있는데, 첫째는 정병(呈病)이고, 둘째는 피혐입니다. 정병의 폐단을 바로잡기 위하여는 뭇 신하에게 하교하여 모든 일에 있어서 실을 힘쓰고 형식적인 습속을 따르지 말 것이며, 실제로 병이 아니면 정사를 못 하도록 하고, 간혹 병을 핑계 대는 자가 있으면 드러나는 대로 규치하며, 반드시 열흘 동안 병을 앓아야지만 비로소 정사를 허락하고, 첫 번째 정사를 한 후 열흘이 지난 후에야 재차 정사하게 하고, 두 번째 정사 후 또다시 열흘이 된 후라야지만 비로소 삼차 정사를 허락할 것이며, 만약 같은 관아에서 한 관원이 정사하였으면 다른 관원은 함께 정사를 할 수 없게 합니다. …… 피혐의 폐단을 바로잡기 위하여는 무릇 대간에 있어 합당치 않은 인물인 경우를 제외하고는 피혐 때문에 체차하지는 말아야 합니다. 유독 대간에 있어서만은 반드시 성현이 되기를 요구하여 털끝만 한 잘못이 있어도 반드시 체차를 하고야 맙니다. 임금의 이목이 되고 있는 그들이 자주 바뀌면 공론이 따라서 갈팡질팡하게 되니 참으로 나라를 다스리는 체통이 아닙니다. 뿐만 아니라 그 여파가 자연 다른 관에까지 파급되어 역시 자주 체차가 있게 되니, 모든 치적의 실패는 바로 여기에서 연유하는 것입니다.

군민을 기른다는 것에 대하여 말씀드리겠습니다. 양병은 양민이 밑바탕이 되어야 합니다. 양민을 하지 않고서 양병을 하였다는 것은 예부터 지금까지 들어본 적이 없습니다. …… 조발하려 해도 조발할 군대가 없고 먹이려 해도 먹일 곡식이 없으니, 아무리 슬기로운 자라 할지라도 어찌 재료가 없음을 핑계 삼지 않겠습니까. ……

신의 생각으로는 현능한 자를 각별히 선택하여 국을 설치하여 군적을 관장하게 하고 괴롭고 수월한 자를 서로 교대시켜 그 역을 균등하게 하며, 군사가 도망간 지 3년이 지나면 한정을 다시 모집하여 그 자리를 메우는 등, 반드시 모든 색군사가 다 지탱할 수 있게 하고 또 그 일족이 책임을 지는 폐단을 없앤다면 군민의 힘이 펴질 수 있을 것입니다. 그밖의 휴양·생식 등에 관한 규정은 국을 설치한 뒤 그 일을 맡은 자가 강구하면 되는 것이며, 훈련 방법에 있어서는 우선 양민부터 하고 나서 논의할 일입니다.

재용을 풍족하게 한다는 것에 대하여 말씀드리겠습니다. 족병은 족식이 우선되어야 합니다. 국가의 저축이 날로 줄어드는 원인은 세 가지가 있는데, 첫째, 수입은 적은데 지출이 많은 것이고, 둘째, 수세를 맥도로 하는 것이며, 셋째, 제사가 번독한 것입니다.

수세를 맥도로 한다고 한 것은 이렇습니다. 옛날에는 10분의 1의 조세를 받았으나 공용이 모자라지 않았고 백성들도 원망이 없었습니다. …… 지금으로서는 무엇보다도 공안을 개정하여 전역으로 하여금 10분의 7~8 정도를 절감받게 한 후에 경우에 따라 가세할 것은 가세하도록 하여 국용에 여유가 있게 해야 할 것입니다. 이렇게 하지 않고서는 끝내 공사 간에 풍족할 때가 없을 것입니다.

제사가 번독하다고 한 것은 이렇습니다. 지금 국가에서 종묘와 각릉에는 삭망제를 행하고 문소전·연은전에는 삼시제를 행하고 있는데, 그것이 물론 조종을 추원하는 성효에서 나온 것이지만 당우와 삼대 시절 성왕들의 제도에 비한다면 번란하다는 경계를 피하기 어려운 일입니다. 신의 생각으로는 종묘에만은 종전대로 삭망제를 올리고, 각 능에는 네 명일에만 제를 올리고 문소전·연은전에는 하루 한 차례만 행하고 나머지 두 때는 폐지하는 것이 좋을 듯싶습니다.

　번병을 튼튼히 해야 한다는 것에 대하여 말씀드리겠습니다. 폐잔한 작은 고을들을 통합하여 하나로 만들어서 민력이 신장되도록 하고 감사를 골라 임명하되 오래 맡겨 은위가 도 전체에 미치게 함으로써 백성들이 신복하도록 만든다면, 평상시에는 휴양이 될 것이고 유사시에는 적을 막아 낼 수가 있을 것이니 울타리가 튼튼해지고 나면 국가는 반석같이 안정이 될 것입니다.

　전마를 갖추어야 한다는 것에 대하여 말씀드리겠습니다. 지금 나라 안에는 전마가 몹시 귀하여 혹시 군대를 조발할 일이 있을 경우에는 보졸밖에는 쓸 수 없으니, 말 탄 저들과 보졸인 우리가 어떻게 상대가 되겠습니까. 신의 생각으로는, 경외의 무사들 중 기사에 능한 자들을 골라 재주를 시험하여 그중 우등자를 뽑은 다음 그들을 목장으로 보내 본도의 도사 또는 본읍의 감목관과 함께 감목을 하게 하면서 그 무사들로 하여금 목장에서 전용에 적합한 장마를 스스로 고르게 하되 입격한 성적 순위로 나누어 준 다음 말의 털빛과 크고 작음, 높고 낮음 등의 척촌수를 기록한 적을 세 부 작성, 1부는 병조로 올리고, 1부는 사복시로 보내고, 1부는 본관에다 비치하게 합니다. 그리고 자신이 타는 말은 자신이 잘 먹이게 하여 매년 말에 서울은 사복시에서, 외지는 본읍에서 각각 그 비척을 살펴 상과 벌을 내리고, 만약 말이 죽었을 경우에는 관에 고하여 검시를 받고, 그것이 지급받은 후 5년 이내에 죽은 것이면 값을 따져 징수하고 만약 5년이 넘어서 죽었으면 값을 징수하지 않습니다. 그리고 사변이 닥쳤을 때는 적을 살펴 그것들을 전마로 수용하며 그 사람이 만약 종군을 한다면 그 말은 자신이 타게 합니다. 그렇게 하면 섬의 말들이 쓸모없이 버려지지 않을 뿐만 아니라 전시에는 탈 말이 있게 될 것입니다. 그리고 당마·호마도 널리 무역하여 역시 이러한 방법으로 무사들에게 나누어 주면 무업에 종사하는 자는 말이 없을까를 걱정하지 않게 되고 국가는 국가대로 유사시에 대비할 수가 있을 것입니다.

교화를 밝혀야 한다는 것에 대하여 말씀드리겠습니다. 설사 식량이 충분하고 군대가 족하더라도 인의가 없다면 유지될 수가 없는 것입니다. 이르기를 '무릇 나라를 다스리고 군대를 통솔함에 있어서는 반드시 예로 가르치고 의로 격려하여 부끄러워할 줄 알게 해야 한다. 사람이 부끄러워할 줄을 알면 크게는 전쟁을 치를 수 있고 작게는 자신을 지켜 나갈 수 있다' 하였습니다. 어리석은 백성들을 하루아침에 갑자기 다 가르칠 수는 없는 일이니 우선 주자부터 가르치기 시작해야 합니다. 신의 생각으로는, 우선 태학과 사학의 관부터 적임자를 골라 선비들을 가르치게 하고, 외방 군읍의 교관들도 비록 다 적임자를 골라 둘 수는 없을지라도 역시 별도의 계책을 세워 유풍을 일으킴으로써 점점 백성들에게까지 영향이 스며들게 해야 할 것이고 어쩔 수 없는 것으로 생각하여 포기해 버릴 수만은 없는 일입니다" 하였다.

선조가 읽은 후 비변사에 내리고, "이 상소문의 내용은 나라를 위한 정성이 참으로 지극하다. 나도 한마디로 할 수 있는 말이 있는데, 그것은 위로는 공경에서부터 아래로 사대부에 이르기까지 모두 관절이나 간청 따위의 사사로운 짓을 하지 않는다면 하는 일이 없어도 저절로 다스려질 것이라는 말이다. 현능을 임용하는 일, 군민을 기르는 일, 재용을 유족하게 하는 일, 번병을 튼튼하게 만드는 일, 전마를 갖추는 일, 교화를 밝히는 일이 모두 거기에 달려 있다. 그렇지 않고서는 제아무리 좋은 법 아름다운 뜻이라도 시행될 수가 없어 비록 날마다 구법을 고친다고 하더라도 수고롭기만 할 뿐, 아무런 보탬이 되지 못할 것이다. 이 뜻은 승지만 알고 있으라" 하였다.

2월 16일 이날 북쪽 육진에서는 북병사 이제신이 여러 장수들을 나누어 보내 배반한 오랑캐를 토벌하였다. 온성부사 신립, 부령부사 장의현, 첨사 신상절과 군관 김우추·이종인·김준민 등이 세 길로 나누어 강을 건너서 금득탄·안두리·자중도·마전오·상가암·우을기·거여읍·포다통·개동 등 여러 부족의 소굴을 습격하여 쌓아 둔 식량과 무기를 불 지르고 1백50여 급을 벤 뒤 군사를 온전히 하여 돌아왔다.

2월 20일 비변사의 공사로 양남 연해의 창원·양산·장흥·순천·영광·강진·해남 등 고을의 문관 수령을 모두 체임하여 무신으로 대체 임용하고, 무신으로서 영불서용·삭거사판·탈고신·파직 등에 처해 있는 사람들을 모두 다시 서용하기로 하였다.

사람은 매년 태어나고, 매년 나이를 먹고 성장한다. 해마다 인재는 나오는 것인데, 어디 쓸 사람이 없어 문제가 된 사람을 다시 고용하는가. 이러니 문제가 해결되질 않는다. 매관매직, 뇌물 등의 문제도 여기에서 만연한 것이다.

북병사가 이달 9일 다시 훈융진에 침입한 오랑캐를 신상절이 물리쳤다고 보고하였다.

2월 24일 북쪽에서는 오랑캐를 물리치고 개가를 올렸건만 조정에서는 싸울 능력도 없는 주제에 사람 잡는 일에만 열심이다. 이날도 양사가 이제신을 잡아들여 국문하도록 아뢰니 그동안 계속 버티던 선조가 드디어 윤허하였다. 그리고 김우서를 북병사로 하였다. 그런데 나흘 뒤 28일 북병사의 승전 보고가 들어왔다. '16일에 장사를 징발하여 길을 나누어 쳐들어가 적호의 부락을 소탕한 끝에 그들 부락을 거의 다 불태우고 적호 1백50여 명의 수급에서 귀를 잘라 올려 보낸다'고 하였다.

이에 비변사에 전교하기를 "이제신에 대하여 나는 이미 그가 그렇게 하리라는 것을 알고 있었다. 그러나 여러 사람들이 모두 아니라고 하므로 나 역시 혼자 고집할 수 없었던 것이다. 지금 이미 이렇게 공을 세웠는데 잡아 온다는 것은 온당치 못한 일이니 논의하여 아뢰라" 하였다.

회계하기를 "이제신 건에 대하여는 참으로 상교와 같습니다. 다만 도사가 이미 떠났는데 중로에서 그만두는 것도 앞뒤가 맞지 않는 일이니, 일단 잡아 온 후에 주상께서 단안을 내리심이 어떻겠습니까?" 그리고 "삼가 북병사의 서장을 보니, 탁두 부락이 가장 험조하고 또 수악이 살고 있는 곳이기도 한데, 김우추가 시세를 타고 진격하여 이미 소탕을 끝내고 그들이 숨어 있는 곳까지 추격한 끝에 많은 참획을 거두고 전군하여 돌아왔다고 하니, 군의 수치를 씻게 되었습니다. 신들이 당초 오운에 대하여 말했던 것은 다만 함부로 죄 없는 자들까지 건드렸다가 다른 곳의 번호들마저 서로 선동하여 난동을 일으킬까를 염려해서였는데, 그것이 아닌 적호들이야 어찌 정토를 늦출 수 있겠습니까. 이제신이 쓴 계책이 참으로 사의에 맞는 것이었습니다. 장사들의 군공에 있어서는 도순찰사가 분등하여 계문하기를 기다린 후에 상을 행하심이 어떻겠습니까?" 하였다.

동인들은 서인에 가까운 이제신이 조금 틈이 있자 어떻게든 몰아내려고 기를 썼는데 되지 않았다. 그런데 문제는 후에 엉뚱한 방향에서 발생하게 된다.

2월 30일 무과 별시를 병진년의 예대로 초시에서 8백 명, 전시에서 3백 명을 뽑되 양계는 향시를 치르게 하고, 하삼도는 아직 출신하지 못한 변장들에 대하여는 해당 도내의 출신한 사람들이 임시로 맡게 하고, 모두 올라와 시험에 임하도록 하라고 하였다.

병조가 건의하기를 "수병(戍兵)을 모집하는 일에 관해서 육진에 부방하기를 자원한 자로서 3년이 된 자는, 서얼에게는 과거를 볼 수 있게 허통하고 공천이나 사천은 종량시키며 사천은 공천으로 대신하도록 해주소서" 하니, 상이 윤허하였다. 그러나 양사가 즉시 그 의논을 반박하니 또 그대로 따랐다. 이이가 추진한 것인데 선조의 이랬다저랬다 하는 우유부단으로 아쉽게 시행되지 못하였다.

윤2월 5일 선전관 이극선이 김수의 형을 집행한 후 서울에 들어와 아뢰기를, "신이 지난달 24일 행영에 도착하여 전지를 북병사 이제신에게 보였더니, 사수의 형을 집행하는 데는 반드시 3일을 지나고 나서 집행하는 것이지 바로 집행하는 것이 아니라고 하므로 기다렸다가 26일 해시에 형을 집행하였습니다" 하였다.

이에 전교하기를 "선전관이 내려갔는데도 즉시 형 집행을 하지 못하게 한 이제신의 죄가 더 중하니 그를 추고하도록 전지에 그 조항을 추가 기입하고, 이극선도 함께 금부에 내려 추고하라" 하였다.

이제신은 선조가 모처럼 단호하게 일벌백계하는 의미에서 내린 왕명을 지연시킨 죄를 입게 되었다. 그래도 살리기를 좋아하는 왕이라면 3일을 기다리게 한 이제신은 칭찬을 받아야 할 일이었다. 아래 사람을 사랑하는 마음에서, 아까운 장수를 죽여야 하는 안타까운 마음에서 혹시나

하고 3일을 기다리게 했는데, 이제 그에게 돌아온 것은 상이 아니라 최악의 벌이었다. 뒤에 이제신을 형추를 제하고 감사로 조율하라 하였다.

윤2월 15일 이이가 소대를 요청한 것에 대하여 권극지 황섬 등이 이의를 제기하였다. 그러자, 선조가 "너희들이 군신 간에 간격을 만들어 내려 하니 심술을 알 만하다. 지금 세상에 그러한 사람이 있으리라고는 미처 생각지 못하였다. 사직할 것은 없다" 하였다. 뒤에 다시 정원이 이이를 인견했을 때 아뢴 일이 무엇이었는지를 취품하니, 답하였다. "변장의 식량에 대하여 의정하였고, 목장의 말들을 관원을 두어 관리하게 하되 우선 한 곳을 선정하여 시험해 보도록 비변사에서 논의하여 아뢰게 하자는 것, 의서 강예와 천문 습독을 태거하는 건은 해조에서 승전을 받아 처리할 것, 공안 태거 논의와 설국의 개정 건은 정2품 이상이 헌의하여 결정할 것, 군적의 고헐을 균등하게 정하는 일을 기관을 설치하고 전임하여 처리하도록 할 것, 승전을 받들어 군현을 합병할 것 등이었는데, 가볍게 처리할 것들이 아니어서 내가 다시 헤아려 보아야 하겠다" 하였다.

3월 4일 선조가 "현재 이름 있는 장신이 부족한데 만약 남쪽에 사변이라도 있게 되면 원수는 누구를 시키며 방어사는 누구를 시켜야 할 것인지 서계하라" 하였다.

비변사가 답하기를 "경상감사 유훈과 전라감사 김명원이 무재가 있는 데다 변방 사정을 잘 알고 있으니 만약에 사변이 있을 때는 그들에게 순찰사를 겸직시키면 매우 편리할 것이며, 방어사에 있어서는 호남인 경우 장흥부사 임진·순천부사 신익이 적임자이고, 서울인 경우 원수 적임자로는 이이·강섬·이양원·이준민·유홍·구봉령·홍연 등이 있고, 방어사 적임자로는 곽흘·이진·이윤덕·최원·신각 등이 있습니다" 하였다.

비변사 당상들의 장수 추천에 유극량이 제일 많았다. 유장으로는 김수와 윤선각을 추천하였는데 이것은 훗날 실패로 드러난다.

유성룡은 사론이 갈라지는 것을 보고 조정에 있는 것이 내키지 않아 모친의 연로함을 구실로 물러났다.

3월 5일 전교하였다. "병조 정랑 홍종록과 좌랑 정광적은 나라가 경급하여 발병해서 적에 대응해야 할 이 시기에, 무과 초시에 녹명된 다수의 사람들을 저들 멋대로 명단에서 지우고 빼 버려 윗사람을 속이고 사를 행하였으니, 그 죄는 군율을 범한 것으로서 불충하기 이를 데 없다. 잡아들여 추고하도록 하고, 명단에서 삭제된 사람들도 함께 잡아들여서 누구에게 사사로이 촉탁을 하여 그리된 것인지 아울러 국문하도록 하라" 하였다. 이이가 병조판서로 있는데도 아래에서는 이런 일을 벌이고 있었다.

3월 22일 전 병사 이제신을 훈융진에 충군하도록 하자 하니 의주 인산진으로 옮겨 배속하라 하였다.

3월 25일 홍문관의 차자에, 요즘 대간들이 정병하여 자신의 편의만 도모하고 있다고 하였다. 이에 선조가 답하기를 "이 차자 내용을 보니 나라를 걱정하는 정성이 지극하다. 조정의 기강이라면 그것이 삼사에 달린 것인데, 삼사 관원들이 스스로 기강을 무너뜨리고 있으니 여기에 무슨 말을 더하겠는가. 내가 불민한 탓에 요즘의 나랏일을 볼 것 같으면 탄식 이외에 나올 것이 없다. 옛사람이 말하기를 '나라의 안위는 대신에게 달려 있다' 하였는데, 어진 대신만 있다면야 내가 왜 꼭 걱정을 하겠는가. 조당에 방을 붙이더라도 금방 행해지기는 어려울 듯하지만 이제부터는 한 관아 안에서는 동시에 정병(呈病)하는 일이 없도록 하고, 만약 게으름을 피워 스스로의 편의만을 도모하는 자가 있으면 양사에서 규핵하도록 하라" 하였다.

4월 14일 송응개를 대사간, 이기를 부제학, 이식을 대사헌으로 하였다. 또 전라수사 이일을 경원부사로 하였다.

‖ 이이, 처절한 마지막 상소를 올리다 ‖

이이가 변방의 소란함을 겪고서 더 큰 일이 벌어질 것을 대비해야 한다는 절박한 심정에서 시폐를 들어 상소하였다.

"삼가 아룁니다. 흥망은 조짐이 있고 치란은 기미가 있는 것입니다. 그러나 일이 닥치기 전에 말을 하면 흔히 신임을 받지 못하고 일이 닥친 뒤에 말을 하면 구제하려고 해도 할 수 없습니다. …… 이렇게 난망의 조짐이 눈앞에 환하게 나타나고 있으니, 이는 일이 닥치기 전에 말을 하는 것이 아니라, 바로 구제하려고 해도 할 수 없는 것과 가까운 것이 아니겠습니까. 아, 이 얼마나 위태롭고 위태롭습니까. 그렇다고는 하나 어찌 어쩔 수 없다고 내버려 두고서 속수무책으로 망하기를 기다리고만 있을 수야 있겠습니까.

이른바 '조정을 화합시키고 옳지 못한 정사를 고친다'는 것은 무엇이겠습니까. 예로부터 정치를 잘하는 임금은 반드시 자신의 마음부터 먼저 바르게 하여 조정을 바르게 했습니다. ……

예로부터 소인들은 본래 붕당이 있어 왔지만 군자들도 동류끼리 모였습니다. 따라서 만약 간사함과 올바름을 따지지 않고 당이라고 하여 미워하기만 한다면 마음과 덕을 같이하는 선비들까지 조정에 용납받지 못하게 되지 않겠습니까. 그러므로 예로부터 붕당의 폐단은 단지 벼슬아치들의 병폐에 불과했지만 붕당을 미워하여 제거하려고 했던 자는 나라를 망치는 데에 이르지 않은 자가 없었습니다.

전하께서는 대신과 대시들을 널리 불러 탑전에서 사대하여 성상의 뜻을 분명하게 유시하소서. 그리하여 동인·서인을 구분하는 습관을 고치게 하여 선인을 등용하고 악인을 벌하여 한결같이 공도를 따르게 하는 한편 불신과 의혹을 말끔히 씻어 버리고 진정시켜 조화되도록 하소서.

삼가 생각하건대 우리 세종대왕은 동방의 성주이십니다. 사람을 쓰되 자기 몸과 같이 하고 법을 만들어 치세를 도모하며 후손에게 복을 물려주어 큰 터전을 마련하였습니다.

지난해에 전하께서 조종조 때에 사람 쓰던 법을 되살리도록 명하시어 과거 출신이 아닌 자도 헌관에 임용될 수 있게 하는 한편, 선발할 때 반드시 당시 인망이 있는 이를 취하게 하여 풍채가 볼 만한 사람이 많았으므로 청의가 매우 흡족하게 여겼는데, 세속의 견해는 그것을 의심하기도 했습니다. 그런데 전하께서 뜻밖에도 도리어 세속을 따르라는 명을 내리시어 조종의 훌륭한 법과 아름다운 뜻이 이미 시행되다가 도리어 폐지되게 하셨으니, 전하께서 어찌하여 조종의 훌륭한 법을 가볍게 고치시고 도리어 세속의 견해를 따르시는지 모르겠습니다.

오늘날 위아래가 모두 경원의 문제로 근심하면서 반드시 적임자를 얻으려고 여러 차례나 선택을 하였으니 그 계책이 지극하다 하겠습니다. 그런데 온 나라의 위태로운 상황이 경원과 다를 것이 없다는 데 대해서는 깊이 생각하고 원대한 염려를 했다는 말을 듣지 못하였습니다. 조정의 대관과 대시의 직책을 신중하게 여기지 않아 인원수나 채우고 결원이나 메우고 있으므로 아침에 제수하고 저녁에 다시 임명하여 앉았던 자리가 따뜻해질 겨를도 없이 바뀌며, 그저 노닥거리며 세월만 보내기 때문에 온갖 법도가 모두 해이해지고 있습니다. 어찌 경원이 온 나라보다 중하며 변장이 육경과 대시보다 더 중하겠습니까. 어찌 경원을 근심하는 것처럼 나라를 근심하지 않으십니까.

전하께서는 대신들과 대간을 구임시킬 대책을 강구하시는 한편, 사람에게 관직을 임명할 적에도 반드시 일을 잘할 수 있는 사람을 널리 물어서 사람의 자격과 직무가 서로 걸맞도록 힘쓰고 완전히 위임하여 성공을 책임 지우며 의심도 말고 흠도 잡지 말아서 기어이 공을 이루도록 하소서.

폐정을 혁신하는 문제에 대하여 신이 전부터 간청한 바는 공안을 개정하고, 군적을 고치고, 주현을 병합하고, 감사를 구임시키는 4조항이었을 뿐입니다.

군적을 고치는 일에 대해서는 윤허를 받았으나 신이 감히 일을 착수하지 못한 것은 다음과 같은 이유에서입니다. 신의 당초 의도는, 군졸의 설치 목적이 어디까지나 방어에 있는 만큼 군졸이 공물을 진상하는 역을 감소시켜 전결에 이전시켜서 그들로 하여금 여유를 갖고 힘을 기르며 훈련에만 전념하여 위급함에 대비케 하고자 하는 데 있었습니다. 그런데 공안을 고치지 말도록 명하셨으니, 군적을 고치더라도 양병하는 계책은 반드시 실효를 거두지 못할 것입니다. 옛말에 '이익이 10배가 되지 않으면 옛것을 고치지 않는다'고 하였습니다. 따라서 만약 경장한다는 헛소문만 있고 변통하는 실리를 얻지 못한다면 차라리 옛날 그대로 두는 것이 나을 것입니다.

아, 공안을 고치지 않으면 백성의 힘이 끝내 펴질 수가 없고 나라의 쓰임이 넉넉해질 수가 없습니다. 지금 변방 사태가 점점 심각해져서 안정될 기약이 없으니, 우선 시급한 것은 군사인데 식량이 모자랍니다. 그렇다고 부세를 더 징수하게 되면 백성이 더욱 곤궁해질 것이고 더 징수하지 않으면 국고가 반드시 바닥날 것입니다. 더구나 군기를 별도로 만들고 금군을 더 설치하는 등의 일 모두가 불가피한 것으로서 경비 이외에 조달할 곳이 매우 많은데, 어떤 특별한 계책을 내어 경비의 용도를 보충해야 될지 모르겠습니다.

주현 병합 계획은 본래 성상께서 생각해 내신 것으로서 시행하기도 어렵지 않고 이해관계도 분명합니다.

감사를 구임시키는 일에 대해서는 신이 전일에 이미 다 아뢰었습니다. 그러나 더욱 서둘러야 할 것은 병영을 큰 고을에 설치하여 병사로 하여금 수령을 겸임하게 하는 것이니, 이것이야말로 오늘날 군졸을 되살릴 수 있는 가장 훌륭한 계책입니다. 그러나 먼저 감사를 구임시킨 뒤에야 병사에게 가족을 데리고 가게 할 수 있는 것입니다. 그래시 신의 간절한 소망이 여기에 있었던 것이니, 어찌 그것이 신의 한 몸을 위한 계책이겠습니까.

신이 성의를 다하여 번거롭게 아뢴 것이 한두 번이 아닌데도 전하께서는 새로 고치는 것을 어렵게 여긴 나머지 지금까지 의아심을 가지고 미루어 오셨습니다. 이로 인하여 백성의 힘이 더욱 쇠잔해지고, 나라의 계책이 더욱 고갈되고, 변방의 사태가 더욱 심각하게 될 터이니 고난을 견딜 수 없는 백성들이 일어나 도둑이 되어 사방에 퍼지게 되면 아무리 왕좌의 재능을 갖춘 인물이 나온다 하더라도 널리 구제할 방법이 없을 것입니다. 그렇게 된 다음에 비로소 신의 말을 쓰지 않은 것을 뉘우쳐 본들 무슨 소용이 있겠습니까.

오늘날의 형세를 비유하건대 오랫동안 병에 걸린 사람이 원기가 다 없어져서 걸핏하면 병이 생기는 것과 같습니다. 지금 신이 반드시 변통해야 한다고 청하는 것은 원기를 보양하는 약제이고, 군사의 조련과 식량의 운반을 청하면서 변통을 돌아보지 않는 것은 공격만을 일삼는 약제입니다.

의논하는 사람들은 혹 소요를 일으키지나 않을까 근심하여 변통하려고 하지 않습니다. 그러나 이는 크게 그렇지 않습니다. 공안을 고치고 군적을 고치고 주현을 병합하는 등의 일은 모두가 조정에서 상의하여 결정하면 되는 일일 뿐 백성에게는 한 되의 쌀이나 한 자의 베의 비용도 들지 않는데, 백성들과 무슨 관계가 있기에 소요할 근심이 있단 말입니까. 양전과 같은 경우는 백성에게 약간의 동요가 없을 수 없으므로 반드시 풍년이 들 때를 기다려 시행해야 합니다. 그리고 '공안의 개정은 반드시 양전한 뒤에 해야 한다'고 하는데 그것 역시 그렇지 않습니다. 공안은 전결의 다과로써 고르게 정하는 것이 진실로 당연합니다. 그러나 양전한다고 해서 전결의 증감이 어찌 크게 차이가 나기야 하겠습니까. 따라서 공안부터 먼저 고치고 나서 뒤따라 양전한다 해도 무슨 방해가 되겠습니까. 그리고 전결에 면적이 차고 모자라는 약간의 차이가 있다고 한들 어찌 오늘날의 공안처럼 전결의 다과를 따지지 않고 멋대로 잘못 정한 것과 같기야 하겠습니까.

한스러운 것은 전하께서 명철하신 식견을 가지시고도 분발하지 않고 앉아서 망하는 것을 기다리면서 새로운 대책을 세우지 않는 점입니다. 만약 전하께서 신의 계책을 다 써서 변치 않고 굳게 지키며 3년 동안 시행한 다음에도, 백성의 생활이 불안하고 나라의 용도가 부족하며 병력 양성이 뜻대로 되지 않는다면, 신에게 어떠한 형벌을 가하더라도 신은 진실로 마음속으로 달갑게 여기겠습니다. 삼가 바라건대 전하께서는 사람이 변변치 않다고 하여 그 말까지 폐기하지 마시고 다시 깊이 생각하소서.

이른바 '군사와 양식을 조도하여 방비를 튼튼하게 한다'는 것이 말단에 속하는 일이라 하더라도 이를 미루어 놓고 거행하지 않아서는 안 됩니다. 백성을 동원하여 군사로 삼고 둔전을 실시하여 곡식을 축적하는 것은 묘당의 계책이 이미 시행되고 있으니 그 일의 성사 여부와 이해에 관해서는 미리 예측할 수가 없습니다. 그러나 만약 경원의 하찮은 오랑캐들이 끝내 잘못을 뉘우치지 않고 다른 진영의 번호들까지 기회를 틈타 부추김을 받고 난을 일으킨다면 함경도의 병력만으로는 결코 지탱할 수가 없을 것입니다. 그렇다고 해서 지금 구원병을 보내자니 훈련도 안 된 백성을 몰아넣기가 어려운 형편이고 식량을 실어 보내자니 2천 리의 먼 길에 양식을 모으기가 어려운 형편입니다. 이러한 때에 일상적인 규정에만 얽매인다면 잠깐 사이에 일을 그르치고 말 것입니다.

신의 계책은 전에 이미 발의되었다가 다시 중지되었는데, 지금 와서도 더욱 별다른 대책이 없습니다. 따라서 신의 말을 쓰신다면 서얼과 공천·사천 중에서 무재가 있는 자를 모집하여 스스로 식량을 준비해서 남도와 북도에 들어가 방수하게 하되, 북도는 1년, 남도는 20개월을 기한으로 하여 응모자가 많도록 하는 한편 병조에서 시재한 뒤 보내게 하소서. 그리하여 서얼은 벼슬길을 허통하고 천례는 면천하여 양인이 되게 하며, 사천인 경우에는 반드시 본 주인이 병조에 단자를 올린 다음에 시재를 허락하여 주인을 배반하는 종이 없게 하고, 그 대가는 자원에 따라 골라 주도록 하소서. 그리고 만약 무재가 없는 경우에는 남·북도에 곡식을 바치게 하되 멀고 가까운 거리에 따라 그 많고 적은 수를 정하고, 벼슬길을 허통하고 양인이 되게 하는 것도 무사와 같게 하소서. 그러면 군사와 양식이 조금은 방어에 대비할 수 있게 될 것입니다.

아, 비도의 난리는 방비가 없는 데에서 일어나고 승패와 안위는 숨 한 번 쉬는 사이에 결정되는 것입니다. 그런데 의논하는 자들은 오히려 조용히 담소하며 서서히 옛 규정이나 상고할 뿐인데, 게다가 중론이 분분하게 일어나서 절충될 기약이 없으니, 만약 조정의 의논이 결정되기를 기다린다면 변방의 성은 이미 함락되고 말 것입니다. '모의하는 사람이 너무 많아 일이 성취되지 않는다'고 한 것은 이를 두고 한 말입니다.

아, 형편없고 어리석은 신이 성명을 만나 은총을 믿고는 조금도 숨김없이 망령된 말을 전후 여러 차례에 걸쳐 말씀드렸습니다마는, 계책이 소루하여 열에 하나도 시행되지 않으니, 외로운 처지에서 심정만 쓸쓸할 따름입니다. 임금이 근심하면 신하는 욕을 받아 마땅한 것이므로 밤낮으로 슬퍼하고 탄식하며 머리털이 하얗게 되고 마음이 녹아내리는 지경인데도 수고롭기만 할 뿐 유익함이 없습니다. '힘껏 직무를 수행하다가 능력이 없으면 그만둔다'고 하였으니, 의리상 물러나 자신의 분수를 지키는 것이 마땅하나, 간담을 헤치고 심혈을 기울여 지금까지 슬피 부르짖으며 그칠 줄을 모르는 것은, 진실로 국가의 후한 은혜를 받았으니 몸이 가루가 되더라도 다 보답하기가 어렵기 때문입니다. 나뭇더미에 불이 붙는 것을 환히 보면서 감히 제 몸만 돌보는 생각을 품을 수가 있겠습니까. 신이 다시 말하지 않는다면 신에게 그 허물이 있는 것입니다. 삼가 바라건대, 성상께서는 가엾게 살피시어 받아들여 주소서" 하였다.

선조가 답하기를 "내가 우연히 경이 몇 해 전에 올린 상소문을 보던 중 마침 경의 상소문이 올라왔는데 예나 이제나 정성스럽도다. 이 못난 임금을 잊지 않고 있는 경의 고충에 대하여 매우 가상히 여기는 바이다. 나랏일은 어진 대신이 당연히 맡아 해야 할 것이고, 남행이 대간이 되는 일에 있어서는 기왕의 후회스러움은 어차피 뒤쫓아 갈 수 없는 일이지만 한 번도 너무 후회스러운데 두 번 다시 잘못을 저지를 수야 있겠는가. 내 이미 뜻을 결정하였다. 공안 건은 조정과 논의하면 논의가 합일되지 못할 것이라 가볍게 고치지 못하고 있는 일이지만, 설사 고친다고 하더라도 이렇게 다사한 때에 한꺼번에 거행하기는 어려울 것 같고, 군적

건은 본조가 이미 명령을 받들었으니 나머지는 경이 설시를 어떻게 하느냐에 달려 있을 뿐이다. 주현을 합병하는 건은 그것이 과연 과매하고 경천한 뜻에서 나온 것으로서 다른 폐단을 남길까 염려스러워 감히 스스로 옳다고 여겨 변경하지 못하고 있던 것인데, 경이 권하고 청하여 마지않으니 한번 시험해보겠다. 감사를 구임하는 건은 그 제도를 창설하기 어려워 지금까지 미루어 왔던 것이나 지금 마땅히 경의 의견을 따라 우선 양남에서 시험해 볼 것이고, 서얼과 천인을 허통하는 건은 지난 사변 때 경의 헌책에 따라 즉시 시행을 명하였던 것인데 그때 그것을 논의하는 사람들이 있었다. 지금 다시 비변사에 물어 헤아려 본 후 마련하여 거행하도록 하겠다" 하였다.

이이가 아무리 애처롭게 호소하여도 선조는 나름대로의 어려움으로 비껴가기만 한다. 그래도 어쩔 수 없이 조금은 들어주는 것이 있어 다행이기도 하였지만 이이가 생각하는 궁극적인 급한 일과는 거리가 멀었다. 이것이 10여 년 동안 이이가 줄기차게 요청하여 온, 선조의 분발을 요구하고, 폐단의 개혁을 주장하고, 위망의 화가 목전에 있다고 강조하는 장문 상소의 마지막 편이었다.

4월 17일 일전에 경안령 이요를 면대하였을 때, 조정이 안정을 잃고 동서로 갈라져서 정사가 여러 곳에서 나오고 있으며, 유성룡·이발·김효원·김응남 등은 동변의 괴수들로서 저희들 멋대로 하는 일들이 많으니 재억을 가하기 바란다는 내용을 언급하면서 여러 말들을 아뢰었다. 이에 대해 양사에서는 요가 근거 없는 말로 속여서 망타의 불씨를 만들려 하고 있다고 논하며 파직을 청했다.

선조가 답하기를 "요가 아뢴 내용도 자못 일리가 있는 말들이었다. 내가 비록 매우 과매하기는 하나 그렇다고 아주 어리석은 임금은 아니다. 이번 일은 요에게 하등의 죄를 내릴 이유가 없는 것이다. 지금 이 말이 어찌하여 내 귀에 들어왔겠는가" 하였다.

유성룡은 1월에 휴가로 고향에 갔다가 2월에 돌아왔다. 그리고 봉사를 올려 화의 근원을 막을 것, 오랑캐의 정세를 살필 것, 싸우고 지키는 규정을 정할 것, 군대에 보급품을 충분히 줄 것, 흉년을 구제하는 정사를 닦을 것 등을 아뢨다. 그런데 경안령 이요의 말 중에 자신을 언급한 것이 있어 사직을 청했다. 사직은 허락하지 않고 휴가를 주어 또다시 안동으로 내려갔다.

4월 26일 홍문관이 차자를 올려 논하기를 "양사가 일을 말할 때 곧바로 처리하지 못할 뿐만 아니라, 요즘 들어 서얼을 허통하도록 한다, 공·사천을 양민으로 만든다, 곡물을 바치고 죄를 면한다는 등 실로 국전을 훼손하고 형법을 무시해 버리는 일들이 일어나고 있는데도 입을 다물고 한마디 말이 없으니 모두 체차하도록 명하소서" 하였는데 윤허하지 않았다.

북변이 위험하므로 쇄환령을 엄하게 하였다. 북쪽에서 몰래 이주한 사람들을 쇄환하는 것이다. 그런데 또 다른 문제가 발생하였다. 80년이나 지나 소급되는 억울한 자가 많이 생겼다. 옥비의 난이라 한다. 언제나 법이 문제가 아니라 법을 집행하는 자들의 월권이 문제였다.

서얼과 공천·사천에게 벼슬길을 터 주고 종량하게 하는 것을 허락해 주도록 다시 명했다. 스스로 장비를 갖추고 변방에 가서 만 3년 동안 방수한 자는 벼슬길을 터 주고 종량하게 하였고, 또 변방에 쌀을 바친 서얼도 벼슬길을 터 주도록 하였으며, 첩의 자식과 천첩의 자식은 바치는 것에 차등이 있게 하였다. 서자를 금고해 온 지가 이미 백 년이 지나서 사람마다 모두 습관에 젖어 있었다. 그러나 이이는, 어진 사람을 뽑아 쓰는 데 꼭 정해 놓은 법이 없으니, 인재를 버려서는 안 된다 여겨, 서자에게도 벼슬길을 터 주어야 한다고 생각하고 있었다. 그래서 이때에 와서 시행토록 하였다. 그러나 사대부들 중에는 좋아하지 않는 사람이 매우 많았다.

이때 수많은 오랑캐 무리가 종성의 강가에 모여 있었다. 회령, 종성, 온성 등지의 번호들이 경원의 오랑캐들과 통모하여 배반한 것인데 침입할 것이 분명하였다. 북병사 김우서가 이 사실을 급히 조정에 보고하였다.

5월 5일 적호의 대추장인 율보리와 이탕개가 1만여 명의 기병을 거느리고 길을 나눠 종성의 요새지에 들어왔다. 우후 장의현, 판관 원희, 군관 권덕례 등이 기병과 보병 1백여 명을 거느리고 강 여울을 지키며 한참 동안 대항해 싸웠으나, 중과부적인 데다가 권덕례가 피살되자 나머지는 모두 도망해 돌아와 성으로 들어가니, 적호가 성을 몇 겹으로 포위하였다. 병사 김우서가 군사를 거두어 성을 지켰는데, 아군은 사람 하나 없는 듯이 모두 성에 올라가 조용히 지키고 있다가 오랑캐들이 앞다투어 성 아래로 몰려왔을 때를 이용하여 급히 총을 난사하였다. 철환이 비 오듯 쏟아지니 오랑캐들이 버티지 못하고 모두 퇴주하기 시작하였다. 승자총통이 위력을 발휘하였다. 해가 저물어 적이 물러갔다. 부사 유영립이 나가 공격하기를 청하였으나 허락하지 않았다. 영립이 몰래 원희에게 영을 내려 기병장 김사성을 인솔하고 동문을 열고 나가게 하여 적의 머리 5급을 베어 왔는데, 김우서는 오히려 명령을 어겼다고 하여 원희 등에게 장형을 가하였다. 적이 물러난 진짜 이유는 번호 효정이 회령추 이탕개와는 원래 원수지간이어서 이탕개가 본거지를 비워 둔 틈을 타서 그들의 여사를 모조리 불태워 버렸으므로 이탕개 등이 할 수 없이 군대를 철수하여 강을 건너간 것이었다. 그들이 퇴각할 때 3개 둔으로 나누어서 1~2둔이 차례로 강을 건넜고 최후의 1둔은 말을 달려 빨리 건너는 바람에 아군이 추격하지 못하였다.

이튿날 적이 또 와서 포위하였는데 해가 질 무렵 온성부사 신립이 날랜 기병을 거느리고 와서 구원하였다. 적이 허둥지둥 도망갔는데, 강까지 추격하고 돌아왔다. 김우서가 사람을 시켜 성으로 맞아들여 서로 만나 보자고 하였는데, 신립은 응하지 않고는 북 치고 피리 불면서 성을 지나쳐 가 버렸다.

적호 5천여 기병이 방원보에 또 침범했는데, 만호 최호 등이 조전장 이천·이영침 등과 강한 쇠뇌로 사격하니, 적이 예기가 꺾여 물러갔다. 그 후에 율보리와 이탕개가 많은 무리를 이끌고 와서 재차 방원보를 포위하였는데, 최호가 조방장 이발 등과 함께 성에 올라 힘껏 싸웠고 우후 장의현과 판관 윤담 등이 종성에서 와서 구원하여 안팎으로 합세하여 성문을 열고 나와 크게 공격하니, 적이 마침내 패하여 물러갔다.

이때에 정예로운 장졸들이 변방 진에 많이 모였다. 북병사 김우서는 아무 계책도 세우지 못하는 겁쟁이로서 호령이 제대로 행해지지 않았으며 장사들이 모두 분개하며 매도하였다. 그들은 신립을 대장으로 받들기를 희망했으나, 조정에서 미처 결정하지 못하였다.

적호가 반년 동안 반란을 일으켜 여러 번 침입하였으나 좌절만 당하고 실제로 소득이 없었으므로 번호들 스스로 후회하면서 다시 돌아와 모였다. 그러나 율보리와 이탕개는 심처로 도망해 들어가 다시 변방을 침입했는데, 그중에서도 이탕개가 가장 사나운 자로 이름이 났다. 이탕개는 처음엔 변방의 장수를 섬기며 스스로 우리의 관습을 따라 삼년상까지 치뤘으므로 조정에서 효자문을 세워 정표해주기도 하였었다. 배반하고 떠난 지 수년 후에 다시 번호를 통해 다시 약속하여 속죄하고 변방을 지키기를 원하였다. 이에 조정에서는 회령 판관에게 명령하여 항복을 받아들이는 체하고 국경에서 잡아 죽이도록 하였다. 그러나 판관이 겁을 먹고 대비책을 마련하는 통에 이탕개가 장막에 들어가려 하다가 낌새를 채고 도로 달아나 다시는 오지 않았다.

5월 6일 이날에야 조정에, 회령, 종성, 온성, 경원의 번호들이 배반하고 군사를 합쳐 침입하려 한다는 급보가 도착했다. 이어 13일에 도착한 북병사와 순찰사의 보고에, '이달 5일에 오랑캐 2만여 기가 종성을 포위하여 출신 군관 권덕례·최호와 그 밖의 토병들 다수가 피살되고 병사도 포위되었다'고 하였다. 이에 조정에서는 경기수사 이발을 가선으로 올려 방어사에 임명하였다. 이어 논의하기를 '이미 병사가 있는데 또 방어사를 보내면 서로 지휘에 계통이 맞설 염려가 있으니 조방장으로 호칭을 고쳐 들여보낼 것이며, 공사천 잡류로서 활을 잘 쏘는 자 2백 명을 골라 그들에게는 각기 면포와 쌀을 주고, 또 활을 쏘지 못하는 백성들에게는 각각 보를 주어 전마를 갖추게 하여 두 운으로 나누어 들여보낼 것이며, 또 북도의 식량이 부족하니 동·서반의 당상과 종친 종2품 이상은 각기 쌀 1석씩을 내어 안변으로 수납케 하고, 동·서반 4품 이상과 종친 부정 이상은 각기 쌀 1석씩을 내고, 동서반 6품 이상과 종친 부수 이상은 관곡 1석씩을 수령하여 모두 안변에 수납하도록 하고, 외방의 수령들은 함경도와 평안도 박천 이북의 각 고을을 제외하고는 모두 모곡으로 정미 2석씩을 안변에 수납하게 하도록 한다' 하여 시행토록 하였다.

이때 이렇게 북방 국경 지대의 식량을 확보하기 위해 곡식을 모집하고 있는데, 선조가 총애하는 귀인 김빈의 동생인 김공량이란 자는 국경 근처에서 무명으로 곡식을 사들이고 있었다. 함경감사 이양원이 "곡식을 모아들이는 정책은 순전히 곡식을 국경으로 옮겨오기 위하여 시작한 것인데, 지금 김공량이 국경 지방의 곡식을 무역하니 곡식을 모아들이는 본의와 서로 어긋난다" 하였다. 임금이 곧 명하여 김공량의 관직을 삭탈하였다. 이때 김귀인이 한창 사랑을 독차지하였는데도, 김공량의 관직 삭탈에 대하여 아무 말도 하지 못하였다.

5월 17일 1차 적이 물러갔다는 보고가 도착하였다. 상이 번호 효정의 공과 나라를 향한 정성을 가상히 여겨 상을 후히 내리도록 하였다. 그리고 고 병사 김지가 고안해 만든 승자총통이 이번 북방의 사변에서 적을 물리칠 때 많은 힘이 되었으므로, 그에게 증직을 명하고 또 그의 아들에게도 관직을 제수하였다.

무과 별시를 초시는 7월, 전시는 8월에 보이기로 하고 양남과 양계는 방어의 일이 긴급하여 거자들이 올라올 수 없으므로 향시로 치르게 하였다. 그리고 초시에서는 1천 명, 전시에서는 5백 명을 뽑기로 하였다.

5월 26일 2차 적이 물러갔다는 순찰사와 북병사의 보고는 '1천여 기의 오랑캐 무리가 이달 13일에 종성을 포위했다가 이기지 못하고 후퇴하였고, 16일에는 또 동관·방원 등지를 포위했다가 퇴각하였으니, 당상관 2명을 보내 유격장 칭호로 수상과 수하에 나누어 주둔하면서 여러 곳에 응원을 보내게 해 달라'고 하였다.

전교하기를 "오랑캐 무리들이 저렇게도 노략질을 일삼아 북도에는 병화와 재화가 연달아 일어나고 있으니 서울에서 활 솜씨에 능한 자 1백 명을 더 뽑아 들여보내고, 또 화살도 모자랄 염려가 있으니 편전 1천 부와 장전 5백 부를 군기시에서 더 들여보내도록 하라" 하였다. 그래서 사수들을 선발하여 북방으로 보내게 되었다.

이이가 동료에게 의논하기를 "이전부터 수병(戍兵)들을 말 없이 걸어

가게 하였으므로 길가는 사람들의 말을 약탈하여 의복 등 장비를 싣고 가는 폐단이 있었다. 이번에 선발한 군사는 세 등급으로 나뉘지는데, 1등급은 정장한 자로서 변방 방비에 충분하지만, 2·3 등급의 경우는 그렇지 못하니 말을 바치면 행역을 면제시키는 조건으로 모집하면 공사 간에 다 좋을 것이다" 하였는데, 의논하는 이가 모두 옳다고 하였다. 이이가 을묘년에 군사들이 말을 약탈하는 것을 보았으므로 이런 안을 낸 것이었다. 이때 군사를 출발시킬 시일이 임박하였으므로, 한편으로 임금에게 계청하여 윤허를 받고 한편으로는 영을 내려 바치는 자를 모집하게 하여 일이 지체됨이 없게 하였다. 전쟁에 나가는 자는 말을 얻어서 다행이었고, 남아 있는 자는 전쟁에 가는 일을 면하였으니 모두에게 좋은 결정이었다. 그러나 반대하는 자들에게는 권력을 마음대로 부린다고 비난하는 단서가 되었다.

변방이 시끄럽고 국저가 동이 났다고 하여 이이의 아룀에 따라 용관을 태거하였는데, 전설사 수와 사온서 영, 사지서·돈녕부의 주부 각 1명씩을 감원하고 의서 강예·천문 습독 등의 관원도 모두 그 녹을 혁파하였다.

병조의 군사가 궐번하고 그 대가로 바친 베가 창고에 가득한데 관원들이 이것을 개인의 물건처럼 취급하여 물쓰듯이 하고 있었다. 그런데 정작 변방에 보낼 군대의 장비로 써야 할 사섬시의 베는 바닥날 지경이었다. 그래서 이이는 그 대가로 바친 베를 모두 보내어 도와주기를 청하였다. 또 군자감에 저축해 둔 베를 군사들의 의복 마련에 충당해 주고, 백관의 녹봉을 감하여 그것을 수병(戍兵)들 처자의 양식으로 주기를 청하였다. 이렇게 하여 보급이 충분하게 되고, 또한 상벌이 공평하고 분명하게 시행되니 진·보의 장졸들이 차츰 사기가 높아졌다. 이에 육진이 당분간 평온하게 되었다. 이는 이이가 한때 조치한 대책이 효과를 거둔 것이었는데, 논박하는 자들은 오히려 나라를 병들게 하였다고 공격하였다.

‖ 계미 삼찬 ‖

선조가 조정에 있는 신하들을 볼 때, 모두 용렬하고 쩨쩨하고 무능하면서 자리나 채우고 녹이나 받아먹고 있는데, 이이만은 공정하고 충성스러워서 지성으로 나라를 근심하는 것을 보고서 전적으로 믿고 맡겨 그 말을 많이 들어주었다. 그러자 반대하는 무리들이 더욱 심하게 꺼리어 밤낮없이 기회를 엿보면서 함정으로 몰아넣을 궁리를 하고 건의하는 것이라도 있으면 가로막고 나서며 근거 없는 의논이 쏟아져 나오고, 비방하는 말이 여기저기서 터져 나와 일을 할 수가 없었다.

6월 북방의 소요가 잠잠해지자 이제 또 조정을 시끄럽게 만들었다. 이이를 제거하려는 자들이 계속 꼬투리를 잡으려고 틈을 엿보았는데 그럴듯한 논란거리를 발견했다. 앞서 서울에서 활 잘 쏘는 사람들을 뽑아 북도로 보낼 때, 병조에서는 뽑힌 사람들이 전마를 사서 바치면 면제시켜 주었는데 일이 급하여 한편으로 조치를 취하면서 상에게 아뢰어 윤허를 받았다. 그런데 이것을 아뢰지 않고 마음대로 하였다고 하고 또 그 후 잘못을 깨닫고 예궐하여 대죄하지 않고 계사 속에 황공하다는 뜻만을 넣어 낭청을 시켜 아뢰게 하였다는 것이었다. 또 다른 하나는 선조가 변방의 일을 논의하기 위하여 병조 당상을 불렀을 때 이이가 들어오다가 현기증으로 어지러워 앉아 있었는데, 정원이 그 뜻을 아뢰자, 선조는 오히려 내의를 보내 병을 보게 하고 물러가 조리하도록 하였다. 그런데 이것을 병을 핑계로 들어오지 않았다고 하는 것이었다.

양사가, 군정은 중대한 일인데 아뢰지도 않고 마음대로 행하였고 또 예궐하여 대죄하지도 않았음을 논박하고, 아울러 부름을 받고 궐내에 왔으면서도 내조에만 들르고 끝내 지척 사이에 있는 승정원에 들러 상교를 받지 않았음을 논박하면서 임금을 업신여긴 죄가 크니 파직을 명하기 바란다고 여러 날에 걸쳐 이이를 논박하였다. 그러나 윤허하지 않았다.

그 뒤에도 마치 죽을죄를 진 것처럼 너무 심하게 공격했는데, 교만해서 임금을 무시하고 제멋대로 하여 나라를 병들게 했다고 죄목을 삼았다.

이이는 계속 보합론을 주장하였던 것인데, 당시 동인들은 '이이가 서인을 다 제거하려 하지 않고 있으니, 이는 서인을 옹호하려는 논이다' 하고 분개하면서 해치려고 한 지가 오래였다. 그러나 이이는 덕망이 두터운 데다가 벼슬길에 나아가는 것은 신중하게 하고 물러날 때는 미련 없이 물러났으므로 드러내 놓고 공격하거나 배척하지는 못하였다. 그러다가 요직을 맡게 되자 잘못한 꼬투리를 잡으려고 별렀다. 그러나 이이가 건의한 것은 모두가 정당하고 바른 것이었고, 시행한 것은 대신의 의결 사항이거나 임금이 특별히 주장하게 한 것이었으므로, 방해하려고는 하였지만 중상을 할 수는 없었다. 그런데 결국 찾아낸 흠이라는 것이 바로 이 두 가지 일이었다.

6월 17일 이이가 논핵을 받은 후 연일 상소하여 사직할 것을 청했다.

"이번에 대간이 신의 죄목을 말하면서 권병을 제 마음대로 하고 교건하여 주상을 업신여겼다고 하였으니 이는 일죄에 해당하는 죄입니다. 대신들이 신을 위하여 분소하면서 출사하도록 재촉하라고만 하였고 대간의 탄핵이 과당하다고는 감히 말하지 않았으니, 신이 죄를 졌음은 이에 이르러 더욱 증험이 되었습니다. 만일 대간이 신의 허물만을 지적하였다면 그 지적이 아무리 중대한 것일지라도 신은 마음을 비우고 받아들일 뿐, 감히 그들과 따질 것이 없겠지만, 신에게 무군의 죄를 적용시켰는데 신이 전혀 동념하지도 않고 모른 체 출사한다면 이것은 실로 신하로서의 의리가 아닙니다.

그리고 대간이 이미 신을 일러 권세를 제 맘대로 부리고 임금에게 교만을 부린다고 하였는데, 신이 비록 명을 받들어 나온다고 하더라도 대간이 어찌 무군의 사람이 끝까지 정경의 자리를 지키도록 내버려둘 이치가 있겠습니까. 필부 필부라도 죄가 있고 없는 것을 반드시 분석하여 나라 사람 전체가 훤히 알도록 한 후에 놓아줄 자는 놓아주고 목 벨 자는 목을 베어야 원망과 불평이 없는 것입니다.

신이 비록 온종일 울어 보고 밤을 새워 벽을 돌아보아도 처신을 어떻게 해야 할 것인지를 몰라 감히 이렇게 모달합니다. 감정이 복받치어 말이 막히니 무슨 말을 어떻게 해야 할지 몰라 엎드려 대죄함으로는 감당할 수 없어 이렇게 황공하게 감히 아룁니다" 하였다.

이이가 대간의 공론이 중함을 들어 여섯 차례 상소하여 사직을 청했다. 임금은 그때마다 병무의 시급함을 들어 출사하라 하였다.

"경은 재질이 우수하고 학식이 고명한 데다가 충성된 마음으로 나라에 몸 바쳐 왔다. 지금 국경 지대에 일이 많은데, 바야흐로 경의 지혜와 계책을 빌려 북방을 안정시키고 백성과 군사를 편안케 하여 나의 근심을 풀고자 한다. 모름지기 의구심을 갖고 평계를 대지 말고서 나의 기대에 부응해 주기 바란다."

"예로부터 어진 신하가 그 뜻을 행하려고 할 때 사람들이 비방을 하는 것이야 본디 예사로 있는 일이니 원래 괴이하게 여길 것이 없다. 그래서 그 수많은 세월 동안 적막하리만치 임금과 신하가 제대로 만나 공업을 이룬 경우가 거의 없었다. 경도 지난번의 하교를 직접 듣지 않았는

가. '내가 물러가라고 한 다음에 물러가야 한다'라는 간곡한 한마디야말로 귀신도 알 것인데, 경은 어찌 차마 오늘날 사직하고 가려고만 하는가. 다시는 사퇴하지 말라.

그런데 내가 안타깝게 여기는 것은 요즈음 경이 출근하지 않음으로 인하여 병무가 마비되었을 뿐만이 아니라 나랏일이 날로 잘못되어 가고 있다는 점이다. 지난 봄에 북방 장사들이 세운 공로에 대해 지금까지 반사하지 못하고 있으니, 때를 넘기지 말고 상을 주어야 한다는 도리를 잃고 있다. 진실로 장사들의 마음이 이로 말미암아 해이해질까 염려된다. 경은 속히 나의 뜻을 몸받아 억지로라도 직책을 수행토록 하라.

그리고 내가 경을 만나 보고 일을 의논하고자 한 지가 오래였다. 더구나 요즈음 매일같이 대궐에 오는데 인대하여 직접 말해 주고 싶지 않은 것도 아니었으나, 요즈음 나의 기분이 상쾌하지 못할 뿐만이 아니라 경박한 무리들이 반드시 말하기를 '대신은 만나지 않고 오직 병조판서만 만난다'고 할 것이므로 실행을 못하고 있다. 경은 이런 점을 함께 알도록 하라" 하였다.

6월 19일 양사가 아뢰기를 "병조판서 이이는 갑자기 숭반에 올라 나라의 중한 책임을 맡았으니 더욱더 외신하여 직임수행에 마음을 다해야 하는데도 군정의 중요한 일을 먼저 시행하고 나서 아뢰는가 하면, 내조에까지 들어와서도 끝내 명을 받들지 않았습니다. 그의 이러한 행적으로 보아 현저하게 전천·만군의 죄가 있는 것이니, 대간이 그 사실을 들어 논핵한 것은 어쩔 수 없는 일이었습니다. 그렇다면 이이는 자신을 반성하여 허물을 살피기에 겨를이 없어야 할 것인데도 오히려 자기가 먼저 의기하고 분노를 깊이 품어 여러 날 올린 소의 사기가 평온하지 않고 대간이 논핵한 것을 꼭 허구날조한 것으로 돌리려 하고 있습니다. 심지어 대신들이 대간을 물리치지 않은 것을 그르게 여기고 또 좌우와 여러 대신에게 물어 경중을 헤아려 주기 바라는 것이 마치 무슨 승부를 결정하려는 것 같았는데, 이것은 결국 말을 한 자를 몰아내고 자기의 뜻을 마음대로 하려는 것에 불과한 짓입니다.

대간이란 말을 하는 것이 직책이므로 귀에 거슬리는 말을 하면 임금이라도 그대로 들어주어야 하는 것인데, 더구나 신하의 반열에 있는 자가 자기의 허물을 듣기를 싫어하여 자기가 옳다는 강변으로 말을 한 자를 협제하여 입을 열지 못하게 하려 하니 이는 매우 대간을 멸시하고 공론을 가볍게 여긴 것입니다. 파직하도록 명하소서" 하였다. 윤허하지 않는다고 답하였다.

이때 사헌부는 대사헌 이기, 집의 홍여순, 장령 이징 윤승길, 지평 이경률 조인후 등이었고, 사간원은 대사간 송응개, 사간 성낙, 헌납 유영경, 정언 이주 정숙남 등 동인 일색이었다.

옥당에서도 아뢰었다. 이이를 왕안석에 비유하기까지 하였다.

"지금 말하는 자들 중 혹자는 그를 왕안석에 비유하고 있는데 안석의 문장과 절행이 어찌 이이와 상대나 되겠습니까. 그러나 왕안석이 교만하고 임금을 업신여겼던 것을 지금 이이가 지니고 있고, 말하는 자를 물리쳐 버렸던 안석의 버릇을 이이가 지니고 있습니다. 그런데 성명하신 전하께서 왜 그 점을 통촉하지 못하시고 도리어 그 한 사람을 돌보아 대간을 꺾어 버리려는 것입니까. 후일에 이루 말할 수 없는 재화가 있지 않을까 신들은 저으기 두렵습니다.

이이가 그렇게까지 방자할 줄이야 신들이 처음에 생각이나 했었겠습니까. 다만 생각이 한쪽으로 치우치다 보면 해가 갈수록 점점 깊어져서 결국은 한 세상을 겸제하고 한 나라를 구솔하여 못하는 짓이 없게 될 것이니 이이의 죄가 이 점에서 크다 하겠습니다. 전에 '한쪽 말만 들음으로 하여 간사한 무리가 생기고, 한 사람에게만 맡김으로 하여 난리가 생긴다' 하였습니다. 삼가 원하옵건대, 전하께서는 공론을 함께 살피시는 마음을 가지시고 한 사람에게만 맡기거나 한쪽 말만 듣는 것을 경계하셔서 한편으로는 사림을 붙잡아주시고 다른 한편으로는 이이의 앞날까지 보호해 주신다면 그보다 더한 다행이 없겠습니다" 하였다.

전한 허봉이 쓴 것이다. 부제학은 권덕여였고 홍진, 홍적 등이 있었다.

6월 20일 이조의 낭청을 차출할 때 천망하는 규정을 혁파하라 하였다.

이에 도승지 박근원이 "전조의 낭관을 천망하는 규정이 법전에 실려 있지는 않으나 예로부터 규례대로 삼아 지금까지 폐지하지 않고 시행해 왔습니다. 이는 사람마다 함부로 차지할 수 없는 자리인 만큼 반드시 한때의 참신한 무리로서 대중의 지지를 받는 자를 선발해야 하는데, 신진 인물로서 참신한 자의 경우, 같이 진출한 제배가 아니고서는 형세상 서로 알 수 없는 까닭에 스스로 추천하게 하였으니, 그 의도가 우연한 것이 아닙니다. 지금 천망하는 규정을 폐지하고 당상이 직접 채용하게 할 경우, 필시 그 인물이 어떠한지를 알 수 없을 것이고 잡된 무리가 섞여 등용될 우려가 많아 한때의 청론이 씻은 듯 없어지게 될 것입니다. 더구나 전장으로 있는 이는 거의 모두가 나이 많은 선배들입니다. 따라서 그 신진 인물들을 선발하여 대각에 배치할 적에 만약 낭관들의 보좌를 받아 가부를 결정하지 못할 경우, 등용하거나 물리치는 데 자연 정당함을 잃게 되어, 권간 하나가 나랏일을 담당하게 되면 나라를 망치고도 남을 것입니다" 하였다.

답하기를 "따를 수 없는 일을 어찌하여 아뢰는가. 할 수 없다" 하였다.

낭관을 천망하는 근원은 이러하였다.

'국초 이래로 무는 접어두고 문을 닦는 정책을 시행하여 대관의 당하관을 많이 배치하고서 신진 명사를 길렀다. 또 조종조에 여러 번 변혁을 겪어 훈척들의 권세가 너무 비대해졌으므로 열성의 시대에 문사를 장려하고 언로를 넓혀서 훈척의 세력을 억제하였다. 그때에 당하관의 깨끗한 명망은 모두가 이조의 낭관에게서 나왔는데, 이조 낭관을 선발하는 방식이 대단히 엄격하였다. 반드시 미리 몇 사람을 추천하여 입계하게 하고 차례로 제수했는데 임금도 그들을 소중히 여겼다. 그 결과 대각의 신진 인물들이 매양 공경과 서로 알력이 생기게 되었다. 따라서 만약 불행히도 권간이 나라를 맡아 위를 가릴 경우 반드시 사림의 화가 일어났는데, 그때마다 이조의 낭관이 앞장을 섰다. 과거 쓰라린 경험이 잇닿아 있건만 풍조가 이미 이루어져 명관으로서 전형에 참여하지 못하게 되면 큰 수치로 여기게끔 되었다.

그러다가 금상이 왕위에 오른 뒤로는 유신이 서로 계속 들어가 정승이 되었으나, 모두가 겸손하여 권력을 피하고 어진 이를 예우하여 선비에게 자신을 낮추는 것으로 급선무를 삼았다. 그래서 신진 세력이 더욱 성대해져서 결과적으로 대권이 이조의 낭관에게로 돌아가니, 육경 이하 나약하여 탄핵을 두려워하는 자는 모두 그들의 문으로 몰려들게 되었다. 동·서로 분당된 뒤로는 각각 자신들의 좋아함과 미워함에 따라 출입하게 되었는데 이조의 낭관이 된 자도 한 시대의 공평한 인망이 있는 최고의 피선자가 아니었으므로 벼슬길이 맑지 못하였다.

상이 그러한 폐습을 미워하여 여러 번 억제하였는데, 이이도 시사를 논하여 상소하면서 관각의 선발이 모두 낭관의 손으로 돌아갔다는 말을 하였다. 이로 인하여 물의가 시끄럽게 일어나 이이가 전조의 낭관 추천 제도를 고치려 한다 하였는데, 이이가 당시 사람들에게 꺼림을 당한 것이 이로부터 더욱 심해졌다. 그러다가 이때에 와서 상이 하교하여 특명으로 혁파하게 하였는데 이는 삼사의 신진 인물들의 논의를 미워하여 나온 것이었다. 그 뒤에 천거하는 법이 개혁되긴 하였으나 낭관들이 개인적으로 의논해 정해 놓고서 차례로 의망하여 제수시키며 순서를 뛰어넘을 수 없게 함으로써 금석처럼 굳은 법전이 되고 말았다.'

선조가 삼공에게 전교하기를 "병조판서에 대하여 경들이 비록 유용을 청하더라도 이이가 출사할 이치는 만무하다. 지금 병무가 매우 많으니 우선 그를 체직시켜서 그의 마음을 편안하게 해 주는 것이 어떻겠는가? 북방에서는 병란이 일어나고 나라가 망하려 하는 이 시기에 조정이 효란하여 현사가 구별이 안 되고 있으니 나라를 어떻게 다스리겠는가. 나의 가슴이 너무나 아프다. 이 문제는 내가 형편에 따라 처리할 것이니 본부의 낭청으로 하여금 논의하여 아뢰도록 하라" 하였다.

또 대신들에게 전교하여 이이를 변호하였다. 분당을 만들지 말고 이이가 소인이라는 것을 확실히 가려내라 하였다.

"근래 병조판서 이이의 언어 문제 때문에 대간이 서로 격동하여 쟁변을 되풀이하다가 급기야 옥당이 차자를 올려 이이를 오국 소인에 비유하기에 이르렀는데, 이것은 언어 문제로서만 우연하게 발단된 것이 아니다. 그 전부터 이이는 신진의 선비들이 시속에 따라 당부하는 꼴을 싫어하여 그들을 재억하기 위한 진론을 누차에 걸쳐 해왔는데, 이 때문에 시론에 미움을 받은 지가 이미 오래되었다. 그러다가 그의 실수가 있게 되자 이 때를 놓칠세라 드디어 틈을 타 기필코 핵거하려고 한 것이다. 다른 공경·대부들이 임금의 부름을 받고도 오지 않았던 자들이 많았지만 그들을 임금을 업신여겼다고 논한 경우는 듣지 못하였다. 그런데 왜 대간의 말이 유독 이이에 대해서만 그렇게 직절한가.

그가 말을 바치게 한 일을 사전에 아뢰지 않았던 것도 허다한 사무를 집행하는 과정에서 때맞추어 아뢰지 못했던 것뿐이지 어찌 멋대로 권세를 부리기 위하여 한 짓이었겠는가. 대체로 권세를 멋대로 하고 임금을 업신여긴다는 것은 신하로서는 극죄의 명칭이므로 분명히 짚고 넘어가지 않을 수 없는 일이다. 임금이란 상대가 비록 소민이라도 사실 이상의 죄명을 그의 몸에 가벼이 가할 수 없는 것인데, 하물며 재상이겠는가. 이왕 권세를 멋대로 하고 임금을 업신여겼다고 말했으면 왜 그의 죄를 분명히 밝혀 유사로 하여금 왕법을 적용하게 하여 만세토록 신하 된 자를 경계하지 않고, 마치 을사년의 간신 무리들이 상대를 반역으로 지목하고서도 죄로는 기껏 파체나 주장했던 것처럼 고작 파직을 청한다는 말인가. 이것이 바로 이이로서는 심복이 되지 않아 부끄러움을 안고 주저하면서 누차 사직을 청하고 있는 것이다.

그리고 말하는 과정에서 과연 자기변명에 관계되는 말이 있기는 하였으나 그것 역시 어찌 언관에 대하여 분한 마음을 갖고 기극하기 위해서였겠는가. 대간에게 소중한 것은 공론을 담당하는 것뿐이니, 자기의 사사로움을 달성하기 위하여 배빈과 경함을 일삼는다면 그것이 어디 대간으로서 할 일인가. 경들이 만약 이이를 일러 나라를 그르친 소인이라고 한다면 마땅히 죄를 분명히 밝혀 그를 물리쳐야 할 것이다. 그렇게 하지 못하면 그를 공격하는 자가 소인인 것이다. 임금이 소인을 등용하고서 나라가 잘 다스려지는 이치가 어디에 있는가. 오늘이야말로 숙특을 가려낼 수 있는 때가 아니겠는가. 경들로서는 확실히 가려내지 않고 어물어물해서는 안 될 것이다. 조정이 각기 유파끼리 분당되어 나랏일이 날로 글러가고 있는데도 대신들이 그것을 밝혀내지 못한다면 나랏일이 장차 어떻게 되겠는가" 하였다. 이에 옥당이 사직을 청했다.

답하기를 "이이가 이미 소인이 되었는데 그 소인을 논한 자들이 어찌 소인이 되겠는가. 다만 그중에서 권덕여와 홍진은 일찍이 내 앞에서 이이의 충직에 대하여 칭찬하였었는데, 소인을 그토록 찬예했던 그들 자신은 과연 어떠한 사람들인지 알 수가 없구나. 홍진 같은 두초의 무리야 책할 것도 없겠으나, 권덕여는 연로한 사람으로서 신진 선비들에게 붙어 다니는 것을 부끄러워하지 않다가 이제와서는 이이를 소인으로 지목하고 나서니 그야말로 앞뒤가 반복된 자가 아니겠는가. 그리고 서얼 허통 건에 있어서는 김첨이 그전에 경연 석상에서 아뢰었던 것으로, 지금 만약 성헌을 변란시킨 죄를 적용한다면 김첨이 모수가 되어야 하고 이이는 수종이 되는 것인데 어찌하여 김첨이 이이를 논의할 수 있는가" 하였다. 선조가 작심을 하고 한 말이었다.

다음 날 삼공이 병무가 시급함을 이유로 이이를 체직하는 것이 합당하다 하고 우상 정지연이 덧붙여 이이의 영명에 손상이 가지 않도록 하기 위함이라 하였다.

이에 답하기를 "병조판서는 갈아야 한다. 이이는 이미 나라를 그르친 소인이 되어 버렸는데 무슨 영명이라는 것이 또 있겠는가. 우상은 왜 그리 사리에 걸맞지 않은 논의를 하는가? 그 마음이 무슨 마음인지를 나로서는 헤아리지 못하겠다. 내 비록 어두운 임금이나 소인과 함께 일하는 것을 좋아할 리야 있겠는가. 이이야 자기 고향으로 잘 돌아가서 흰 구름 사이에 높다랗게 누워 있다 한들 그 누가 그를 얽매어 둘 수 있겠는가" 하였다.

양사를 직에 나아오도록 하라는 전교가 있었는데, 양사에서는 그 전교에 사사로움을 달성하기 위함이라고 배척하였고, 혹은 유파끼리 모여 당파로 갈리었다고 지목했으며, 심지어 을사년 간인들이 한 짓에다 비유하기까지 했으니 다시 중요한 지위에 있을 수 없다고 하였다. 그래서 간원은 사직하고 물러갔고 헌부는 물러가 물론을 기다리고 있었다. 이후로도 계속 논핵하였으나 윤허하지 않았다.

이이는 물러나 파주로 돌아갔다. 심수경을 병조판서로 하였다.

7월 15일 성혼이 상소하여 이이를 변호하였다. 이때 성혼이 도성에 있었다. 병조참지로 임명되어 입궐하여 사직을 요청했는데 선조가 허락하지 않고 있었다. 친구인 이이가 당하는 것을 보고 도저히 참을 수 없어 상소한 것이다.

"신이 보건대, 이이의 사람됨은 소통·명민하고 천성이 매우 고매하여 젊은 시절 구도의 뜻을 가지고 개연히 학문으로 자신을 격려하여 왔던 것입니다. 그가 비록 모든 이치에 있어 두루 원만하다고 할 수는 없을지라도 의리의 대원에 있어서는 일가견이 없다고 할 수 없으니, 구유나 곡사처럼 앉아서 장구나 지키는 무리들과는 다릅니다. 그리고 임금을 사랑하고 나라를 걱정하는 것도 바로 그의 지성에서 나온 것으로, 오직 나라가 있는 것만 알고 자신이 있는 것은 모르며 시무를 구제하는 데 급급하여 자신의 온포 따위는 생각에도 두지 않음이 바로 그의 일생의 소양입니다.

이번 논핵 중의 말을 바치면 북변 방어의 임무를 면제해 준 그 한 가지 일은, 이이가 일찍이 을묘년 왜변 당시, 전쟁에 임하는 군사들이 도중에서 말을 약탈해 가는 것을 보고 그것이 난계가 될 것을 깊이 우려한 나머지, 당초에는 아뢰어 청하려 하였으나 말을 바쳐올 자가 있을지 없을지를 알 수 없어 감히 청하지 못했던 것이고, 급기야 말들이 모였을 때는 군사의 갈 길이 임박하여 주고 나서 곧 아뢰었던 것인데 급급한 가운데 경솔하게 했던 탓으로 그러한 죄를 저지르게 되었던 것입니다. 명을 청하지 않고 먼저 영부터 내린 것은 당연히 이이의 죄이지만 그러나 그것을 국병을 마음대로 휘두른 것이라고 한다면 그러한 죄는 아닐 것입니다. 또 그가 정원에 나가지 않았던 것은 현훈증이 거듭 일어났기 때문이었는데, 그것을 교만하여 주상을 업신여겼다고 한 것 역시 그러한 죄는 아닐 것입니다. 그런데 그 말이 한 대간의 입에서 나오자 여러 대간들이 뒤따라 입을 맞추었고 대신들도 이이를 위하여 출사하기를 청하면서도 감히 대간의 말이 지나쳤다고 하지는 못했습니다.

이이가 말한 것은 그 목적이 출사하기 위함이었고 자신을 변호하기 위함이 아니었는데도 삼사의 논의가 크게 일었고, 게다가 또 나라를 그르친 소인이라든가 방자하여 거리낌이 없다는 죄까지 뒤집어씌웠습니다. 처음은 경미한 죄였는데 거기에다 무군·오국의 죄명을 씌웠고 이제는 또 그 죄명으로 법에 의거하여 죄를 청하려고 하니 이는 그를 꼭 죽을 땅으로 몰아넣고야 말겠다는 심산인 것입니다. 아아, 지금 말하는 자들이 저들 스스로 공론이라고 하면서 그 말의 불공·불평함이 이 정도이니 어떻게 사람 마음을 승복시킬 수 있겠습니까.

송의 인종은 어사가 애매한 말로 대신을 중상하는데 이 풍조를 그대로 두어서는 안 된다고 하였습니다. 오늘의 일도 그와 다를 게 무엇입니까. 그런데도 한번 이이를 공격하는 소리가 나오자 조정 전체가 그쪽으로 휩쓸려 감히 중간에서 형평을 유지한 이라곤 없으니 이 역시 한 나라, 송나라에서도 없었던 일입니다.

성명께서는 스스로 변변하지 못하다고 하지 마시고, 모든 권강을 잡으시어 우선 옳고 그른 이치를 바로잡고, 충직함과 간사함을 구별하여 깊이 그 기미를 살피고 근원을 막아 버림으로써 선을 좋아하고 악을 미워하는 전하의 마음이 마치 강하를 터놓은 듯 막힘이 없어 드러나게 하신다면 국가에 매우 다행한 일이겠습니다.

전하께서 이미 이이가 다른 뜻이 없음을 알고 또 언자가 그를 미워하여 참소한 것임을 알면서도 둘 다 따져 묻지 않으신다면 중외의 의혹을 어떻게 풀겠습니까. 지금 조정에 말하는 자라곤 한 사람도 없는데 한낱

고천한 신이 나서서 말해 보았자 고작 한 손으로 횡류를 막으려는 격이어서 역시 어리석고 부질없는 일이라 하겠습니다.

지금 이이는 자기 몸을 잊고 원망을 가로맡아 가면서 고굉의 힘을 다하고 있는데 하루아침에 그러한 중상을 받아 장차 여생을 보전할 수 없게 되었으니 다른 날 위급한 일이 있을 때 누가 전하를 위해 일을 맡으려 하겠습니까.

신은 이이의 친구입니다. 신이 비록 옛사람에는 미치지 못하나 그렇다고 감히 아래에 붙고 위를 속여 가면서 전하를 저버리지는 못합니다. 신이 서울에 와 품질 높은 지위에 있으면서 때마침 치란과 안위가 달린 큰 시폐가 있음을 보고 걱정되고 놀라 한탄한 나머지 말하려 한 지가 오래되었으나 노쇠하고 시훼되어 부궐을 하지 못하다가 이제야 비로소 말하니 신의 죄가 큽니다" 하였다.

선조가 답하기를 "그대의 상소를 보니 충분이 격렬하여 만약 간사한 무리들이 듣게 한다면 충분히 그들의 간담을 서늘하게 할 것이다. 군자의 말 한마디가 나라를 위해 큰 비중을 차지한다는 것을 참으로 알겠다" 하고, 이어 대신들을 불렀다.

영상·좌상에게 전교하기를 "나는 과매하여 아는 것이 없고, 어둡고 불민하여 충과 사도 알지 못하고, 시와 비도 구별 못한다. 그렇기 때문에 지난번 경들에게 물었던 것인데 경들은 감히 우물우물 넘기고 말았다. 내 그때 이미 경들의 마음을 훤히 알았지만 뒤에 형편에 따라 처리할 것이라는 뜻으로 경들에게 하유하였던 것이다. 그런데 지금 성혼의 상소문을 보니 대신으로서 임금을 섬기는 도리가 과연 그러해도 된다는 말인가? 당초에 이이를 배척한 것이 누구의 짓이며 또 붕간의 무리란 누구를 말하는 것인가? 분명히 가려내어 말할 것이요, 다시 어물어물 넘김으로써 국가에 부끄러움을 끼치지 말게 하라" 하고 엄명을 내렸다.

대신들이 "면대를 청합니다" 하니, 선조가 즉시 인견하고 차례로 묻기를 "지금의 삼사가 이이를 탄핵함이 이와 같은데, 이이는 과연 어떤 사람이며 누가 옳은가?" 하니,

영의정 박순이 대답하기를 "이이는 다른 뜻 없이 순수한 마음으로 나라를 근심하고 자기 몸을 의식하지 않습니다. 요즈음 비국의 일을 같이 하면서 더욱 그의 재주가 크다는 것을 알았습니다" 하고, 또 말하기를 "송응개와 허봉이 모두 이이와 혐의가 있어 드러나게 틈이 벌어졌으므로 이런 탄핵을 한 것이니 살피지 않을 수 없습니다" 하였다.

김귀영은 "신은 이이가 어떤 사람인지 알지 못합니다" 하였는데,

선조가 억지로 묻자 대답하기를 "사람을 알아보는 것은 요임금도 어렵게 여겼는데, 신처럼 우매한 자가 어떻게 사람을 알아볼 수가 있겠습니까?" 하였다.

다음 날 비망기로 일렀다. '나라를 다스림에 있어 임금이 함께 할 자는 대신이요, 안위도 대신에게 달려 있는 것이기에 나라가 어지러우면 유능한 재상을 생각하는 법이다. 내가 어제 현사와 시비를 알지 못하여 대신에게 물었는데도 좌상 김귀영은 갑이 그르다 을이 옳다 하기를 꺼려서 감히 아첨하고 남의 비위나 맞추는 태도를 취하였다. 예로부터 대신 치고 그렇게 한 자가 일찍이 있었더란 말인가. 몸이 대신의 지위에 있으면 현과 사를 분명히 가려내어 진퇴시키는 것이 바로 자신의 책임인 것이다. 만약 현사를 알아보지 못한다면 그는 슬기롭지 못한 것이고 알면서도 바로 아뢰지 않았다면 이는 불충한 것이다. 어떻게 정승의 지위에 있을 수 있겠는가. 정원은 이 사실을 알도록 하라' 하였다. 김귀영은 사임하여 체직되었다. 정원이 김귀영을 힐책한 전교를 보고 박절하다는 계사를 올리니,

답하기를 "이 계사를 보니 그야말로 동쪽을 지적했는데 서쪽을 대답

한 것이라 하겠다. 어제 내가 이이의 현사에 대하여 물었을 때 좌상은 말하기를 '신은 지혜롭지 못하다' 운운하였고, 끝에 가서는 '사람을 알아보면 그는 철인이다'라는 말을 인용하여 문식하였다. 그것이 그의 마음이라는 것을 길 가는 사람도 다 알 터인데 내가 모른다고 한다는 말인가. 시비를 구별하는 마음은 사람의 양지로서 그것은 천성이기 때문에 어찌할 수가 없는 일이다. 그런데 임금이 물었을 때 대신된 몸으로 그냥 '부지'라고만 대답한다는 말인가. 서글픈 일이다. 임금이 재상을 둔 목적이 어찌 '부지'라는 두 글자만 가지고 한평생 상업에 종사하도록 하기 위함이던가. '부지'라는 그 두어 마디면 그것으로 높은 기풍, 굳센 절의가 되기에 충분하다고 생각한단 말인가. '부지'라는 말을 가지고 어떻게 천하의 인심을 심복시키겠는가.

자고로 임금이 신하의 현사에 대하여 물었을 때 대신이 모른다고 대답하였다는 말을 들어보지 못하였다. 그럴 바에야 임금 혼자서 총명을 자임할 것이지 무엇 때문에 재상을 등용하겠는가. 대신을 의중하는 것이 참으로 임금의 본심이다. 그러나 의중하는 이유는 그가 조정에서의 현과 사를 구별할 수 있고 국가의 시와 비를 결정할 수 있기 때문인데, 이제 임금 앞에 입대하여 말한 것이 첫 번째도 부지, 두 번째도 부지였다. 아아, 암주로서 '부지'의 재상을 만난다면 이는 마치 소경이 다른 소경의 시력을 빌리는 것과 같아서 천하의 위태로움을 바로잡아 보려고 하다가 결국은 서로 미끄러지고 넘어져 구제할 길 없이 죽고 말 것이다.

내가 과매한 자질로 지대한 기업을 지키면서 상신의 그름도 국사가 잘못되어 가는 것도 알지 못하고 함용이라는 작은 절도에 구구하여 후세의 신하된 자를 깨우칠 수 있는 말 한마디 하지 않는다면 이는 한 사람의 대신을 위하여 조종의 종사를 잊은 격이 되는 것이니 경중의 권도를 잃은 일이라 하지 않겠는가. 참으로 말을 하지 않음으로써 조종을 저버리는 일은 차마 할 수 없다. 이러한 말을 어찌 내가 하고 싶어서 하겠는가. 부득이하여 하는 말이다" 하였다.

이때 대사간 송응개가 성혼의 상소를 반박하는 내용의 상소를 올렸다.

"삼가 성혼의 상소문 내용을 보고 또 영상 박순에게 들으니 성혼의 머리 감춘 말로 인하여 허봉과 신을 지척하였다고 합니다. 이이는 원래 하나의 중으로서 임금과 어버이를 버리고 인륜에 죄를 지었습니다. 그의 죄를 논하자면 이미 선유들의 정론이 있습니다. 변신하여 환속한 뒤에 권문에서 환양되었던 것을 이 세상의 청의는 용서하지 않고 있습니다. 출신한 후에는 심의겸의 천발을 받아 청현의 길이 트였으므로 그와 심복 관계를 맺어 생사를 함께 하게 되었으니 그가 일생 동안 가진 마음을 더욱 알 만합니다. 심의겸의 단점과 함께 김효원의 장점을 거론함으로써 지극히 공정하다는 이름을 얻어 내려고 하였으니, 이것이 바로 이이가 아래로는 당세를 속인 것인데도 사람들이 깨닫지 못했고, 위로는 전하를 속인 것인데도 역시 깨닫지 못하셨던 것입니다.

지난번 장령 정인홍이 의겸을 탄핵했을 때 이이는 장관으로서 사사로이 인홍을 만나 힘을 다해 구해하다가 인홍이 결국 그의 말을 듣지 않자 뜻을 굽혀 그를 따르면서 마치 애당초 의겸의 죄상을 몰랐던 것처럼 시치미를 떼었고, 급기야 인홍이 정철이 의겸에게 붙었다 하여 아울러 논하자, 이이는 또 이르기를 '정철이 의겸에 대하여 비록 정은 서로 깊지만 기미와 심사에 있어서는 두 사람이 전혀 다르다' 하였는데 그것은 정철을 그 와중에서 빼내기 위한 것이었지만 사실은 바로 자신의 변명이었던 것입니다.

그뿐만이 아닙니다. 그는 향리에 있을 때도 염치로 자기 스스로를 지키지 못하여 열읍에서 뇌물들이 그의 집에 모여들었고, 재물과 이익을 다투는 일이면 송곳 하나 칼 한 자루도 양보가 없었으며 해택의 이익과 관선의 세까지도 모두 침유했는가 하면, 심지어 구도의 공서까지도 대명으로 가로채 첨지 봉흔의 대대로 경작하던 토지를 무리한 방법으로 빼앗았으며, 자기 형이 봉흔의 종을 타살하였는데도 관아에서조차 추문할 수가 없었습니다. 그가 대사간으로 부름을 받고 올 때는 그가 지나는 곳의 읍에서 곡식 1백 석을 공공연하게 받아 자기 본가로 실어 보내는 등 모든 이해관계가 있는 곳이면 행여 미치지 못할세라 조금도 고기하는 바가 없었는데 이는 입 있는 사람이면 다 말하고 있는 것으로서 원근의 웃음거리였고 타매가 길에 가득한 실정입니다.

크나 작으나 기무에 있어 반드시 사지를 드러내고 시조에 있어서도 일마다 인심을 거스르는 일을 하여 당국한 지 반년 만에 원성이 창생에 미쳤고, 전선을 맡은 지 1년 만에 벼슬길을 흐리고 어지럽게 만들었으니 참으로 매국의 간물입니다. 혹자는 그를 왕안석에 비유하지만 안석이 어찌 이러하였습니까.

신이 이이와는 애당초 은도 원도 없는 사이였고 또 이이가 신의 과실을 말한다고는 듣지 못하였는데 현저한 지척을 당하고 보니 아마 신이 박순을 논하고 싶어 한다는 말이 혹 박순의 귀에 들어간 것이 아닌지, 신으로서는 실로 무슨 까닭인지를 모르겠습니다.

저들끼리 서로 찬양하고 저들끼리 서로 성세를 도와 만약 의겸의 죄를 논하면 이이가 나서서 구해하고, 이이의 과실을 지적하면 박순과 성혼이 또 서로 영호하여 돌아가면서 서로를 이끌어 기어코 천총을 가렸습니다.

좌의정 김귀영도 가려내어 아뢰고 싶지 않았던 것은 아니었으나 그가 감히 이이를 군자로 여기지 않은 것은 그 나름대로 뜻이 있어서였는데 도리어 엄준한 하교가 대신들에게 내려졌던 것입니다.

지난번 경안령 이요가 면대했던 일도 밖에 떠도는 소문으로는 모두 이이 무리의 부탁으로 이루어진 일이라고들 합니다. 대체로 이 무리들이 이미 오래전부터 체결되어 그 뿌리가 깊을 대로 깊었으므로 다만 당을 위하여 죽어야 한다는 것을 알 뿐 다시 전하가 계시다는 것은 모르기 때문에 감히 이렇게 주상을 속이고 사를 행하여 조금도 거리낌이 없는 것입니다" 하였다.

선조가 답하기를 "네 말이 설사 옳은 말이라 하더라도 이제 와서야 말한 것은 불충이다. 본직을 체차하라" 하였다.

송응개는 을사사화 때 윤원형에게 아부하여 영화를 누리고 살아온 송기수의 아들이다. 상소의 내용이 너무 후안무치하다. 어떻게든 기회를 봐서 끌어내리기 위해 많은 것을 은밀히 조사했고, 또 자신에게나 해당되는 비리를 나열하여 덮어씌웠다. 그 시절 간신의 전형적인 모습이다. 이때 상촌 신흠이 일찍 부모를 여의었기 때문에 외삼촌인 송응개의 집에 있었다. 신흠은 18세로 어렸지만 영특한 재질을 보이고 있어 송응개가 아끼고 보살폈다. 이때 응개가 계본의 초고를 신흠에게 보였다. 신흠이 놀라며 말하기를 '어린 제가 무엇을 알겠습니까만 율곡은 세상에 이름난 선비라고 들었습니다. 장삼 입고 머리 깎은 중 등의 말은 너무 심한 것 같습니다. 외삼촌의 이 논의가 후세에 비판을 받는다면 도리어 자신에게 누가 될 듯싶습니다' 하니 응개는 말이 없고 다른 자들은 성을 내고 다시는 더불어 말하지 않았다. 이로부터 신흠은 동인들의 배척을 당하게 되었다. 상촌 신흠은 훗날 인조 때 영의정을 지내게 되는 분이다.

어떻든 선조가 이이를 너무 잘 알기에 이런 자들이 된 서리를 맞게 되었다. 자업자득인 것이다.

사헌부가 사직을 청하니 윤허하지 않고, 특지로 송응개를 장흥부사, 허봉을 창원부사로 하였다.

홍문관 응교 홍적 등이 차자를 올려 송응개 등을 외지로 물리친 것은 잘못이라고 논하며 구제하고, 이이·박순·성혼 세 사람의 잘못을 탄핵하였는데, 그 내용을 발췌하면 다음과 같다.

"당초 동인이니 서인이니 하는 말이 있었을 적부터 그 사이에는 사정과 시비가 나뉘어져 있었습니다. 그래서 사대부의 공론이 모두 동인 쪽을 정당시하고 서인 쪽은 간사하다고 한 것이었습니다. 그런데 이이는 사심에 치우친 나머지 서인을 부추기고 동인을 억제하였는데, 하루도 그 마음을 잊은 적이 없었습니다.

작년에 그가 이른바 '떠도는 의논 때문에 정치가 혼란하게 되었다'고 한 것은, 떠도는 의논으로 한 세상을 싸잡아 성상의 의혹을 일으킬 목적으로 내놓은 말이었고, 저번에 이른바 '억제시키고 멀리 물리쳐야 한다'고 한 것은, 억제시키고 물리친다는 것을 구실로 함정을 설치하여 사림을 몰아넣으려는 목적에서 나온 것이었습니다. 그의 마음가짐이 이와 같으니 많은 사람들이 마음속으로 어찌 분개하지 않겠습니까. 이이를 논박하는 자가 만약 그때에 강직하게 논계해서 그 죄를 바로잡았더라면 사심을 품고 비호하려는 사람이 있다 하더라도 어떻게 틈을 타고서 시비를 혼란케 할 수 있었겠습니까.

그런데 전하께서는 이이의 마음이 이토록까지 사심에 치우쳐 있다는 것을 알지 못하시고 다만 민첩하고 재주가 많은 것을 사랑하시어 그와 더불어 지치를 이룰 수 있으리라고 여기고 계시니, 정말 '사람을 알아보는 것은 명철에 속하는 일로서 요임금도 어렵게 여겼다'는 말이 맞다 하겠습니다" 하였다.

이것이 양사가 이이를 공격한 본심이었다. 이때에는 서인을 공격하는 것을 정론시 하였으므로 사대부 가운데 교유하면서 언사가 약간만 서인과 비슷하기만 하면 다투어 일어나 공격하였다. 그런데 이이만은 덕망이 본래 중한 데다 명성이 이미 높았으므로 감히 드러내놓고 공격하지 못하고 감정과 노여움이 쌓였다가 이때에 와서 터진 것이었으니, 하루 이틀 사이에 생긴 일이 아니었다.

7월 17일 정언 이주가 이이가 성혼 박순 심의겸과 한통속이라고 비판하였다. 사간 성낙 등은 이이를 탄핵한 이유를 말하며 대간의 출사를 청했다. 우의정 정지연이 조정의 의논을 조정하는 상소를 올렸다.

7월 19일 양사가 이이 등을 비판하는 차자를 올렸다. 또 박순을 파직하라는 상소를 올렸으나 윤허하지 않았다.

　대사성 김우옹이 조정하는 상소를 올렸다. '삼가 보건대 이이는 명민한 학문과 해박한 지식으로 밝은 시대를 만나 전하께서 마음 깊이 그를 의임하여 그와 함께 난국을 타개해 보려 하였고, 이이 역시 스스로 세도를 책임져서 어수의 사이같이 한 조당에 앉아 계책을 내면 실현되고 말만 하면 다 들어주시는 참으로 천년을 두고도 만나기 어려운 지우였습니다. 그런데 애석하게도 그는 뜻만 컸지 재주가 소략하고, 도량이 얕고 소견이 편협하여 자기에게 후한 사람에게 가리우고, 또 자기 소견에만 얽매여서 일국의 공론을 모아 천하를 위한 일을 해내지 못하고, 다만 자기 개인의 견해를 내세워 온 나라의 인정을 거슬렸고 선비들에게 인심을 잃은 지 오래인데도 깨닫지 못하고 오히려 빈번히 장주를 올려 강변으로 상대를 이기려고 하였으며, 하는 일들도 경솔하고 조급한 데가 있어 거의 인망에 부응하지 못하였으므로 선비들 마음이 비로소 이이에 대하여 실망을 느끼게 되었으니, 그것은 역시 어느 개인의 사론은 아니었습니다.
　한번 요의 말이 나오자 사류들은 안절부절하고 유성룡 등은 모두 퇴축하여 허물을 살피느라 감히 국론에 참여하지도 못하고 있습니다. 그리하여 이이에 대한 사림들의 의혹은 더욱 깊어졌고 일 좋아하는 부조한 무리들은 이로 인해 함께 떠들고 일어나 비로소 공격할 뜻을 두었던 것입니다. 지금 이 일 역시 어찌 사류들의 본심에서 나온 것이겠습니까. 시작은 한둘 일 좋아하는 부조한 무리들에 의하여 된 것인데 사류들이 모두 이이를 그르다고 여겼기 때문에 억제하지 못했던 것이며, 또 성룡 등이 이미 가고 없어 대각에 물론을 진정시킬 만한 중망의 인물이 없기 때문에 저들 멋대로 배격하여 여기까지 이른 것입니다.

원인은 이이가 사실 경탈하여 물정을 크게 잃는 바람에 뭇 사람이 떠들고 일어나 이렇게 된 것인데 지금 만약 과당한 조치로 중론을 울억하게 만들면 이것은 더욱 조정을 안정시키는 길이 아닙니다.

지금 이이를 공격하고 있는 것 역시 어찌 전조의 낭관이 자기 부류들을 끌어들여 포치함으로 인하여 그리 된 것이겠습니까. 그것은 사론이 격렬하게 일어 그렇게 된 것에 불과한데 실상은 따지지 않고 허물을 전조의 낭관에게 돌린다면 되겠습니까.

근래 이이를 등용하면서 그에 대한 권의가 자못 높아 사공을 일으킴으로써 어려운 시기를 다스리려 하셨으니, 이는 실로 삼왕의 훌륭한 마음이었습니다. 그런데 이이는 재주가 가볍고 학식이 소루하여 큰일을 감당하지 못한 데다 조정의 논의까지 그와는 맞지 않아 성상의 소간의 걱정만 더하게 만들었으니 어찌하겠습니까.

신이 바라는 것은, 전하께서 한번 목이 메인 일 때문에 식음을 전폐하지 마시고 더욱 성지를 가다듬어 충현을 찾아 일을 맡기시며, 사림을 화합하게 하고, 널리 암혈의 선비를 불러들여 한 세상 인재를 모두 모아 천하의 시무를 다스리시고, 나태한 마음으로 되어 가는 대로 두어서 나랏일을 어찌할 수 없는 것으로 생각해버리지 마시라는 것입니다' 하였다.

김우옹은 비교적 중도적인 입장이었는데도 이이에 대한 인식이 이러하였으니 다른 사람들은 말할 것도 없었다. 이때 이이의 높은 뜻과 국가를 위한 절실한 마음을 함께할 수 있는 사람이 없었다. 김우옹과 유성룡은 이해는 하지만 실천에는 전혀 생각이 없었다. 시대가 그런 걸 누구를 탓할 것인가. 국가의 불행이었다. 그 결과 불과 십 년 뒤에 처참하게 당할 수밖에 없었다.

7월 21일 양사가 영상 박순이 사적인 당을 만들기에 급급하였다며 파직을 청했다. 홍문관이 이이 등을 비판하고 김귀영을 변호하는 차자를 올렸다.

7월 22일 양사가 박순의 죄 열 가지를 들며 파직을 청했다. "박순의 죄를 말감하여 파직만을 청하였으나 이토록 유난하시니 이제 그 죄의 조목을 나열하여 아뢰겠습니다. 원래 간사한 사람으로서 진취하기에 바빠 의겸에게 붙어서 그와 결탁하여 심복이 되었으니 그 죄 하나이고, 연이어 척리와 혼인함으로써 권세를 굳혔으니 그 죄 둘이며, 여러 대의 명상이요 선조의 직신을 사감을 가지고서 함부로 헐뜯었으니 그 죄 셋이고, 과제에 사정을 써 공도를 크게 무너뜨리고 자급과 서차를 무시한 채 당류를 세우기에 급급하였으니 그 죄 넷이며, 재상의 지위에 있는 몸으로 이이의 무리들과 밤을 이용하여 상종하면서 궤비한 행동을 하였으니 그 죄 다섯이고, 부조한 무리들을 사주하여 그들로 하여금 상소를 하게 하고 면대를 하게 하여 시비를 현란시켰으니 그 죄 여섯이며, 한평생 죽기를 맹세한 벗을 보통 서로 알기만 하는 사이라 하여 감히 임금을 속였으니 그 죄 일곱이고, 전조의 추천은 윤원형·이양도 감히 혁파하지 못했던 것인데 자기 당여를 다시 앉히기 위하여 옛 규정을 혁파할 것을 청하였으니 그 죄 여덟이며, 자기를 논한 사람 또는 차사를 쓴 신하의 이름을 들어 죄를 내리도록 청함으로써 사람들 입에 재갈을 물리려 하였으니 그 죄 아홉이고, 간계를 부릴 수 없게 되자 성혼의 손을 빌어 음참한 말을 올리게 함으로써 기어코 사류들을 일망타진하려 하였으니 그 죄 열입니다. 파직을 명하소서" 하였다. 그러나 아직은 선조가 이성을 잃을 때가 아니었다.

8월 5일 왕자사부 하낙이 상소하여 이이 등을 적극 옹호하고 삼사가 지나쳤다고 하였다.

"이이의 사람됨이 어떠한지 신으로서는 잘 모릅니다. 그러나 일찍이 친구들의 서로 전하는 말을 통하여 듣건대 그의 사람됨이 성현의 글 읽기를 좋아하고 뜻을 돈독히 하고 실천을 힘쓰며 몸가짐과 마음 검속에 있어 오직 고인을 사모하다가 급기야 세상에 등용되어 성상이 마음을 기울이고 소민들이 크게 기대하게 되자, 그는 몸을 나라에 바칠 생각으로 마음과 힘을 다하여 위로는 곤직을 돕고 아래로는 창생을 구제하기 위하여 모든 시설에 있어 폐단을 없애기에만 힘써 시속과 저촉되는 것도 불고하였고, 백성의 노고를 덜어주기 위하여 구습을 따르지 않았다고 합니다.

그런데 언관들은 번갈아 상소하여 논핵하되 처음에는 그의 실책만을 조금 거론하다가 끝에 가서는 날이 갈수록 점점 더 중한 말들을 하였으며, 옥당의 차자와 간원의 사장에서는 간흉한 형상과 궤휼의 태도를 수많은 말로 횡설수설 못하는 소리가 없었는데, 그 말들이 모두 분질에서 나오지 않은 것이 없었습니다.

아아, 삼사란 임금의 귀요 눈이며, 공론이 있는 곳으로 그들이 맡은 바 책임이 얼마나 큰 곳입니까. 그러나 감히 없는 사실을 캐내어 서로 야합하여 남에게 대악을 가하려 하고 있다면 그들 소견이 그릇된 것이 아니겠습니까. 그들이 말한 것 가운데 다투다가 사람을 죽였다느니, 뇌물로 1백 석을 받았다느니 한 것들은 관계되는 바가 지극히 중한 것들로서 더욱 용서할 수 없는 문제들인데, 이이에게 과연 그러한 사실이 있었다면 이는 마땅히 그 죄를 분명히 바로잡아 왕법을 보여야 할 것이지 보통으로 보아 불문에 부칠 수는 절대 없는 일입니다. 심지어 군인·무부들까지도 하늘을 불러 자기들의 억울한 감정을 호소하고 싶어하고 있으니, 아아, 이른바 삼사의 공론 외엔 반드시 또 하나의 다른 공론이 없으리라고 보장하기는 어려운 일입니다.

지난번 성혼이 성안에 있을 때 삼사가 이이를 논핵하기 위하여 옷소매 속에 탄핵문을 넣고 다니며 날이 갈수록 점점 더하였는데 이때 성혼의 마음에 만약 이이가 그르다고 생각되었다면 비록 서로 두터운 사정이 있다 하더라도 어떻게 감히 거짓으로 소사를 꾸며 발을 끌고 궐정에 들어와 그의 죄악을 덮어 줌으로써 전하의 총명을 속이겠습니까. 심지어 성혼을 일러 '몸은 산야에 있으면서 서찰이 도하에 줄을 잇고, 조정 정령과 인물 진퇴에 있어 모르는 것이 없으며, 나오고 물러가는 것 역시 군부를 위해서가 아니라 자기와 친한 자의 절간에 의해서 움직인다' 하였는데, 그렇다면 성혼은 특별히 산림이라는 이름을 빌어 세상을 속이고 이름을 도둑질했으며 공명을 좋아하고 당원을 세우는 그야말로 하나의 더럽고도 무상한 사람인 것이며, 직을 사하고 조용히 물러가 견묘에서 스스로 즐기던 그의 전후의 일들도 오직 하나의 간진을 위한 지름길을 만들려고 했던 행동에 불과한 것이었으니, 성혼 같은 현자로서 그러한 일이 있겠습니까.

박순에 관하여는 그의 사람됨을 신으로서는 더욱 모릅니다. 다만 그는 청신아결하고 애인하사 한다고 들었을 뿐인데 그가 과연 이상의 여덟 글자를 그대로 지킨다면 비록 그를 일러 어진 재상이라고 하더라도 안 될 것이 없을 것입니다. 지난번 탑전에서의 말이 어찌 소견 없이 한 말일 것이며 또 무슨 구무·함해의 마음이 있어서였겠습니까. 그런데 지금 그의 죄목 10가지를 하나하나 세어 극구 저배한 것이 윤원형과 이기의 간교함과 다름이 없으니, 아아, 성명의 세상에 차마 이렇게 말할 수 있는 것입니까. 박순·이이·성혼 3인이 서로 표리가 되어 붕당을 세우고 세력을 다지고 있다고 하는 것은 더욱 인심을 압복시킬 말이 못됩니다.

대체로 언관이란 말하는 것으로 책무를 삼는 것이어서 언제나 임금을 요·순으로 만들고 싶어하기 때문에 허물이 있기 이전에 규찰하게 되고, 또 신하들도 직·설같이 만들고자 하여 과실이 있기 이전에 책망하게 되는 것입니다. 그리하여 위에서는 잘못 등용하는 일이 없고 아래서는 실효를 나타내어야 비로소 함께 치평을 이룰 수 있는 것입니다. 그리고 이는 또 공정한 마음과 곧은 도로써 나라에 몸 바쳐 가정도 잊을 만큼 성실하고 굳굳하여 두 마음을 품지 않는 자만이 할 수 있는 일인 것입니다.

말과 행동에 있어 전도와 실중을 면치 못하고, 때를 씻어가며 하자를 찾으려 하고 허물없는 곳에서 허물을 찾으려고 하는 자가 있을 것인데, 아아, 말을 했을 때 남이 신복하게 하려면 그렇게 하여서는 안 되리라 생각됩니다" 하였다.

성균관 유생 유공진 등 4백62명이 상소하여 이이 성혼이 어질다고 하였다. 이때 정언 이주가 그 아들 이광정을 시켜 성균관에서 큰소리치게 하기를 "이 의논을 주장한 자는 끝내 멸족의 화를 당할 것이다" 하였다 그러나 듣지 않았다.

다음 날 도승지 박근원 등이 하낙의 상소가 교묘히 아당하고 있다고 비판하였다. 선조가 잡언을 아뢸 생각을 말고 직사에 근실하여 나의 뜻을 저버리지 말라고 하였다. 이에 양사 전원이 정원에 내린 비망기가 미안하다며 체직을 청하니, 드디어 화가 치밀었다.

답하기를 "너희 양사에서 논계가 있는 후로 나는 한마디 말도 내리지 않았다. 나도 입이 어눌한 자가 아닌데 어찌 한마디 할 말이 없었을 것이며 위엄 한번 내릴 일이 없었겠는가. 군신 사이에 손상되는 것이 많을까 해서였다. 이렇게 국가에 어려움이 많고 민생이 도탄에 빠져 있는 시기에 너희 양사 모두 이씨의 신하 아닌 자가 누구이겠는가. 대신·공경할 것 없이 모두 한때에 어깨를 나란히 한 형 같고 아우 같은 사이인데 왜 공을 앞세우고 사를 뒤로 하여 자기 개인의 뜻을 깨끗이 버리고 얼음이 녹듯이 한마음으로 뭉쳐서 왕실을 위해 힘을 다해 주지 못하는가. 너희 양사로서는 이날로 정론하고 그동안에 한바탕 시끄러웠던 일들을 다시 생각하지 말고 일소에 부치는 것이 제일 좋을 것이다. 이는 나에게 다행이 되는 것이 아니라 사실 너희 양사에 이로움이 되는 것이다. 군신 사이란 정이 부자와 같은 것이기에 내가 지금 말하는 것이다. 만약 자기 미혹에 빠져 깨닫지 못하고 논쟁을 계속한다면 내 어찌 입만 다물고 있겠는가. 반드시 부득이한 조치가 뒤따를 것이고 그때는 아무것도 돌보지 않을 것이다. 그렇게 해도 그때 가서 후회가 없겠는가? 사퇴하지 말라" 하였다. 선조는 많이 참고 있었다.

양사가 다시 극한 말로 아뢰기를 "신들 역시 조종조 노신의 후예들로서 전하의 17년에 걸친 양육의 은택을 입은 자들입니다. 지금 그 친절하고도 자세한 하교를 받고 감격하지 않은 자 누가 있겠습니까. 그러나 지금 시비가 가려지지 않으면 앞으로의 화를 전하로서는 막을 수가 없을 것인데, 신들이 한때의 위압에 눌려 이날로 정론을 한다면 그것이 신들에게는 이익이 되겠으나 어찌 사직의 복이 되겠습니까. 속히 파척을 명하소서" 하니,

답하기를 "지금 아뢰어 온 내용을 보니 그 뜻을 충분히 알겠다. 경들

인들 저들에 대하여 무슨 사원이 있겠으며 저들 역시 경들에게 무슨 사원이 있겠는가. 똑같은 왕신으로 일찍이 한 조정에서 담소하면서 잘 지내던 사이가 아니던가. 불행히도 오늘날 우연한 말로 인하여 서로 다투다가 각립하기에까지 이르러 마치 진·월의 사이처럼 되었지만 경들이 만약 머리를 돌려 생각해 보면 사실은 한바탕 웃음거리에 불과한 것이다. 이미 지나간 일이니, 경들이 꼭 거슬러 올라가 따지지 않는다면 저들인들 그까짓 일을 마음에 두겠는가. 만약 마음에 둔다면 올바른 사람이 아닌 것이다. 경들 모두가 나를 시종했던 신하이며 그중에는 혹 몇 해씩 시강한 사람도 있어 나로서는 사실 아끼는 뜻에서 이 말을 한 것이지, 우연히 한 말이 아니다. 속히 내 뜻을 이해해 주었으면 좋겠다. 앞으로야 무슨 화가 발생할 이치가 있겠는가. 의심하지 말고 사퇴하지도 말라" 하였다. 선조가 한 번 더 참았다.

정원이 "어제 유생들이 상소한 내용에 대해서는 깊이 따질 가치도 없다고 신들은 생각합니다. 다만 그전부터 성균관이나 사학에서 상소를 할 때는 반드시 조용히 회의를 하고 가부를 확정 지은 다음에 하는 것이 관례였습니다. 그런데 이번의 일은 그렇지가 않습니다. 몇 사람이 자기들끼리 지목하고 위촉하여 못된 논의를 선동시킨 뒤 회유하기도 하고 협박하기도 하였습니다만, 오지 않은 자가 매우 많았고 와서도 따르지 않은 자가 많았는데 이들은 모두 유식한 인물들이었습니다. 이러한 상황을 상께서 어떻게 아실 수 있겠습니까" 하고, 태학 유생들이 상소를 올릴 때 명륜당이 한때 싸움터가 되었다고 아뢰니,

선조의 화가 치밀어 오르기 시작하였다. 입직 위장 권벽·정복시를 가승지로 하고, 이날 사진한 도승지 박근원, 승지 김제갑·이원익·성낙을 모두 체직하라 하였다. 그리고 바로 이식·이인·박숭원·유영립·김우옹을 승지에 임명하였다.

다음 날 정원을 모두 체차한 것은 미안한 일이라고 양사가 입계하니, 답하기를 "옛날 송나라 때 육적이 조정을 맡고 이강이 나라를 떠나자 태학생 진동 등이 상소하여 극론을 하였는데 천년 뒤에라도 그 풍절을 듣고 보면 자기도 모르는 사이에 옷소매를 걷어붙이고 자리에서 일어나게 된다. 지금 우리 관학의 유생들도 조정 논의가 정당성을 잃고 국사 또한 날로 그릇되어 가는 것을 목격하고 의기를 앞세워 서로 자진하여 대궐 문을 두드리고 항거하는 글을 올렸으니 그 충간·의담이야말로 그 상소문만 읽어 보아도 범할 수 없는 늠름한 바가 있어 참으로 이른바 배운 바를 저버리지 않은 횡류의 지주였다.

태학은 수선의 곳이며 공의가 있는 곳이다. 조정의 시비는 한때 어지러워질 수도 있으나 태학의 공의야 어찌 없어질 수 있는 것인가. 내가 즉위한 이후로 유생들의 상소가 한두 번 있는 게 아니었고 또 그 사이에는 너무 알직하여 귀에 거슬리는 것도 어찌 없었겠는가마는 내 일찍이 한 번도 싫어하는 빛을 보이지 않고 반드시 온화하고 겸손한 말로 위유하여 보냈던 것은 진실로 국가의 원기가 바로 거기에 있기 때문이었다. 조신에겐 죄를 내릴지언정 유생들의 기를 꺾어서는 안 되는 것이다. 설사 미친 유생이 한 짓으로 혹 정도에 지나침이 있었다고 하더라도 그렇게 대할 수가 없을 것인데 하물며 정직한 기운이 푸른 소나무보다도 더 고고한 절개이겠는가. 천승의 임금인 나로서도 그들에게 오히려 몸을 굽혀 대하고 있는데 저들이 누구기에 몇몇 신하가 근밀의 자리에 있으면서 저들 멋대로 붕비를 만들고 남의 말을 중간에서 가로막아 내 귀와 눈을 가리우고는 감히 유생들을 패란으로 몰고 있으니, 이는 바로 황잠선이 하던 짓을 따르려는 것으로 참으로 거리낄 것 없어 하는 소인의 짓이다. 내 즉시 유방·찬극의 법을 시행하지 않아 장차 도깨비 같은 무리들로 하여금 어두운 밤을 이용하여 날뛰다가 결국 박근원과 같이 되는 길을 열어 놓았으니 이만 저만한 실형이 아니다. 그런데 너희 양사가 도리어 신구를 한다는 말인가? 차자의 내용을 마땅히 유념하겠다" 하였다.

선조의 화가 극도로 치밀어 오르고 있었다.

8월 10일 성균관 유생 이정우 등이, 전일 있었던 상소는 태학 유생들의 공론이 아니었다는 내용으로 상소하였는데, 입계하니, 답하였다. "너희 상소문을 보니 시비가 모호하고 입론이 바르지 못하다. 너희들은 사류를 빈척하는 것이 부끄러워서 변명하는 것에 불과하다. 그러나 이미 그러한 뜻이 있으면 상소를 하는 것도 무방한 일이다. 다만 너희들은 너희들끼리 서로 쟁변하여서는 안 된다. 서로 맞서서 상대를 헐뜯고 끝없는 구설을 지껄여 보았자 그것이 덕업에 무슨 도움을 주겠는가. 너희들은 다만 학문에 힘쓰고 자신을 살펴 양지를 확충해 나가기 바란다. 그리하면 옳고 그른 것이 자연 너희들 가슴속에 훤해질 것이다" 하였다.

이때 삼사의 사람들이 자기 자제들을 나누어 보내 간사하고 망녕된 무리들을 유인하고 을러서 상소하니, 시정에서 지목하여 '삼사자제소'라 하였다.

8월 11일 유학 신급이 상소하여 삼사의 간특한 정상을 극론하고 또 홍혼·우성전·김응남·박근원·김첨·김수·홍진이 앞장서서 사의를 하고 있다고 하였다.

답하기를 "너의 상소문을 보니 참으로 충성이 대단하다. 참으로 정직한 사람이다. 지금 사기가 이러한 것은 사실 조종들이 배양해 놓으신 은택인 것이다. 조정과 변비는 걱정하지 않아도 된다. 네 아우 신립이 충성을 다해 나라에 보답하고 있어 그가 변성을 지키면 오랑캐들이 감히 가까이 못 하여 옛 양장의 풍모가 있다. 그런데 네가 또 이렇게 몸을 돌보지 않고 사를 물리치기 위해 항소를 하는 기절이 있으니 어쩌면 너희 한 집안에 충과 의가 함께 있어 나라 위해 정성을 바치기를 이렇게까지 하는가. 내 매우 가상히 여기는 바이다" 하였다.

이어 전교하기를 "평안도 순안 어사 김수를 당일로 보내라" 하였는데, 김수가 자기 이름이 신급의 상소에 올라 있다 하여 대죄하고 어사를 갈아 임명할 것을 청했다.

이르기를 "여러 해 시강하는 동안 성품이 자못 순직하였고 또 간재가 있어 그대 형과는 비할 바가 아니었다. 내 적심으로 너를 대하였고, 앞으로 크게 쓰일 것을 바랐었는데 불행히도 오늘 너의 이름이 그 소에 올랐으니 내 너를 위해 애석히 여기는 바이다. 그러나 남이 말을 하게 된 것은 반드시 무슨 까닭이 있어서일 것이니 그대는 전지를 받들어 서방을 순안하면서 그대 직분을 다하여 나의 명령에 위배됨이 없게 하라" 하였다. 김수가 세 번이나 사퇴를 청했으나 윤허하지 않았다.

8월 13일 정사가 있었다. 홍여순을 창평현령에, 홍진을 용담현령에, 김수를 이조정랑에, 정창연·오억령을 이조좌랑에 제수하였다.

삼사가 이이를 공격할 적에 허봉이 논박을 주도하여 삼사의 상소와 차자가 모두 그의 손에서 나왔는데, 홍여순과 유영경이 매와 사냥개 역할을 하면서 논의가 매우 강렬하였으므로 당시에 헌부에는 홍여순, 간원에는 유영경이라고 추켜세워 주었다. 이기는 성품이 괴팍하고 무식한 자로 평소 선비들을 미워하였는데, 이때에 와서 역시 허봉 등의 매와 사냥개 역할을 하며 홍여순과 유영경에 다름없이 앞장서서 담당하였다.

우상 정지연이 박순이 논핵을 당하는 것은 부당하다고 병중에 아뢰었다. 그리고 졸하였다. "우상의 죽음에 대하여 내 통도하는 바이다. 지금 국가가 어려움이 많은 이때 갑자기 어진 재상을 빼앗겼으니 하늘이 미워하여 화를 내림이 이보다 가혹할 수가 없다. 나랏일이 끝내 어떻게 되려는 것인지 모르겠다" 하였다.

8월 15일 정원이 신급의 상소에 속임을 당하고도 도리어 장허를 내렸다고 하였다.

8월 18일 양사가 일을 말하여도 윤허하지 않았으며 비답이 준엄했다는 것을 이유로 사직하고 물러갔다. 이에 선조가 전교하였다.

"근래 너희 삼사가 재보를 논핵하면서 그들이 심의겸과 결탁하였다는 것으로 공격의 도구로 삼고 있다. 의겸이 참으로 간사한 사람이기는 하다. 그러나 이는 의겸으로 나라 가운데 함정을 만들어 두고 자기와 의견을 달리한 일시의 명신·현사들을 반드시 그 함정 속에다 몰아넣고 같은 당여라고 성토하려는 것으로서, 그 속셈은 '일단 그러한 이름만 붙여 놓으면 어느 누구도 감히 구제하지 못할 것이고 임금도 의심하게 될 것이다. 이러한 방법이 아니고는 한세상의 이목을 농락하여 사람들로 하여금 바람에 풀 쓸리듯 모두 나의 풍성 아래서 움직이게 할 수가 없다. 또 이렇게만 된다면 내 뜻대로 되어 내 소원을 이룰 수 있을 것이다' 하는 생각인 모양이지만, 이는 군자의 입장에서 볼 때 자기의 속을 훤히 들여다보고 있다는 것을 모르는 처사로서 그래 가지고야 어떻게 내 마음을 움직이고 내 뜻을 의혹시키겠는가.

시비란 양지에 바탕을 두고 사람의 마음이 안정된 데서 나오는 것이니, 조정이라 하여 비중이 큰 것도 아니고 초야에서 거론된 것이라 하여 가벼운 것이 아니다. 그 말이 진실로 그르다면 천만 사람이 말하더라도 부족하고 말이 진실로 옳다면 한마디 말로서도 충분한 것이다. 대간이 말한 것이라 하여 억지로 정할 수도 없는 것이요 또 많은 사람의 세력으로 된 말이라 하여 억지로 맞출 수도 없는 것이다. 그러므로 편당의 논의를 선동하는 것이 한 시대의 시비를 혼란시킬 수는 있지만, 군자의 견해는 백대를 두고 전해가는 공론인 것이다. 아아, 예로부터 대간과 시종으로 자기 임금에게 진언할 때 누군들 스스로 공론이라 여겨 전환의 아름다움으로 자기 임금을 설득시키려고 하지 않았겠는가. 비록 시군 세주가 지혜는 그 사특함을 분별하기에 충분하고 밝음은 그 거짓을 살피기에 충분하여도 그들의 속임수에 넘어가고 여러 사람들의 지껄임에 농락당하여 잇따라 실패를 거듭하는 것이 일반적으로 다 그런 것이었다. 소위 현명하다는 임금들도 모두 그러하거든 하물며 나같이 못나고 어두운 사람이겠는가.

그러나 영대가 살아 있고 방촌은 아직 맑아, 영상의 사람됨을 보건대, 송균 같은 절조에 수월 같은 정신으로 충용한 도량에 온아함을 보탠 성품이요, 청신한 덕에 백옥의 광채를 발하는 사람이었다. 비록 그러나 '그에게 경륜의 재주가 있어서 간괴인 의겸을 보기를 마치 자기 몸이 더럽혀지는 것처럼 여겼다' 운운한 말에 대하여는 나로서는 감히 모르겠다. 지금 너희 삼사가 일찍부터 분질의 뜻을 품고서 근거 없는 말을 날조하여 못하는 소리 없이 멋대로 헐뜯고 있는데 그러한 그대들을 천하 후세의 사람들이 어떠한 사람들이라고 하겠는가. 비록 10년을 두고 논한다고 하더라도 내 어찌 따를 이치가 있겠는가. 속히 그만두는 것만 못할 것이다" 하였다. 참고 참으면서, 선조의 영민함이 돋보이는 말이었다.

8월 19일 홍문관이 주상의 하교가 미안하다 하여 사직 차자를 올리니,

답하기를 "지금 국가에 어려움이 많아 밖으로는 북녘 오랑캐가 침노하고 안으로는 생려들이 도탄에 빠져 허덕이고 있다. 지금이 어느 때인

데 나랏일에 힘을 다할 생각은 하지 않고 오직 무리 지어 서로 공격하는 것만 알고 있으니, 참으로 염·인이 부끄러워할 일이다. 사직하지 말라. 비록 하루 세 번을 논하더라도 유익함이 없는 일이니 무엇보다 빨리 정론하는 것이 좋을 것이다" 하였다.

양사가 "오늘 배표하는 일이 있고 또 이어하시는 거둥이 있어 도하와 시위에 다 빠질 수 없는 일이기에 부득이 잠자코 명을 받들었으나 위로 하늘이 부끄럽고 아래로 땅이 부끄러워 몸 둘 곳이 없습니다. 속히 파척을 명하소서" 하니,

답하기를 "이렇게 다사한 때 그렇게 번거롭게 사직하는 것으로 직무를 삼으려거든 차라리 그대로 사직하고 나가라" 하였다.

경기전 참봉 변사정이 상소하여, 이이와 성혼이 무망한 논핵을 당한 것과 삼사와 정원이 붕당을 맺어 군부를 협제하고 있다는 내용을 극렬하게 아뢰었는데, 이에 대하여 답하였다.

"지금 상소 내용을 보니 옛 직사라도 이보다 더할 수는 없겠다. 내 네가 어떠한 사람인지 모르겠으나 이렇게까지 할 수 있고 게다가 나의 잘못까지 척언하였는데 그 말이 더욱 절실하여 나의 병통에 꼭 맞는 지적으로 나도 이미 알고 있다. 매우 가상히 여기는 바이다" 하였다.

8월 21일 성주에 사는 생원 하항이 상소하여, 이이의 잘못된 처사를 논하니,

답하기를 "이 상소를 보니 공사 간에 드러난 일이 사실과 달리 전해지는 경우가 많구나. 심지어 이이가 '음(陰)'이라는 글자를 변석하지 못한 것이 죄라고 하니, 국가 사무가 과연 '음' 자를 해석하는 데 있으며, '음' 자를 주석하는 것이 내수·외양을 위한 정책이던가. 썩은 선비의 말이라서 웃음이 나올 뿐이니 그냥 두라" 하였다.

하항은 하낙의 동생이다. 정인홍과 친구 관계를 맺고 형인 하낙과 논의를 달리하였는데, 이 상소를 올려 스스로 정인홍의 논의를 해명하였다. 그런데 글이 졸렬하여 읽을 가치도 없었으나 정인홍 등은 그저 이이를 공박한 점을 높이 평가하며 시종 추대하였다. 하항은 과거에 응시하지 않은 자로서 은근히 추천을 받아 관계에 진출하게 되기를 기대했으므로 이런 말을 하면서 음(陰) 자의 뜻을 극력 변론하는 한편, 이이가 이를 변론하지 않은 것을 죄라고 하였다. 그 당시 못할 짓 없이 이이의 죄를 꾸며 내려 한 것이 모두 이런 식이었다.

8월 23일 전라도 유생 서태수 등이 상소하여 삼사와 정원 그리고 이조가 간사한 무리들의 소굴이 되었다고 극론하고 속히 위견을 보여 시비를 정하기 바란다 하였다. 임금에 대해서도 무(武)스럽지 못하다고 하였으나 선조는 크게 칭찬하였다.

드디어 선조의 분노가 폭발하게 된다.

전라도 유생들이 상소하여, 지난날 상소했던 유생 유공진 등에 대하여 간신 송응개의 생질인 박사 한인이 그 유생들 전원을 과거에 응시하지 못하게 하였다고 하였다. 천인공노할 일이었다. 선조의 화가 극도에 달했다. 한인을 나국하여 무군 부도의 죄목으로 다스리도록 명했다.

"박사 한인은 관학 유생들이 상소한 것을 분하게 여겨 유공신 등 많은 사람들의 과거 응시 자격을 박탈하였으니, 이는 옛날에도 없었던 변고이다. 간사한 마음을 품고 사욕을 부리면서 임금까지 무시한 무도한 정상이 지극히 놀라우니, 금부에 내려 추국하게 하라. 대사헌 이기, 대사간 박승임, 집의 최관, 사간 이희득, 장령 윤승길, 지평 허감, 헌납 권협, 정언 이주·심대는 본직을 체차하라" 하였다.

이양원을 대사헌에, 백유양을 집의에, 정유청·송승희를 장령에, 정윤우·성돈을 지평에, 김우옹을 대사간에, 정사위를 사간에, 홍인서를 헌납에, 유격·박홍로를 정언에 제수하였다.

8월 28일 상이 하교하기를 "박근원·송응개·허봉 이 세 사람의 간특함은 나도 아는 사실이다. 이들을 멀리 귀양 보내는 것이 어떠한가?" 하니,
좌우가 아뢰기를 "그 사람들이 비록 지나친 말을 하였으나 혹은 언관이요 혹은 시종이었는데, 그들을 말 때문에 죄를 내린다면 이는 성명의 아래서 온당치 못한 일입니다" 하고, 애써 그들을 구원하려고 하였다.
이때 정철이 탑전에 나아가 아뢰기를 "그들에게는 그 죄를 분명히 밝혀 시비를 가리지 않으면 안 됩니다" 하였다. 선조가 이 말을 받아들여, 송응개는 회령으로, 박근원은 강계로, 허봉은 종성으로 귀양 보낼 것을 명하였다. 이어 종성은 현재 적병의 침노를 받고 있는데 허봉이 가면 방수에 도움은 안 되고 도리어 폐단이 없지 않을 것이라 하여 갑산으로 배소를 옮길 것을 명하였다.
그리고 대내에서 전지를 써서 내리기를 "장흥부사 송응개, 창원부사 허봉, 전 승지 박근원 등 간교한 무리들이 자리에 있어 조정은 안정을 잃고 사구는 형정을 잃어 국시가 흔들리고 있다. 이에 방류의 법을 거행함으로써 영원한 내세의 거울을 삼으려 한다.
험사한 성품과 두소의 재주를 가진 무리들이 다시 부박한 무리들과 결탁하여 사사로이 붕당을 만들고 저들끼리 서로 이끌어 각 요로에 도사리고 있으면서 혹은 후설의 자리를 더럽히기도 하고 혹은 대시의 자리에 눌러앉아 세력을 떨치며 사설을 떠들어 대고 권형을 멋대로 휘두르며 조정을 협제하였다. 대신을 모함하는가 하면 현사들을 물리치는 등 작당하는 자취가 이미 드러났는데도 그것이 공론이라고 주장하고, 감정을 가지고 한 짓이라는 것이 모두 탄로가 났는데도 그게 옳은 방법이었다고 하

였다. 하는 일은 모두가 속임수였고 말 또한 전부가 황당한 거짓이었다. 충량을 꺾어 눌러 죄악은 이미 탁란의 극에 달하였으며 군소가 뜻을 얻어 나라를 그르친 죄를 면하기 어렵게 되었다. 이는 원근이 다 아는 사실이며 조야가 함께 분개하고 있는 것이다. 그러나 우선 저자에서 죽이는 법을 늦추어 잠시 가벼운 형을 적용한다.

아, 사(邪)를 도려내고 왕(枉)을 바루는 것이 나라 다스리는 요체이며, 악을 징계하고 선을 권장하는 것이 다스리는 도이다. 다스려야 할 죄가 저들에게 있으니 내 어찌 그냥 둘 수 있겠는가. 그들의 관작을 모두 삭탈하고 먼 곳으로 찬출하는 바이다" 하였다. 선조의 일생일대의 명쾌한 결단이었다.

그리고 이기를 장흥부사에, 박승임을 창원부사에, 김응남을 제주목사에 각각 임명하였는데, 모두 특지에 의한 것이었다.

이 사건을 '계미삼찬' 또는 '계미변란'이라 하는데 귀양 간 허봉, 송응개, 박근원을 '계미 삼찬'이라 한다.

이달에 별시 무과의 전시 입격자가 5백 명이었으며 3일간에 걸쳐 끝났다.

9월 1일 우찬성 이산해가 숙배 후 사면을 청하나 윤허하지 않았다.

사간원이 송응개 허봉 박근원을 귀양 보낸 것은 지나치다고 하고, 김응남을 제주목사로 보내라는 명도 거두라고 청하니,

답하기를 "그대들은 그들을 구원할 생각을 말라. 그들 신상에도 도움은 없고 도리어 해를 주는 일이 될 것이다. 그들로 하여금 징계되게 해야 한다. 나라가 저들 삼간에게 망할 수도 있으니 단연 용서할 수 없는 일이다. 나는 두 번 말하지 않겠다. 김응남의 사람됨에 있어서는 그가 비록 유악(帷幄)에 있었으나 입시의 기회가 많지 않았기 때문에 나는 그가

어떠한 인물인지 사실 몰랐었다. 그가 승지가 되어 병무를 맡겼을 때 과연 부지런하고 조심성 있고 진실하여 나는 그를 믿고 의심치 않았으며, 경안이 면대했을 때 그를 배척하였지만 그때도 나는 그를 의심하지 않았다. 그 후 임조하여 우연한 기회에 내가 말하기를 '응남이 직사를 잘 살피고 있다'고 하자 송응개가 즉석에서 그를 극구 찬양하였는데, 지금 와서 보니 응개는 바로 간사한 자들의 우두머리인데 응개가 응남을 극구 찬양하였으니 이는 그들끼리 붕당을 체결하였음이 너무나 분명한 것이다. 그리고 근간 경안이 면대를 청했던 것을 이이가 사주한 일이라고 하고 있는데, 이 같은 부도한 말은 아마 틀림없이 응남의 무리가 자기들의 이름을 바로 들어 배척한 데 대하여 분함을 느끼고 사특한 거짓말을 만들어 낸 것으로 그 죄상이 이미 드러났으니, 나는 참으로 통분해하고 있다. 내 즉시 아울러 응분의 죄를 내리지 않고 제주를 제수한 것은 나라로서는 실형이지만, 그 자신에게는 다행인 것이다. 응남은 떠나고 사피하지 말라고 하라. 그가 만약 면모를 새롭게 고쳐 나간다면 후일 친총할 때가 없지 않을 것이다" 하였다.

9월 3일 이조좌랑 김홍민이 이이와 성혼이 경솔하게 당을 만들었다고 상소하였다.

선조가 "이 상소를 보니 마치 삼사의 계사를 옮겨 적어 놓은 듯하다. 홍민도 낭료로서 사당의 유이니 그 말이 이러한 것이야 괴이할 것이 없으나, 이이를 일러 당을 만들었다고 했는데 그러한 말로 내 뜻을 움직일 수 있겠는가. 아아, 참으로 군자라면 당이 있는 것을 걱정할 것이 아니라 오히려 당이 적을까를 걱정해야 할 것이다. 나도 주희의 말을 본받아 이이·성혼의 당에 들어가기를 바란다. 지금부터 너희들은 나를 이이·성혼의 당이라고 부르도록 하여라. 그래도 너희들은 다시 할 말이 있는가? 이이·

성혼을 헐뜯는 자는 반드시 죄를 내리고 용서하지 않을 것이다. 그러나 내 비록 어둡고 용렬하지만 이 썩은 선비 하나야 용납 못 하겠는가. 책하지 말고 그냥 두어라. 그리고 그가 사퇴한 본직은 체차하라" 하였다.

정원이 전계(前啓)를 입계하니, 답하였다.

"간원인들 어찌 그 3인이 죄가 없다는 것이겠는가. 다만 혹시 만연되는 화가 있을까 지나치게 염려하여 부득이 이토록 번거롭게 아뢴 것이다. 그러나 그것이 어찌 내 마음을 아는 것인가.

나의 언어와 거조는 모두 차서가 있었다. 당초 삼사가 아뢴 내용이 무함이었음을 내 분명히 알았으나 즉시 위노를 보이지 않고 한 사람이라도 다칠세라 순순히 타이르기만 했던 것은 첫째는 얼음 녹듯이 서로 확 풀어지기를 바랐던 것이고, 둘째는 서로 협동과 화합으로 힘을 다하기를 바랐던 것이다. 또 내가 이르기를 '그렇지 않으면 장차 부득이한 조치가 있을 것이다' 하고 빈번히 회유를 내렸는데도 잘못된 것만을 고집하여 혹은 위언으로 겁을 주는 것이라고 하고 또 혹은 온언으로 타이르는 것이라고 하면서 도리어 나의 말을 모롱의 자료로 삼아 하는 말들이 하면 할수록 더욱 격하여 시비도 가리지 않고 자신도 돌아볼 것 없이 붓과 혀를 내둘러 힘을 다해 싸워 이기려고만 하였다. 그리고서도 나라의 인심을 승복시킬 수 있겠는가.

아아, 나의 뜻은 진심이었고 또 박절하지도 않았다. 오늘의 조치가 어찌 내가 하고 싶어 한 일인가. 저들 스스로 가져온 결과인 것이다. 그러나 그 3인 외에는 달리 염려할 것이 없다. 지금 직위에 있는 신하들은 각기 마음을 편안히 갖고 조금도 의구하지 말고 다만 직사에 마음을 다해 주기 바란다. 그리고 간원도 다시 번거롭게 할 필요 없이 죄 있는 자는 죄를 받게 두면 그뿐인 것이다. 김응남에 대해서는 나도 사실 그의 사람됨을 잊지 못하여 이번에 친히 인견하고 온유하였다. 응남도 아마

내 뜻을 알았을 것이니 그대로 가는 것이 무방할 것이다. 내 어찌 내가 좋아하는 자라 하여 편협하게 대하겠는가. 영상이나 이이의 잘못에 대하여도 이미 잘 알고 있다" 하였다.

9월 5일 이이를 특별히 제수하여 다시 이조판서로 삼았다. 이이가 파주에서 사직상소를 올렸는데,

답하기를 "아아, 하늘이 우리나라를 태평의 치세로 만들고 싶지 않으신 것일까? 어찌하여 경과 같은 사람으로서 때를 얻지 못한단 말인가? 아마 하늘이 경으로 하여금 마음을 다그치고 참을성을 길러 아직 부족한 점을 닦게 하여 장차 이 나라가 곤경에 처했을 때 구원해낼 책임을 맡기려는 뜻이 아니겠는가. 하늘이 경에 대하여 모든 일에 적응할 수 있도록 사랑하여 주시는 것이다. 오늘날의 일이야말로 하늘이 경에게만 후한 뜻을 보이는 것이니 경에 있어서야 손해될 게 무엇이겠는가. 그리고 남들이 떠드는 말은 한바탕 웃음거리도 안 되는 것으로 마음에 둘 것이 무엇이며, 그 때문에 사직하겠다는 말을 한대서야 되겠는가. 아아, 세상은 이미 어지러워졌고 때도 말세로서 정성이 아악을 어지럽히고 남을 경함하는 것이 천성으로 변해가고 있다. 살인했다는 비방이 증삼에게까지 미쳤지만 그 어미가 베 짜던 북을 던져 버리지 아니한 것이 다행한 일일 것이다. 경은 속히 와서 나를 보지 않으면 안 된다. 그리고 회포도 겸하여 아뢰라. 뭇 사람의 뜻을 위안시키는 것은 이번 한걸음에 있으니 속히 역말을 타고 올라오라" 하였다.

9월 6일 유생 박제가 상소하여 시사를 극론하면서 온 나라에 시호(豺虎)뿐이고 조정 가득히 사갈(蛇蝎)이라는 말로 지척을 하였다. 그가 지척한 속에 들어 있는 자들은, 김효원·김응남·서인원·홍진·송응개·허봉, 홍여

순·홍혼·우성전·김첨·정희적·이경률·이징·김우굉·이산해·이기·박승임·박근원 등으로, 그들의 간사하고 흉특한 정상을 낱낱이 열거하고, 이어 송응개 등 3인은 이미 귀양 보냈으나 김효원·서인원·김응남·홍진 등도 화를 주창한 근본이니 아울러 귀양 보내고 그 나머지 사람들도 전부 밖으로 내쳐 벌을 보이기를 청하였고, 또 김우옹을 논하면서 그 자신은 선량하지만 자기 형이 당사에 물든 까닭으로 하여 그 역시 잘못된 길로 들어가고 있다고 하였다.

답하기를 "이 상소문을 보니, 자기가 가지고 있는 생각을 반드시 아뢰는 그 성의는 가상하나 그 내용은 망령된 것들이었다. 우선 그냥 두라" 하였다.

그러나 놀랍게도 거론된 사람들 대부분은 후일에도 파당으로 정사를 얼룩지게 만드는 사람들이었다.

9월 8일 황해도 유생들이 삼사를 벌줄 것을 상소하였다.

"신들이 삼가 살피건대, 송응개의 계사에 '뇌물이 모여들었다' '곡식 1백 섬을 받았다' '공서에 다른 사람 이름으로 문서를 제출하여 땅을 떼어 받았다' '어염의 이익을 독차지했다' '선세를 받았다' '쟁송을 하였다' '그의 형이 살인했다'는 등등의 말이 있었는데, 어찌 그럴 리가 있겠습니까. 참소하는 사람이 망극하게도 교묘하게 입을 놀려 죄를 덮어 씌우려고 한다면 무슨 말을 못하겠습니까.

아, 이이는 고향에 있을 때 사양하고 받고 취하고 주는 데 있어서 도리에 부합하지 않는 것이 없었으며, 사람을 가르침에 있어서도 구차스럽게 얻는 것을 경계하지 않은 적이 없었습니다. 일찍이 책을 하나 지었는데, 그 이름은 《격몽요결》입니다. 자신의 몸가짐과 사물을 접하는 요체가 갖추 실리지 않은 것이 없는데, 그 한 조항에 이르기를 '선비로서 수령이 주는 물품을 받으면 이는 금법을 범하는 것이다' 하였습니다. 어찌 그런 식으로 다른 사람을 권면하면서 자신은 힘쓰지 않을 리가 있겠습니까. 그렇다면 뇌물이 모여들었다는 말은 매우 근거 없는 이야기입니다.

그리고 이이의 집 옆에 정사가 있는데, 이는 학도들이 재목을 모아 창건한 것입니다. 그런데 여럿이 모여 생활하며 수업하는데 제공할 물자가 없으므로 그 당시 감사가 선세로 거둬들인 어염을 지급하여 아침저녁으로 제공토록 하였습니다. 이는 풍기 백운동의 법규를 모방한 것입니다. 어찌 선비를 기르는 물건을 가지고 이이가 스스로 점유했다고 무함할 수 있단 말입니까. 그렇다면 배의 세금을 함부로 점유했다는 말도 터무니없다 하겠습니다.

부당하게 억압하여 약탈했다는 것도 그렇습니다. 이이의 형 이번이 배천 바닷가의 공한지를 얻어 이미 입안을 받는데 봉흔에게 빼앗겼습니다. 이에 이번이 소송을 하여 이겼으나 봉흔이 이 때문에 원망을 하자 이이가 형에게 권하여 포기하게 하였습니다. 이것이야말로 자기 땅을 사양한 미덕이라 할 것인데 도리어 억압하여 약탈했다는 이름을 덮어씌운단 말입니까. 더구나 형이 한 것을 가지고 이이의 소행으로 돌린 것은 참소하는 자의 교묘한 수단이라 하겠습니다.

관청에 다른 사람 이름으로 문서를 제출하여 땅을 떼어 받았다는 것은 이렇습니다. 개성부 혜민국 밖에 빈 터가 있었는데, 이이의 형 이번이 고문서를 호조에 제출하고 떼어 받으려 하였으나 호조에서 허락하지 않았으므로 이번 또한 얻지 못했습니다. 이 일은 이이와는 아무 관계도 없는데, 이름을 대신하여 받아 냈다고 하는 것은 더욱 사리에 맞지 않습니다. 나아가 곡식 1백 섬을 받았다느니 그의 형이 사람을 죽였다느니 바다의 이익을 도모했다느니 하는 말이 근거가 없다는 것은 더 말할 나위도 없습니다. 송응개가 조작해 낸 말에 지나지 않습니다. 공론이 있어 허위와 진실은 절로 밝혀지게 마련인데, 송응개의 말이 과연 사실이 아니라면 임금을 속인 죄에 대한 형벌이 당연히 따라야 할 것입니다. 어찌 일개 간신을 용납하여 어진 이를 해치는 화를 끼쳐서야 되겠습니까.

신들이 듣기로는 송응개가 그런 말을 하게 된 것은 그만한 이유가 있기 때문이라고 합니다. 이이는 늘 말하기를 '송응개는 세상에서 악행을 저질러 왔는데 또 민가를 철거시키고 그 아비를 장사지냈다' 하였습니다. 이 때문에 송응개가 이이를 더욱 원망하였는데 모래를 입에 물고 틈을 엿보는 역귀처럼 사사로운 감정을 보복하려고 이렇게까지 마구 참소하였습니다. 그리하여 음험하게 심술을 부려 기필코 이이를 죽을 지경에 놔두고야 말려고 하였습니다.

더구나 성혼은 하나의 처사에 불과합니다. 산중에서 초연하게 살면서 세상에 알려지는 것을 원하지 않았으니, 본래 동서 붕당에 속하는 사람이 아닙니다. 간사한 논의가 바야흐로 치열해지는 것을 목격하고 차마 인현들이 벼슬을 버리고 가는 것을 보지 못한 나머지 간절하게 상소하여 어질고 어리석음을 극진히 분변하였으니, 이는 공평 정대한 마음에서 나온 것이었습니다. 어찌 털끝만큼이라도 그 속에 사심이 있었겠습니까. 그런데 송응개는 감히 그들끼리 서로 비호하면서 임금의 총명을 흐리게 한다고 지목하고는 일망타진할 계획을 이루려 하였습니다. 이것이 바로 인심이 더욱 분개하고 공론이 더욱 격렬해지면서 눈물을 흘리고 탄식을 하며 팔을 걷어붙이고 나서지 않는 자가 없는 이유인 것입니다" 하였다.

답하기를 "너희들은 올린 글을 보니 충의가 용솟음치고 사기가 늠연하여 아직 죽지 않은 간신들의 뼈를 싸늘하게 만들었다고 하겠다. 어떻게 하면 너희 같은 무리들을 조정에다 둘 수 있을 것인지 나로서는 깊이 가상히 여기고 감탄하는 바이다. 송응개 등은 이미 말감하여 작게나마 견벌을 내렸으니 너희들은 그 점을 알아야 할 것이다" 하였다.

송한필이 가평 학생이라 칭하고 상소하여 군자와 소인을 논하며 이이·성혼·이산해·정철·정여립을 크게 쓰도록 청하였다.

9월 9일 사간원이 차자를 올렸는데, 동서가 대립하게 된 원인에 대하여 극론하고 이어 정철이 이리저리 화를 얽어내어 못하는 짓이 없으며 전후 유생들이 올린 소장들도 모두가 정철의 풍지에 의한 것이지 공론이 아니었다는 내용이었다.

답하기를 "이 차자 내용을 보니 주론이 잘못되었다. 나는 지금 물의를 진정시키려고 노력하고 있는데 너희들은 또 나의 의혹을 격발시키고 있으니, 이는 틀림없이 조정이 형통한 운세가 아니기 때문일 것이다. 그러나 이 차자 내용에 대해서는 유의하도록 하겠다" 하였다.

9월 11일 사간원이 다시 양사가 이이를 비판한 본의를 말하고 정철의 파직을 청했다. "근래 조정이 안정을 잃고 인심이 의구하여 있으니, 진정시킬 계책을 지금 당장 도모하지 않으면 뭇 신하가 함께 화합하는 아름다운 풍토를 영영 이룰 수 없을 것입니다.

지난날 양사가 병관을 탄핵했던 것은 애당초 공격에 뜻을 두었던 것이 아니었습니다. 그런데 지평 이경률이 원래 부망한 사람으로서 동료들과 의논도 않고 자기 혼자 소견으로 '업신여겼다' '멋대로 했다'는 등의 말을 삽입하여 다툼의 불씨를 만들어 놓았고, 게다가 또 장령 이징이 피혐의 계사에서 한 말들이 너무 지나쳐 사실 그 두 사람이 앞에서 일을 만들어 놓았던 것을 송응개·허봉 등이 경망하게 물의를 격발시켜 다시 뒤에서 그르쳐 버렸기 때문에 오늘날의 소요가 있게 된 것입니다. 그런데 지금 응개 등이 받은 죄가 너무 중하여 사람들은 그들을 애처롭게 여기고 있으며 심지어 애당초 일 만드는 데 뜻을 두지 않았던 사람들까지 모두 시끄럽게 외직으로 보직되어 나갔기 때문에 물의가 그들에 대하여도 애석해하고 있습니다. 그런데 경률 등은 오히려 정도에 지나치게 일을 논하여 일을 낭패시킨 사람들인데도 그들에겐 아직 내려진 벌이 없으니 물정은 온당치 못한 것으로 생각하고 있습니다. 그들을 파직하여 잘못을 징계하소서.

예조판서 정철은 원래가 강편하고 기극한 사람으로서 기세를 잃은 후로 울분과 감정을 억누르지 못하고 불평한 기색이 많았었습니다. 그리하여 이리 얽고 저리 얽어 시끄러움을 선동하여 사류를 분열시켰고 또 기회만 있으면 모함을 일삼아 조금도 거리낌이 없었습니다. 그 사람의 마음 쓰는 것과 생각하는 것을 보면 반드시 진신들에게 화를 입혀 자기 분풀이를 하고야 말겠다는 것으로, 그러한 그의 정상이 이미 드러나 사람마다 모두 통분해하고 있습니다. 지금 전하께서는 물의를 진정시키는 데 힘쓰고 계시지만, 그 사람이 조정에 있는 한 남 모르게 교묘한 술책을 써 시끄러움을 야기시킬 난계가 될 것입니다. 파직을 명하여 그의 죄를 바로잡으소서" 하였다.

답하기를 "그런 주장을 하지 말라. 간원이 반드시 누군가의 사주를 받고 한 짓이다. 내 이 논의의 뜻을 알겠는데, 이는 정철을 몰아내기 위하여 1~2명의 전 대간을 들먹임으로써 나로 하여금 이것을 볼 때 이는 화평을 위하여 한 말이라고 믿어 의심치 않게 하기 위한 수단에 불과한 것이다. 두 이(李) 같은 것들이야 따질 것이 뭐 있겠는가. 그들이야 아는 것 없이 꼬리나 흔들어 대던 사람으로 어쩌다가 언관에 뽑힌 후 사당의 선봉 노릇이나 했던 자에 불과하다. 지금 그 무리들이 정상이 모두 탄로나 재주가 궁하고 꾀가 없자 스스로 빠져나갈 길을 찾기 위하여 죄를 두 이(李)에게 뒤집어씌우려는 것이니, 꾀치고는 불쌍한 꾀라 하겠다.

만약 사실이 아뢴 내용과 같이 당초에는 그 일만을 바로잡기 위한 것이었고 애당초 그를 공격할 뜻은 아니었는데 성상소가 자기 말로 '업신여겼다' '멋대로 했다'는 등의 말을 보태 넣었다면 그때 삼사는 무슨 어려움이 있었기에 그를 박정하여 체차하도록 하지 않고 도리어 못하는 소리 없이 사특한 말을 퍼뜨려 꼭 충량들을 해치고야 말려고 했던가? 그들은 평소부터 틈만 있으면 으르렁대려는 마음이 하루도 없었던 것이 아니라 다만 그러한 틈을 얻지 못했던 것이다. 그러다가 하루아침에 이이가 조금 실수를 하자 탄환을 끼고 곁눈으로 노려보던 무리들이 저들 생각에 '바로 이때다. 이러한 기회는 다시 얻을 수 없을 것이다' 싶어 참새가 날 듯 일어났던 것이다. 그리하여 사특한 말로 모든 길을 가로막고 사면으로 에워쌌으니 소인들의 꾀가 그야말로 교묘하고도 참혹하였다. 그러나 사실은 그것이 참으로 어리석은 짓이었다. 더구나 그때 헌부가 아뢴 내용에도 '신들이 당초 아뢴 내용에도 역시 그러한 말들이 있어 이경률의 그것과 별로 다를 것이 없다' 운운하였었는데, 지금 와서는 '자기 소견대로 보태 넣은 것이다' 하고 있으니 그게 무슨 말인가? 그 사람들은 모두 사당이니 아뢴 대로 파직하라.

    그리고 정철의 사람됨에 있어서는 마음이 바르고 행실이 방정한데, 다만 말이 너무 곧바르기 때문에 시속에 용납을 받지 못하고 남에게 미움을 산 것이다. 그러나 자기가 맡은 직책에 있는 힘을 다하는 것과 청백하고 충성스러운 절의에 대하여는 초목도 그의 이름을 알 정도여서 참으로 원항에서의 한 마리 독수리요 전상에서의 맹호라고 해야 할 것이다. 지난번 인대하던 날 입바르게 척사를 하기에 내 오늘 그러한 헐뜯음이 틀림없이 있으리라는 것을 알고 즉석에서 정철을 타이르기도 하였는데, 오늘 보니 과연 그러하다. 그러나 만약 정철에게 죄를 내려야 한다면 이는 주운을 목 베어야 한다는 것이다. 지금의 계책으로는 정철을 배척하지 말고 동서도 거론하지 말며 이미 지나간 일은 일체 말하지 않는 것이 최고의 방법으로, 그리하면 굳이 진정시키려 하지 않아도 자연 화평하게 될 것이다. 그렇지 않으면 앞서 넘어진 정철을 아마 뒤에 또 밟게 될 것이다" 하였다.

다음 날 간원이 다시 아뢰자 물러가 직분이나 다하라고 하였다.

영의정 박순도 계속 사직을 청하고 있었다. 성혼을 이조참의로 하였는데 계속 사직 상소를 올렸고, 역말을 타고 올라오라는 임금의 간곡한 유시가 있었다.

10월 22일 이조판서 이이가 숙배하자 인물 등용 등에 대한 의견을 나누었다.

선조가 "내가 마치 한 원제가 임금 노릇 할 때와 같이 소인배를 물리쳐 멀리하지 못하여 나라가 거의 망해가고 있다" 하니,

이이가 아뢰기를 "박근원과 송응개는 본디 간사한 사람들이지만 허봉은 나이 젊어 경망할 뿐 간사한 사람은 아닙니다. 그의 재주가 아깝습니다. 그들 3인이 너무 중한 견책을 받아 동죄의 사람들이 모두 불안해하고 있으니 관대한 법을 따르소서" 하자,

선조는 "내 뜻이 이미 정해졌으니 경은 말할 것이 없다." 그리고 "이제 경이 있으니 내 마땅히 모든 것을 맡기겠다" 하였다.

이이가 아뢰기를 "지금 인재가 적고 문사 중에는 쓸 만한 인물을 얻기가 더욱 어렵습니다. 정여립이 많이 배웠고 재주가 있는데 남을 업신여기는 병통이 비록 있기는 하지만 대현 이하로서야 전혀 병통 없는 사람이 어디 있겠습니까. 그가 실로 쓸 만한 인물인데 매번 의망을 하여도 낙점을 않으시니 혹시 무슨 참간의 말이라도 있는 것입니까?" 하니,

선조가 "여립은 그를 칭찬하는 자도 없지만 헐뜯는 자도 없으니 어디 쓸 만한 자라고 하겠는가. 대체로 인재 등용에 있어서는 그 이름만 취하

는 것은 옳지 않고 시험 삼아 써 본 뒤에야 알 수 있다" 하였다.

이이가 또 정구가 쓸 만하다고 아뢰니,

선조는 "불러도 오지 않는 그를 어떻게 할 것인가. 천천히 다시 불러 보겠다" 하였다.

이이가, "성혼이 지병이 있어 비록 오더라도 직사를 제대로 수행하지는 못할 것입니다. 만약 한관에 참찬관을 겸한다거나 혹은 가선으로 특진관이 되어 입시하여 계옥하게 하면 도움됨이 있을 것입니다" 하였다.

선조가 "김우옹은 어떠한 인물인가?" 하고 물으니,

이이가 아뢰기를 "착한 사람이라고 할 수는 있으나 시비가 분명하지 못한 사람입니다" 하고, 또 아뢰기를, "한인(유생들을 정거시킨 자이다)은 바로 미치광이 같은 사람으로서 그가 한 짓은 본시 죄가 있습니다. 그러나 그를 죽이기까지 한다면 이는 지나친 일입니다. 무군 부도라는 죄명으로 승복하도록 문초하고 있기 때문에 한인이 불복하고 있는 것입니다" 하였다.

답하기를 "한인이 만약 나를 임금으로 생각했다면 감히 그러한 일을 했겠는가? 그것이 임금을 무시한 것이고, 거짓 전례를 핑계 대어 제 속셈을 실행하였으니 이는 바로 간사한 인물이지 미친 사람이 아닌 것이다. 박근원이 위아래를 옹폐하였으니, 그가 조고와 같은 자라면 한인은 바로 이사 같은 자이다" 하였다.

이이가 아뢰기를 "정원이 몽준을 핑계로 소장을 즉시 바치지 않고 있었으므로 박근원 역시 구례를 빙자하여 중간에서 막았던 것입니다. 만약 그 예를 혁파하지 않으면 근원이 했던 일이 후일에도 있을 것입니다" 하였다.

10월 30일 이조참의 성혼이 서울에 들어와 숙배를 하지 않고 사직 상소를 올리니, 상이 인견하였다. 성혼이, 지금 정원이 취하고 있는 모든 국가 이해에 관계된 중외의 소장에 대하여 몽준하고 나서 입계하는 조례를 파기하여 옹폐의 길을 막아야 한다고 청하니, 상은 이를 영원한 규식으로 삼기 위하여 대신에게 의논할 것을 명하였다. 대신의 뜻이 모두 성혼의 말이 지당하다고 하자 정원에 승전을 받들도록 명하였다.

11월 3일 유성룡을 경상감사로 삼았는데, 안동 본가에서 남의 비평을 받고 있다고 사직을 청하는 상소를 올렸다. 이에 정원에 전교하였다. "이 상소의 내용에 보니 뜻이 꽤 다르다. 내 일찍이 한마디도 의심하는 말을 한 일이 없는데 지금 그의 말이 이 같으니 이는 남의 말을 듣고 자기 스스로 불안한 뜻을 가진 것에 불과한 것이다. 성룡이야 10년을 경악에 있어 내 그를 자세히 아는데, 그는 진실로 현사이며 재주가 있는 뛰어난 조신이다. 다만 노모가 있기 때문에 번번이 할 수 없었을 뿐이다. 성룡이 내 뜻을 알아주면 다행이겠다. 지금 회유하기를 '경의 상소는 보았다. 경에겐 노모가 있고, 집이 본도에 있기 때문에 지금 경을 본도의 관찰사로 삼았으니 경이 만약 노모로 인하여 사양한다면 내 감히 강요할 수는 없겠으나 그렇지 않으면 경은 부임을 하고 사피하지 말라' 하라" 하였다.

유성룡은 7월에는 함경감사, 9월에는 성균관 대사성으로 임명되었으나 노모의 병이 중하다는 핑계로 부임하지 않았었는데 이번에는 더 이상 거절할 수가 없어 부임하였다.

12월 11일 해주 사는 유학 박추가 상소하였는데, 내용의 대개는 '김성일이 경박한 무리들과 결탁하여 동서의 치열한 패싸움을 한 것은 오히려 허봉보다 더하였고, 유몽학·서인원·허상은 자신들이 재졸한 것을 알고 과업은 일삼지 않은 채 팔짱 끼고 높은 자세로 다투어 첩경을 쫓아다니면서 김첨 같은 무리들을 부형 모시듯 받들었다. 우성전은 맨 먼저 이이 배척의 논의를 제창하였고 홍혼·정희적은 분주히 지휘하였으며, 이경률·이징은 선봉 노릇을 하여 그 모두가 송응개보다 더한 자들인데, 그들만이 죄의 그물에서 빠졌기 때문에 음이 성하고 양이 미약하여 가을에 천둥이 치고 겨울에 안개가 일고 온갖 변괴가 일어나고 있다. 홍여순은 죄에 얽어 넣는 계책을 이루지 못하고 전하가 굳게 거절하시는 것을 보고는 패려한 말을 많이 하고 부도한 짓도 많이 하였다. 그러니 이들을 만약 중한 법으로 들어내 처단하지 않는다면 신민의 분이 풀리지 않을 것이라는 것과, 성혼이나 정철 같은 이에게 헌장을 맡겨 그들로 하여금 풍속을 바꾸어 놓게 할 것이며, 또 서얼도 곡식 10석을 바치면 모두 허통할 수 있도록 해야 한다'는 등을 기술한 것인데, 답하기를, "바른 말을 상소하여 가상히 여기는 바이다" 하였다.

12일 북도 방어에 임할 초시 입격자 88명에 대하여 돈화문 밖에서 전시를 보이고 유생들은 인정전에서 정시를 보였는데, 무과에 있어서는 강서를 면제할 것을 특명하였다. 양사가 여러 날을 두고 논하였으나 윤허하지 않았다. 내금위의 송익수가 장원으로 뽑혔다.

이해의 다른 일들은 다음과 같다.

1월 평양서윤 고경명은 사리에 어둡고 이사에도 익숙하지 못하다는 탄핵을 받고, 회령부사 조대곤은 인물이 특출하지 못하다고 하여 모두 체직되었다.

함경감사 정철이 배사하고 상소하였는데 내용이 선조의 마음이 들었다. 선조가 "기특하다, 경의 말이여. 지금 경이 조정을 멀리 떠나기 때문에 이렇게도 충간한 말을 남긴 모양이니 내 마땅히 유념할 것이다. 경도 가서 모든 일에 충실하라" 하고, 호초 1말과 담비 가죽으로 만든 이엄을 하사하였다. 뒤에 예조참판으로 하고 정언신을 후임자로 하였다.

어떤 사람이 승정원 문에다 '황공 대죄 승정원' '상교 윤당 비변사'라고 쓴 글을 붙인 웃지 못할 사건도 있었다. 모든 변방의 일을 계획하는 것이 모두 임금의 결정에서 나왔으므로, 비변사의 모든 사람들은 임금의 물음이 있을 때마다, "성상의 하교가 진실로 지당하십니다"고 대답할 뿐이었고, 승정원에서도 미처 봉행하지 못하여, 자주 황공하여 대죄하였으므로 이런 말이 생긴 것이었다.

4월 18일 순찰사 정언신이 거산찰방 정운을 직분에 충실했다고 포장을 청했다.

5월 전라감사 김명원이 만기로 사직하며 후임으로 심의겸을 추천하여 물의를 빚었다.

6월 11일 비변사에서는 만약 얼음이 얼게 되면 북방의 방어가 더욱 어려워질 것이니, 각도에서 정병을 미리 뽑아 갑작스런 일에 대비해야 한다 하였다. 전라·경상도에서 각각 8백 명, 충청도에서 6백 명을, 황해도에서 5백 명, 개성부에서 1백 명, 서울에서 2백 명씩을 뽑되, 출신이나 양반 및 공·사천을 따질 것 없이 모두 정군으로 골라 뽑아 모두에게 보를 주고 전마를 갖추어 대령하도록 한다. 그리고 경기는 근본이 되는 지역인 데다 원래 무재가 없고 강원도는 현재 조운과 지공에 시달리고 있으므로 뽑지 않기로 하였다.

7월 10일 경원의 적 우두머리 우을기내를 오래도록 잡지 못했다가 변장 등이 그의 무리를 유혹하여 그를 건원보 앞까지 끌고 오게 한 다음 그의 목을 베어 올려 보냈다. 상은 그의 목을 동소문 밖에다 매달게 하고 그를 유인했던 호인과 그러한 계책을 꾸며낸 병사 및 군관 이박 등에 대하여는 후한 상을 내렸다.

7월 23일 함경도 순찰사 정언신의 서장에, 무과 별시 초시의 방이 나왔으나 방어의 일이 급하여 그 사람들을 올려 보내기 어려운 실정이다 하였는데, 입계하니 답하였다. "그게 옳은 생각이다. 다만 그 사람들이 그토록 부지런하게 방어에 임하고 있는데, 그러한 큰일 때문에 복시에 응할 수 없다는 것이 자못 흠사라 하겠다. 앞으로 어떻게 해야 할 것인지 병조에 물으라" 하였다.

이달에 이런 비망기가 있었다. "방추 문제가 점점 긴박해지니 서울의 장사들을 모두 북방으로 보낼 것이며, 서비(西鄙)의 일도 염려하지 않을 수 없으니 양남의 수령과 변장들 중에서 장수에 적합한 인물이면 그들을 체임하여 서울로 모이게 하고, 경상감사 유훈도 일을 맡길 만한 인물이니 체임하도록 하라. 그리고 신급제 5백 명을 들여보낸 후에 지난봄에 들여보냈던 정병과 지난여름 방수에 임했던 급제한 사람들 중 부득이 계속 머물러 있어야 할 자를 제외하고는 모두 돌려보내 서울에 머물면서 대기하게 함으로써 그들로 하여금 어느 달에나 돌아가게 되려나 하는 탄식이 없도록 할 일을 비변사에 말하도록 하라" 하였다.

비변사가 회계하기를 "주상의 하교가 지당합니다. 장흥부사 임진과 창원부사 정걸도 다 체임하여 경직을 주었습니다" 하였다.

처형당한 전 경원부사 김수를 잘못 천거하여 성이 함락당하고 나라가 망할 지경에 이르렀다고, 천거한 김성일을 나주목사로 내보냈다.

9월 24일 도순찰사 정언신에게 유시하였다. "박종남 편에 경과 장사들 모두가 편안하다는 소식을 들으니 기쁘다. 국가가 불행하여 변방의 오랑캐들이 소란을 일으키는 바람에 경이 변경에서 온갖 노고를 치르고 있으니, 나는 언제나 그 생각을 할 때 식음을 폐하고 탄식하지 아니할 수 없었다. 지금은 추운 계절인데 변방은 더욱 참렬할 것이다. 그래서 여기 내가 입던 초구 1벌을 내리는 것이니, 경은 이것을 받으라."

일본의 무위전 사신 접견도 있었다.

10월 이런 천인공노할 일도 있었다. 경상도 정병(精兵)이 북방을 방어하기 위하여 갈 때, 그들이 지나간 길목은 겁탈과 노략질을 자행하여 마치 병화라도 겪은 듯하였다. 이에 사간원이 당시 인솔했던 차사원을 파직시키자고 하였다. 전에 호랑이 잡으러 간 군사들이 호랑이는 못 잡고 애꿎은 마을 사람들만 잡고, 도적 잡으러 간 군사들이 도적은 잡지 못하고 백성들만 잡아 족치더니 북방을 방어하러 가는 군사들이 가는 길에 적이 아닌 우리 불쌍한 백성들 마을을 노략질하였다. 그런 군사가 어떻게 적을 막을 것인가. 제대로 된 나라의 일은 아니었다.

사간원이 보은현감 조헌을 어리석고 각박하다며 파직을 청했다. 선조가 허락하지 않으며 말하기를 "나는 전에 그 사람이 백성을 잘 다스린다는 말을 들었다" 하였다.

12월 이해에 경흥 녹둔도에 둔전을 실시하였는데, 이는 순찰사 정언신의 건의를 따른 것으로 부사 원호가 주관하였다. 녹둔도는 강 북쪽 언덕과 가까워 사람들과 말이 통행하였으며 오랑캐 마을과 지극히 근접해 있었으므로 방책을 설치하고 이졸 약간 명을 두어 방수케 하였다. 그러나 수비가 매우 약하여 지방 사람들이 걱정하였다.

이해에는 북변 번호들이 강성하여 소요가 끊이질 않았다. 북병사 이제신이 잘 통솔하여 물리치고 소탕까지 하였으나 억울한 죄를 입어 아까운 인재가 사라지게 되었다. 온성부사 신립이 용맹을 떨쳐 오랑캐를 무찌르는데 일등 공신이 되었다. 변방의 일이 급한데도 나라 걱정은 하지 않고 이이만을 제거하려는 무리들이 소요를 일으켜 소용돌이가 휘몰아쳤다. 이이는 병조판서를 사직하였으나 선조는 이이를 중임하여 이조판서로 다시 불렀다.

일본에서는 풍신수길이 오사카에 입성하였다. 누구도 예상하지 못한 그가 대부분의 다이묘들을 제압하며 일본 열도의 통일을 거의 이루어 가고 있었다.

‖ 이순신, 다시 북방으로 가다 ‖

39세의 이순신은 7월에 남병사 이용의 군관이 되었다. 남병사로 가는 이용은 한창 북방 변경이 소란스러운 때였으므로 유능한 군사 참모가 필요했다. 이용이 이순신을 다시 생각하고 특별히 곁에 두고자 한 것이다. 이후 이용은 이순신을 각별하게 대했고 이순신도 성의를 다해 보좌하였다. 10월에 북변 방비가 급해서 이순신은 경원의 두만강 가 건원보 권관으로 갔다. 여기서 근심거리였던 오랑캐 추장을 이순신이 지략으로 유인하고 복병을 배치해 사로잡았다. 그런데 북병사 김우서가 공을 시기해 상관에게 보고하지 않고 임의로 작전을 했다고 조정에 보고하여 상을 받지 못했다 한다. 건원보에 근무하면서 11월에는 훈련원 봉사직이 만기가 되어 참군으로 승진되었다. 그러나 이제 겨우 정7품에 해당하는 직위였다. 이때 11월 15일 아산에서 부친 이정이 73세로 별세하였으나 이순신은 알 수가 없었다.

42세의 유성룡은 조정이 파로 나뉘어 시끄러운 것이 싫어 사직하고 하향했으나 10월에 경상감사로 임명되었다.

48세의 이이는 자기를 제거하려는 소용돌이에 휘말려 심신이 극도로 피곤하였다. 반대하는 자들은 집요하게 물고 늘어졌다. 선조의 명철한 판단과 굳은 신임이 없었다면 큰 화를 입었을 것이다. 근본적으로 개혁이 필요한 때에 이이는 병조판서로서 그 능력과 포부를 펴 보지도 못하고 말았다. 6월에 파주 율곡으로 내려갔으나 선조가 이조판서로 다시 불러 10월에 할 수 없이 올라왔다. 그러나 마지막 길이었다.

19
이이 뜻을 이루지 못하고 지다 :
선조 17년 (1584 갑신년)

　새해가 시작되자 이이가 운명한다. 너무 갑작스럽고 전혀 생각할 수 없었던 일이다. 이제 국가의 일은 누가 할 것인가. 이산해가 이이의 직을 모두 이어받는다. 세상은 더 시끄러울 것이다. 선조는 아직은 마음의 변화가 없으나 오래가지는 않을 것이다.

　1월 새해 시작과 더불어 이이가 병으로 누웠는데 병세가 심상치 않았다. 병조판서로 있으면서 과로로 병이 생겼는데 이때에 이르러 병세가 악화된 것이다. 선조가 이 말을 듣고 의원을 보내 치료하도록 하였다.
　비변사에서 아뢰기를 북도에 도순찰사를 내려보낸 지 한 해가 지났는데도 전수의 대책에 대해 전혀 조처한 것이 없다 하며 사리를 잘 알고 재략이 있는 문관을 보내 변방의 정세를 직접 살펴보고 전수에 대한 대책을 순찰사와 충분히 의논하여 확정 짓고 오도록 하자고 하였다. 이에 전 군수 서익을 종부시 첨정으로 삼아 내려보내도록 하였다. 비변사에서 그 책임이 중대하다 하여 순문 어사로 호칭할 것을 청하니, 원수가 있는 곳에 어사를 보낼 수는 없다 하며 순문관으로 호칭하게 하였다.

　1월 14일 오랑캐를 소탕하라는 강한 명을 내렸다. "오랑캐 이탕개는 침범하여 온 것이 한두 번이 아닌데도 한 차례도 토벌하지 않았다. 저들이 거짓으로 귀순한 것은 죄를 문책하는 우리 군사의 동원을 늦추려는 것에 불과한 것이다. 지금은 이미 강의 얼음이 녹으려 하는 때라서 사세상 거사하기가 어렵지만, 지금부터 정토에 관한 준비를 조치하여 오는 가을과 겨울 사이에 4~5운으로 나누어 대대적으로 군사를 동원하여 오랑캐 소굴 이남의 번호들로서 저들을 따르는 자들을 남김없이 소탕하여 일노의 위엄을 보이도록 하라. 또 율호의 굴혈은 그 거리가 멀지 않고 이탕개와 비교하여 약한 편인데 병법에 '마땅히 약한 것을 먼저 공격하라'고 하였으니, 먼저 율호의 부락을 쳐서 이탕개의 세력을 고립시키도록 하라. 이런 내용을 직접 서익에게 알려 주어 도순찰사에게 묻게 하라" 하였다.

또 전교하기를 "유사의 조치가 해이하여 금년의 둔전도 역시 기약하기 어렵게 되었으니 북방의 일에 염려스러운 점이 많다. 경상도의 곡식 수만 석을 얼음이 녹는 즉시 북도로 운송할 일에 대해 의논하여 아뢰라" 하고,

또 "북도는 변경의 일이 매우 긴요하니, 설혹 적괴가 죽음을 당했다 해도 수년 동안은 방수를 해이하게 해서는 안 된다. 오는 가을과 겨울 사이에 또 별시를 거행하여 무사 수백 인을 시취하는 것이 어떻겠는가? 중외의 사람들이 이 과거가 있는 줄을 알면 무예에 종사하는 자가 많아질 것이다. 지금의 일로 보면 국가의 운수가 형통하지 않으니, 남쪽 왜적의 변고나 국내의 도적이 또 따라서 일어나는 일이 없을 줄 어찌 알겠는가. 내가 근심하는 것은 북쪽 오랑캐만이 아니니, 의논하여 아뢰라" 하였다. 선조도 이렇게 앞날을 예견하고 있었다. 그러나 그렇게 큰 변란이 될 줄은 꿈에도 생각할 수 없었다.

2월 15일 선조가 북도의 순무관으로 임명된 서익에게 이이를 찾아가 변방에 관한 일을 묻게 하였다. 그래서 서익이 이이를 방문하였는데 자

제들은 병이 현재 조금 차도가 있으나 몸을 수고롭게 해서는 안 되니 접응하지 말라고 하였다.

그러나 이이는 "나의 이 몸은 다만 나라를 위할 뿐이다. 만약 이 일로 인하여 병이 더 심해져도 이 역시 운명이다" 하고, 억지로 일어나 맞이하였다.

그리고 구두로 육조의 방략을 불러 주어 받아쓰게 하였다. 일을 마치자 병세가 몹시 심해졌다. 호흡이 끊어졌다가 다시 소생하더니 하루를 넘겨 16일에 졸하였다. 향년 49세였다.

너무 갑작스런 죽음이었다. 국가의 큰 손실, 큰 불행이었다.

선조가 이 소식을 듣고 너무도 놀랐다. 소리를 내어 슬피 통곡하였으며 3일 동안 소선을 들었고 손수 제문을 지어 내렸는데, "나라 위해 온 힘을 다한 뒤에야 그만두었으니 경이야 무엇이 슬플 것이 있겠는가만 큰 물 가운데서 노를 잃었으니 나는 못내 슬퍼하노라" 하였다.

백관과 관학의 제생, 위졸, 일반 백성, 그 밖의 서리와 천인들까지도 모두 달려와 모여 통곡하였으며, 멀리 떨어진 시골 농촌과 산골 마을의 일반 백성들도 눈물을 흘렸다. 많은 사람들이 '우리 백성들이 복이 없기도 하다' 하였다. 발인하는 날 밤에는 횃불이 하늘을 밝히며 수십 리에 끊이지 않았다.

이이는 서울에 집이 없었으며 집 안에는 남은 곡식이 없었다. 친우들이 수의와 부의를 거두어 염하여 장례를 치른 뒤 조그마한 집을 사서 가족에게 주었다고 한다. 그래도 가족들은 살아갈 방도가 없었다. 자식은 서자 두 사람이 있었다.

'이이는 나라 형세가 쇠퇴해져 난리의 조짐이 있음을 분명히 알았다. 그래서 항상 임금의 마음을 바르게 하고 풍속을 바로잡고 조정을 화합하게 하는 것을 근본으로 삼았고, 폐정을 고치고 백성을 구제하고 군병을 갖추는 것을 급무로 삼았다. 그리고 이를 반복해서 시종 일관된 마음으로 주장하였는데, 반대하는 자들의 배척을 당했어도 조금도 거들떠보지 않았다. 임금도 처음에는 부담스러워 견제를 하였으나 뒤에는 크게 신임하고 뜻도 일치되어 전적으로 국사를 맡겨 의지하고 국가를 일으키고자 하였는데 갑자기 졸한 것이다.

이이는 타고난 기품이 매우 고상한 데다가 수양을 잘하여 더욱 높은 경지에 나아갔는데, 청명한 기운에 온화한 분위기가 배어 나오고 활달하면서도 과감하였다. 어떤 사람이든 어떤 상황이든 한결같이 정성되고 신실하게 대했으며, 은총과 사랑을 받거나 오해나 미움을 받거나 털끝만큼도 개의치 않았으므로 어리석거나 지혜 있는 자를 막론하고 마음으로 그에게 귀의하지 않는 자가 없었다. 한 시대를 구제하는 것을 급선무로 여겼기 때문에 물러났다가 다시 조정에 진출해서도 사류를 보합시키는 것으로 자신의 임무를 삼아 사심 없이 할 말을 다 하였다. 그러나 반대하는 자들은 그를 너무도 현실에 어둡다고 지목하였다. 이이가 졸한 뒤에 편당이 크게 기세를 부려 한쪽을 제거시키고는 조정을 바로잡았다고들 하였는데, 그 내부에서 다시 알력이 생겨 사분오열이 되어 마침내 나라의 무궁한 화근이 되었다. 그리하여 임진왜란 때에 이르러서는 강토가 무너지고 나라가 마침내 기울어지는 결과를 빚고 말았는데, 이이가 평소에 미리 염려하여 먼저 말했던 것이 사실과 부합되지 않는 것이 없었다. 그래서 그가 건의했던 각종 편의책들이 다시 추후에 채택되었는데, 국론과 민언이 모두 이이는 도덕과 충의의 정신으로 꽉 차 있어 흠잡을 수 없다고 칭송하였다.'

이때 유성룡이 영남에 있었는데, 어머니를 위하여 잔치를 베풀고 친척들을 맞이하였다. 그런데 갑자기 손님들에게 집으로 돌아가기를 청하고 자제를 불러 잔치를 거두게 하였다. 온 집안이 그 까닭을 알지 못하였다. 유성룡이 율곡의 부고를 들었으므로 차마 술자리를 베풀 수 없었던 것이다. 일부 사람들이 의심할까 두려워서 감히 드러내 놓고 말하지는 못하였다고 한다.

사계 김장생은 율곡의 행장을 마무리하며 다음과 같이 기술하였다.

'선생의 학문을 논의한 취지가 저술해 놓은 여러 책에 뚜렷하게 실려 있고, 전후 상소에 건의하여 아뢴 정책이 모두 문집 가운데 있으니, 뜻있는 선비가 진실로 그 말을 통해 그 마음을 찾아보고 자기 몸에 체득하여, 그 정책을 국정에 실행한다면 선생의 도가 당세에는 시행되지 못하였다 하더라도 만세를 위하여 태평 시대를 열어 줄 것이니, 그 공이 원대하다 하겠다. 하늘이 세상에 대현을 내는 것이 어찌 우연한 일이라 할 수 있겠는가' 하였다.

그 문장과 저서들은 영원히 빛날 것이다.

2월 6일 이산해를 이조판서 겸 예문관 대제학으로 삼았다. 이이가 겸직하였던 직책을 모두 대신하였다. 이산해가 숙배한 뒤 사면하니 사직하지 말라고 간곡히 말하였다. 율곡 이이가 가고 나니 선조가 이제 믿을 사람은 이산해와 유성룡뿐이었다.

2월 10일 전 병사 이제신이 의주 인산진의 배소에서 죽었다. 경연관 이우직이 그의 직첩을 돌려주기를 청하니, 상이 대신에게 의논하도록 명하였다.

대신이 의논하여 아뢰기를 "모두들 이제신은 몸가짐에 청렴한 지조가 있어 죽은 뒤에 집에는 한 섬의 저축도 없었으며, 적변이 갑자기 일어났을 때에도 능히 잔병을 거느리고 적의 소굴을 소탕하였으며, 군율이 매우 엄하여 장사가 그의 명을 잘 따랐으니, 비록 착오를 범한 죄가 있더라도 전율로 논할 수 없다고 여깁니다. 상께서 재결하소서" 하였다.
 이에 전교하기를 "이제신은 청렴한 지조가 보통 사람보다 뛰어났다 하니 매우 가상한 일이다. 남의 신하 된 자가 진실로 청절이 있다면 비록 큰 죄를 졌더라도 오히려 완곡하게 사면하는 것이 당연한데, 하물며 그 몸이 이미 죽었는데 이겠는가. 직첩을 돌려주도록 하라" 하였다.
 죽고 난 뒤에 알아주면 무슨 소용이 있는가. 그의 죽음은 매우 아까웠다.
 '이제신은 일찍부터 문장으로 이름이 났었는데 과거에 급제하여 사관이 되면서 바야흐로 쓰이게 되었다. 그러나 홀로 절개를 지키며 당파에 가입하지 않았다. 그리하여 주군의 관직으로 밀려났으나 치적이 현저하고 청렴결백한 기풍이 드러났으며 장수의 기질이 있었으므로 병사로 등용이 되었다. 변방의 환란을 당하자 절도 있게 지휘함으로써 중한 공로를 세우고 지은 죄는 적었는데 끝내 법망에 빠져들었으니, 이는 그를 도와주는 자가 적었기 때문이었다.'

2월 22일 사헌부가 "이순인이 처음에는 조원과 결탁했다가 다시 이발에게 빌붙었습니다. 심지어 이이의 경우는 그와 어렸을 때부터 서로 좋게 지내던 친구인데도 그의 냉난을 보아 자신의 향배를 정하였으니, 순인의 행실을 여기에서 알 수가 있습니다" 하니,
 답하기를 "순인은 시강으로 있은 지가 오래지 않았고 또 일을 맡지 않았기 때문에 내가 그의 사람됨이 어떠한지를 몰라서 하문한 것이다. 너희들이 이처럼 논박하니, 체직하라" 하였다. 본래 정철과 박순이 이순인을 버리고자 하였는데 이이와 성혼이 듣지 않았었다.
 이순인은 이산해·최입·최경창·백광홍·윤탁연·송익필 및 이이와 벗이 되어 '팔문장'이라고 일컬어졌다. 그러나 본래 학식은 없이 시명만 있었

을 뿐으로 같은 무리 중에서는 가장 못난 인물이었으나 교우들이 훌륭했기 때문에 특별히 등용되었다가 이때에 와서 탄핵을 받았다.

이달에 윤근수를 대사간으로 삼았고, 대사헌 정철이 숙배하였다.

3월 4일 경연관 심희수가 입시하여 죽은 이이에 대한 선조의 의중을 시험해 보려고 하였다. 아뢰기를 "상께서 이이를 대우하시는 것이 살아 있을 때와 죽었을 때가 다르니, 필시 그 뜻이 있으실 것으로 여겨집니다" "당초 상께서 중론을 물리치고 등용하셨습니다" "서얼에게 벼슬길을 터 주게 한 일에 대해서는 사람들이 필시 이는 이이가 그의 첩의 아들 입장을 생각해서 그 법을 만들었을 것이라고 할 것입니다" 하였는데, 말이 매우 번거로웠다. 또 독서당의 일과에 〈꿈에 허봉을 보다〉라는 시를 써서 올렸다. 그 시에 '말년에 진퇴를 같이하지 못했지만 옛 정은 그래도 마음속에 통하네' 하였다. 그 의도를 모를 선조가 아니었다.

하교하기를 "심희수는 내가 처음 보았으므로 그가 어떤 사람인지를 모르겠으나 오늘의 말은 자못 괴이하다. 대저 말이란 마음의 소리이므로 그 말을 통해서 그의 마음을 헤아릴 수가 있는 것이다. 나는 이이가 죽은 뒤에 별로 다르게 대우한 일이 없는데 감히 '대접하는 도리가 생사에 따라 다르니 생각건대 반드시 상이 그에 대한 뜻이 있는 것이다' 하니, 이는 몰래 나의 마음을 시험해 보는 것이다. 또 '이이를 중론을 물리치고 등용하였다' 하였는데, 내가 물리친 것은 간신들이 얽어 모함하는 사설이었는데 그것을 오히려 중론을 배척했다고 할 수 있겠는가? 서얼 허통을 하자고 한 일에 대해서는 매우 구차한 일이지만, 조종의 토지를 조석간에 상실하는 것을 민망히 여겨 이를 위해 부득이 시행한 것이지, 이이가 어찌 그 자신이 일찍 죽을 것을 미리 알고 자기의 서자를 위해서 한 일이겠는가. 그런데 이제 '그는 반드시 자기 아들 때문에 이 납속법을 만들었다' 하니, 이는 범범하게 외인들의 가설인 것처럼 하였으나 실상은 그의 행위를 배척한 것이다. 심지어 꿈에 유배당한 신하를 본 것을 시로 표현하여 몰래 써넣었으니, 이 모두가 음특한 술법인 것이다. 매미처럼 지절거리는 소리는 진실로 따질 것도 없지만 다만 임금이 사람을 쓰는 도리에 있어 일찍 분변하지 않을 수 없는 것이다. 대저 그의 사람됨이 말에 민첩하여 혹 우연히 나온 것인지는 알 수가 없다. 그러나 내 뜻이 이와 같으므로 말하지 않을 수 없다" 하였다.

3월 6일 대신이 의논하여 이이를 박순이 아뢴대로 관작을 추증할 것을 요청하니, 전교하였다.

"이이에 대해서는 내가 그의 사람됨을 속속들이 다 알고 있으니 아래에서 덧붙여 계달할 필요도 없는 일이다. 관직이 찬성에 이르러 그 품계가 이미 높으니 추증이 무슨 관계가 있겠는가. 다만 그의 처자가 파주로 갔다가 또 해주로 향했다니 그 일로의 관원으로 하여금 호송하게 하고, 장사를 지낼 때 제반 일을 돌보아줄 것을 그 도에 유시하라" 하였다.

5월 3일 종계 주청사 황정욱, 서장관 한응인 그리고 질정관 송상현이 북경에 갔다가 8월에 회전을 수정해 주겠다는 황제의 칙서를 가지고 돌아왔다.

황정욱이 북경에 이르러 주문을 올리니 관례대로 해부에 내렸다. 황정욱이 별도로 정문을 마련하여 예부에 올리고 머리를 조아리며 간곡히 청하니, 예부 상서가 그 글을 보고 감탄하며 칭찬하였다. 그리고 마침내 복제하기를, "우선 《비전》에 수록된 것을 등서하여 칙서를 써서 돌려보내소서" 하니, 황제가 따랐다.

칙서의 대략에 "전부터 그대 나라에서는 선조의 이름이 오래도록 잘못 기록된 것에 대하여 여러 번 시정해 주기를 요청하였다. 그래서 새로 개정하는 《회전》 속에 그 사실을 자세히 기록하도록 이미 윤허하였다. 그러나 찬집하는 일이 복잡하여 아직 완성을 보지 못하였다. 하지만 이번에 그대가 지난날의 요청을 다시 해 왔기 때문에 특별히 사관에게 명하여 기록해 보여 주도록 하였다. 지금 새로 개정된 《회전》의 원고를 살펴보건대, 전항의 사유에 대해 기재된 내용이 그대 나라에서 원래 주문했던 것과 서로 합치된다. 완간이 되어 반포하는 날, 제일 먼저 그대 나라에 관원을 파견해 책을 보내 줄 것이니, 그리 알라" 하였다.

선조가 크게 기뻐하여 종묘에 고하고 사면령을 내렸다. 그리고 입고 있던 비단 갖옷을 벗어 황정욱에게 하사하고 가선대부로 품계를 올려 주며 노비와 토지를 하사하는 한편, 서장관 이하에게도 차등 있게 상을 내렸다. 황정욱은 얼마 뒤에 형조 참판에 제수되었다가 병조로 전보되었다.

대사헌 정철이 삼찬의 죄를 너무 중하게 했다며 가까운 곳으로의 이배를 청했다. 선조가 지극히 해괴하다 하면서 경의 입에서 나왔으니 너그럽게 용서한다 하였다.

부제학 김우옹이 사직소를 올렸는데, 그 내용이 파당의 견해에 가까왔다.

"전하께서는 요·순의 밝은 덕을 갖고 계시는데, 여러 신하들은 공경하고 협동하는 미덕이 없어 각자 자신의 견해만 옳다고 하며 서로 그르다고 하여 원망하고 있습니다. 그런데도 조정에서 이에 대처하는 방법 역시 이미 편중되어 있으므로 인심을 승복시키기가 어려운 상황입니다. 따라서 앞으로 자기의 주장을 '국시'라고 내세워 기세를 떨치고 올바른 무리들을 억압하면서 천하의 공의는 폐기한 채 개인의 사견만 자행하게 될 것입니다. 그렇게 되면 성상의 귀는 날로 막히고 여론은 더욱 침울하게 될 것이며 아부하는 자는 날로 늘어나고 논의를 달리하는 자는 날로 멀어져만 갈 것입니다. 사람마다 발을 포개고 피하기만 하면서 감히 말로써 서로 저항하지 못하는 상황이 전개될 것이니 이것은 치세의 일이 아닌 것으로 차마 말할 수 없는 일입니다.

전하께서는 지극히 인후하시어 매양 여러 신하에게 경계시키며 '협동심을 갖고 화평한 기분으로 각각 맡은 직무에 충실하라'고 하교하십니다. 그리고 재상 중에도 동서의 분당을 타파하고 이쪽 저쪽이 하나가 되어야 한다고 주장하는 이가 있습니다만, 그 말을 들으면 아름다우나 그 행위를 보면 옳지가 않습니다. 그런데 전하께서 그들이 뜻을 같이하는 무리를 조정에 있게 하고 자기와 의견을 달리하는 자는 배척하여 기염을 토하면서 가까이 가지 못하게 하는 줄이야 어떻게 아시겠습니까?" 하였다.

선조가 답하기를 "김우옹의 사람됨은 내가 오래전부터 알고 있다. 그는 성품이 꽉 막힌 데다가 하는 말도 괴이하고 치우쳐 있다. 썩은 선비의 말에 대해서는 꾸짖을 것도 없으니, 우선 그대로 두겠으나, 본직은 체차하라" 하였다.

정철이 사직 상소를 올리면서 김우옹의 상소는 자신을 가리킨 것이라고 하였다. 그리고 널리 여러 사람의 의논을 들어서 그 죄대로 죄줄 것을 청했다. 선조는 "사직하지 말라" 하였다.

대사간 신응시가 김우옹의 시비곡직을 논하여 아뢰었다. "이번에 그의 사직소를 보건대 주견이 올바르지 못하고 말투가 망령스러워 터무니없는 괴변을 늘어놓았습니다. 진실로 그의 말대로라면 모든 간사한 무리가 조정에 가득하여 조정의 권력을 농간함으로써 전하로 하여금 위에서 고립되어 위망의 화가 곧 닥치게 될 것도 모르게 한 결과가 됩니다.

먼 곳으로 귀양 간 세 사람과 지방 고을로 보임되어 나간 자의 경우는 하나같이 모두가 성상의 단안에서 나온 것이지 조정의 신하는 한 사람도 거기에 손을 쓴 자가 없습니다. 주의하고 제수를 함에 있어서도 동인과 서인을 따지지 않고 오직 인물 중심으로 하였으며, 흑백을 너무 심하게 구분하지 않고 한마음으로 협력해서 성상의 뜻에 만분의 일이라도 부응하려고 하였습니다. 그러나 대소 신료가 직무 수행을 소홀히 하여 지금까지 아무런 효과도 내지 못하고 있는 이 점은 진실로 죄가 있다고 하겠습니다만, 신들이 조처하고 논의함에 있어 그 어떤 것이 조금이라도 사람을 해치고 일을 그르친 적이 있었습니까?

  그가 '자기와 뜻이 같은 무리만 조정에 있게 하고 의견을 달리하는 자는 배척하여 기염을 토하며 가까이 가지 못하게 한다'고 한 것은 전적으로 정철을 지적한 것인데, 그 의도가 마치 어두운 임금이 위에 있어 권간이 권력을 뒤흔든 것처럼 여기게 하는 것은 알기 어렵지 않습니다. 정철은 강직한 성품으로 악을 미워하여 남의 허물을 용납하지 않았으므로 평소부터 남에게 꺼림을 받아 왔습니다. 그런데 요즈음 특별히 은총을 받아 청충하고 경직하다는 인정까지 받게 되었으므로 전보다도 훨씬 기탄의 대상이 되었는데, 이 때문에 정철에 대한 김우옹의 견해가 더욱 치우치게 된 것입니다.

  김우옹의 지금까지의 행적에 대해 거론해 볼까 합니다. 그는 지조와 덕행이 있는 것으로 오래전부터 사류에게 칭송을 받아왔는데, 이이, 성혼과도 친분이 깊어 도로써 서로 통하였으므로 바로 군자라고 인식해서 조금도 다른 뜻이 없었습니다. 그 뒤 이이는 상의 은총을 크게 받아 국사를 담당하는 신분이 되고 나서 경박한 의논들이 날로 치열해지는 것을 깊이 염려한 나머지 이를 조화시키려는 의도에서 장주를 올리기까지 하였는데, 이때부터 당시의 무리에게 미움을 받기 시작하였습니다. 그리하여 일을 도모하고 계책을 세우기만 하면 으레 거슬림을 당했으며 연달아 삼사의 중한 탄핵을 받고 소인으로 배척당하게끔 되었습니다.

  그런데 김우옹 역시 일찍이 조정이 화목하지 못한 점을 염려하였으므로 저간의 사정을 듣고 분격하여 개탄해 마지않았으니, 이는 본연의 천리와 인정에서 우러난 것이었습니다. 그 후 이미 중론과 어긋나게 되자 경박한 무리를 견제하고 사류를 아끼는 뜻으로 상소하여 논하였는데, 그 의도는 실제로 동료를 보호하기 위한 것이었으니 모호한 말을 하긴 하였어도 완전히 이이를 배반했다고 할 수는 없는 것이었습니다. 그런데 선정전에서 인견하시던 날 세 사람을 귀양 보내는 문제로 여러 재상에게 하문하셨을 때, 정철은 다만 시비는 분명하게 밝히지 않을 수 없다는 뜻으로 아뢰면서 끝에 가서는 만약 중한 조처를 내릴 경우 국맥을 손상시킬 우려가 있다는 점도 아울러 탑전에서 진달드렸는데, 이는 사람들이 함께 들은 사실입니다. 그러나 김우옹은 본래 정철의 뜻을 알지 못하고 생각하기를 '세 사람을 귀양 보낸 것은 오로지 정철의 차론에서 나와 결정된 것이니, 이는 뜻을 잃고 불만을 품은 필부의 소행이다'고 하면서 음흉한 사람으로 지목하였습니다.

단지 국량이 좁고 논의의 근거가 없는 데다가 대하는 사람 모두가 그쪽 사람이고 귀로 듣는 것 모두가 그쪽 말이었으므로 날이 갈수록 점점 오염되어 의혹이 쌓인 나머지 사가 공을 가리고 불만스러운 기운이 쌓인 결과 어쩔 수 없이 말하는 사이에 그렇게 나타나게 된 것입니다.

단지 김우옹이 본래 다른 뜻은 없는데 치우친 견해에 빠져 이 지경에까지 이르게 되었다는 것을 논하는 것일 뿐입니다. 삼가 바라건대 전하께서는 조정의 기강을 더욱 떨치게 하고 밝은 덕을 널리 비추시며 뜻을 더욱 굳게 가지시고 동요되지 마소서. 그리하여 온 나라의 신민으로 하여금 다 같이 건극으로 돌아오게 하소서" 하였다.

답하기를, "그 의논이 정말 옳다. 김우옹이 한 말은 그야말로 망언이니 책망할 것도 없다. 차자의 내용은 다시 유념토록 하겠다" 하였다. 신응시는 다음 해에 아깝게 졸하였다.

9월 조목이 상소하여 호강들이 겸병하고 간리들이 법을 농간하는 것들은 왕법으로 용서 없이 주벌해야 하고 심한 자를 제거하여 일벌백계해야 함을 말하였다. 또 북정하려는 생각은 사사로운 근심에서 나온 지나친 계책이다 하였다. 그리고 세 사람을 북변에 귀양 보낸 것이 잘못되었다고 하였다. 퇴계의 수제자다운 생각이었다. 그 시절 모두 사대부 대부분이 국방의 문제에는 이렇게 우물 안의 개구리들이었으니 나라가 망할 지경에 이르지 않을 수 없었다.

경상감사 유성룡은 여름에 순시차 진주에 갔다가 최영경을 방문하였다. 최영경은 효행과 학행으로 이름이 났는데 대숲 속에 집을 짓고 학 한 마리와 고고하게 살면서 마음에 들지 않는 사람은 아무리 지위가 높아도 만나 주지 않았다. 유성룡은 흔쾌히 만나 술자리를 하고 환담을 하였는데 세상일에 대한 의논이 사람을 놀라게 할 정도였다. 속세를 떠난 듯이 고고하게 사는 사람이 속세의 세상 일에 너무 밝은 것도 문제의 소지가 있었다.

유성룡이 부제학으로 부름을 받고 와서 사은하고, 이어 사직하고 돌아가 부모 봉양하기를 청하였으나 윤허하지 않았다. 조금 후에 예조판서 겸 홍문관 제학에 승진되었는데, 유성룡이 사양하니, 상이 수찰로 유지를 내렸다.

"옛날 임금은 신하를 대하면서 신하로 대우한 경우도 있고 벗으로 대우한 경우도 있고 스승으로 대우한 경우도 있었다. 이런 의리가 후세에 전해 오지는 않았으나, 경은 10년 동안 경악에 있으면서 완전한 덕을 갖추어 하자가 전연 없었으니, 임금과 신하의 의가 있다고는 하지만 정분은 친구와 같다. 또 학문으로 논하면 장구에나 얽매이는 고루한 선비가 아니고, 재주로 말하면 충분히 큰일을 맡을 수가 있다. 경을 알아보는 이는 나만 한 자가 없을 것이다" 하였다.

그래도 상소를 올려 사양하니 유성룡의 형을 가까운 고을의 수령으로 하여 노모를 모시게 하였다. 유성룡은 더 이상 사양하지 못하고 부임하였다.

11월 1일 삼공에게 하교하여 각기 어진 인재를 추천하게 하였다. 영상 박순은 신응시·이산보·서익을 천거하였고, 좌상 노수신은 이발·김우옹·한준·백유양·윤선각·김홍민·김수, 정여립을 천거하였고, 우상 정유길은 윤선각·권징·김수·한효순·홍인상·이대해를 천거하였다.

정여립은 학문으로 이름이 있었으나 대부분의 사람이 불길한 인물로 의심하였다. 노수신 역시 일찍이 정여립이 경연에서 오만하게 말하고 표정이 거만한 것을 보고는 물러나와 문객 이광에게 말하기를 '내가 세 조정을 차례로 섬기면서 여러 번 시종이 되었으나 감히 상의 얼굴을 우러러본 적이 없는데, 오늘 정여립을 보건대 상의 앞에서 자주 올려다보았으니, 도대체 어떤 자인가?' 하면서 매우 의심했었다. 그러나 이발 등에게 잘못 유도되어 이렇게 추천한 것인데 아주 큰 실수를 한 것이 되었다.

정철을 우찬성으로 하였다.

12월 양사가 다시 영의정 박순을 탄핵하였으나 윤허하지 않았다. 처음에 이이가 전형을 맡았을 적에 신·구의 인물을 참작해서 채용하였고, 이산보·홍성민 등이 다시 삼사에 들어갔을 때도 보합론을 주장하였었다. 그 뒤 이산해가 이이를 대신하여 전형을 맡았을 때에도 한결같이 옛날의 정사대로 처리하니 뭇사람이 의심스러워하면서도 그래도 잘 한다고 생각하였다. 그런데 1년이 되자마자 자기 쪽 사람으로 대각을 모두 채우니, 정철 등이 또한 피하여 물러갔다. 이로 인하여 동인들은 이산해의 묘한 기지에 탄복하였으며, 이로 인하여 양사가 다시 발론하여 박순 등을 공격하였다.

이산해의 고단수 음해가 시작된 것이었다.

이해의 다른 일들은 다음과 같다.
1월 22일 김명원을 병조참판으로 삼았다.

2월 28일 정시에서 생원 이호민이 수석하여 전시에 직부하였다.

3월 8일 온성부사 신립이 변방의 일에 대해 아뢸 것과 또 모친에게 문안드릴 일로 서울에 왔는데, 상이 인견하고 술을 내렸다. 그리고 금(錦) 2필과 단(緞) 2필을 하사하였다. 그리고 며칠 뒤 신립을 북병사로 하였다.

3월 25일 서총대에서 박사 이덕형이 시문에 수위를 차지하였다.

3월 29일 김명원을 함경감사로 하였다.

5월 17일 도체찰사 정언신, 종사관 정희적이 서울로 돌아왔다.

연초에 이이가 갑자기 어이없이 졸했다. 선조는 너무도 놀라 소리를 내어 슬피 통곡하였다. 방방곡곡이 눈물바다였다. 이이는 10여 년 동안 줄기차게 피를 토하는 심정으로 국가의 장래를 위한 개혁을 주장하였다. 선조도 이제 이이를 굳게 신임하고 맡겨 좋은 정치를 하려고 마음을 굳혔는데 모든 것이 사라져 버렸다. 이산해가 그 뒤를 이었다. 정철도 대사헌으로 하였다. 유성룡도 불러 홍문관에 있게 하였다. 정국을 안정시키려는 생각이었고 한동안은 그런 듯하였다. 이산해는 몇 개월 동안 전과 같이 청렴하며 공정하게 인사를 하였다. 정철 측에서는 의심도 하였지만 대체로 안심하였는데 1년이 되자 이산해는 슬그머니 조정의 요직을 자기 사람들로 채워 버렸다. 늦게야 사태를 알아차렸지만 어찌하겠는가. 정철의 성격으로는 모사의 대가인 이산해의 적수가 될 수가 없었다. 이리하여 박순에 대한 공격이 재개되었는데 아직은 선조가 중심을 잘 잡아 별문제는 없이 한 해가 갔다.

40세의 이순신은 1월에야 부친의 부음을 들었다. 이때 정언신이 도순찰사로 도내에 있다가 소식을 듣고 이순신의 몸을 걱정하여 사람을 여러 번 보내 성복을 하고 천천히 가라고 하였다. 그러나 이순신은 지체할 수가 없었다. 밤낮으로 달려 집에 가서야 성복하였다. 그리고 장사를 치르고 여묘살이에 들어갔다.

43세의 유성룡은 율곡 이이가 갔으니 이제 자신이 주도할 세상을 만났다. 그러나 자기가 주도하는 세상이 더 좋거나 쉽게 오는 것이 아니다.

20
선조가 동인에 기울다 :
선조 18년 (1585 을유년)

바다 건너 왜적은 호시탐탐 침략의 야욕을 불태우고 있는데 이러한 실정을 전혀 알지 못하는 우물 안의 개구리들 그중에도 사대부라는 입만 살아 있는 개구리들은 먹을 것이라고는 백성들의 고혈밖에 없는 좁은 우물에서 서로 주도권을 잡겠다고 계속 파벌 싸움에 온 힘을 쏟고 있다. 실로 한심한 일이다.

1월 경연에서 선조가 김우옹과 이산보에게 이이 성혼 심의겸의 관계를 물으니 의견이 달랐다. 김우옹은 정철을 싫어하고 이산해를 적극 옹호하였다. 이산보는 그 반대였다. 이산보는 "산해는 신의 종형으로 어떠한 잘못이 있는지는 모르겠으나 비난하는 사람들이 많으니, 체직시켜 온전하게 해 주소서" 하기도 하였다. 선조가 김우옹을 나무라고 며칠 뒤 이산보를 가선으로 올리니 이후 김우옹은 병을 핑계로 사면하고 향리로 돌아갔다. 선조가 "이이와 유성룡이 서로 배척하였다고 하더라" 하였는데 신하들은 거기에 대하여는 답하는 사람이 없었다.

4월 16일 사간원이 이산보가 심의겸과 친하고 또 정철과 심의겸이 친함을 속였다고 비난하였다.
경연에서 선조가 "옛부터 융적은 정벌이 아니면 응징시킬 수가 없었다" 하며 북방 오랑캐를 징벌할 것을 말하니 정언신은 "오랑캐가 융성할 때를 만나면 온 천하의 힘으로도 오히려 대항하지 못하는 것입니다" 하고 또 "장차 우리 백성들도 구제하지 못할까 걱정스러운데, 어느 여가에 오랑캐를 다스리겠습니까" 하였다. 지금은 때가 아니라는 말이었다.

그리고 백유양은 이이를 적극 비판하면서 어처구니없는 모함도 하였다.

"성혼의 사람됨을 신도 압니다. 그의 상소 가운데 온당하지 못한 말에 대해 신이 성혼을 만나서 힐문했더니, 성혼도 '나 역시 잘못된 것을 알고 있다'고 하였습니다. 그때 진실로 성명이 아니셨다면 사류들이 많이 상했을 것입니다" 하였다. 성혼이 거짓말을 하며 이이를 옹호하는 상소를 올렸다고 낯 뜨거운 거짓말을 한 것이었다. 윤복, 정언신 등이 동조하였다.

선조가 이르기를 "내 뜻을 말하겠으니 사관은 기록하라. 경연 석상에서 나는 동서의 얘기로 분분하게 다툴 때도 특별히 대답한 일이 없고, 또 동서라는 두 글자를 들어서 내 특별히 동쪽은 옳고 서쪽이 그르다거나 서쪽이 옳고 동쪽이 그르다고 한 일이 없다. 다만 그 당시의 사람들이 이이를 나라를 망치는 거간이라 하였고 성혼을 심의겸의 당파라고 하였다. 이 두 사람이 과연 소인이라면 그들을 논박한 자는 정인이 되겠지만 이 두 사람이 소인이 아니라면 논박한 자가 소인이 되는 것이다. 그때에 나는 '좌우는 각기 말을 다 해 보라. 대저 이이와 성혼의 사람됨을 내가 어찌 알겠는가' 하니, 지위에 있는 사람들이 칭찬하기를 '이이는 재사요 성혼은 일인이니, 이는 크게 써야 될 사람이고 혼도 마땅히 초빙해야 한다' 하여 그들을 등용하고 초빙하였다. 그런데 이제 이이는 소인이라고 배척하고 성혼은 간당이라 지목하니, 이것이 어찌된 것인가? 나는 이이를 오활하고 경솔하다 하였는데도 당시 좌우의 측근이 그를 추천하더니, 하루 아침에 매우 배척하였다. 저 두 사람이 과연 소인이라면 그들을 논박한 자에게 죄를 주지 않아야 할 뿐만 아니라 크게 표창하고 기용함으로써 기풍을 장려해야 할 것이다. 내 뜻이 이와 같으니, 그대들은 면전에서는 복종하고 물러가 뒷말이 있어서는 안 될 것이다" 하였다.

백유양이 아뢰기를 "이이는 사특한 자들을 부추기고 바른 사람을 억제한 행적이 약간 드러났기 때문에 사인들의 의논을 격분시킨 것입니다" 하였다. 정언신과 윤복도 이이를 헐뜯었다.

이제 선조도 이이를 버릴 때가 되었다고 생각하는 것 같다.

이산보가 백유양과 함께 입시하여 박순·이이·정철의 득실에 대하여 서로 논쟁하였다. 이 때문에 많은 사람들이 분노하였으며 대관이 이산보가 탑전에서 한 말을 뽑아내어 어전에서 기만하였다고 하였다. 이번에는 이산보를 대사헌에서 체직하고 경상감사로 내보냈다.

4월 17일 사간원이 이산보를 다시 탄핵하였으나 선조는 "실로 그는 쓸 만한 사람이니, 비록 백성들에게 묻는다 해도 어찌 순박하고 정직하다고 하지 않겠는가. 우연히 나온 한마디 말 때문에 논척할 수는 없으니, 윤허하지 않는다. 번거롭게 고집하지 말라" 하였다.

정탁을 이조판서로 하였다. 이쪽저쪽에서 칭찬도 비난도 없었다. 정언신을 대사헌으로 하였다.

4월 18일 영상 박순이 사직을 청하니 대신들에게 하문하였다. 우상 정유길이 사직을 허락하지 말라고 하였다.

4월 21일 의주목사 서익이 조산평의 농지가 없어지고 상업행위가 심하다고 보고하였다.

4월 25일 "안악 군수 김효원은 관무를 봄에 있어 청렴 근실하고 처사가 강명하여 아전은 두려워하고 백성들은 사모하여 한 고을이 진심으로 추대하고 있습니다. 그리하여 관청에 갖추어야 할 것은 모두 갖추어져 있고 일이 모두 제대로 성취되었으니, 그 정치가 한 도에서 제일이 되기에 충분합니다" 하니, "김효원은 품계를 올려 서용하라" 하였다.

4월 28일 상이 육진의 방어책을 물었으나 신하들의 의견이 신통치 않았다.

‖ 정여립, 죽은 이이를 배반하다 ‖

이달에 홍성민을 경기감사로, 정여립을 홍문관 수찬으로 삼았다. 정여립은 이이가 죽자 이제는 동인에 빌붙을 생각을 하고 이발에게 아첨하여 이 자리를 얻었다. 전에 정여립이 정언이 되었을 때 입시하여 박민헌의 일을 논하면서 그를 '종놈'이라고 하였다. 선조가 그의 오만함을 미워하여 오랫동안 비점을 내리지 않았는데 이때에 이르러 여러 차례 의망하였으므로 다시 근시의 직책에 두게 되었다.

정여립이 경연에 입대하여 현인들을 비방하고 배척하기를, "박순은 간사한 무리들의 괴수이고 이이는 나라를 그르친 소인이고 성혼은 간사한 무리들을 편들어 상소를 올려 군부를 기망하였습니다. 호남은 박순의 고향이고 해서는 이이가 살던 곳이니, 그 지방 유생들의 상소는 모두 두 사람의 사주에 의한 것으로서 공론이라 할 수 없습니다. 신이 도성에 들어와 성혼을 찾아가서 간인들을 편들어 군부를 기망한 죄를 질책하고 또 이이와 절교하였다는 뜻을 말하니 성혼은 이의없이 죄를 자복하였습니다" 하였다.

선조가 이르기를 "이이가 살아 있을 때에는 네가 지극히 추존하다가 지금에는 어찌하여 이런 말을 하는가?" 하자,

정여립이 아뢰기를 "신이 애초에는 그의 심술을 몰랐다가 나중에야 알고서 죽기 전에 이미 절교하였습니다" 하였다.

선조가 깊이 생각하다가 "정여립은 오늘의 형서로구나" 하니

정여립이 두 손으로 땅을 짚고 똑바로 보며 말하기를, "신이 지금부터 다시는 천안을 뵐 수 없겠습니다" 하고 성난 모습으로 곧바로 나갔다.

이 소식이 알려지자 당시 동인들은 이이를 나쁘게 말한 것에 대해 기뻐하며 입을 모아 칭찬하였다.

이전에 정여립이 송응개가 유배당했다는 소식을 듣고 '참으로 훌륭한 처사다' 하고 좌중의 손님들에게 말하기를 '율곡은 성인이고 사암(박순)은 어진 정승이다' 하였다. 그러자 그의 친척되는 이정란이 '율곡이 훌륭하지만 성인이라고 한 것은 너무 지나치지 않은가?' 하였다. 그러자 정여립은 그 말의 대답으로 율곡은 반쯤 익은 감과 같다는 비유를 하고 또 '이발은 율곡을 사사하였는데 논의가 일치되지 않자 반격하여 모함하기를 다른 사람보다 더 심하게 하였으니 그의 마음은 헤아릴 수 없다' 하였으며 또 '유성룡은 겉으로는 선비인 체하지만 속은 실제로 간교하다. 그런데 조정에 있으면서 자기주장을 고집하니 후환이 염려된다' 하였다. 이정란은 평소 정여립의 변덕스러운 점을 잘 알고 있던 터라 이에 대해 말하기를 '어떤 논의라도 시작과 끝이 있어야 하는데 형의 견해는 나중에 가서 지금과 달라지지 않을까 염려된다' 하였다.

백유양은 정여립과 교제를 맺고 그 아들을 여립의 조카사위로 삼기까지 하였다. 집안 사람들이 그 가문이 비천함을 혐의쩍게 여기자 백유양이 말하기를 '나는 그의 숙부를 보았지 가문이 낮은 것 따위는 안중에

없다. 나는 경연에서 그가 이이를 공파하는 말을 듣고 날아갈 듯이 상쾌하였다' 하였다. 그 당시 동인들의 편당에 빠진 실상이 이와 같았다.

5월 28일 의주목사 서익이 이이를 비판하는 것을 참지 못하고 정여립의 처신을 비난하고 이산보, 박점 등의 성품을 말하는 상소를 올렸다. 정여립이 유성룡을 거간으로 지목했다는 말도 있었다.

"신이 삼가 듣건대, 정여립이 경연에서 이이를 공격하고 드디어 박순·정철에까지 이르렀기 때문에 박순과 정철이 자리에 있기가 미안하여 은총을 피해 물러갔다고 하니, 그 말이 사실입니까?

이 일은 다른 사람이라면 그럴 수 있어도 여립은 그렇게 할 수가 없습니다. 여립은 본래 이이의 문하생으로서 몸에 학사의 명함을 띠고 조정에 들어와 천안을 뵙게 된 것이 모두 이이의 힘이었습니다.

여립이 '율곡은 진실로 성인이다' 하였고 또 '이발이 항상 스승의 도리로 이이를 섬겼는데 논의가 서로 일치하지 않게 되자 드디어 공격할 마음을 품고 조정을 제멋대로 휘두르면서 옳지 않은 사람들을 끌어들여 조정이 안정되지 못할 화환을 빚어냈으니 이발은 큰 죄를 졌다' 하였습니다. 신이 그때 그 이웃에 있었는데 사인이 이 말을 신에게 하였습니다. 그래서 신은 '학사가 고전들을 읽었을 텐데 어찌 그리도 경솔한가' 하였습니다.

신은 그 뒤 오래지 않아 부름을 받고 서울에 왔는데, 그때 이이는 병중에 있었습니다. 저와 친한 사람이 여립이 이이에게 보낸 편지를 신에게 보여 주었는데, 그 편지에 '삼찬은 이미 결정되었지만 거간이 아직도 남아 있으니 뒷날의 근심이 오늘의 근심보다 더 심할 것이다. 빨리 그들을 도모해야 한다' 하였으니, 거간이란 유성룡을 지적한 것입니다. 이를 보고 신이 사사로이 '정가의 기습이 아직도 없어지지 않아 다른 사람을 면려하지는 못하고 도리어 연루시켜 단련함으로써 자신을 논박한 사람을 죄주게 하기를 힘쓰고 있단 말인가. 더구나 유성룡은 본래 이이를 공격한 사람이 아닌데, 어떻게 감히 그럴 수 있단 말인가' 하였습니다. 전에도 여립이었고 지금도 같은 여립인데 어찌하여 지금에 와서는 직접 이이를 팔고서도 부끄러움을 모를 수가 있단 말입니까.

신이 일찍이 유성룡과 더불어 이이에 대해 논한 일이 있는데, 성룡이 '평탄 평이한 것이 그의 장점이나 한스러운 점은 변경하기를 좋아하는 것이다' 하였습니다. 아, 고금 천하에 어찌 평탄 평이한 소인이 있겠습니까. 그의 행사로 논하여 소탈함을 면할 수 없다고 한다면 신과 같이 이이를 존경하는 자라도 두 손으로 받들어 인정하겠지만, 만약 그의 심사에 의심스러운 점이 있다고 한다면 온 나라의 사람들이 모두 한결같은 말로 이이를 두호할 것입니다. 박순과 정철은 모두 청명과 아망으로 성명의 지우를 받아 경상의 자리에 있으면서 품은 생각은 아뢰지 않은 것이 없고 말한 것은 따르지 않은 것이 없었습니다. 그들이 미처 하지 못한 것은 삼찬을 방환하자고 청하는 한 가지 일뿐입니다.

정철이 술을 좋아하는 것은 귀중한 백옥에 작은 흠집이 있는 격인 것으로 타산의 돌과 색깔이 맑은 것과 비교한다면 하늘과 땅의 차이가 있는 것과 같습니다.

이산보와 박점의 효제와 충신은 종들까지도 다 아는 일입니다. 그런데 언자들이 용박하다고 하니 지금의 용박은 옛날의 용박과 다른 모양입니다. 지금은 부모에게 효도하고 임금에게 충성하고 형제간에 우애 있고 붕우에게 신의 있는 사람을 용박이라 하니, 신은 옛날의 용박은 언자들이 해당된다고 여깁니다. 전에 이이를 공격할 때 안민학과 이배달이 이이의 문하에 왕래하였다는 이유로 부도라는 명목을 붙여 공격하더니, 이번에도 이 수단을 쓰고 있습니다.

신이 조정에 있을 적에 잠잠히 양가의 기색을 살펴보니, 모두가 서로 용납하지 않는 것을 절의에 죽는 것으로 생각하고 있었습니다. 그중 혹 화평에 대한 의논을 내는 사람이 있으면 '나는 이 사람을 저편으로 본다' 하고 '나는 저 사람을 이편으로 본다' 하면서 좌우에서 훼방하고 비난하기를 있는 힘을 다하여 합니다. 이 때문에 전하께서 한 아비와 같은 계책을 쓴 뒤에야 사람들의 마음을 감동시켜 영세토록 걱정이 없게 될 것입니다" 하였다.

이 상소 중에 유성룡을 거간이라고 한 대목이 선조를 크게 거슬렸다.

선조가 비망기로 일렀다. "이 상소를 보니 그 내용이 궤탄하고 미묘하여 헤아리기가 어렵다. 대개 내가 등용한 현인은 이이와 성혼이기 때문에 무릇 이 두 사람을 공격하는 자는 반드시 간사한 자라고 하였다. 유성룡도 역시 한 군자이다. 나는 그를 당금의 대현이라고 불러도 좋으리라 여긴다. 그 사람됨을 보고 그와 더불어 얘기하다 보면 깨닫지 못하는 사이에 심복할 때가 많다. 어찌 학식이 있고 기상이 그와 같으면서 거간일 리가 있겠는가. 어느 담이 큰 자가 감히 이런 말을 했는가. 그러나 나같이 아둔 용렬하고 무식한 사람이 어찌 감히 나의 의견만을 옳다고 할 수 있겠는가.

정여립의 사람됨에 이르러서는 내가 누차 만나서 그 사람됨을 살펴보니, 기질이 매우 강한 자인 듯하나 실로 그가 어떠한 사람인지를 모르겠다. 그러나 여립도 이미 사체를 갖춘 사람인데, 차마 그 입에서 어찌 예판을 거간이라고 지목하는 말이 나왔겠는가. 반드시 그럴 리가 없을 것이다. 그러나 여립이 이이에게 보낸 편지에서 말한 것에 대해서는 서익의 말도 근거가 있는 것 같다. 대저 인정이 분분하게 시끄러운 것은 매우 아름답지 못한 일이다. 또 그의 상소를 보건대, 품은 생각을 반드시 진달한다는 것은 내가 가상하게 여긴다" 하였다.

정여립은 본래 이발과 형제처럼 친밀하게 지냈었다. 이발도 이이를 추존하였을 때였다. 그런데 이발이 상을 당하고 이이가 논박을 받은 후 다시 서인을 기용하여 차츰 세력을 얻게 되자 여립은 이발 때문에 누를 입을까 염려하였다. 이리하여 밤중에 전주부윤 심의겸을 찾아가서 말하기를 '조정에서 삼찬을 유배시킨 것은 잘된 일이다. 다만 이 일은 필시 이발이 주도한 것으로서 세 사람은 지엽에 지나지 않는다' 하였다. 이 말에 심의겸은 대답을 하지 않고 편지로 윤두수에게 고하기를 '정여립이 지금 이발을 얽어 넣으려고 하는데 그는 아비와 임금을 시해하는 일이라도 할 만한 위인이다' 하였다.

여립이 이른바 큰 간인이라고 한 것은 꼭 유성룡을 지목한 것이 아니었는데 짐작하여 만든 말이었다. 그 뒤에 여립이 말하기를 '내가 지목한 사람은 바로 홍혼이다' 하였는데 홍혼이 주목을 받는 사람이 아니었으니 이 말도 여립이 꾸며 댄 말이었다.

박순을 체직하고, 노수신을 승진시켜 영의정으로, 정유길을 승진시켜 좌의정으로, 유전을 우의정으로 삼았다.

6월 4일 사간 이양중 등이 서익의 상소가 천총을 흐린다고 논박하였다. 그리고 심의겸과 결부시켰다.

"서익이 평소 친애하는 자들은 모두 의겸을 따라다니던 사람들이니 의겸을 구해하려는 자는 의겸과 교제한 사람들과 다름없습니다. 그러므로 몰래 사류를 제지하는 일에 있어서 기탄없이 할뿐더러 성상께서 의겸의 죄상을 분명히 말할 수 없게까지 하려고 하니 이것이 과연 무슨 마음이겠습니까. 또한 삼찬을 석방하고 외지로 보낸 시종들을 소환하는 일이야말로 조정의 중대한 거조입니다. 그런데 서익이 전에 시종의 반열에 있을 때에는 말하지 않다가 변방 수령으로 쫓겨나자 분통한 김에 말한 것인데 그 말을 보면 시종 터무니없는 낭설을 늘어놓아 듣는 이의 귀를 현란하게 하였고, 그 귀취를 요약하면 자기가 좋아하는 사람에게 아부하여 은연중에 심의겸을 구해하기를 도모한 일에 불과합니다. 따라서 그의 마음에 지니고 있는 것이 모조리 드러났다 하겠습니다" 하였다.

답하기를 "이 차자의 내용을 보니 만세토록 바뀌지 않을 정론이라 할 만하다. 옛사람의 말에 '산에 맹수가 있으면 규곽을 캐지 못하고 조정에 직언하는 신하가 있으면 간신이 자취를 감춘다' 하였는데 참으로 틀림없는 말이다. 경들은 마땅히 국사에 전심하여 혹시라도 말할 만한 일이 있으면 곧바로 말하고 꺼리지 말라. 서익 같은 무리는 논할 것도 없다" 하였다.

다음 날 부제학 이식 등이 다시 서익의 상소가 괴이하다고 논박하였는데 심의겸이 사람들과 결탁한 죄상을 논한 내용도 있었다.

선조가 답하기를 "차자의 내용을 보고 논의가 솔직한 것을 매우 가상히 여긴다. 이는 바뀔 수 없는 정론이니 내가 다시 무슨 말을 하겠는가. 통탄스러운 것은 한 변방의 신하에게 농락을 당한 것인데 매우 치욕스럽다. 대개 서익의 위인은 내가 일찍이 본 적이 있어 그 거칠고 사나운 태도를 의심하였었는데, 이제 소장의 내용을 보니 음흉한 꾀와 비밀스런 계략을 써서 마음 가짐이 험악하고 참혹하여 한편으로는 동류를 구하고 한편으로는 명현을 모함하였는가 하면 공격한다는 말을 인용하여 대관을 협박하여서 현사에 대하여 규핵하지 못하게 하였고, 의리에 죽는다는 명칭을 가탁하여 군부를 겁에 질리게 하여 시비를 분별하지 못하게 하였다. 겉으로는 화평시킨다는 말을 하였지만 실제는 제 속셈을 펴려는 술책이었는데 허다한 간계는 귀신도 그만 못하다 하겠다. 그 논리의 포치가 능란하고 말을 꾸민 것이 교묘한데 이것으로 본다면 이 사람은 반드시 소인으로서 재능이 있는 자가 분명하니 이런 사람이 가장 두렵다. 내가 전일에 '음험함을 헤아리기 어렵다'고 한 것이나 '조정에 일을 발생시킬까 염려된다' 한 것이 이를 두고 한 말이다. 다만 임금의 도량은 그 정상을 폭로할 수 없었기 때문에 너그럽게 포용하고 다 말하지 않았었는데 지금 사람들의 생각을 관찰해 보니 일종의 이설이 있으므로 나의 뜻을 분명하게 밝혀 정직한 신하들이 조금도 겁내는 바가 없도록 하지 않을 수가 없다. 대저 괴상한 말이 분분한데 과연 진정시키려는 것인가, 아니면 도리어 조장하려는 것인가? 옥당이야말로 나의 논사를 맡은 직책이니 혹시라도 생각하는 바가 있거든 극언하여 조금도 꺼리지 말라" 하였다.

예조판서 유성룡이 서익의 상소에서 거간으로 지목을 받았다고 사직을 청하니, "만약 이것으로 사퇴하면 흉측한 무리들이 기뻐할 터이니 이는 그들의 뜻을 이루어 주는 것이 된다. 사퇴하지 말라" 하였다.

헌납 김권이 서익을 옹호하자, 답하기를 "너는 그 편지를 보았으므로 그가 격분한 나머지 올린 것이라고 여겼겠지만, 동료들은 필시 그들 나름대로의 견해가 있는 것이니 남의 말을 가탁하였다고 한 것은 무방하다. 다만 서익이 여립을 논한 일은 비록 옳다 하더라도 그 밖의 것은 진정 간사한 말이니 네가 화평에 목적을 두었다고 한 것은 오인한 것이다. 다만 네가 그 편지를 보았다고 하였으니 달리 의심할 수 없다. 그러나 헤아리기 어려운 것은 사람의 말이다" 하였다. 김권이 물러가 물론을 기다렸는데 헌부가 탄핵하여 체직시키고 정숙남을 헌납으로 삼았다.

6월 16일 이이의 조카 이경진이 상소하여 정여립이 이이를 배척한 일을 들어 비판하였다. "신이 듣건대, 정여립이 경연에서 신의 숙부인 이이를 비방하여 배척했다고 하니 신은 놀랍고 괴이하여 스스로 '세상에 어찌 이런 경우도 있는가? 다른 사람이 비난했다고 하면 말할 것이 없겠지만 여립은 반드시 이러할 리가 없다'고 하였습니다. 집 안에 있는 편지를 열람하여 여립이 숙부에게 보낸 편지를 찾았는데, 거기에 '종자(宗者)께서 소인배들의 노여움을 사서 낭패하여 출관한 이후로 누워도 자리가 편안하지 않고 먹어도 맛이 달지를 않아 간담을 열어젖히고 피를 뿌리면서라도 간인들이 어진 이를 질투하고 나라를 그르치는 정상에 대해 극언하고 싶었다. 그리고 나서 다시 생각해 보니 바야흐로 무상한 자신은 군부에게 버림받고 있는 실정이어서 의리상 얼굴을 들고 말할 수가 없었다. 게다가 성장이 종자를 위해 소장을 올려 변론했다 하니, 비록 제가 말하지는 않았으나 또한 한은 없다고 여겼다. 이어 들리는 말에 의하면 성장도 참소와 비방을 만나 산으로 돌아갔다 하니, 분서갱유의 재앙이 조석에 급박하게 되었다. 따라서 충분이 날로 격해져 그냥 있을 수가 없기에 막 동지를 규합하여 대궐에 소장을 올리려 하였는데 곧 이어 들으니 상의 마음이 마치 해가 중천에 뜬 듯이 깨우치시어 귀신 도깨비 같은 무리들이 스스로 물러나 숨을 것이라 하였으므로 또 스스로 참고 그만두었다. 지금의 상황을 보면 한두 간사한 자들은 비록 쫓겨났지만 거간이 아직도 조정의 의논을 장악하고 있으면서 화를 즐기는 마음을 그대로 지니고 있다. 불행히 하늘이 재앙이 내린 것에 후회하지 않는다면 뒷날의 근심이 오늘보다 더욱 심하여 구원할 수가 없게 될 것이다. 현재 붕우 가운데 십분 믿을 수 있는 사람이 매우 적어 구구한 내가 존형에 대한 기대가 전에 비해 더욱 절실하니, 이 뜻 역시 애닯다고 하겠다' 하였습니다. 이는 계미년 9월로 세 사람이 죄를 받아 유배되고 숙부 이이가 조정으로 돌아오려 할 때였습니다.

또 하나의 편지가 있는데, 그 대략에 '생각건대 우리 임금께서 혼자 군의를 물리치고 존형을 여러 사람들이 미워하는 가운데서 발탁하여 총재로 임용하여 의심하지 않았으니 이는 실로 한·당 이래 있지 않았던 성대한 일이다. 그것을 보고 듣는 사람이 누군들 감격하지 않았을까마는 여립의 기쁨이 더욱 컸다' 하였으니, 이는 이이가 조정에 돌아온 뒤의 일입니다. 이때 부터 이이가 죽을 때까지는 겨우 한 달 사이인데, 어찌 다시 절교한 편지가 있었겠습니까" 하였는데,

답하기를 "정여립의 소위는 인정에 가깝지 않아서 내가 처음에는 혹 떠도는 말에서 나온 것인가 여겼었는데, 뒤에 들으니 과연 헛말이 아니었으므로 반측 무상한 자라고 전교하였다. 그리고 자신에게 절교해야 할 까닭이 없다면 비록 다른 사람이 스스로 절교했다 한들 그것이 무슨 문제가 되겠는가. 절교 여부에 대해서는 더욱 변명할 필요가 없다" 하였다.

정여립은 크게 기운이 꺾여 시골로 돌아갔는데 이발 등이 서로 잇따라 신구하고 여러 차례 삼사에 의망하였으나 상은 끝내 기용하지 않았고 비록 외관이라도 낙점하지 않았다. 정여립의 울분은 더욱 심해졌다. 사실 임금을 똑바로 쳐다보고 성난 눈빛을 띠었으니 큰 죄로 다스리지 않은 것만도 다행이었다.

6월 22일 대사간 최황이 간원이 정여립을 옹호했다고 아뢰었다.

"신은 한 번도 정여립을 본 적은 없지만 그가 책을 읽으며 선을 지향하는 사람이란 말은 들었습니다. 그러나 편지 속의 말을 듣고 보면 비록 스스로 '지금이 옳고 전에는 잘못되었다' 하였지만 그의 행적이 형세에 따라 변천했다는 것을 면하지 못한 것으로서 조야의 비웃음거리가 되고 있는 것을 모르는 사람이 없습니다. 간원이 차자를 올려 서익을 논한 것이 과연 곧고 바른 것임에는 틀림없으나 여립이 편지를 통한 일에 이르러서는 '떠도는 풍문에서 나온 것으로 실제 근거가 없다' 하였는데 이는 대개 여립을 비호하려고 그 마음을 속인 것에 지나지 않으니 일찍이 어전에서 면대하여 속인 이산보와 무엇이 다르겠습니까. 스스로 이와 같이 처신하고서 어떻게 다른 사람의 잘못을 질책하고 인심을 감복시키겠습

니까. 조정이 안정되지 못한 것이 늘 이러한 일에서 연유되므로 신은 일찍이 마음 아파하였는데 이제 동료들과 서로 용납되지 못하니, 신을 체직시키도록 명하소서" 하였다. 사직하지 말라고 하였다.

이에 사간 이양중 등이 피혐하여 아뢰기를, "신들은 다만 서익이 근거 없는 말을 꾸며 착한 사람을 무고한 정상에 대해 공박하였을 뿐, 털 끝만큼도 여립을 비호하려는 마음은 없었는데 현저하게 무거운 배척을 받았습니다. 신들의 직책을 가소서" 하였다.

선조가 답하기를 "여립은 이 시대의 형서이다. 일개 소신의 하찮은 일이 무슨 큰 관계가 있기에 어찌 이것을 가지고 서로 용납하지 못하는가. 최황의 말도 곧고 평정하다. 간원의 차자 중에 몇 마디 미흡한 곳이 있지만 그리 대단한 것은 아니다. 그러나 너희들은 최황의 말을 새겨듣고 피차 툭 터놓고 서로 용납함이 옳다" 하였다.

6월 23일 대사헌 구봉령이 차자를 올렸다.

"지금처럼 일이 많은 때를 당해 대소 신하들이 마땅히 밤낮으로 근심하면서 부지런히 직책에 이바지하기에 겨를이 없어야 하는데 만약 미세하고 대단하지 않은 일로 가볍게 진퇴를 결정한다면, 국가에서 언책을 중하게 여기는 뜻이 과연 어디에 있겠습니까. 대사간 최황, 사간 한옹, 헌납 정숙남, 정언 송언신에게 출사하라고 명하소서" 하였다.

다음 날 정언 전경창이 최황의 말과 관련하여 체직을 청했다. 대사간 최황이 정언 전경창의 말과 관련하여 파직을 청했다. 사간 한옹, 헌납 정숙남, 정언 송언신 등이 최황으로 인해 체직을 청했다.

6월 25일 대사헌 구봉령이 다시 간원들의 출사를 청했다. 한옹 정숙남 송언신 등이 세 번이나 더 체직을 청했다. 최황도 세 번이나 더 청했다.

다음 날 대사헌 구봉령이 사간원이 헌부의 잘못을 언급했다며 체직을 청했다. 옥당이 헌부를 출사시키고 간원을 체직시키라고 청하니 따랐다.

선조가 대사헌 구봉령을 돌아보면서 이르기를, "삼신이 이이를 거간이라 하였는데, 이가 과연 간특한가? 바른 대로 말하라" 하였다. 대답하기를 "이이가 비록 간인은 아니지만, 진실로 경솔한 사람입니다. 스스로 자기 의견만을 옳다고 하고 다른 사람의 말은 듣지 않았으니 본심은 비록 나라를 그르치려 하지 않겠지만 나랏일을 맡아 하게 한다면 끝내는 그르치는 데 이르렀을 것입니다. 다만 문장에는 능합니다" 하였으며 노수신은 "이이는 남이 자기에게 아첨하는 것을 좋아하며, 다만 문장에 있어서는 힘을 들이지 않고 대책문에서 속담을 섞어 가며 줄줄 나와서 막힘이 없었습니다" 하였다. 그리고 선조는 영상의 요청을 따라 송응개와 허봉을 석방하여 외방에 거처하게 하겠다고 하였다. 박근원은 이미 석방되어 돌아와 있었다.

변명하는 말들이 너무 교묘하다. 말들은 정말 잘 만든다. 하는 짓들이 너무 가소롭다. 몇 날 며칠을 필요 없는 말로 체직해 달라고 번갈아 가며 귀찮게 하니 견딜 수 있겠는가. 과연 이 사람들이 국가의 일을 하는 사람들인가. 심의겸에 대한 것도 해도 너무한다. 사단을 일으켰다 해도 십 년이 지난 일인데, 동인이 서인을 제거하려고 하면 꼭 먼저 심의겸을 공격 대상으로 시작하였다.

7월 호남 사람 전 박사 정설이 상소하여 상의 호오가 일정하지 않고 억양이 너무 지나치다고 하였다. 선조가 이에 대해 자신의 생각과 심정을 토로하였는데 이이와 성혼을 등용한 사유는 어느 성군에 못지 않았다.

"이 상소를 보니 나에게 좋아하고 싫어함이 한결같지 않고 억누르고 부추김이 너무 지나치다 하였는데 무슨 일을 가리켜서 한 말인지 알 수가 없다. 나는 애당초 누구를 특별히 좋아하거나 싫어하거나 사랑하거나 미워한 적이 없이 모든 신하들을 일가처럼 여겼고 오직 어진 자를 들어서 썼으니 이는 조정이 다 아는 바이다. 오직 배우지 못하여 학식이 없는 까닭에 간혹 나의 뜻만 옳다고 하는 병통이 있고 간사한 사람을 지나치게 미워하고 또 척리에 의지하여 세력을 부리는 자는 더욱 좋아하지 않고 있다.

이이와 성혼 두 사람은 실로 나라의 큰 선비이고 온 조정이 모두 추천한 자이기 때문에 내가 성심으로 위임시켰고 내 몸을 굽혀서 맞아 왔던 것이지 사사로이 치우친 마음으로 등용했거나 내 의견만으로 발탁한 것이 아니었다. 아, 예부터 어찌 어진 신하를 예우하지 않은 적이 있었던가. 그런데 유언비어를 매개로 하여 서로 공박하는 풍습이 생겨났고 말을 이리저리 돌려 너무 심하게 모함하는가 하면 심지어 군부를 희롱하는 데까지 이르렀으므로 내가 노하여 배척했던 것이다. 그중 두세 사람의 무리가 못된 자들과 결탁해서 세력을 끼고 방자히 굴었던 일은 삼척동자도 다 알고 있고 나라 사람들이 모두 질타하고 있는 터이다. 다만 임금의 도량으로 포용하여 드러내지 않고 우선 그 쓸 만한 곳을 취하여 모두 몰아 국사를 맡겼지만 마음속으로는 실상 비루하게 여겼지 본디 옳게 여긴 것은 아니다. 지금에 이르러서는 사람들의 말이 여러 번 나왔고 공론은 막을 수 없는 것이니, 내 어찌 사정을 둘 수 있겠는가. 오직 내 마음은 편벽되거나 내 주장만을 내세움이 없기 때문에 옳은 자는 옳다 하고 그른 자는 그르다 했으니 이 어찌 억누르고 부추김이 한결같지 않은 것이겠는가. 가령 어떤 한 사람에게 옳은 점과 그른 점이 있다면 미워하면서도 그 착한 점을 알고 좋아하면서도 그 악한 점을 알며 긍정할 것은 긍정하고 부정할 것은 부정하는 것이 바로 좋아하고 미워하는 데 있어서의 올바른 이치이니, 임금이 사사로운 생각으로 할 수는 없는 것이다. 만약 옳게 여기면 그 그른 것까지 옳게 여기고, 그르게 여기면 그 옳은 것까지 그르게 여긴다면 이는 곧 편당을 지어 남을 모함하는 자들이나 하는 것인데, 어찌 나에게 이런 일을 하게 하려는 것인가. 근래에 기강이 확립되지 않고 간사한 말이 세상에 가득하며 몰래 임금의 마음을 시험하여 기탄없이 업신여기려 드니 통탄스러움을 견디지 못하겠다. 훗날 나라를 망치는 화를 조성하는 것은 분명 진정시킨다는 설이 오도한 결과일 테니, 나의 뜻을 알도록 하라" 하였다. 역시 말은 참 잘 했다. 그러나 그 말이 실행과는 거리가 있는 것이 문제였다.

8월 28일 홍문관이 심의겸을 파척하라 청하니 차마 할 수 없다고 하였다.

9월 1일 양사(대사헌 이식, 집의 이유인, 장령 한옹·홍인헌, 지평 심대·이시언, 사간 이양중, 헌납 정숙남, 정언 조인득·송언신)가 논계하기를, "청양군 심의겸은 전날 붕당을 만들어 사림에 화를 끼치고 밖으로는 조정의 정령과 안으로는 궁중의 모든 거조에까지 지휘하지 않는 것이 없었고 아비 상중에 있을 때 기복을 도모하였으며, 내지를 가탁하여 아우의 아내를 독살하였으니 관직을 삭탈하소서" 하였다.
 선조가 답하기를 "한 사람의 시비를 가리는 일은 애당초 어려운 일이 아닌데 이 일로 인하여 조정이 소란스럽게 논란만 하고 10년 동안 결정짓지 못하고 있었으니, 그동안 손상된 바를 어찌 다 헤아릴 수 있겠는가. 이 일은 전에 없던 기이한 일이지만 죄를 주기까지 하는 것은 온당치 않다" 하고,

다시 전교하기를 "그가 어떤 사람과 결탁했는지에 대하여 나로 하여금 알 수 있게 하라. 애당초 그 근원을 분명히 분변하여 결정짓지 않았던 까닭에 조정하고 진정시킨다는 말이 상하의 마음을 현혹시켜 마침내 나라를 그르치는 화를 조성하였다. 이는 비록 묘당에 인물이 없었던 소치이나 이 일이 어찌 앞날의 좋은 본보기가 되지 않겠는가. 더구나 자신이 간관이라면 응당 직언을 해야 되는데 겁을 먹고 할 말을 다하지 못했으니 책임의 소재가 분명히 있다 하겠다. 그러나 지금 내가 묻는 것은 다른 뜻이 있어서가 아니라 그것을 알아서 훗날 일을 처리하는 잣대로 삼고 싶어서이니, 옛사람이 이른바 '호랑이에게 물리고 겁이 많아졌다'는 것과 같은 것이다" 하였다.

이에 양사가 아뢰기를 "심의겸이 박순·정철·이이·박응남·김계휘·윤두수·윤근수·박점·이해수·신응시 등과 사생의 교분을 맺고 권세에 서로 의지하여 조정을 어지럽히며 형세를 엿보았는데, 그 뜻이 장차 무엇을 하려 함이었겠습니까" 하고,

또 아뢰기를, "성혼이 산림처사로서 또한 그의 농락을 받아 마침내 조정의 상하로 하여금 두 갈래로 갈라져 불안하게 하였으니 이는 모두 그가 빚어낸 일입니다. 의겸의 붕당으로서 살아 있는 자는 파직시키고 죽은 자는 삭직토록 하소서" 하였다.

선조가 이르기를 "이들은 너그럽게 봐주지 않을 수 없다" 하였다. 이에 양사가 연계하고 홍문관도 잇따라 차자를 올려 논하니, 전교하기를 "청양군 심의겸은 험악하고 편파적인 자질로 성사의 권세를 끼고 당파를 만들어 국권을 마음대로 휘둘러 밖으로는 조정의 정령과 안으로 궁곤의 거조에 이르기까지 지휘하지 않은 것이 없어, 군부의 손발을 얽어 매고 한 시대의 공론을 재갈 물렸다. 바야흐로 부친의 상중에 있으면서 법을 어기고 기복하였고 동생의 아내를 독살하면서 외람되이 내지라고 칭하

였다. 같은 당파의 사람들을 추천하여 순식간에 높은 반열에 오르게 하였으므로 이른바 한때의 사류라 이름하는 자들인 박순·정철·박점·김계휘·박응남·윤두수·윤근수·신응시·이해수 등의 무리들과 서로 생사의 교제를 맺고 안팎으로 서로 의지하면서 성세를 서로 북돋우었다. 기염이 장황하여 속에 품은 마음을 멋대로 부리면서 굳게 서로 결탁하였으므로 깨뜨릴 수가 없었다. 모든 정사에 참여하여 획책하지 않은 것이 없어 사설이 충만하고 정론은 사라졌다.

홍성민과 구봉령 같은 무리들은 당초 모두 의겸의 친구로서 그를 통하여 발신하였으며, 비록 이이와 성혼 같은 사람으로도 혹 친척의 후정이나 혹 교제의 밀접함이라는 것으로 역시 그에게 농락당하고서도 부끄러워할 줄을 몰랐다. 시비가 전도되고 국세가 흔들린 지가 거의 10여 년 이상 오래되었으므로 조정이 안정되지 못하고 사론이 서로 갈라져 점차 구제할 수 없는 지경에 이르렀다. 그가 외직에 부임된 뒤에는 오히려 조심할 줄 모르고 감히 서울에 들어와 친한 자들을 찾아다니며 밤중에 서로 만나 시사를 논하고 다시 교란시킬 계책을 세우는 등 하지 않은 일이 없다. 이런 사람인데 어찌 아직도 봉작을 지니고 녹위를 보존하여 뒷날의 재앙을 일으킬 터전으로 삼게 할 수가 있겠는가.

그 죄악을 논할 것 같으면 무거운 형에 처해야 합당하지만 오늘 직만을 파하는 것은 또한 말감을 따른 것으로 완곡하게 보존해 주는 뜻을 보이는 것이다" 하였는데, 이조에 내렸다.

이렇게 선조는 끌려가듯이 동인들의 주장에 동조하고 말았다.

선조가 심의겸은 파직만 시키고 그의 붕당들은 논죄하지 말되, 다만 두 전조(銓曹)에 명단을 비치하여 다시는 등용하지 않는 뜻을 보이도록 하였다.

'홍문관이 차자로 논계하려 할 적에 전한 김수가 관에 가는 도중에 우성전에게 들렀는데 우성전이 술상을 내어 대접하였다. 김수가 취하면 동료들이 모인 자리에 갈 수 없다고 사양하였으나 성전이 억지로 권하는 바람에 취하여 쓰러져 있다가 늦게야 도착하였다. 이에 사론이 시끄럽게 일어나 '성전이 김수를 붙잡아 놓아 차자를 논하는 자리에 참석하지 못하게 하였다' 하였는데, 이로부터 김수 또한 이발 등과 사이가 벌어졌다.

지평 이시언이 동료에게 말하기를 '계사에 성혼과 이이를 의겸의 당이라고 이르는 것은 잘못이다' 하였는데 이 때문에 체직되어 다시 대간에 들어가지 못하고 평산부사로 나갔다.

이발이 대사간으로 부름을 받고 서울에 들어와 아뢰기를, "예조판서 홍성민과 부제학 구봉령은 실제로 서인들에게 칭송을 받았고 그의 재주와 문학은 조정에 쓰일 만합니다. 그러나 애당초 모두 심의겸의 친우로서 그의 힘으로 출세하였으니 배척당한 여러 사람들과 뭐가 다르겠습니까. 그런데 유독 그 속에 끼워 넣지 않았으니, 의리상 헤아려보면 진퇴에 모두 근거가 없습니다" 하고 물러가 물론을 기다렸는데 본원에서 출사시키기를 청하였다. 이발은 입시할 때를 노려 누차 이이와 성혼이 심씨에게 편들었다고 배척하였다.

성혼이 자신을 탄핵하며 여러 차례 상소하니 결국 체직시켰다.

생원 이귀가 이이와 성혼은 심의겸의 당여와 무관하다고 상소하였다.

선조가 답하기를 "네 상소를 보았는데, 네 말이 진정 옳은 것으로서 대간이 이이와 성혼을 아울러 거론한 것은 우연에서 나온 것이다. 대저 의겸을 옳다고 하는 것은 여지없는 사론이고 이이와 성혼을 그르다고 하는 것도 정론이 아니다. 그러므로 내가 일찍이 '만일 옳게 여기면 그 그른 것까지 옳게 여기고, 그르게 여기면 그 옳은 것까지 그르게 여기는 것은 편당을 만들고 음험하고 간사한 자의 하는 짓이다'고 한 적이 있다. 내가 하고 싶은 말은 이것뿐이다" 하였다.

진사 조광현 등이 이발의 계사를 논하여 상소하였다. "삼가 근자에 이발의 계사를 보니 이이·성혼의 허물을 날조하여 기필코 불측한 곳에 두려고 했습니다. 이이가 해서에 있을 때 이발이 편지를 보내기를 '의겸을 소인이라 해서도 아니 되고 의겸의 제배들을 사당이라 해서도 안 된다. 김숙부와 유이현의 견해도 또한 이와 같다' 하였는데 지금에는 시론을 붙좇아 도리어 이이를 지적하면서 첫째는 '사류를 논하여 배척하였다' 하고, 둘째는 '종전에 나라를 걱정하던 마음이 뒤바뀌어 나라를 그르치는 계책이 되었다' 하였습니다. 그 논의의 변천이 어찌 이토록 이이의 생사에 따라 앞뒤가 다르단 말입니까.

그리고 이이가 전날의 삼사를 쓰지 않은 것을 잘못이라 한 것 역시 심히 생각이 부족한 것입니다. 신들이 들으니 이이가 다시 조정에 들어왔을 때 먼저 탑전에서 삼찬을 석방시킬 것을 아뢰었고 그 밖에 동인으로서 조금이라도 명망이 있는 자는 아깝게 여겨 천거하여 쓰지 않은 이가 없었으니, 이이의 본심은 실제로 피차를 조화시켜 동인 협공하자는 것이었습니다. 다만 그때의 삼사가 공론의 배척을 받았을 뿐 아니라 또한 성명께 죄를 지었으니, 이이가 어떻게 공론을 저지하고 거두어 쓸 수 있었겠습니까. 그리고 정철을 끊지 않은 것을 이이의 허물로 여기는데 이 또한 이이의 본심을 모르는 말입니다. 이이가 정철의 병통을 몰랐던 것이 아닙니다. 다만 온 세상이 자리만 지키고 녹을 먹으면서 나날을 보내고 직사를 게을리하는 판국이었는데, 오직 정철만은 자기 몸을 돌보지 않는 절개를 지녔으므로 이이의 생각에 함께 일할 만하다고 여겼던 것이니 이 또한 나라를 걱정하고 임금을 사랑하는 정성에서 나온 것입니다.

지난번에 이경례 등이 많은 선비들을 농락하여 오현을 문묘에 종사하자는 것으로 명분을 내세웠으나 실제는 일시의 사우를 공격하기 위한 것으로서 혹은 '도학을 그르치고 진리를 어지럽혔다' 하고 혹은 '명예를 구하였다' 하였습니다. 대개 지금 시대에 배운 것을 강명하는 것으로 자신의 소임을 삼은 자는 오직 이이·성혼뿐이었으므로 특별히 실상을 감춘 말을 만들어 몰래 모함하는 계략을 삼은 것입니다. 대저 마음을 다하여 나라를 위한 사람에 대해서 나라를 그르쳤다고 모함하고 학문을 좋아하고 도를 존중한 현인에 대해 도를 그르쳤다고 모함하여 사당으로 얽어 넣는 데까지 이르렀으니, 이는 송나라 때 장돈·채경의 무리가 원우의 제현을 미워하여 마침내 간당비를 세운 수단과 같은 것으로서 결코 국가의 복이라고 할 수 없습니다" 하니, 너희들의 뜻을 잘 알았다고 답하였다.

이항복을 정언으로 했다가 뒤에 이조좌랑으로 옮겼다. 항복은 재기가 남보다 뛰어나 선조의 총애를 받았으므로 이발 등이 시기하였으나 배척하지는 못하였다.

대사헌 이식이 이귀가 자신을 비방하고 배척했다고 체직을 청했다.

9월 9일 경상감사의 서장에 도내 고을에 8월 9일부터 12일 사이에 큰비가 내려 낙동강 물이 넘쳐 바다를 이루어 민가 손실이 크고 곡식은 거둘 희망을 잃었다고 하였다.

9월 20일 이조판서 정탁이 사정만 따른다고 체직을 청하니 윤허하였다.

윤9월 5일 홍원현감 유숭인은 나이가 어려 경험이 없고 학식도 없다고 체차를 청했다. 또 황주목사 황윤길은 관아를 자주 비우고 부당한 세금을 징렴한다고 파직을 청했다.

윤9월 20일 홍문관이 차자를 올려 재이로 인한 폐단을 아뢰니,
답하기를 "본래 덕이 적고 아둔한 데다 근년 이래 병이 들어 마음이 이미 잘못되어 다시는 수습하거나 시원하게 씻어 낼 수가 없는 지경이어서 자신을 어루만지며 스스로 탄식할 따름이다. 차자에 논한 곳은 의논은 매우 가상하다. 대저 재이가 발생하는 것은 임금답지 못한 사람이 외람되이 자리에 있으면 그 이치가 진실로 그러한 것이므로 밤낮으로 조심하고 두려워하고 있다. 대저 조정의 일은 오직 천리라야 연나라를 칠 수 있다는 격이니 다만 스스로 맡은 일을 잘 살피면 되는 것으로 쟁변할 필요는 없다. 더욱 유념하겠다" 하였다.

12월 회령 보하진의 서예원이 80여 명의 기병을 거느리고 강을 건너 적의 근거지를 정탐하려고 오랑캐 땅 깊숙이 들어갔다가 오랑캐에게 패했는데 서예원이 포위를 뚫고 도망하여 돌아오자 종성에 유배시켰다. 이 해 오랑캐 기병 30여 명이 풍산보 수호소에 갑자기 침입하였는데 수호장 차응호는 말을 버리고 도망가고 만호 김대음 등이 추격하여 노략당한 것을 되찾아왔다. 이에 차응호는 참형에 처하고 김대음은 도배시켰다. 또 오랑캐 기병 10여 명이 회령 경계에 침입하여 말과 소를 약탈하자 부사 이일이 추격하여 곧바로 그 부락을 공격하고 30여 명을 목 베었다. 이때에 '장백산 밖의 심처호가 틈을 노려 침략하여 인명과 가축에 피해를 끼치곤 하였으나 크게 침범하지는 못했는데, 이는 아군의 군율이 아직도 엄하기 때문이다'는 말이 있었다. 그러나 사실은 군율이 엄해서가 아니라 침범하는 자가 소수였기 때문이었다. 이런 것에 만족하고 있었을 것이니 한심한 조정이었다.
교정청을 설치하여 경서의 훈해를 교정하였다.

동인들의 공격은 집요하였다. 정여립을 앞세워 이이를 비방하게 하고, 서인을 몰아내기 위해 심유겸을 물고 늘어졌다. 선조가 결국 견디지 못하고 동인 편을 들었다. 그렇게 하는 것이 조정을 조용하게 할 것이라고 생각한 것이다. 그러나 편가르고 헐뜯기 좋아하는 자들이 조용히 사이좋게 지낼 리가 없다. 이렇게 나라를 위해 좋은 일을 했다고 할 수 있는 일이 하나도 없이 또 한 해가 저물었다.

41세의 이순신은 여묘살이 중이었다. 변방을 맡길 장수가 필요하므로 조정에서는 언제쯤 상복을 벗게 되냐고 자주 물어오고 있었다.
44세의 유성룡은 서익의 상소에 정여립이 자신을 거간으로 지목하였다 하여 자존심이 크게 상했다.
선조도 벌써 34세나 되었다.

21
조헌이 붕당의 시비를 상소하다 :
선조 19년 (1586 병술년)

충심의 선비 조헌이 이이, 성혼을 옹호하고 동인을 비판하는 상소를 올려 파란이 인다. 이산해는 이미 비난의 대상이 되었지만 선조의 신임은 대단하다. 그런 그가 나라를 위하여 무슨 일을 하겠는가.

1월 이순신은 3년 상을 마쳤다. 기다렸다는 듯이 조산만호로 임명되었다. 여묘살이로 여윈 몸을 회복할 시간도 없이 다시 먼 북쪽 두만강 가로 가야 했다.

5월 4일 황해감사가 기근이 심하니 경창의 곡식을 보내 달라고 요청하였고, 개성부 유수가 경창미를 풀어 백성을 구제하자고 하였다.

5월 25일 윤선각을 응교, 홍인상을 지평, 이성중을 대사간으로 삼았다.
길주목사 이광을 함경도 관찰사로 초배하였다. 이광은 계미년 변란 초기에 함경도사로 있다가 임기가 만료되자 정언신이 불러 종사관으로 삼았고 다시 구황어사에 승직되었는데, 3년 동안 재직하면서 청렴하고 직무를 잘 수행하여 명성이 자자하였다. 상이 특별히 능력을 인정하고 통정대부로 올려 강계부사로 삼았다가 부임하기 전에 영흥부사로 옮겼고 1년 뒤에 길주목사로 옮겼다가 이제 방백으로 삼았다. 막료가 되고부터 4년 동안 겨우 서너 차례 옮겼다가 대수에 초배된 것이다. 보기 드물게 선조가 신임한 경우였다.

6월 1일 전라감사가 치계하기를 "도내의 농사 형편은 양맥이 손상되어 혹 낫을 댈 수조차 없는 곳도 있으며, 농량도 바닥이 나 구휼할 방책이 없을뿐더러 추수하고 보리 심는 것도 극히 염려스럽습니다. 올 곡식이 익기 전에 계속 구제할 일이 매우 난감합니다. 따라서 각 고을의 부유한 이들이 사사로이 비축한 곡식과 매년 준비해 놓은 구황용 상수리의 유무를 조사해서 구제할 식량에 보충하게 하소서" 하였다.

6월 3일 전라 우수사가 치계하여 정의현감 김대이가 적의 대선 1척과 만나 접전하다가 잡지 못했는데 적의 계략을 헤아릴 수 없다고 하였다. 이에 김대이를 잡아 가두라고 하였다.

7월 전 영의정 박순이 영평의 산중으로 물러갔다.

8월 4일 관압사 성세령이 숙배 후에 아뢰기를, "중원 일로의 예단에 들어 있는 영남과 호남의 인정이 아직도 대부분 오지 않았습니다. 길을 떠난 뒤에 혹 뒤미처 올 곳도 있을 것이니, 역관 한 사람을 남겨두어서 그를 시켜 가져오게 함이 어떻겠습니까?" 하였다.

이에 사간원이 "북경에 가는 행차에 종사관 등을 일시에 수행하게 하는 것은 이유가 있어서입니다. 그런데 관압사 성세령은 노자가 적다고 하여 역관 한 사람을 남겨 놓기를 계청하여 모리배들로 하여금 마음대로 협잡하게 하였으니, 뒤 폐단을 우려하지 않을 수 없습니다. 성세령을 추고하소서" 하였다.

8월 24일 이항복을 수찬, 이식을 이조참의로 하였다.

8월 27일 종자마 봉진을 소홀히 한 경상감사 이산보를 파직하라 하였다.

10월 8일 공주 교수 조헌이 상소하여 붕당의 시비와 학정의 폐단을 논하고, 이이·성혼의 학술의 바름과 나라에 충성한 정성을 극력 진술하였다. 그리고 동인이 나라를 그르치고 어진 이를 방해하는 것을 배척하였는데 내용이 몹시 길었다. 상소 중에는 "신이 삼가 들으니 정철은 이발의 아비인 이중호와 옥당의 동료가 되는데 이중호는 일찍이 《근사록》을 가지고 정철에게 질문한 후에야 비로소 감히 진강하였다고 하니, 이발과 이길은 정철에게 제자의 예를 취하여야 할 것입니다" 하는 말도 있었다. 선조는 십여 일 동안 궁내에 머물려 두고 비답을 내리지 않았다. 그러자 조헌이 다시 상소를 하여 머물기 어려우니 돌아갈 것을 청하고, 또 누구누구가 인척으로 결탁한 정상을 일일이 지척하였다.

선조가 답하기를 "구언에 따라 진소한 정성은 참으로 가상하다" 하고 또 "만일 조헌이 내려간다면 회유하라" 하였다.

10월 21일 사간원이 조헌의 상소가 그릇되고 망령되었다고 논하여 올렸는데, 그중 한 조목은 바로 조헌의 상소에 없었던 말이었다. 정원이 그 잘못을 깨닫고 성상소에 통지하자 성상소는 동료들에게 통지하여 다시 가지고 가 다음 날 고쳐 써서 올렸다. 외부 사람들이 간관의 체모를 잃은 일이라 하여 논의가 시끄러워지자 모든 간원이 피혐하고 물러가 물론을 기다렸다. 사헌부가 성상소를 체직시키고 나머지는 모두 출사하도록 하라고 아뢰자, 사간원의 차자에 대해 다투어 논변할 필요가 없다고 답하였다.

　홍문관 부제학 정윤복 등이 상차하여 조헌 상소의 그릇되고 망령된 것을 논하자, 답하였다.

　"나는 부족한 덕과 어두운 식견으로 반생을 질병과 근심을 안고 지냈으므로 인사에 밝지 못한데, 하물며 누가 옳고 누가 그른가를 알겠는가. 다만 차자를 보고 생각해 보니, 이러한 쟁변은 무익하다고 여겨진다. 대저 시비란 모양이 없는 물건이라 인심에 기반을 두고 행사에 나타나므로 한때의 말의 기세를 가지고 억지로 우열을 정할 수는 없다. 어느 누가 세 치의 입을 가지고 있지 않겠는가. 내가 말을 잘한다면 저 사람도 말에 능한 법이다. 그런 까닭에 끝없는 구설로 무익한 시비를 다투는 것이 자신을 반성하여 스스로 살피는 것만 못하다. 다른 사람의 관점으로 자기를 보지 않으며 마찬가지로 자기의 관점으로 남을 보지 않는다면 다행스러운 일이다."

　그리고 깊은 밤에 차자를 올린 일 때문에 정원에 전교하였다.

　"나는 병든 사람으로 다만 형체만을 보존하고 있을 뿐 정신이라곤 전혀 없다. 지난밤 삼경에 중관이 갑자기 방울을 울리는 소리를 듣고 내가 옷을 입고 일어나 스스로 생각하기를, 밤도 깊고 시각도 조용할 뿐만 아니라 금문도 이미 잠겼는데 무슨 상주할 일이 있을까. 매우 긴급한 일이 아니면 필시 변방의 보고일 것이라 여기고 좌우를 불러 나가 응대하게 했더니, 바로 온통 부질없는 말이었다. 이것은 진실로 한밤중 새나 쥐도 모두 잠이 든 시각에 올릴 글이 아니었다. 옥당은 비록 진언이 급하다 하더라도 사체를 헤아렸어야 했다. 정원은 왕명을 출납하는 자리이니 마땅히 완급을 참작하고 사체를 깨우쳐 다음 날 아침을 기다렸다가 올린다 하더라도 누가 그것을 그르다고 하겠는가. 지금 자다가 깨어나 미처 정신도 차리지 못한 채 옥당의 전령에게 달려가게 하였으니 이것이 과연 온당한 처사인가. 후일에도 만일 오늘과 같은 버릇을 되풀이한다면 반드시 벌책이 있을 것이다. 그리고 궁궐 문은 어둡기 전에 닫고 날이 밝아야 여는데 여기에는 뜻이 있는 것이다. 비록 만승의 존귀한 몸으로도 관문을 지키는 이졸에게 거절을 당하였는데 오늘의 신료들은 출입을 자기 마음대로 하면서 공문 보기를 마을의 대문만큼도 여기지 않으니 옛사람들과는 너무도 다르다" 하였다. 신하들은 이렇게 예의없고 버릇없는 행동도 하였다.

이조판서 이산해가 조헌의 상소에서 그를 드러내 놓고 비난, 배척했다 하여 사직 차자를 올렸다.

답하기를 "경의 뜻을 모두 알겠다. 차자나 소장을 올려 전후에 걸쳐 사직을 요구하여 마지 않은 것은 혹시 장인이 없는 사람에게 장인을 때렸다는 죄명이 미쳐서가 아닌가. 요사이 염치가 전부 없어지지는 아니하고 나랏일도 무너지는 데 이르지 않은 것은 내가 경을 등용하여 총재로 삼았기 때문이다. 충분히 뭇 관료들의 본보기가 될 만하고 사나운 물살 속의 지주와 같은데 누가 감히 훼방할 것인가. 저 광부(狂夫)의 비난하는 말이야 한 아이의 웃음거리도 되지 못할 것이다. 슬프다. 박제가 경을 비방하고 응생이 경을 참소하더니, 이제 또 조헌이 경을 무함하였다. 어찌하여 헐뜯는 자가 이리 많은가. 진실로 내가 경을 대우함이 정성스럽지 못한 때문이리라. 참소가 이미 세 번 이르렀으나 어찌 감히 베틀의 북을 던져버릴 것인가 속히 출사하라" 하였다.

이렇게 선조의 이산해에 대한 믿음이 대단하였다. 그러나 다른 쪽에서는 이미 그가 아주 편파적으로 노는 것을 잘 알고 울분을 삭이고 있었다.

10월 29일 응교 김홍민도 조헌으로부터 비방을 받았다 하여 사직을 청했다.

답하기를 "사람들의 말도 두려워해야 하지만 몸을 닦는 일도 늦출 수 없는 것이다. 진실로 몸을 닦지 않는다면 조헌이 비록 없다 한들 우리나라에 조헌이 다시 없겠는가. 사직하지 말라" 하였다.

11월 12일 나주 사직단의 위판이 불탔다고 목사 김성일을 파직하라 하였다. 김성일은 이래저래 수난이었다.

12월 2일 영부사 박순이 영평에서 상소하여 사직하니 속히 올라오라 하였다.

12월 11일 조헌의 상소 가운데 '송응개 등이 그 부모의 장례 때 수도를 사용하여 천자의 예를 참용했다' 하였는데, 상주목사 송응형이 상소하여 신원하였다.
이에 전교하기를 "자연히 공론이 있을 것인데 어찌하여 바로 와서 사적인 일을 올려 분쟁해서 조정을 하나의 소송 장소로 만드는가. 마땅히 벌로 다스릴 것이나 우선은 끝까지 따지지 않겠다" 하였다.

신흠을 경원 훈도로 삼았다. 이때 신흠의 나이가 21세였는데 이미 문명이 있었다. 과거에 급제하자 여러 젊은 무리들이 미워하고 시기하여 학유에 보임시켜 북쪽 변방의 험한 곳으로 보냈다. 얼마 뒤에 광주 훈도로 전임시켰다. 신흠은 어려서부터 차분히 독서에 전력하였을 뿐, 애당초 당파에 끼어들어 벼슬길에 나가기를 꾀할 뜻이 없었고, 또한 외삼촌인 송응개의 집에 대하여 딴마음을 가진 적도 없었다. 그런데 한마디 사적인 말이 화근이 되어 마치 유배되고 좌천되는 죄인처럼 모함을 입고 곤액을 치르자 세상에서는 드디어 서인이라 지목하였다.

42세의 이순신은 조산만호로 근무하고 있는데 이해에는 별 일이 없이 지나갔다.

45세의 유성룡은 3월에 휴가를 얻어 고향에 내려와 사직 상소를 올렸다. 선조가 윤허하지 않고 여러 번 불렀으나 올라가지 않았다. 이해에는 비교적 한가한 시간을 가졌고 별다른 일이 없었다.

‖ 풍신수길, 일본의 실력자가 되어 있었다 ‖

풍신수길은 전년에 이미 관백을 칭하고 있었으며 측근에게는 중국을 치겠다고 공언하고 있었다. 일본을 거의 휘어잡았으니 거칠 것도 두려운 것도 없었다. 3월에 포루투갈 신부들을 만났는데 서양 배 2척을 사겠다고 하고 또 조선과 명을 치겠다고 호언하였다. 빈말이 아니었다. 이미 2천척의 배를 만들 목재를 준비하라는 명령이 내려져 있었다. 풍신수길의 부하 장수인 소서행장(고니시 유키나가)의 아버지 고니시 류사는 풍신수길의 비서인데 원래는 사카이에서 약재를 다루는 무역상이었다. 그래서 대마도와 왕래가 많았으며 조선에도 장사하러 온 적이 있는 사람이었다. 대마도에서는 본토의 실력자와 관계를 갖는 것이 중요했으므로 그를 붙잡는 데 노력하여 사돈 관계를 맺었다. 소서행장의 딸과 대마도주의 아들 종의지가 부부가 된 것이다. 이때에 대마도는 새로운 실력자 풍신수길의 환심을 사야 하는데 사돈 부자가 그의 막하 실력자들이니 어려운 일이 아니었다. 대마도에서는 외교담당관인 평조신을 보내 수길에게 인사하도록 하였다. 그러나 첫인사에 돌아온 것은 풍신수길의 야망에 의한 과대망상의 날벼락이었다.

'조선에 군대를 보낼 것이니 귀하도 준비되는 대로 동병하도록 충성을 다하라' 하였다. 조선을 치겠으니 병력을 준비하라는 말이었다. 당장 눈앞의 일은 아니었지만 대마도는 커다란 고민에 빠지지 않을 수 없었다.

22
이귀, 스승 이이를 위하여 상소하다 :
선조 20년 (1587 정해년)

유생 이귀가 스승 이이를 옹호하는 상소를 올려 파란이 인다. 남해안에서는 손죽도 왜변이 발생하여 피해를 입고, 북변에서는 녹둔도 사건이 발생하는데 이순신이 직접 관련되어 불명예스러운 백의종군을 하게 된다.

1월 1일 정원이 강상의 변고가 심하니 향약을 시행하자고 하였다.

1월 19일 대사간 이발이 서울에 들어와 숙배하고 조헌의 상소와 관련하여 사직을 청했다.

‖ 손죽도 왜변이 있었다 ‖

얼마 전에 왜선 수척이 녹도 근처에 침범하였는데 녹도 권관 이대원이 그들을 쳐서 수급을 베어 공을 세운 일이 있었다. 그런데 주장인 전라좌수사 심암은 이대원이 자기의 공으로 삼은 것에 악감정을 가졌다.
이때 또 왜적선 18척이 흥양 지경의 손죽도를 침범하였다. 근래 보기 드문 대군의 왜적이었다. 수사 심암은 일부러 이대원을 선봉으로 삼아 보내고 응원하지 않았다. 이대원은 홀로 수많은 적을 대적하다가 전사하였다.

2월 26일 전라감사가 왜적의 침범에 대하여 급보하였다. 왜적선 18척이 흥양 지경을 침범하였는데 녹도권관 이대원이 전사했다고 하였다.

전라도에서는 군사를 모으느라 야단법석이 일고 있었다. 조정에서는 신립을 방어사로 삼아 군관 30명을 거느리고 그날로 나가게 하였다.

다음 날 전라우수사 원호의 보고에 왜적이 가리포를 침범하여 병선 4척을 빼앗아갔고, 첨사 이필은 왼쪽 눈에 화살을 맞고 퇴각하였다고 하였다.

조정에서는 김명원을 전라도 순찰사로 삼고 전라우도 방어사로 변협이 나갔다. 30일에는 신각을 경상도 방어사로 하여 임지로 내보냈다.

3월 2일 전교하기를 "적과 맞서 응변할 적에는 마땅히 적의 용병하는 형세를 잘 알아 대응해야 된다. 적은 이미 손죽도에서 승리하고 또 선산도에서 약탈하였으니, 그 날카로운 기세를 타고 바로 변경의 성을 침범하기는 그 형세가 매우 용이하다. 그런데도 바깥 바다에 계속 체류하고 여러 섬에 나누어 정박하면서 오래도록 쳐들어오지 않아 그 실정을 측량하기가 어려우니, 이를 참작하여 아뢸 것을 비변사에 이르라. 그리고 계속적으로 정병을 보내 주고 적을 방어할 모든 기구들이 이미 정리되어 있는지의 여부도 병조에 물으라" 하였다.

병조에서 답하기를 "지금의 왜변은 우연히 변경을 침범한 것에 비할 바가 아닙니다. 전선을 넉넉히 준비하여 대거 침입했습니다. 고풍손이 전한 대로 사을화동의 소행이란 것이 이미 빈 말이 아닙니다. 한 번 교전하고서 선박을 불태우고 장수를 죽였으니 곧바로 침범하는 데 아무런 어려움이 없었습니다. 그런데 여러 날을 지체하면서 진격도 후퇴도 않기 때문에 그 실정을 가늠하지 못할 듯하지만 어찌 심원하여 알기 어려운 계책이야 있겠습니까. …… 신들의 생각으로는 적과 대응하는 곳은 방어가 그다지 허술하지는 않은데 본도에서 우려할 만한 곳은 가리포·진도·제주 등 3읍과 법성창·군산창입니다. 그러나 본도의 방책에 진작 정해진 규칙이 있으니, 반드시 이미 조치하였을 것입니다. 정병은 현재 당상·당하의 무신과 녹명인 및 잡류·공·사천으로 활쏘기에 능한 사람을 벌써 선발해서 대오를 나누고 짐을 꾸려 명을 기다리게 하였으며, 궁시와 총통도 있습니다, 그 가운데에 부족한 것은 철갑과 철환이나 현재 만들고 있습니다" 하니, 알았다고 하였다.

다음 날 전교하기를 "무릇 적병의 많고 적은 것은 따질 것이 없다. 오직 용병의 기율과 기예 및 용맹성을 가장 먼저 알아야 된다. 그런데 좌수사 심암은 이미 적과 전투를 벌였는데도 적이 용병하는 형편과 깃발·금고 등의 일을 모두 갖추어 진술하지 않았으니, 그 미욱함을 알겠다. 감사와 병사도 어찌 들은 것이 없었겠는가. 역시 아뢰지 않았으니 아주 온당치 못하다. 승지는 들은 바가 없는가? 아뢰도록 하라" 하였다.

또 "적이 비록 잠시 물러났으나 이는 우리를 유인하는 것이다. 절대 마음을 태만히 하지 말고 더욱 전구를 닦고 창을 베고 자면서 대비하라. 그리고 봉수나 요망 등의 일을 날로 새롭게 조사하고 단속하라" 하였다.

선조의 반응은 상당히 적절하였다. 대비를 잘 해야 하는 것이다. 왜적이 노략질하고 사람을 잡아 가는 것이 한두 번이 아니고 수도 없이 많았다. 그러나 지금까지는 대규모 전쟁을 할 계획이 있는 것이 아니었기 때문에 자주 침략하였지만 곧바로 달아나 돌아갔다. 그래서 우리나라에서도 그것을 보통 일로 여겨 그다지 근심하지 않았다. 이번에는 왜선이 18척이나 되었으니 상당한 규모였다. 선조가 큰 문제로 생각하고 신속히 조치를 취하도록 하였고, 다행스럽게도 왜적은 육지에는 상륙하지 않고 몇몇 도서만 침범하고서 철수하였다.

　조정에서는 장수들을 내려보내느라 부산을 떨었지만 접전을 피해 다행이었다. 신립 이하 모두들 내려왔다가 빈손으로 돌아와야 했다.

　전주부윤 남언경이 군사를 모으면서 정여립에게 도움을 청했다. 이에 정여립은 자신의 대동계 사람들을 모아 군용을 갖추고 남해안으로 출정하였는데 전투는 해보지 못하고 그냥 돌아와 다음을 기약하고 해산하였다. 그러나 남언경은 이 일로 인하여 후에 곤욕을 치르게 된다.

　왜적은 더 이상 난을 일으키지 않고 물러갔다. 그러나 근본적인 왜적의 힘은 모른 채 이 정도의 조치면 왜적은 문제가 되지 않을 것으로 자만하게 된 것은 큰 문제였다.

　비변사가 아뢰었다. "좌수사 심암은 이대원 등이 전몰할 때 관망하며 진격하지 않아 군사를 잃어 나라를 수치스럽게 만들었고, 우수사 원호는 복병선 5척이 피침하였으나 따라가 잡지 않았습니다. 모두 잡아들여 국문하소서" 하였다.

　선조가 윤허하고 강력한 전교를 내렸다. "패군한 장수에게는 자연 그 형률이 있다. 전투에 졌는데도 즉시 법을 시행하지 않고 국가를 다스릴 수가 있다는 말은 듣지 못했다. 춘추 시대에 초나라만 유독 강국이었는데, 이렇게 된 까닭은 전투에 패한 장수는 반드시 죽이고 용서하지 않았기 때문이었다. 비록 자옥 같은 인물로서도 연이어 패전했다는 혐의가 있자 필시 이를 모면하지 못할 것을 알고서 차라리 자결을 택하였다. 가령 역대에 걸쳐 조금이나마 생기가 있던 시대에는 대개 이러한 방식을 사용하였다. 지금 심암의 나약하고 비겁했던 그 꼴이야 족히 다시 들어서 책망할 것도 없다. 그러나 적과 만나 대전하면서 장사를 천여 명이나 잃었건만 왜적의 머리 하나 참획하지 못했으니 다시 힐문할 것도 없고 또한 어떻게 할 것도 없다. 의당 형구에 채워 본도로 이송한 뒤, 원문에서 참수하여 여러 열진에 조리를 돌려야 된다. 변방의 백성들에게 사죄하고 장사들을 북돋우는 것이 이 한 일에 달렸으니, 의논하여 아뢸 것을 비변사에 이르라" 하였다.

이대원에 대한 증작은 추후 처리하기로 하고 비망기를 내렸다. "대원은 용감하게 앞장서 배에 올라갔었고 나랏일에 죽었으니, 특별한 은혜가 없을 수 없다. 쌀 20석을 내려 주라. 대원의 어미에게는 유사를 시켜 매달 주육을 보내 주고 봄가을에는 쌀을 지급하여 여생을 마치도록 하라" 하였다.

이때 조정 논의가 성혼·이이의 당이라 하며 공격을 거르는 날이 없었다. 선비로서 성혼·이이의 문정에 조금이라도 가까이한 자는 차례로 배척당했다. 그래서 성혼·이이를 위하여 감히 말하는 자가 없었다. 관학 유생이 오현의 종사를 청하는 것을 명분으로 하여 유생들을 불러 모았다. 그리고 소를 작성하였는데 그 끝에 '정도를 그르치고 진리를 어지럽히며 이름을 낚고 성예를 구하였다'는 등의 말을 몰래 첨가하며 성혼·이이를 공격하였다. 성혼·이이를 따르던 사람들도 모두 알지 못하고서 거기에 서명하였다. 이귀의 이름도 거기에 들어 있었는데 늦게 그 사실을 알았다. 화가 난 이귀가 동료를 거느리고 소장을 갖추어 이를 변명하고자 하였다. 그러나 여러 사람들이 화를 두려워하여 모두 흩어졌다.

3월 7일 이귀가 이이의 조카 이경진을 시켜 상소하게 하고 그가 지은 소장도 함께 올렸다. 동서 논의의 전말을 두루 진달하는 한편 조헌의 논의가 치우쳤음도 말하고 힘써 중도에 맞게 하려 하였다.

이이가 동서 당파를 타파하려고 처절하게 노력한 정상을 극명하게 보여주는 상소였다. 그 대략은 다음과 같다.

"아, 죽은 스승이신 이이의 평생은 붕당을 세우지 아니하고 오직 힘을 다해 사류를 보합하여 시세의 어려움을 구제하려고 도모하였는데 뜻을 품고서 성취하지 못하고 불행히 마음과 힘을 다해 애쓰다가 죽자 국사가 한 번 패하게 되었으므로 신들은 매우 가슴 아프게 여겼었습니다. 그런데 이이가 죽은 뒤부터 그의 언론과 풍지가 전혀 전해짐이 없고 곧 중도에 맞지 아니한 말이 배류들 사이에서 나올 줄 어찌 생각이나 하였겠습니까.

그러므로 동지·후생들 몇 명과 각기 듣고 본 바를 참고하여 죽은 스승이 평생 조정에 벼슬하면서 했던 언론과 심적 가운데 현저하여 알 수 있는 것을 대강 기술하였습니다.

옛날 동서로 당파가 나뉘어질 적에 조짐은 심의겸과 김효원에게서 일어났으나 실지는 전후배의 사이가 서로 좋지 못한 데에서 연유된 것입니다. 이이는 국외의 사람으로 국사를 담당한 자의 혼미함을 환하게 보고는 '양쪽이 모두 전후배인데 그들의 심사를 다 알 사람은 나만 한 사람이 없으니, 내가 화해시키지 아니하면 누가 따르겠는가' 하고, 곧 조정에 드러내 놓고 말하기를 '서인도 사류이고 동인도 사류이다. 사류가 서로 공격하는데 어느 한쪽을 도와주거나 어느 한쪽을 공격해서는 안 된다. 마땅히 양쪽을 다 옳게 여겨 함께 존립시키고 잘 개유하여 화해시켜야 조정이 편안해질 것이고 그렇지 않으면 어지러워진다' 하였는데, 전후배가 그 말을 듣고 감히 그르다고 하지는 못하였으나 또한 그 말대로 하지도 않았습니다. 이것이 이이가 일찍이 근심하게 된 까닭입니다.

이때를 당하여 충성을 다해 나라를 근심하고 공도를 행하고 사정을 잊어버리며, 초연하게 우뚝이 서서 동서 붕당에 물들지 않은 사람은 오직 이이 한 사람뿐이었습니다. 이 때문에 온 조정의 백관이 팔짱만 끼고 감히 한마디 말도 꺼내지 못하는데도 이이만은 홀로 그것을 근심하였습니다.

　이때를 당하여 서인만이 이이가 김효원에게 사정을 둔다고 의심할 뿐만 아니라 위에서도 또한 김효원에게 편당 든다고 의심하였습니다.
　두 사람이 쫓겨난 뒤에 동인의 형세는 조금 꺾였고 서인의 지론은 한쪽으로 치우쳤습니다. 윤현은 들뜨고 경박하여 김효원의 무리를 배척하는데 편중이 너무 심하였습니다. 이때 정철이 호남에 있으면서 뜬소문에 자못 의혹되어, 이이가 김효원을 사적으로 두둔한다고 의심하였습니다. 이이가 파주에 있으면서 정철에게 글을 보내어 깨우쳐 주었는데, 이이의 서찰을 보고 나서야 비로소 의심을 풀었습니다. 그러나 심의겸의 제배들은 이이를 의심하여 마지않았습니다. 만일 그 뒤에 다시 이이의 심사를 깨닫지 못하였다면 서인이 이이를 치는 것이 반드시 오늘날 동인의 소위에 못지않았을 것입니다.
　정축년 무렵에 이르러 서인의 세력이 조금 꺾였는데, 이발·김성일이 경석의 계사를 인하여 이수 등이 뇌물을 주고받은 데 대한 옥사를 일으켜 철저히 추문하였으나 끝내 지적할 만한 실적이 없었습니다. 이렇게 되자 이발 등은 오히려 옥사가 이루어지지 못할까 두려워하여, 유생 정여충을 형신하기에 이르렀습니다. 이발 등의 소위가 여기에 이르러서는 더욱 인심을 열복시킬 수 없었습니다.
　그로부터 서인이 여지없이 패하고 동인이 바야흐로 승리하여, 동인이 옳고 서인은 그르다는 것으로 국시를 정하자, 들떠 조급하고 진출하기를 좋아하는 무리가 앞다투어 부회하였습니다. 그때 심의겸의 집에 출입하며 아침저녁으로 서로 왕래하면서 종처럼 알랑거리던 무리들이 그들에게 항복하여 몰래 들어간 자가 상당히 많았으나 동인의 주론자는 오직 자기에게 붙는 것만 기뻐할 줄 알고 이랬다저랬다 하는 것은 미워할 줄 몰랐습니다. 인물이 어떠한가는 따지지 아니하고 백이든 도척이든 입으로 '동인이 옳고 서인이 그르다'는 글자만 말하면 명사가 됩니다. 그리하여 그들이 시세를 타고 이익을 노리는 시정인들의 행위를 하게 되었으므로 기고만장하게 날뛰어 다시 예의염치라고는 없습니다. 이러니 이이가 시론을 따르지 않는 것이 어찌 잘못이겠습니까.

기묘년 무렵에 이르러 시론이 날로 심각 준엄해져서 시비의 설이 또 변하여 사정으로 되기에 이르러서는 인심이 놀라 분란되고 사론이 크게 무너져 그 형세가 수습할 수 없을 지경에 이르렀습니다. 이때에 이이가 해주에 있으면서 크게 근심스러운 일로 여겨 소장을 올려 논척하고 나서 또 이발에게 글을 보내어 책망하였습니다.

'이제 또 까닭 없이 심의겸은 소인이고 서인은 사당이라고 현저히 지척하게 되어서는, 가면 갈수록 더욱 심각해졌으니 참으로 사람을 잡는 수단이다. 어찌 숨길 수 있겠는가. 심의겸은 애석히 여길 것이 없더라도 서인이 모두 애석하게 여길 것이 없는 그런 사람들이겠는가. 이것이 과연 그대들의 본의인가. 만일 본의였다면 나의 강론한 것은 모두 면종한 것이니, 미안한 것이 아니겠는가' 하였는데

또 '그대와 이현으로 말하면 처사가 중도를 잃어 이미 범과 무소가 우리를 뛰어나가게 한 책임을 면할 수 없으니, 모쪼록 이현을 힘써 만류하여 시사를 수습하는 한편 우리들로 하여금 재를 넘어 귀양 가는 지경에 이르지 않게 하는 것도 또한 한 방도이다.

그대는 모쪼록 숙부와 더불어 사리에 의거 상량하여 잘못된 것을 지시해 줌으로써 나로 하여금 환하게 스스로 깨닫게 해 주기 바란다. 사리가 바르지 못하면 내가 소견을 곧 고치겠거니와, 만일 내 소견이 사리에 어긋나지 않았다면 또한 돌이켜 생각하기 바란다' 하였습니다.

이발·유성룡·김우옹의 무리들이 모두 죽음 속에서 살기를 구하라는 말을 불변의 정론으로 삼았습니다. 그러므로 그때 김우옹이 이이에게 답

한 서찰에서 또한 '이 논의가 매우 좋다. 내 의견도 바로 이와 같이 해야 한다고 여긴다. 내 의견이 이와 같을 뿐만 아니라, 경함과 이현의 의견도 그러하니, 어찌 큰소리로 배척하는 자와 하나가 될 수 있는가. 다만 중론에 격렬한 것이 많고 벗들의 힘이 미치지 못한 점이 있어서 그러할 뿐이다. 간절히 바라건대, 서로 잇따라 상량하여 선후책을 도모하는 것이 매우 다행한 일이겠다' 하였습니다.

그래서 당시 정희적이 사헌부의 상소를 지으면서 심의겸을 지목하여 처음으로 소인이라고 하고 서인을 지목하여 처음으로 사당이라 하였을 때, 이발·김우옹 등이 옥당에 있으면서 사헌부의 상소가 과당하다 하여 차자로 논박하였습니다. 이로써 살펴보면 들뜨고 조급한 자를 억제하고 사류를 보합하여 함께 국사를 하고자 한 것은 실로 사류 공공의 논의요 실로 한 사람의 사견이 아니었습니다. 그러나 이발 등이 이이의 말이 옳은 줄을 알았으나 본래 편파적인 소견으로 뭇사람이 지껄이는 가운데 시달림을 받아서 머리를 내밀었다 감추었다 하면서 스스로 빠져나오지 못하였습니다. 그리하여 이이의 말을 쓰지 못하였을 뿐만 아니라, 도리어 이이가 서인을 사적으로 두호하는 의사가 있는 것으로 의심하였습니다.

이이가 또 이발에게 서한을 보내어 깨우쳐 주었습니다. 이 서간의 말은 분명하고도 통쾌하여, 어리석은 남녀들이라도 공을 위하고 사를 잊은 채 일심으로 나라를 위해 몸 바칠 충성이 있다는 것을 알 수 있는데 이발 등이 기뻐하고 계속 잘하려고 하지 않고 허물 고치기를 꺼렸으니, 어찌 사의에 굳게 가려진 것이 극심한 지경에 이른 것이 아니겠습니까.

계미년 사이에 이이가 시배의 과격한 잘못을 극력 진달하여 '바라건대, 전하는 대신·대간·시종을 널리 불러 탑전에서 면대하여 성상의 뜻을 밝게 효유함으로써 동·서를 분변하는 버릇을 고치고, 선한 사람은 등용하고 나쁜 사람은 벌주는 것을 일체 공도를 따르고, 융화시켜 탕평책을 써서 진정하고 조화하게 하소서. 만일 미혹됨을 고집하고 깨닫지 못하는 자가 있으면 이를 억제하고 사정을 품고 억지로 논변하는 자가 있으면 이를 배척하여, 반드시 모두가 같이 인정하는 대로 공적으로 옳은 것과 공적으로 그른 것을 한때의 공론이 되게 하면 사림이 매우 다행이겠습니다' 하였습니다. 시배가 이이를 축출하려고 모의한 것이 이 소장에서 처음 싹텄습니다. 그러나 이 소장의 말은 곧 전일 동인을 깨우쳐 주던 말로서, 이발의 무리가 지당한 논의라고 하던 것입니다. 그러나 이발의 무리들이 전일에는 노하지 않다가 오늘날에 와서 노하는 것은 주상께서 바야흐로 이이를 의지하고 있으므로 그 말이 드디어 행해져서 자기들이 그의 억제를 받을까 심히 두려워한 때문입니다.

아, 처음 두 사람을 외직으로 내보낼 계책을 세워 당론을 없애려 한 사람도 이이이고 을해년에 서인에게 거스름을 당한 사람도 이이이고 을해년 이후 동인에게 배척을 당한 사람도 이이입니다. 이 어찌 온 조정에 한 사람도 공론을 주장하는 사람이 없어 사류가 산산이 무너지고 나랏일이 날로 글러지기 때문에, 자신이 그 책임을 담당하고 나서서 힘껏 쟁변한 것이 아니겠습니까. 이것이 어찌 자신을 위해 계교한 것이겠습니까. 곧 사류를 위한 계책이요 국가를 위한 계책입니다.

아, 기묘년 소장을 올린 뒤로 동인이라 이름하는 사람들은 이이가 자기들을 모함하는 것이라 하여 더욱 힘껏 공격하였고, 서인이라 이름하는 사람은 또한 이이가 자신들을 구원하는 것이라 하여 더욱 깊이 추장하였습니다. 그러나 신들은 모두 이이의 본심을 모른 사람들로 여겨집니다.

그러나 이 무리들이 당초에 어찌 갑자기 이러한 거조를 하려 하였겠습니까. 다만 대각에 중망을 지고 사람들을 진정시킬 수 있는 인물이 없음으로 인하여 마음대로 농간질을 하였기 때문에 이 지경에 이르른 것입니다. 계략과 술책이 다하고 손발이 다 드러나서 수습할 수 없게 되어서는 전적으로 이해에만 마음을 기울이고 명의는 돌아보지 않은 채 오직 필승할 것만을 계획하여 근거 없는 사실을 날조함에 있어 못하는 짓이 없이 하였습니다. 처음에는 왕안석에 견주었고 왕안석에 견주어도 인심을 열복시키기에 부족하게 되어서 또 '오만하게 천단하였다'는 것으로 지목하였고, '오만하게 천단하였다'는 것으로 더욱 성청을 현혹시킬 수 없게 되어서는 '나라를 그르쳤다'는 죄로 논하였고, '나라를 그르쳤다'는 죄명에 또한 근거할 데가 없게 된 뒤에는 아무리 이이의 말 속에서 꼬투리를 찾으려 해도 되지 않자 '성상께서 몹시 미워하는 사람은 심의겸이고 사론이 함께 싫어하는 것은 외척이니 만일 심의겸을 함정에 빠뜨리면 위로는 성청을 현란시킬 수 있고 아래로 사람들의 입을 겸제할 수 있다'고 여겼으니, 먹은 마음이 아, 너무도 참혹합니다.

그리고 말년에 이이가 성상의 은총을 크게 입어 날로 의지가 깊어지게 되어서는 시세에 빌붙은 무리들이 머리를 모으고 크게 두려워하여 밤낮으로 제거할 방법을 생각하였습니다.

만일 시배가 참으로 심의겸을 미워해야 된다는 것을 알아서 공격한다면 어찌 심의겸에게 빌붙은 사람은 공격하지 아니하고 곧 심의겸을 탐탁치 않게 보는 이이를 공격할 수 있겠습니까. 그렇다면 시배가 미워한 것은 실로 심의겸에게 있지 않고 이이에게 있었다는 것을 또한 알 수 있습니다.

정철의 무리에 이르러서는, 이이가 그 단점을 모르는 것이 아니었으나 인물로 말하면 전일 재능도 없고 덕행도 없으면서 시론에 빌붙은 자에게 비하면 하늘과 땅처럼 현격한 차이가 있습니다. 그러므로 이이가 매양 시배가 실정에 지나치게 정철을 공격하여 간사한 사람으로 지목하는 것을 보고는, 홀로 그렇지 아니함을 밝히기를 '정철은 충청 강개하여 국사에 마음을 다하였다. 편협한 결점이 있기는 하나 단점이 그의 장점을 엄폐할 수는 없다. 심의겸과 서로 알고 지내는 사이였다고는 하더라도 의겸이 뜻을 얻었던 때에는 조금도 아첨하여 가까이한 형적이 없었으니 기질과 심사가 그와는 아주 달랐던 것이다. 다만 악을 미워함이 너무 심하여 남을 용납하지 못하였고 남과 합치되는 의견이 적고 중의를 구차히 따르려 하지 않았기 때문에 동인 쪽 사류가 정철의 심사를 모르고서 형적만을 가지고 의심한 것이다. 인재가 아까우니 쓰지 않을 수 없다' 하면서 시배에게 극력 말하였습니다. 이 또한 국가를 위한 계책인 것입니다. 이이가 어찌 하나의 정철에게 사정을 두고서 그렇게 한 것이겠습니까.

삼윤에 이르러서는 이이가 '이들이 일찍이 을해년에 일을 그르쳤다'고 여겼기 때문에 이이가 전형의 권한을 잡고 있을 때에는 청요직에 한 번도 주의한 적이 없었습니다. 그때 어떤 문생이 이이를 찾아가니, 이이가 묻기를 '지난번 내가 윤두수를 형조참판에 주의한 것에 대해 외부의 의논이 어떻다고 하던가' 하자, 대답하기를 '외부의 의논을 잘 알지 못하겠으나 이들이 일찍이 을해년에 일을 그르쳤던 탓으로 오랫동안 배척당하여 폐기되어 있었으니, 지금 이 관직을 제수하는 것은 물정이 반드시 온당하지 못하게 여길 것이다' 하므로, 이이가 '이것은 시배의 논리이다. 일을 그르친 죄에도 경중이 있는 것이다. 이 사람이 일을 그르쳤다고는 하더라도 대단한 지경에 이르지 않았다. 계미년 동인의 소위에 비하면 삼윤의 과실은 가벼운 것이다. 그런데 전일 동인이 일체 폐기하여 동지 벼슬도 제수하지 않기에 이르렀으니, 이는 시배의 조처가 너무 심했다' 하였다.

이이가 처음 조정으로 돌아올 적에 사대부들 사이에 세 가지 말이 있었습니다. 그 하나는 '동인이 서로 무리를 이루어 기망하여 충신과 현인을 배척하고 모함하여 국가를 농락하고 무너뜨림이 이에 이르렀으니 청요직을 가벼이 제수해서는 안 된다'는 것이었는데, 이는 서인을 주도하는 자의 말입니다. 또 하나는 '삼사의 사람이 조급하고 망령된 과실은 있으나 또한 사류의 동아리이니, 절대로 배척해서는 안 된다. 다만 예전대로 쓰고 의심하여 틈이 없게 해야 한다'라는 것이었으니, 이는 동인을 주도하는 사람의 말입니다. 또 하나는 '삼사의 사람이 분명히 일을 그르친 것이 도리어 을해년 삼윤의 무리보다 더한 점이 있었으니, 이는 삼윤의 전례에 의하여 청요직에 서용하지 않음으로써, 동서 양쪽에서 일을 만들어 낸 과실을 징계하고, 그 나머지 이른바 동서의 사류는 모두 수용할 것이요 한쪽에 치우쳐서는 안 된다. 그리하여 전일 사류를 보합하여 함께 국사를 다스렸던 계책대로 행해야 한다' 하였으니, 이는 사림으로서 공심을 가진 자의 말입니다. 이이가 이 세 가지 말을 취하여 어느 쪽에도 치우치지 않는 중도를 쓰되 세 번째의 말을 옳게 여겨, 제재하고 억눌러 보합시키는 권형이라 하였습니다. 이는 이이가 예전부터 지녔던 소견으로 일호도 그 사이에 편당이 없었던 것입니다.

 이이가 '대개 동서가 분당한 이래로 서인이 논의를 주장하면 동인을 배척하고 동인이 논의를 주장하면 서인을 배척하여, 각각 사견을 가지고 공론을 막아왔다. 그런데 내가 홀로 그 사이에서 쟁변하여 기필코 동서를 타파하고 사림을 조화시켜야 한다고 말하는 것은 다만 사류가 화합하지 아니하면 마침내 나라가 나라꼴이 될 수 없기 때문이다. 서인이 내 말을 쓰지 않다가 전일에 패하였으니 동인도 이를 경계해야 할 것인데, 동인이 또 패망한 전철을 답습하여 오늘날의 실패가 있게 되었으니 모두 스스로 자초한 것이다. 누구를 원망하겠는가. 그러나 전일 동서가 논의를 주장할 때에는 삼윤과 이발의 무리가 주인이고 나는 객이었으므로 외로운 자취가 쓸쓸하여 말이 쓰여지지 못하고 실패가 서로 뒤따르게 되었다. 지금은 그렇지 아니하여 내가 바야흐로 주인이고 동·서인이 객이니 이야말로 조제를 이룰 수 있는 때이다. 다시 무슨 편중을 근심할 것이 있겠는가. 그러나 오늘날의 형세는 서인은 내가 일찍이 동서를 타파하자는 논의가 있었다 하여 차츰차츰 친근하게 나아오고, 동인은 내가 일찍이 들뜨고 조급한 자를 억제하자는 논의가 있었다 하여 차츰차츰 멀어지고 있다. 삼사의 제배에 이르러서는, 다 물러가 움츠리고 서로 눈을 부릅뜨고 이리저리 관망하면서 찾아오지도 않는 사람이 있는가 하면 출사하여 직무를 보지 않는 자도 있었다. 국가의 허다한 직무를 이들을 위하여 오래도록 폐기할 수는 없었는데, 그렇다고 이른바 서인의 경우에도 한둘 재능이 모자란 사람이 없지 않았다. 이것이 전후 형적이 다른 것으로 외부 사람의 의심을 일으키게 된 까닭이다. 아, 내가 오늘 동인을 수습하고자 하는 것이 어찌 전일 서쪽 사류를 수습하고자 한 것과 다르겠는가' 하였습니다.

　이로써 살펴보면, 이이의 본심이 어찌 이와 같은 데에 그치고 말려는 것이었겠습니까. 불행하게도 조정에 돌아와서 그 자리가 미처 따스해지기도 전에 갑자기 뜻을 품은 채 죽었으니, 이것이 이이가 구천에서도 한을 두게 된 이유인 것입니다.

　정철을 위한 계책으로는 마땅히 스스로 역량이 미치지 못함을 알고서 몸을 이끌고 물러가는 것이 옳은데 국사를 홀로 담당하다가 스스로 패망을 자초하였으니 이는 실로 정철이 스스로를 헤아리지 못한 잘못입니다. 그러나 정철의 위인은 역량이 부족하기는 하였지만 논의와 거조에 있어 조화하여 진정시키는 것을 힘써 주장하였기 때문에 세 사람을 유배 보낸 것에 대해서도 방환시키기를 청하였으니, 그가 재앙을 즐겨하는 마음이 없는 것을 여기에서 알 수 있습니다. 다만 시배가 마침 한 사람도 정철과 서로 친숙한 자가 없었기 때문에 그저 용모와 사기가 날카롭고 사나움을 보고 잘못 심각한 사람으로 여겼으니 이는 전연 정철의 위인을 모르는 자입니다.

정철이 패한 뒤로 이발이 들어왔습니다. 이발을 위한 계책으로는, 이미 이이·성혼과 친구의 교분이 있으니, 마땅히 이이·성혼의 본심을 발명하여 당적의 거짓됨을 공파하여 인심을 진정시키는 것이 옳았습니다. 그런데 이발은 양사의 논의를 미흡하게 여겨, 구봉령·홍성민을 추론하여 심의겸의 당여로 삼았습니다. 이 두 사람은 혹은 경학에 능하고 혹은 재국이 있어 모두 세리에는 담박하였고 심의겸과는 평소 교분이 두터운 자취가 없음은 국인이 아는 바입니다. 다만 자기들과 논의가 다르다는 까닭으로 아울러 몰아서 함정으로 밀어 넣었으니 너무 심하지 않습니까. 피혐하는 말에 이르러서는, 내용이 더욱 엄하여 병패가 백출하였으므로 공격하지 않았어도 스스로 깨져 버렸습니다. 다만 당초 삼사의 논의는 모두 사리에 가깝지 않은 말로 날조하여 무망한 것이 환하게 드러났으니 진실로 상세히 변명할 것조차 없습니다. 그러나 이발은 이이·성혼이 교유하였던 사람을 끄집어내어 말하여 짐작으로 논을 만들어 장황하게 현란시키는 말을 만들었으니 세상을 속이고 대중을 의혹시킬 수도 있기에 신들이 하나하나 밝게 변론하지 아니할 수가 없습니다.

성혼이 이이를 구원한 말을 가지고 '조정 사대부를 들어 붕당을 지어 참소하여 교묘하게 중상한다고 지목하였다' 하였으니, 이는 또 성혼의 소장을 한 번도 본 적이 없는 자입니다.

또 '이이가 공론을 돌보지 아니하고 한결같이 사정만을 따라 그때 자기를 공격한 사람을 다 배척하고 전일 뜻을 잃었던 무리를 다 기용한다……' 하였으니, 이 말은 더욱 무망한 것입니다.

또 '이이와 성혼이 유배된 세 사람이 돌아오도록 청하지 않았다' 하였으니, 이는 이발이 틀림없이 이이와 성혼이 환조하여 계달한 말을 듣지 못한 것입니다.

계사의 끝에 '원하건대 시종의 곡절을 통찰하시어 보합하고 진정시켜 화평한 복을 도모하소서' 한 것에 이르러서는, 이 말이 더욱 전도 착오되었습니다. 이이·성혼은 지극히 공정한 사람인데, 이발이 조금도 용서 없이 배척하고 헐뜯은 것이 이러하였으니, 하물며 다른 사람이야 말해 뭐 하겠습니까. 이발이 이이·성혼을 배척하고 또 장차 누구와 더불어 보합하며 누구와 더불어 진정하며 누구와 더불어 화평을 도모하려는 것입니까. 이것이 논의를 정립함에 있어 사리에 어긋나 문리가 이루어지지 않은 이유인 것입니다. 만일 가슴이 흐리멍덩하고 혼란한 자가 아니라면 이러한 전도 착오된 의논이 어디로부터 나오겠습니까.

아, 이발이 스스로 평일에 경제로는 이이를 허여하였고 도학으로는 성혼을 허여하였습니다. 또 재주가 뛰어나고 학문이 넓으며 한마음으로 나라를 위하고 임하에서 지조를 지키고 몸을 닦아 값을 기다리며 나아가고 물러남과 벼슬하고 벼슬하지 않는 것에 대해 일마다 예전 현인을 인용해 가면서 두 사람을 허여하였으니 이발이 이이와 성혼에 대해서 그 심사를 전연 모른 사람은 아닌 것 같습니다. 그런데 곧 논의가 날카로운 신진의 무리와 합하여 하나가 되어서는 그들의 심사를 한마디 말도 드러내어 밝히는 것이 없고 일호도 애석히 여기는 마음이 없는 것이 이처럼 극도에 이르렀으니 이것이 어찌 충후한 군자의 기상이겠습니까. 이것이 이발이 너무도 각박하게 처신한 것으로서 조야의 공론이 그에 대해 분히 여기는 것은 물론 동인으로 이름하는 자도 이것으로 의심하는 자가 많이 있었습니다.

그러나 이발이 이에 이르게 된 것은 또한 어찌 이발의 마음뿐이기만 하겠습니까. 대개 동서가 분당한 뒤로부터 서로 모함하여 이익을 추구하고 양쪽 사이에 일을 만들어 낸 탓이었으니, 예컨대 윤기신·이순인·정여립의 무리가 얼굴을 돌리고 말을 만들어 내어 이발의 무리의 마음을 점차 고혹시켰으므로 평일의 의논이 대체로 면종하는 작태가 많았던 것입니다. 계미년 이후부터는 이발이 호남에서 어버이의 상을 당하여 머물고 있었는데, 전일 빌붙은 무리들이 길에서 들은 말을 주워 모아 부연하여 더 보태었고 심한 경우에는 터무니없는 말을 만들어서 일일이 이발에게 급히 기별하였습니다. 물이 배어 들어가듯이 차츰차츰 헐뜯는 참소와 살을 에는 듯한 통절한 호소에는 비록 마음가짐과 공평한 사람이라도 조금쯤 흔들려 미혹됨이 없을 수 없는데, 하물며 이발과 같은 위인이야 말해 뭐하겠습니까.

아, 동서의 말이 있은 이래로 서인의 명목은 그 말이 네 번 변했습니다. 처음에는 심의겸의 친구와 제배를 서인이라 하였으니 삼윤 같은 무리가 바로 그것입니다. 다음에는 서인을 구원하는 자를 서인이라 하였으니 정철 같은 무리가 바로 그것입니다. 또 그다음에는 동인도 아니고 서인도 아니며 중립하여 치우치지 않는 사람을 서인이라 하였으니 이이와 같은 무리가 바로 그것입니다. 오늘날에 이르러서는 사림으로서 이이와 성혼을 높일 줄 아는 사람을 서인이라 하였으니 오늘날 조야의 공론을 지닌 사람이 바로 그것입니다. 이것이 과연 사실에 의거한 말이겠습니까. 이러므로 공론이 열복하지 않았고 따라서 이른바 서인이란 자가 오늘날에 와서 더욱 많아지게 된 것입니다. 이로써 살펴보면 이이는 공론을 하다가 간사한 사람에게 편당한다는 이름을 얻었고 성혼은 이이를 구원하다가 사적으로 구호한다는 이름을 얻었으며, 중외의 수많은 선비들은 이이와 성혼을 구원하다가 서인의 이름을 얻었습니다. 백대의 공론은 속일 수 없지만 일시의 억울함을 당한 것은 어찌 통분하지 않겠습니까.

아, 이이는 한 사람입니다. 이이의 덕업과 경술을 위에 천거한 것도 시배이고 징소하기를 계청한 것도 시배이고 차자를 올려 머물게 하도록 청한 것도 시배이고 오늘날 배척하여 얽어 모함하는 것도 시배입니다. 아, 시배에게 거스르기 전에는 이이가 도학과 경륜이 있는 대현이 되었다가 시배에게 거스르게 된 뒤에는 이이가 사악한 붕당을 만든 소인이 되었으니 어찌 앞뒤로 헐뜯고 칭찬함이 이처럼 서로 반대된단 말입니까.

아, 이이는 죽었습니다. 오늘날 한 세상 사람을 다 몰아다가 모두 이이가 소인이라고 하게 한들 또한 국사에 무슨 도움이 있겠습니까.

아, 오늘날의 이른바 사대부로서 이이와 성혼을 공격하는 자가 만일 명예와 절조를 아껴서 조금이라도 화평론을 주장하여 형적을 깨뜨려 버리고 일시의 인재를 수합하여 그들과 더불어 천직을 함께 다스려 직무에 협력함으로써 위로는 성상께서 밤낮 정무에 애쓰시는 근심을 풀어 드리고 아래로는 사림의 공론이 답답해함을 위로해 주는 것으로 스스로 만년을 보전할 계획으로 삼는다면 또한 좋지 않겠습니까. 지금은 그렇지 아니하여 부회하는 무리가 시론을 주장함에 따라 괴란이 날로 더욱 심해집니다. 조정에서는 오직 당색의 이동(異同)을 가지고 이이와 성혼을 배척하는 것을 일삼을 뿐이고 국가의 치란과 생민의 휴척은 까맣게 잊어버리는 지경에 버려두니, 인심이 열복하지 않는 것이 또한 마땅하지 않습니까. 이것이 공의가 함께 분히 여기고 지사가 팔을 내두르며 조헌이 과격한 논의를 제기하게 된 까닭입니다.

조헌의 소장에서 공격한 김우옹·유성룡·김홍민 같은 몇몇 신하에 이르러서는 장단점이 없지는 않으나 인물을 논하자면 이 또한 일시의 청류로서 이이가 일찍이 칭허한 사람들입니다. 다만 뜬말에 잘못되고 한쪽에 치우치게 집착하여 점차 침고되어 이에 이르렀을 뿐입니다. 또 이 몇몇 신하는 소견이 편벽되어 이이의 심사를 제대로 알지는 못하지만, 그 또한 장점을 취함에 있어 무슨 해로울 것이 있겠습니까. 그러나 이 몇몇 신하가 일시의 청류라고는 하나 그 가문에 출입하는 자는 대다수가 부회하고 아첨하는 무리였는데, 이를 재억하지 못하였을 뿐만 아니라 일찍이 그 사이에 동이(同異)의 의견을 한마디도 하지 않았습니다. 만일 서로 어울려서 하나가 되었으면 사론의 의심을 초래하는 것은 또한 진실로 당연한 것입니다. 그러나 한쪽 말만 듣고 간사한 마음이 생겨 이러한 사리에 어긋나는 비난이 있게 된 것이지, 애초에 어찌 그 사이에 사심을 가지기야 했겠습니까.

조헌이 이러한 말을 한 것은 또한 시대를 한탄하고 세속을 슬퍼하는 뜻과 선을 좋아하고 악을 미워하는 마음에서 나온 것이지 실로 다른 뜻은 없습니다. 그런데도 사설 가운데 어찌 참으로 채택할 만한 것이 없기에 삼사가 번갈아 가며 소장을 올려 힘껏 공격하고 심지어 조헌을 흉험하고 교사한 사람으로 여기기에 이른단 말입니까. 아, 어찌 그것이 사실이겠습니까.

또 '조헌이, 이이가 자기를 천거해 준 은혜를 잊지 못하여 이 소장을 올렸다' 하니, 이것은 더욱 무망하는 말입니다. 조헌의 인품에 대해서는 이이가 옛사람을 사모하고 선을 좋아함을 취하였으나 벼슬길에 천거하여 발탁한 것은 실로 이발·김우옹이 한 것이니 이것은 나라 사람이 함께 아는 일입니다.

이이가 경장하려고 한 것은 또한 장차 국가를 위하여 천명을 맞아 중흥의 업적을 세우려 한 것이니 어찌 그만둘 수 있었겠습니까. 이것을 과연 분경한다고 할 수 있겠습니까. 오늘날 진신들 사이에 다시 이것을 말하지 않는 것은 어쩌면 가려움과 아픔이 자기 몸에 절실하지 않아서 그러한 것이 아니겠습니까. 이이는 비난할 수 있어도 그 말은 옳은데, 어찌 사람 때문에 말조차 버려서야 되겠습니까.

아, 이이의 건백이 행해지지 못한 것은 또한 어찌할 수 없거니와, 조처하는 일에 이르러서도 반드시 온갖 방법으로 저해하여 무너뜨린 뒤에야 마음에 시원하게 여겼으니, 이것이 무슨 마음입니까. 곡식을 바치는 자에게는 허통시키자는 일에 이르러서는 당초 부득이한 데에서 나온 조처입니다.

당시에 격문이 서로 잇따르고 봉화가 쉬지 않아서 한 지방의 안위가 호흡 사이에 결판날 상황인데 어찌 장구를 따지는 썩은 선비가 큰소리만 칠 뿐 완급에 아무런 도움을 주지 못하는 그런 소위를 본받을 수가 있겠습니까. 이이가 이렇게 한 것은 다만 일시의 위급을 구제하는 것이 일차적인 목적이었는데, 그 사이에 인재를 아끼는 뜻이 스며 있었음도 환히 알 수 있습니다. 그런데 조헌이 '이이가 이렇게 한 것은 인재를 아끼려는 목적에서 나온 것이다' 하였으니 이것이 과연 이이의 본심을 아는 자의 말이라고 할 수 있겠습니까. 이것이 이이가 시의와 합치되지 않는다는 것을 알면서도 결행하기를 힘껏 청한 이유인 것입니다.

또, 공사를 처음 준허받았을 적에는 서얼의 무리들이 서로 의논하기를 '고려의 공사는 사흘을 넘어가지 않는다는 옛 속담을 생각하지 않을 수 없다. 지금 우리가 가산을 다 기울여 후일의 계책을 도모하다가 만일 국가가 신의를 지키지 않고 곧바로 파하고서 그 대가만 돌려주면 우리들의 일이 낭패이다' 하므로 권하는 자가 모두들 '그렇지 않다. 현재 이야가 조정에 있으니 어찌 이처럼 실신하는 일이 있겠는가' 하였습니다. 이에 서로 돌려 가며 말을 전하였으므로 응모자가 구름처럼 모여들어 곡식을 바치는 짐바리가 잇따랐고 군사가 힘입어 구제되었습니다.

아, 수년 이래 조야의 사이에 인심이 날로 격렬해졌습니다. 계미년에 관학의 유생이 소장을 올린 뒤로부터 사론이 발론되었다가 중지된 것이 한두 번이 아니었는데, 을유년 가을에 삼사가 비로소 이이와 성혼을 논하여 이름을 당적에 편입시켰습니다. 이에 태학의 선비들이 소장을 올려 논변하려 하였는데, 그때 재임으로 있던 자가 뒤에 소장을 올린 무리들에게 저지당한 바가 많아서 그 논의가 마침내 결행되지 못하였습니다.

이에 도성의 선비로서 간사한 모의를 미리 알고 당초 상소에 참여하지 않은 자 70~80인이 서로 모여 모의하기를 '삼사의 무망에 대해서는 우리들이 입을 다물고 있어도 가하거니와 모범 지역인 태학에서 이처럼 도를 어지럽히는 논의가 있으니, 변덕스럽고 간흉한 정상이 이미 드러났다. 그런데 정원에서는 이 무리들의 소위를 태학의 공공의 논의라 하기에 이르렀으니, 인신이 군부를 속임이 이에 이르러 극도에 이르렀고 사문이 장차 땅에 떨어지게 되었다. 따라서 우리들이 나아가서 물리치지 않을 수 없다' 하고 드디어 수천인의 소장을 갖추어 궐문에 크게 모여 장차 합문을 두드려 호소하려 하였으나 해가 저물어서 올리지 못하였습니다. 다음 날 또 모였더니, 어떤 사람은 부형의 위협으로 어떤 사람은 화복으로 으르고 겁주는 바람에 위축되어 논의가 일치되지 못한 탓으로 파하였습니다.

그러므로 동문의 선비가 서로 모여 '종전에 우리들이 소장을 올릴 적에 일찍이 근원까지 궁구하는 논의를 한 적이 없었으므로 고인이 된 스승을 존모할 줄 아는 자라도 고인이 된 스승의 풍지를 알지 못하여 과격한 논의가 있기에 이르렀으니, 이는 한번 변론하여 위로는 우리 임금께 진달하고 아래로 동지에게 고하지 않을 수 없다' 하고, 드디어 지난겨울부터 서로 강론하고 서로 의견을 모아 스승이 조정에 벼슬할 적의 시말에 대한 실적을 대강 기술하였는데, 무릇 수개월 만에 소장이 비로소 탈고되었습니다.

지금은 뜬 의논이 시끄럽게 들끓고 괴이한 논의가 난무하여 소장을 올리지 않아도 소요는 매한가지이니, 이 소장이 한번 나가서 스승의 뜻이 만분의 일이라도 발명되는 바가 있으면 번독스럽게 한 데 대한 주벌과 남의 서찰을 들추어낸 죄책을 신들이 당한다 할지라도 진실로 차마 스승이 성세에 무고 당한 것을 범연히 보고만 있으면서 끝내 드러내 밝히지 않을 수 없습니다" 하였다.

　소장이 올라간 지 26일 만에 상이 비답을 내리기를,

　"그대의 소장에 '들뜨고 조급하며 진출하기를 좋아하는 무리가 앞을 다투어 일어나 부회하였다. 그때 심의겸의 문에 출입하면서 아침저녁으로 서로 종유하며 종처럼 알랑거리던 무리가 영합하여 불의로 들어간 자가 많지 않은 것이 아니다' 하였고, 또 '전일 심의겸에 빌붙던 무리가 일시에 동인에게 납관하여 창을 거꾸로 돌려 심의겸을 공격한다. ……' 하였는데, 이는 누구를 가리키는 것인가. 임금을 섬김에는 숨김이 없는 것이 옛날의 도리이니 그대는 하나하나 죄다 들어서 대답해야 할 것이다" 하고, 이귀를 명초하여 물어서 아뢰게 하였다.

　이귀가 '문자로는 다 말씀드릴 수 없으니 면대하기를 청한다' 하였다.

　명하기를 "그대가 창졸간에 서계할 수 없다면 물러가서 서계하라" 하였다.

　당시 승지는 모두 동인에 속하는 사람들이었으므로 이귀를 두렵게 하여 대답을 잘못하도록 하려 하였다. 그리하여 몽당붓을 주고 재촉해 문자를 지어 올리게 하였으므로 자획이 이루어지지 않았다. 마침 알지 못하는 어떤 아전이 등 뒤에서 뾰족한 붓 한 자루를 몰래 던져 주었으므로 드디어 계사를 초하여 즉시 올렸다.

　"고인이 된 스승이신 이이는 충심으로 나라를 걱정하였는데, 한 번 시론을 거스르자 터무니없는 비방이 백방으로 나와 날로 새로워지고 달로 성해졌는데, 이것이 인심이 날로 격렬해지고 공론이 옆길로 터져 나간 이유입니다. 그러므로 신이 이해를 따지지 아니하고 이이의 본심을 드러내어 밝히는 것에 뜻을 두었던 것입니다. 만일 이이의 심사가 조금이나마 성명의 세상에 발명되는 바가 있다면 신은 만 번 주륙을 당하더라도 마음에 달게 여기는 바입니다. 지금 성비로 하문하시는 분부를 받드니 이야말로 신자가 숨기지 않고 다 말씀드릴 때입니다.

 신이 이른바 '들뜨고 조급하며 진출하기를 좋아하는 자'란 백유양·노직·송언신입니다. 이러한 무리들을 일일이 진달하려 한다면 어찌 이 수삼인의 무리에 그치겠습니까. 그 가운데 두드러진 자가 이들입니다. 전일 심의겸과 체결하였다가 심의겸이 실세한 뒤에 도로 심의겸을 공격한 자는 박근원·송응개·윤의중입니다. 이들은 말할 거리조차 못됩니다.

 또 심의겸과 서로 알고 지내는 정분이 이이에 비할 바가 아닌 자로는 이산해 같은 자가 있습니다. 시배가 심의겸을 아는 것을 이이의 죄로 삼는다면 먼저 이 사람을 공격해야 옳습니다. 시론에 거스르지 않은 까닭으로 이 사람은 공격하지 않고 이이만 죄를 주려 하다니 이것이 과연 임금을 섬김에 속이지 않는다는 도리니까. 신이 이산해에게 유감이 있는 것은 다음과 같습니다. 이이가 심의겸과 체결하여 일을 같이 하지 아니한 것을 다른 사람은 혹 모를지라도 이산해는 반드시 알 것입니다. 그러나 이산해는 이이의 평생 고구의 정분이 있는 사람으로서 이이가 무고당한 것을 멀거니 보고만 있으면서 주상의 앞에서 그의 본심을 한마디도 발명한 적이 없으니, 이는 반드시 구원에 있는 이이도 유감이 있을 것입니다. 전하께서 신의 말이 그렇지 않다고 여기신다면 바라건대 이산해를 불러서 심의겸과 서로 알고 지낸 정분이 이이와 누가 더 깊었는가를 물어보소서. 그러면 천일이 위에 계신데 산해가 어찌 감히 숨길 수 있겠습니까. 산해가 심의겸에게 준 시에 '서울에 봄이 오니 서찰을 다시 보겠고 산길 깜깜한 밤에 친숙히 서로 맞네' 하였는데, 이것이 과연 심의겸을 모르는 자이겠습니까. 신이 이른바 '아침저녁으로 서로 종유했다'는 것이 이것입니다.

 이른바 '종처럼 알랑거렸다'는 자란 정희적입니다. 신이 자신의 화를 두려워하여 정직하게 진달하지 않는다면 어떻게 시배의 무망함을 책할 수 있겠습니까. 신은 재주는 엉성하고 글은 졸렬하여 우선 물러가서 자세히 아뢰려 하였으나 임금께 아뢰는 말을 다른 사람과 의논하는 것은 옳지 못하고 임금의 말을 집에 묵히는 것은 더욱 미안한 일이 되겠기에 감히 죽음을 무릅쓰고 아룁니다" 하였는데, 회보가 없었다.

홍문관이 차자를 올려 이귀가 올린 상소의 내용을 변명하여 아뢰기를, "공론은 백대에 정해지는 것인데, 이귀가 매양 말로 쟁변합니다" 하니,

대답하기를 "바른 말이 사면에서 이르는데 그대들이 한 자의 종이로 막아 가릴 수 있겠는가" 하였다. 뒤에 경연에서 이에 대해 언급하는 자가 있자,

선조가 "이귀의 말은 곧 만세의 공론이다" 하였으므로 논하는 자들이 좌불안석이 되었다.

3월 11일 이조판서 이산해가 아뢰기를, "소신은 임술년 봄에 옥당에 들어갔고 심의겸은 계해년에 옥당이 되었으며, 갑자년 봄에 또 서당의 동번이 되었습니다. 이로부터 그와 같이 옥당과 서당에서 숙직한 것이 오래되지 않은 것은 아닙니다. 그러나 일찍이 상종하지도 않았고 의논에 참여하지도 않았습니다. 이 때문에 심히 관계가 소원하고 꺼림을 받았습니다. 일찍이 신을 헐뜯어 말하기를 '이모는 옥당이 아니라 바로 토당이다'라고 하였는데, 이는 사람들이 모두 들은 것입니다. 그렇지만 의겸은 사람들을 매우 후히 대접하였기에 함께 조정에 있던 선비들이 그와 관계를 맺고자 하지 않는 이가 없었습니다. 그의 마음은 비록 신을 꺼려했지만 어찌 외면으로야 은근한 정을 보이려고 하지 않았겠습니까. 신이 병자년 친상을 당했을 당시 의겸은 개성 유수로 있으면서 인편을 통해 위로하였고, 호남의 방백이 되었을 적에는 신에게 전별하는 시를 요구하였

습니다. 그리고 직접 신의 집에 찾아왔지만 신이 피하며 만나주지 않자 신이 마침 일을 마치고 늦게 돌아오는데 의겸이 신의 집 뒤 동리 산길에서 기다리고 있다가 신을 맞이했습니다. 그 뒤에 또 어둠을 타고 와서 만난 적이 있습니다. 호남에 부임한 뒤에도 심부름꾼에게 서찰을 보내 다시 전별시를 요구하기에 신은 굳이 거절할 수가 없어서 마침내 한 편의 시로써 답하였습니다. 의겸에게 지어 보낸 시구는 대개 이를 바로 서술한 것입니다. 사람들의 추악한 비방을 받은 것은 사실 신이 스스로 불러온 일이니, 신을 파척하소서" 하였다.

말이 아주 교묘하다. 다른 사람 같았으면 이런 말에 넘어갈 선조가 아니었다. 그러나 이산해에 대해서는 아주 큰 호감과 기대가 있었기 때문에 문제를 삼지 않았다. 이것도 어쩔 수 없는 불행한 일이다.

대사간 이발이 피혐하면서 극론하기를, "신이 이이·성혼과 평소 교분이 두터워서 김우옹·정여립의 여러 사람보다도 더하여, 일찍이 정치 수완으로는 이이를 허여하고 도학으로는 성혼을 추앙하였습니다. 전일 이이와 서찰 및 상소를 주고받으며 논의한 것이 처음에는 같았으나 끝에 가서는 달랐습니다. 그러나 공론은 무겁고 사정은 가벼우니, 친구도 생각해야 하지만 나라를 저버릴 수 없습니다. 매양 종전에 사람을 아는 데에 어두웠던 것을 한스럽게 여깁니다. 이제 이귀가 주고받은 글을 주워 모아 소를 올려 드러내 놓고 비난했으니, 사직을 청합니다" 하였다.

답하기를 "실정을 갖추어 진술하였으니, 참으로 아름답게 여긴다. 대저 신하란 반복하는 태도가 있어서는 안 된다. 사직하지 말고 직무를 보라" 하였다.

윤탁연을 형조판서로, 이성중을 부제학으로, 이발을 대사성으로, 홍종록을 집의로 삼았다.

4월 9일 이조판서 이산해가 사직 차자를 올리니,

답하기를 "지금 누군들 조정에서 조석으로 애쓰는 현신이 아닐까마는 그래도 다행한 것은 경과 병판이 있는 점이다. 내 일찍이 인재를 얻었다고 즐거워하며 국가가 전복되지 않은 것은 경 등 몇 사람을 등용했기 때문이라고 생각했다. 그런데 어찌 한 서생의 말로 의심하고 저상하여 가벼이 그 말에 흔들리는가. 본래 그 사람의 뜻은 그의 스승이 시배들에게 무함을 받는 것을 애통해하여 대궐에 호소하려고 상소한 것에 불과하니, 또한 나쁠 것이 없다. 경은 다만 내가 위탁하는 뜻을 깊이 체득하고 국사에 마음을 다할 따름이다. 만일 저들과 서로 따지면서 마음에 근심하고 불안해하는 일이 있다면 경은 큰 도량을 가진 사람이 아니다. 마땅히 치지도외 하여 일소에 부치고 사직하지 말라" 하였다.

처음에 이산해가 심의겸이 문제가 될 징조가 있음을 알고 점차 스스로 소원히 하여 끊어버렸다. 문객 이병이 일찍이 묻기를 "공이 처음에는 어찌하여 심씨와 친밀하였습니까?" 하니, 말하기를 "명종이 명(明) 자의 묘호를 얻게 된 것은 방숙의 공이다. 이때에 어찌 서로 외면할 수 있었겠는가" 하였다.

이산해가 여러 차례 전형을 주관하여 서관과 수령을 선발할 적에 자못 청렴 공정하다고 일컬어졌다. 이때에 이르러 시론에 거스를까 두려워하여 모든 인물의 선발에 성혼과 이이의 문정에 조금이라도 관계되는 자는 모두 구별하여 쓰지 않았다. 이리하여 시론에 부회한 자들이 잇따라 벼슬을 얻었는데 이로 인하여 산해가 선비들의 마음을 얻었다는 헛된 명예가 있게 되었다 한다.

이원익을 안주목사로 삼았다. 이원익이 단기로 부임하여 먼저 조곡 1만 석을 감사에게 요청하여 종자를 주어 경작을 권하였더니 가을이 되자 큰 풍년이 들어 조곡을 갚고도 창고가 가득 찼다. 드디어 군정을 변통

하고 잡역을 감면하여 봄소 변진에 양세를 납입하게 하여 조 등의 폐단을 없앴다. 안주는 서로에서 누에치기를 힘쓰지 않았다. 이원익이 백성에게 뽕나무를 심어 누에치기를 권장하니, 사람들이 이를 이공상이라 불렀다. 근면하고 민첩하고 청렴하고 일을 잘 처리하였으므로 아전은 두려워하고 백성은 사모하여 치적이 크게 나타났다. 자주 포상을 받아 승질하여 환조하기에 이르렀으니, 공보(이원익의 자)의 명망은 여기에서 기초되었다.

6월 1일 전라좌수사 이천이 수토할 일 때문에 제장들을 모아 바다로 나갔다. 그런데 기약한 날짜에 오지 못했다는 것을 이유로 순천부사 성응길, 보성군수 이흘, 낙안군수 김대기, 흥양현감 김의일 등에게 차등 있게 장형을 집행하였는데, 이흘이 장하에서 죽었다. 감사 한준은 그 연유를 아뢰며 "이천의 당초 약속이 분명치 않았고 적과 대치한 것도 아닌데 멋대로 당상관에게 곤장을 쳤으며 또 큰 곤장을 남용했으니, 치죄하여 위엄을 보이소서" 하였다. 선조가 '대장은 추고할 수 없다'고 하여 추고하지 못했다. 사람들이 떠들기를 '흘이 곤장을 맞고 죽은 것도 사사로운 원한에 기인되었다'고 하였다.

6월 4일 두루 시정을 하문할 때 대신이 한연의 석방을 청하였다. 또 심전과 정척 및 계미년의 승지 등이 오랫동안 버려져 있으니 거두어 서용할 것을 청하였다. 재행을 갖춘 사람을 6품에 초서할 것과 왕자 저택의 공역도 정지할 것을 청했다.

이에 전교하였다. "6품에 초서하는 일은 전에도 역시 있었던 것이나 근래 공도가 문란해져 황당한 일이 많다. 그래서 간혹 도리어 사람들에게 비웃음을 사고 있으니, 어찌 다시 그렇게 하겠는가. 그러나 판서가 있어서 필시 나를 속이지 않을 것이니, 판서가 재임하는 시기에 처리하는 게 좋겠다. 예컨대 많은 선비들을 위협으로 억누르는 간교함과 윗사람을 농락하여 그 총명을 가리는 등의 일들이 전에도 나타났으니, 어찌 다시 용납하여 용서하랴. 심전과 정척 두 사람의 일에 대해서는 내 비록 그 자취를 자세히는 모르지만 어렴풋이 남의 말을 듣건대, 전은 하나의 도척에 불과하고 척은 바로 하나의 독주머니이다. 모르겠으나 거두어 서용하여 어디에 쓰겠는가. 우리나라가 비록 좁은 나라이긴 하나 어찌 이런 무리들을 기다려 쓰랴. 하늘이 비를 내리지 않는 이유가 과연 여기에 있는가. 이를 알지 못하겠다. 왕자들의 집을 수리하는 것은 중지하고 뇌물을 준 사람은 서용하라니, 탕 임금의 육책에 어찌 그리 하나같이 어긋나는가. 나는 참으로 우매하여 깨닫지 못하니, 천도가 잘못된 것인가. 옛사람들은 하늘의 재앙을 당해서 훌륭한 인재를 천거했는데 오늘날 사람들은 큰 재앙을 만나 탐욕스런 자를 천거하는가" 하였다. 선조의 영민함이 돋보이는 말이었다.

6월 6일 윤두수를 전라감사로 성응길을 전라병사로 삼았다. 김수를 평안감사로 윤선각을 동부승지로 하였다.

7월 15일 이산해는 다섯 번째 정사하고 임금은 계속 출사하라고 하고 있었다.

7월 18일 한준과 교대한 신임 감사 윤두수가 부임하는 즉시 이천의 우후 이복윤과 군관 김대이를 잡아들여 이천이 전일에 형장을 과도하게 쓴 실책을 가지고 이들에게 형벌을 집행한 뒤 돌려보냈다. 그리고 '이천의 호령이 전도되어 인심이 이반되었으므로 만약 사변이 있으면 장차 도리어 자기편을 해칠 형세가 있으니 조정에서 처리하소서' 하고 장계하였다. 이에 비변사가 천을 체직할 것을 여러 번 아뢰었고, 천도 두수가 이미 지난 일을 소급해 허물 삼아 우후와 군관에게 장형을 가하기를 사사로운 원수같이 했다고 그 잘못을 지적하며 사표를 올렸다.

이에 비망기를 내렸다. "지금은 적변이 아침저녁으로 염려되는 때이다. 그런데 이천은 굳세고 용맹스러워 전투를 잘하니 비록 지나친 일이 혹 있더라도 이처럼 투미하고 고식적인 시대에 사졸들이 장수를 존경할 줄 모르는 때를 당해서는 그 죄를 깊이 따질 것 없다. 오로지 힘을 모아 일을 시키다가 너무 지나치면 경계하여 한결같이 적의 칼날을 꺾고 훈업을 세울 것을 생각해야 된다. 그런데 이런 것은 생각하지 않고 임지에 도착하자마자 경솔히 경청하여 적과 대치하는 마당에 장수를 바꾸게 하니, 다른 사람의 말에 동요된 것이 아닌지 어찌 알겠는가. 감사가 하는 일이 옳은 것인지 모르겠다. 하물며 새로 제수하는 자가 반드시 구관보다 낫다고는 할 수 없지 않은가. 그러나 형세가 어려울 듯하니, 그대로 체차하는 것이 좋겠다" 하였다. 판단하는 말은 훌륭하였으나 실행하는 말은 어처구니가 없었다.

이때 이억기가 순천부사로 임명되었으나 비변사의 반대로 부임하지 못했다.

8월 9일 선유어사 조인후의 복명이 패군 제장들의 애초 장계와 많이 달랐다. 전투 상황 보고도 사람마다 다르니 이것 또한 한심스럽다. 무엇 하나 제대로 되는 것이 없다. 선조의 입장에서도 어떻게 해야 할지 결정하기가 어려웠을 것이다. 지극히 한심하다고 생각했을 것이다.

8월 10일 대명회전 반포일이 정해졌다고 매우 기뻐하였다.

8월 26일 북변의 적호 1백여 기가 운룡 근처까지 들어와 백성들과 가축을 약탈해 갔다. 만호 박욱 등이 추격하다가 매복하고 있던 적군을 만나 패하여 군사가 많이 죽었다. 비변사가 박욱을 잡아들여 국문할 것을 청했다. 선조는 그 책임은 주장에게 있다하고, 남도 우후 허득운이 조방장으로 혜산에 있으면서 군사를 통솔하지 못하여 패배하도록 만들었다 하며 아울러 잡아와 국문하도록 명하였다.

9월 4일 공주 제독관 조헌이 마음대로 임소를 떠났다고 파직을 청하니 따랐다.

지난해 조헌이 이미 만언소를 올려 시사를 말하자 공박하기를 마지 않았으나 선조가 용서하였다. 이해 5월에 다시 소장을 올려 시사에 대해 극언하면서 고금의 사례를 들어 말했는데 모두 수만 언이었다. 가난하여 행장을 꾸려 서울에 올라올 수가 없었으므로 관례대로 주도를 통하여 소장을 올렸다. 감사가 그 소장의 내용이 시기에 크게 저촉됨을 보고 연루될까 두려워하여, 격례에 잘못이 있다고 핑계하여 물리쳤다. 조헌이 곧 다시 짧은 소장을 첨부하여 네 번 올렸으나 네 번 모두 받지 않았다. 뒤에 초소를 올리려 하였으나 시행되지 못하였다. 드디어 글을 지어 선성묘에 고하고 관직을 사임하고 옥천의 향리로 돌아갔다.

그의 첫 번째 소장의 대략에,

"신이 이미 일생 곧고 고집스런 목숨으로 간인의 칼날 위에 내맡겨졌으니, 어떻게 차마 명주를 위해 공정한 시비의 소재를 다 진달하여 국론을 결단하지 않을 수 있겠습니까.

이탁이 능히 박순의 말을 들어 죽음도 돌보지 않고 사랑을 쳐서 내쫓았습니다. 이때를 당하여 이산해는 황혹하여 벌벌 떨면서 감히 붓을 잡지 못하였습니다. 만일 이탁이 또 이산해처럼 나약하고 비겁하였다면 박순의 말이 홀로 행해질 수 없고 우리 조선 한 나라도 심히 위태롭게 되었을 것입니다.

신은 듣건대 송인수의 어짊은 동국의 보배라 합니다. 그가 죽던 날 그를 알건 모르건 탄상하지 않은 사람이 없었는데 송기수는 홀로 출사를 그만두지 않고 정원에 사진하였다고 합니다. 동료들이 괴이하게 여겨 물으니, 답하기를 '이미 국적이 되었으면 마땅히 속적에서 끊어야 하니, 무슨 복이 있겠는가' 하였습니다. 뒤에 송인수를 위해 묘지를 지을 적에는 찬양을 극도로 하여 공론에 죄를 얻지 않으려 하였으니, 이른바 '평생의 간위는 그가 죽은 뒤에야 진성을 알 수 있다' 한 것이 이것입니다.

신종효는 두둑이 잇닿아 있는 기름진 전지를 소유하고 있었는데 그의 아들이 무관이 되자 벼슬자리를 잃게 된다는 것으로 을러서 그 전지를 빼앗았습니다. 윤임의 아내가 그의 사패 노비가 되었는데 그에게 직접 길쌈을 짜서 바치게 했고 공신의 사제를 받아서는 이를 팔아 대가를 적립하였다고 합니다. 이는 사기행위로서 청렴한 행동이 못됩니다.

송응개·송응형·허봉·김첨이 과연 나라를 근심하는 사람이라면 어찌 차마 양조의 강직한 신하를 아울러 한결같이 배척하여 내쫓기를 도모한단 말입니까.

대저 이발·이길이 처음에 성혼·이이의 문하에 종유하면서 자신을 굽히고 남에게 겸허하였으므로 칭예하는 사람이 많아서 선인이란 이름을 얻었고, 성혼·이이도 함께 선을 할 수 있는 사람이라고 여겼습니다. 당초 각립할 즈음 이발이 정철에게 '공이 어찌하여 심의겸을 끊지 않는가' 하니, 정철이 '의겸이 어버이를 섬기고 사람을 사랑함에 있어 볼만한 점이 많이 있다. 어찌 그대 아저씨 윤의중이 형의 아들을 죽이고 자기 아들에게 종통을 빼앗아 준 것과 같은 지경에야 이르렀겠는가' 하였는데, 이것이 정철이 준엄하고 강직하여 이씨와 윤씨의 가문에 거듭 거스름을 받게 된 이유였음은 물론 친우까지 아울러 배격하여 있는 힘을 다하게 된 이유입니다.

구사맹이 선을 좋아하는 마음을 지닌 것은 윤의중에 비하면 말할 수 없이 현격하게 다르고 고경명이 나라를 영화롭게 한 것은 허봉에 비하면 같은 선에다 놓고 말할 수 없습니다. 그렇다면 심의겸과 혼인을 맺었다 하여 반드시 구사맹을 내쫓고 이양과 서로 안다 하여 반드시 고경명을 내쫓는다는 것은 모두 일방적인 말입니다.

아래에서 원망하는 사람이 한이 없고 하늘이 위에서 노하는 것이 한 달에 한두 번에 그치지 아니하니, 위망의 화가 조석에 임박하여 있습니다.

신은 삼가 생각건대, 유공신·임석지 등 관학 유생의 소장은 황개백의 공언이고, 이홍로 등은 허봉과 평소에 후하게 지냈으므로 감히 유내와 같은 소장을 올렸던 것입니다. 유공신이 옥당에 들어갔을 적에는 내쳐 평사로 삼았고 임탁이 동몽교관이 되었을 적에는 유성룡이 드러내 놓고 배척하며 화를 내어 곧 그로 하여금 문을 닫고 들어앉게 하였습니다. 그 뒤로도 공의가 없어지지 아니하여 정여립·이발·이길이 도리를 어기고 성명을 속인 죄를 분명히 알게 되어서는, 안소·신응구·유대건·윤시헌 등이 곧 을유년에 70인의 동지를 거느리고서 소장을 올리려 하였는데 유전이 유홍에게 글을 보내어 자기 아들을 금지시키게 하였으며, 노식은 호조에 있으면서 손수 글을 보내어 윤자신에게 후일의 화를 들어 경계하였습니다. 이 때문에 유대건·윤시헌이 감히 유생의 대열에 나오지 못하였습니다.

이발·이길의 무리는 기필코 일시의 청류를 잡아다가 일망타진하니 편당의 해가 이미 온 나라를 텅 비게 하였습니다. 그러나 이산해는 그의 기염을 두려워하여 조부의 여풍을 잃어버렸고 옛날 종유하던 바를 잊은 채 겁내고 두려워하고 시종 벼슬을 잃어버릴까만 근심하였습니다. 김응남과 백유양이 간사한 사람이라 하면 충심을 바치고 정성을 다하는 사람일지라도 친소를 따지지 아니하고 배척하되 미처 못할까 두려워하였고, 김응남·백유양이 어진 사람이라 하면 도덕에 어긋난 짓을 하는 사람도 신구를 논하지 않고 진용하되 속히 하지 못할까 두려워하였습니다.

이산해의 무리가 이발·이길이 풍력이 있어서 박순과 정철을 제어할 수 있다고 여겨 급급히 그들을 임용하면서 스스로 잘못을 알지 못하였습니다.

노수신은 을사사화를 겪고 살아난 사람입니다. 당초에는 만절을 보전하고자 하지 않은 것이 아니나 유성룡의 의논에 미혹되어 중년의 견식을 변개하였고 배회하면서 여생을 마치려 하였습니다.

정유길은 정광필의 손자입니다. 당초에는 어찌 스스로 선대의 미덕을 버리고자 했겠습니까. 성낙의 논박에 겁을 내어 겉으로는 양쪽이 옳다는 논의를 하면서도 몰래 아들의 당을 주도하였습니다.

당당한 대조에 어찌 구할 만한 정승 한 사람이 없고 임용할 만한 경한 사람이 없고 발탁할 만한 선비 한 사람이 없기에 기필코 이발·이산해·백유양의 무리로 하여금 권강을 마음대로 농락하여 형정을 탁란시키는 것이 이처럼 극도에 이르게 한단 말입니까" 하였다. 주로 동인으로 당론을 이끌어 간 사람들을 논한 것이었다.

두 번째 소장에,

"마침 조보를 보건대 5월 23일 위에서 글을 내려 구언하셨는데, 간절함이 극진하였습니다.

타는 듯한 가뭄이 오래되어 논에 모를 심지 못했고 거센 바람과 사나운 비에 기장과 조가 시들어 갑니다. 그리고 여름철에 눈이 산에 가득히 쌓인 것은 전사에 듣지 못하던 일이고 소나무가 마르고 땅이 꺼지는 것은 지난 문적에도 매우 놀랍게 여기던 것이니, 이는 반드시 숨겨진 억울함이 실로 많아서 원한이 하늘에 사무쳤기 때문이며 반드시 간사하고 아첨하는 말이 성해 언로가 막혔기 때문인 것입니다."

세 번째 소장에,

"신이 지금 변변치 못한 사람으로 제독이라는 학교에 소속된 관직에 있으면서 사우가 무함당한 까닭으로 지난해 가을 망령되이 진달하였었습니다. 그런데 성주께서는 곧 주벌하여 배척하지 않으셨으나 당로자는 있는 힘을 다해 신을 치죄하였습니다. 신을 유숙하게 한 주인도 아울러 신을 유숙케 한 견책을 당하였으므로 도성 사람으로서 신이 왔다는 말을 들으면 관문을 닫고 받아들이지 못하게 하였으며, 남은 노기가 혁혁하여 중외의 사람이 모두가 지목하였습니다."

네 번째 소장에,

"신의 소장이 지체된 뒤로부터 가을장마가 농사를 해치고 하늘의 해가 항상 흐리며, 각도 민생의 곤고함이 하루하루 더욱 심해진다는 소문만 들릴 뿐 도적을 그치게 하고 흉년을 진휼하는 계책은 사람들의 희망을 위로할 만한 것이 있다는 말을 전혀 듣지 못하였습니다. 그리하여 상하가 그저 예사로이 여겨 태평 시대의 조도(調度)와 같으니 신은 삼가 민망하게 여깁니다. 성주께서 만일 신의 말을 여덟아홉을 쓰는데도 하늘이 환하게 개지 않고 해와 달이 밝게 빛나지 않으면 신은 목을 빼고 죽음을 기다림으로써 망언한 죄를 사과하겠습니다" 하였다.

충심에서 우러난 진실한 상소였다. 그러나 올려지지 않았다.

9월 7일 심의겸이 졸하였다. 사관은 '심의겸은 자신이 귀척의 자리에 있었으나 천성이 본디 엄하고 근신하여 밖으로는 조사 가운데 선류를 부호하고 안으로는 궁금의 사적인 길을 막았으니 일시의 사부가 이로써 중하게 여겼다. 그러나 배척하는 자들은 또한 이것을 구실로 삼아 그가 전 천함을 논하여 양기와 두헌에 비하였으나 또한 탐오한 명칭을 가하지는 않았다. 명경과 현사로서 일찍이 그와 서로 사이좋게 지낸 자는 모두 연루당하여 간당으로 지목되었지만, 모두 차마 버리지 못하고 전처럼 사귀고 가까이 지냈다. 심의겸이 파주 촌사에 물러나 있으면서 시론이 더욱 준엄함을 듣고 매양 집안사람에게 말하기를,

"밥상에 조복 요리를 올리고 입으로 사론을 말하였으니, 남의 말을 듣게 되는 것이 마땅하다" 하였다. 대개 조복은 금중의 특이한 반찬으로 외척에게 나누어 보내는 것이다. 심의겸이 시종 사론과 주선하였으므로 처음 청명할 때를 당해서는 드러낼 만한 과악이 없었으나, 권세의 혐의를 피하지 아니하고 오래도록 영총의 자리에 있음으로 말미암아 마침내 화의 우두머리가 됨을 면치 못하였으니, 그가 받아들여 죄로 삼는 것이 또한 마땅하지 않겠는가' 하였다.

9월 9일 외방의 과거를 수령에게 맡기고 올라온 북평사 송상현의 파직을 청했다. 이일이 북병사였다.

9월 20일 양가의 처녀를 첩으로 삼았다고 방어사 신립의 파직을 청했다.

9월 24일 남병사가 치계하였다. "적호 1천여 기가 혜산진을 포위했는데, 첨사 이하 등이 막아 싸워 적을 물리쳤습니다."

∥ 이순신, 백의종군하게 되다 ∥

　이순신은 녹둔도 둔전관을 겸하게 되었다. 마침 이해에는 풍년이 들었다. 이때 이순신이 경원부사 이경록과 함께 군리를 거느리고 추수를 감독하고 있었다. 추도의 호추 마니응개가 경원 지역에 있는 호인의 촌락에 화살을 전달하고서 가다가 녹둔도에서 추수가 한창이라는 것을 알았다. 그래서 군사를 숨겨 놓고 책루 안을 몰래 살펴보니 과연 군사들과 농민들이 추수하러 가고 비어 있는 거나 마찬가지였다. 이에 군사를 풀어 책루 안으로 침입하여 노략질을 시작하였다. 급보를 들은 수호장 오형과 임경번 등이 급히 달려가 포위를 뚫고 책루로 들어가서 싸웠다. 호추 마니응개는 책루를 뛰어넘어 들어오다가 수장 이몽서에게 사살되었다. 이순신과 이경록이 군사를 이끌고 와 합세하니 적이 후퇴하기 시작했다. 군사 10여 인이 살해되고 백성 1백60여 인이 사로잡혀 갔다. 말도 10여 필을 가져갔다. 오형과 임경번은 열심히 싸우다 화살을 맞고 처참하게 살해되었다. 군사들 10여 명이 모두들 용맹스럽게 싸우다 전사하였다. 여러 대의 화살을 몸에 맞기도 하고 칼날에 얼굴이 베어지기도 하였으며 심지어는 머리가 잘리고 눈알이 뽑혔지만 끝까지 무릎을 꿇지 않고 항전하였다 한다. 이경록과 이순신이 군사를 거느리고 도망하는 적을 추격하였다. 군관 이운룡도 합세하였다. 이순신은 적의 화살에 다리를 맞았으나 화살을 뽑아 버리고 분전하였다. 적 3인의 머리를 베고 포로된 사람 60여 인을 빼앗아 돌아왔다.
　북병사 이일이 이순신과 이경록에게 죄를 돌림으로써 자신은 벗어나기 위해 형벌을 가하려고 하였다. 불려 들어갈 때 병사의 군관 선거이가 본래 이순신과 친한 사이였는데, 걱정이 되어 손을 잡고 눈물을 흘리며 '술을 마시고 들어가는 것이 좋겠소' 하였다. 이순신이 '죽고 사는 것이

천명인데 술은 마셔서 무엇 하겠소' 하였다. 다시 선거이가 '그러면 물이라도 마시오' 하였으나 목마르지 않다고 하며 그냥 들어갔다. 이일이 패전한 것으로 몰아 심문을 하자, 이순신이 '내가 병력이 약하기 때문에 여러 번 군사를 증원해 주기를 청했으나 병사가 들어주지 않았는데 그 공문이 여기 있으니 조정에서 만일 이것을 알면 죄가 내게 있지 않을 것이요. 또 내가 힘껏 싸워서 적을 물리치고 추격하여 우리 사람들을 탈환해 왔는데 패군으로 따지려는 것이 옳은 일이오?' 하고 대담하게 맞섰다. 이일이 답하지 못하고 이순신과 이경록을 가두어 놓고 조정에 보고하였다.

후에 보고를 받은 조정에서는 죄줄 것을 논의하였으나 선조가 "전쟁에서 패배한 사람과는 차이가 있다. 병사로 하여금 장형을 집행하게 한 다음 백의종군으로 공을 세우게 하라" 하였다.

조정의 문신들은 자신들은 싸울 줄도 모르면서 패전했다 하면 무조건 죽이라고 아우성치는 그런 때였다. 사실 살아남은 것이 다행이었다. 이경록과 이순신은 과거 급제 동기인데 이제는 백의종군 동기까지 되어 수령, 지휘관에서 졸병으로 같이 강등되었다. 그러나 다행히 이 시절에는 백의종군하더라도 졸병 취급은 하지 않고 대우는 해주었다.

10월 4일 병조판서 정언신이 아뢰기를 "녹둔도에 논밭을 일군 일은 전부 신에게서 발의된 것입니다. 그런데 지금 적호들이 침범해 와 사람과 가축들을 약탈해 갔다는 소문을 들었으니, 이는 모두 신의 그릇된 생각으로 말미암아 빚어진 일입니다. 먼저 신을 다스려 조야에 사과하소서" 하였다.

전교하기를 "녹둔도는 오랑캐의 지역과 너무 가까워 오랑캐들이 침입하는 것은 일반적인 일로서 처음부터 이 같은 일이 생기리라는 것을 우려하지 않은 것이 아니었다. 본도는 조종조 때부터 우리의 농장이었는데,

경이 군량이 어려운 형편에 놓인 것을 목도하고 백성들을 들여보내 농사를 짓도록 한 것인데 이것이 어찌 잘못인가. 설사 차질을 빚었다고 하더라도 지혜로운 사람도 많은 생각 중에 반드시 한 번은 실수하는 법이니, 경이 국사에 마음을 다하는 충성에야 어찌 손상됨이 있겠는가. 내 어떻게 경에게 허물을 주어 국사를 돌보지 않고서 방관하는 자들의 웃음거리로 만들어 주겠는가. 부디 이것 때문에 스스로 위축되지 말고 알면서도 하지 않는 일이 없도록 하라" 하였다.

김명원을 도순찰사로 삼아 북변을 순검하게 하였다.

11월 6일 이노가 아뢰기를 "영서 지방은 작물이 다소 여물었으나 영동 지역은 흉년입니다. 그리고 각 고을에서 바친 제용감의 인삼이 비록 품질은 좋지만 하인들이 값을 조작하여 폐단을 일으키니, 10여 근의 가격이 세목 1백여 필이나 됩니다. 백성들이 이 때문에 떠돌고 있습니다" 하였다.

전교하기를 "지금 계사를 보건대, 쥐 같은 무리들이 간교한 술책을 부리다니 너무나 통분하다. 유사를 시켜 본감 하인을 수금케 하고 그 무리들도 끝까지 추문하여 정죄하라. 본감의 관원도 추고하라. 방납하는 사람들은 나라의 큰 좀벌레이니 법사로 하여금 엄히 다스려 준열히 금하도록 하라" 하였다.

11월 7일 선전관 김경눌이 상소하여 북정하기를 청했다.

전교하기를 "이 사람은 나랏일에 목숨을 버리고자 하니, 전후에 걸친 그 간절한 정성은 흔히 얻을 수 있는 것이 아니다. 내가 특별히 그를 6품의 직에 옮겨 다른 사람들을 권면시키고자 하니 비변사에 물어보라" 하였다.

11월 15일 북병사 이일이 치계하여 경흥부에 있는 적호의 마을을 소탕하여 참수한 33급을 올려 보낸다고 하였다

12월 22일 우부승지 이성중에게 전교하기를, "오늘날 북도의 성패는 적합한 아장을 얻을 수 있는지의 여부에 달렸으니, 한낱 무예만을 취해서는 안 된다.

그리고 한 가지 생각이 있는데, 우후는 뭇 군사들을 통솔하고, 수령은 단지 본진만을 지킬 따름이니, 만약 회령부사 변언수를 우후로 삼고 그 자리는 다른 사람으로 차출하면 합당할 것 같은데 역시 적당한 인물을 얻기가 어렵다. 관직의 고하와 전직에 있다가 죄를 지어 폐출된 사람을 따지지 말고 모두 천거하도록 하라" 하였다.

12월 28일 비변사가 서울에 왔다가 돌아가는 오랑캐를 처리하는 일에 관해 비밀히 입계하였다. 어이없게도 속임수로 죽이자고 청하는 것이었다.

이에 전교하기를 "옛사람이 말한 '군대란 오직 속임수를 귀히 여긴다'는 것은 대개 용병할 즈음에 임기응변하여 병졸들의 이목을 어리석게 만들고 적군에게는 아군의 전말을 헤아리지 못하게 하는 것이지 어찌 이와 같은 것을 말하는 것이겠는가. 저들이 비록 금수와 같다고 하나 폐백을 받들고 입조하였으니, 왕자는 마땅히 지극한 정성으로 대해야 할 것이다. 그런데 어찌 여러 신하들과 함께 잡아 죽일 것을 가만히 꾀할 수 있겠는가. 이렇게 수치스러운 계책을 꾸미는 것을 나는 실로 부끄럽게 생각한다.

대저 조정에서는 비분강개한 정신으로 적을 토벌하여 기필코 그 치욕을 씻어내고 북쪽 변방을 평정함으로써 우리 백성들을 편안하게 하며 커

다란 위훈을 세워 이름을 청사에 드리워야 한다. 이 일을 마음먹는다면 저 두 오랑캐를 손님의 예로 접대해도 되고 고관으로 존중해주어도 또한 괜찮은 일이다" 하였다.

현명한 판단이었다. 개혁하는 일이 아닌 것에는 항상 이렇게 현명하였다.

‖ 왜사 귤강광, 통신사를 요청하다 ‖

대마도 왜적은 남해안을 침범하는 왜적들과는 상관없는 듯이 계속 딴전을 피운다. 지난번 손죽도를 침범할 무렵에도 4명의 제주도 표류인을 보내 주었는데, 7월 3일에도 표류한 제주 사람을 도주가 특별히 사람을 보내 호송해 주었다. 선조가 그 정성이 가상하다 하며 특별히 그 사송에게 넉넉하게 물품을 내려주고 제직하였다. 그런데 상관인 등원조창이란 자가 예조에서 연향을 베푸는 날 소단을 올려 따르기 어려운 일을 청했다. 예조가 허락하지 않으니, 조창 등이 성을 내며 길을 떠나는 날에 하사품과 제직 교서를 던져 버리고 갔다. 예조가 그 연유를 아뢰자 대신에게 의논하여 후일 세견선이 돌아올 때 도주에게 글을 보내 그 곡절을 갖추어 이르게 하였다.

8월 말 대마도의 사신 귤강련이 부산에 들어왔다. 경상좌수사가 만나보고 계본을 올렸다. 첨지 귤강련의 말 가운데 '일본국은 미욱한지라 밝게 살피지 못하고 적자를 바꾸어 신왕을 세웠는데 가까운 시일에 통사하고자 한다'고 한 말이 있다고 하였다.

10월 귤강련이 서울에 도착하여 서계를 올렸다. 정식으로 신왕이 보낸 사신이 이미 대마도에 당도했다는 것을 도주의 이름으로 알리는 내용이었다. 그런데 전 왕은 성이 원씨였는데 신 왕은 평씨로 성이 달랐다.

선조가 '일본국은 국왕을 폐하고 새 임금을 세웠으니 바로 찬역의 나라이므로 그들이 보내는 사신을 접대할 수가 없다. 마땅히 대의로 타일러 돌려보내야 한다. 종2품 이상은 그 가부를 비밀리에 논의하라' 하였다. 회의 결과 모두들 '미개한 나라이기 때문에 예의로써 나무랄 수는 없다. 사신이 올 경우엔 의례대로 접대하는 것이 마땅하다'고 하였다.

이에 선조는 일본 사신의 기선을 제압하기 위해 선위사는 문장을 잘하는 사람으로 임명해야 한다고 하고, 이조정랑 유근을 선위사로 하였다.

11월 말 일본 국사 귤강광을 선위사 유근이 맞이하여 올라왔다.

12월 22일 좌의정 정유길이 아뢰기를, 왜 사신이 통신하는 일을 다시 신청하였고 다른 일은 규례를 상고하여 매를 많이 가져가길 원한다고 하였다. 그러나 이번 사신은 보통의 통상적인 일로 온 것이 아니었다. 지난 5월에 풍신수길은 20만 대군을 동원하여 수륙 병진으로 규슈를 진압하였다. 규슈의 지배자 시마즈 요시히사가 수길의 패권을 인정하지 않고 대항하자 정벌한 것이다. 직접 규슈에 진격하였으니 대마도주가 인사를 하지 않을 수가 없었다. 평조신 일행이 수길을 만나니 수길은 대마도주에게 '조선왕으로 하여금 즉시 나한테 와서 항복하게 하라' 하였다. 대마도로서는 어길 수 없는 명령이었다. 그러나 실행 불가능한 명령이기도 하였다. 대마도의 고민이 깊어졌다. 조선왕이 조공을 바치러 일본으로 간다는 것은 말도 되지 않기 때문에, 궁여지책으로 통신사를 요구하여 그 통신사가 나오면 수길에게는 조공을 바치는 항복 사신이라고 속여 넘겨

보려고 하는데, 조선에서는 통신사도 전혀 보낼 생각이 없으니 큰 문제였다. 그러나 대안이 없으므로 일단 정식 국왕 사신을 가장하여 신 왕의 이름으로 사신을 보내고 그 답방을 요구하기로 하였다. 그러나 조선이 사신을 받아들일지도 의문이었다. 그래서 노련한 귤강련을 대마도 사신으로 보냈다. 교섭 결과 조선에서는 일단 사신은 받아들이기로 하였다. 그러나 귤강련의 보고에 조선의 분위기가 통신사를 보내기는 어려울 것 같다고 하여 대마도주는 더욱 걱정이 되었다. 고심 끝에 강하게 나가기로 하였다. 그래서 사신으로 거대하고 힘세고 거친 무관인 귤강광을 선정하여 조선에 위협적으로 대처하게 하였다.

이렇게 사신 아닌 사신이었다. 그래서 귤강광은 행동이 여느 사신 같지 않고 사납고 거만하며 무례하였다. 서울로 올라오는 길에, 인동에서는 길가에 도열한 병사들이 가진 창을 보고, 일행을 멈추고 손가락질을 하며 "무슨 창이 이렇게 짧아. 이런 걸로 싸울 수 있어?" 하고 조롱하였고, 상주에서는 접대하는 상주목사를 보고 "전쟁으로 지새운 나는 겨우 반백인데 늘어지게 팔자 좋은 목사께서는 왜 호호백발이시지요?" 하면서 무례하게 굴었다. 또 예조판서가 주관하는 연회에서 고의로 호초를 뿌렸다. 기공들이 앞을 다투어 그것을 줍느라고 전혀 질서라고는 없었다. 귤강광이 객관에 돌아와 역관에게 말하기를, "이 나라의 기강이 이미 허물어졌으니 거의 망하게 되었다" 하였다.

게다가 국서의 내용이 매우 거만하여 '천하가 짐의 손아귀에 돌아왔다'는 말이 있었다. 천자가 사용하는 짐이라는 말도 의도적으로 사용하였다. 조정에서는 예의를 모르는 야만인이기 때문으로 치부하였다.

대마도의 의도는 위협에 의한 강요로 조선이 겁을 먹고 응하는 것이었지만, 조선은 지나친 무례로만 여겼을 뿐 감각이 없었으니, 대마도가 조선의 통신사 파견이라는 소기의 목적을 달성하기는 어렵게 되었다.

이때 이정암이 동래부사로 있었다. 이정암은 호걸스럽고 지모가 있었다. 스스로 서생이어서 활쏘기와 말달리기를 익히지 않았다 하여 사양하였으나 허락하지 않았다. 동래진에 부임하자 왜사가 잇따라 이르렀다. 왜사가 더욱 거만하여 연석에서 술을 마시려 하지 않았다. 이정암이 눈을 흘기며 권하니, 왜사가 잔을 얼른 들어 다 마시고 역관에게 말하였다.
"내가 부사의 눈빛을 보고는 나도 모르게 취하도록 마셨을 뿐이다."

동인들은 서인들을 청소하듯이 쓸어내고자 하는 것 같았다. 그래서 이이에 대한 비난과 공격이 그치질 않았다. 이이의 제자인 이귀는 참다못해 동료들과 대책을 마련하여 상소를 올려 해명하였다. 그 상소에 언급된 이산해는 변명하기에 바쁘나 선조의 신임이 두터워 그냥 넘어간다. 남해안에 손죽도 왜변이 발생했다. 왜적은 대항하는 우리 수군만 격파하여 피해를 입히고 사라지지만 우리 조정은 장수들만 처벌하고 다른 조처는 없었다. 북변의 오랑캐도 골치였다. 일본에서는 풍신수길이 조선의 왕이 직접 와서 항복 알현하라고 명을 내린 상황이었는데 우리는 전혀 주변 상황을 알지 못하는 우물 안의 개구리였다. 그냥 개구리가 아니라 먹을 것이 없어 오로지 백성들의 피를 먹고자 국가의 지도자 저희들끼리 피 터지게 싸우는 피 마른 개구리들이었다. 그런 나라였다.

43세의 이순신은 백의종군 하게 되었다. 46세의 유성룡은 계속 부임하지 않고 한가한 시간을 가지며 퇴계 선생의 문집을 편찬하기도 하였다.

23
왜적, 통신사를 간청하다 :
선조 21년 (1588 무자년)

새해 벽두부터 왜사신 문제가 주 의제가 되었다.

1월 3일 별좌 이명생이 입계하였는데, 일본이 그 주인을 폐위시켰으니 사신을 접견하지 말라 하고 명에 고하여 육사를 동원시켜 정벌하는 것이 만세의 의라 하였다. 이에 대해 선조가 "승지는 오늘 이명생의 상소를 보았던가?" 하자,

황섬이 "시행할 만한 계책도 아니고 소문만 번거롭게 될 뿐입니다" 하니,

선조가 "소문이 난들 무슨 상관이 있겠는가. 왜노로 하여금 우리나라에서 그런 말이 있었음을 알도록 하는 것이 좋다. 또한 그들의 사신이 온 뜻을 나는 전혀 알 수 없다" 하였다.

홍인상이 "임금을 시해한 역적은 보이는 대로 베어야 합니다. 어찌 용납하여 들일 수 있겠습니까. 대개 해외의 표한한 위인들을 어찌 중국의 예의로써 책할 수 있겠습니까" 하니,

선조가 "그렇다. 그들이 와서 우리의 사신을 청하는 데는 반드시 그 속셈이 있는 것이니, 그 실정을 파악해서 잘 처리하는 것이 좋다" 하였다.

황섬이 "지금 온 사신은 하나의 용렬한 무부이니 곧 전날 도선주로서 자주 우리나라에 왔던 자입니다" 하였다.

선조가 "그들 나라에 문자를 해득한 중이 없지 않으니 중을 보내 수호를 청하는 것이 좋을 터인데 꼭 무부를 보낸 데는 혹 우리나라의 사신을 청하다가 우리가 허락하지 않으면 이를 핑계로 작적하려는 계획을 세우자는 것인지도 모를 일이다. 이 말이 어떠한가" 하였다.

황섬이, "우리에게 실수가 없으면 그만입니다. 어찌 저 왜로의 사정까지 알 것이 있겠습니까. 지금 온 사신을 관찰하건대 원대한 계략은 없는 듯하니, 그저 찾아온 자는 거절하지 않는다는 의리로써 대우할 뿐입니다" 하고,

홍인상은 "국가의 민력이 튼튼하고 변비가 허술하지 않다면 저들에게 아무리 모종의 모사가 있다 하더라도 염려할 나위가 없지만, 지금 국운이 불행하고 병력과 민력이 함께 병들어 그 뿌리가 뽑혀 있어 전에 조그마한 도적을 만났어도 그 수모가 적지 않았는데, 만약 큰 도적을 만나면 어려움이 반드시 많을 것입니다. 이는 군신 상하가 밤낮으로 강구해야 할 일입니다" 하였다.

선조의 견해는 깊이가 있었고 황섬의 의견은 형편이 없었다. 홍인상의 마지막 의견은 아주 옳은 말이었다. 사실 그 대책이 시급했는데 말에 그치고 말았다.

1월 4일 조헌이 일본 사신이 와서 통빙을 요구한다는 말을 전해 듣고는 충청감사에게 상소를 제출하였으나 받지를 않자 전에 받지 않은 상소와 함께 직접 가지고 도보로 올라와 이날 정원을 통하여 선조에게 올렸다.

조헌의 소장은, 말은 길었으나 주된 말은 일본 사신에게 '돌아가서 너희 임금에게 「만일 제후의 법도를 준수하여 먼저 명의를 바르게 한 다음 전왕의 자손을 모두 죽이지 않도록 하며, 횡행하는 적선을 일체 금단

하고 우리의 반역자와 포로를 돌려주며, 다시는 도륙을 일삼지 말고 의리를 중히 여기고 이익을 가벼이 하여 염치와 예양으로 풍속을 이룬다면 혁신되어 도에 이를 것이고, 우리도 오히려 바라는 바가 있어 풍교와 의리를 사모하는 사신을 한번 보내지 아니할 수 없을 것이다」고 하라' 하였다. 이 말은 일리가 있었다. 그런데 그다음이 문제였다.

'이이가 살아 있다면 반드시 선처할 대책을 올렸을 것입니다. 그런데 신의를 잃은 자가 뻔뻔스레 정승의 자리에 있고 간인과 붕당을 지어 나라를 저버린 자가 권요의 직을 차지하고 있습니다. 탐욕하고 간사하여 기탄없는 것이 김안로·윤원형과 같고 당여를 널리 부식시키는 것은 이량·김개보다 더 심합니다. 지금의 시장 마을이나 외진 여염의 늙은이와 어린아이가 모두 당대의 임금은 있으나 신하가 없음을 말하고 있습니다. 적국의 첩자가 이 말을 들으면 해 됨이 어찌 적겠습니까. 그런데 이산해가 한 번도 듣지 못하였다면 이는 귀와 눈이 없는 것이고, 알고서 고치지 아니하였으면 이는 군부를 저버린 것입니다. 귀와 눈이 없는 죄는 가볍고 임금을 저버린 죄는 크니, 신이 이색의 후손에 대해 탄식하고 통한하는 까닭입니다' 하며 이산해를 위시한 대신들을 심하게 기술하였다.

그리고 "야인의 부락을 분탕하는 계책에 대해서는 신은 속히 포마를 내어 중지시키기를 바랍니다. 만일 그것이 불가하면 계원하는 장수를 신각·이종인 등으로 차견하여 돌아가는 길의 요로에 나누어 매복시켜 만분의 일이라도 살리는 계책으로 삼으소서. 왜인을 제어하는 계책은 속히 남금을 왜관에 뿌리고 한편으로는 홍성민·이준민·안자유·이증·이산보·이해수 등 유아에 종사하는 자를 불러서 장신의 계책에 의하여 토론하고 윤색해서 조유의 술책을 잘할 것이며, 일면으로는 중사를 속히 보내어 박순·정철·민순·성혼 등을 불러 오늘날 진요옹·유원성의 아류인 자를 조속히 큰 임무에 진용시켜 백관의 모범이 되게 하고 근본과 줄기를 강하고 튼튼하게 하도록 하소서. 그러면 오랑캐들의 침릉과 도적의 종횡을 그치게 할 수는 없으나 그래도 위란에서 부지할 수 있는 모의가 있게 되어 오늘날의 답답한 상황과는 비할 바가 아닐 것입니다" 하였다.

서인들을 중용하라는 것이었다. 이것을 신하들에게 보이면 조정이 매우 시끄러워질 것이 분명하였다. 그래서 궁내에 보류해 두고 내리지 않았다. 정원이 소장을 궁내에 오래 보류해 둘 수 없다 하여 사관에게 내리기를 청하니,

선조가 비로소 하교하기를 "지금 조헌의 소장을 보건대 이는 곧 인요(人妖)이다. 하늘의 견고가 지극히 깊어 두렵고 조심스러움을 견딜 수 없다. 어쩌면 과인이 현상과 명경에게 평일 지성으로 대우하지 못하고 전적으로 위임하지 못한 탓으로 이런 일이 있게 된 것이 아닌가. 더욱 부끄러움을 견딜 수 없다. 이 소장을 내려보내지 아니할 수 없으나 내가 차마 내리지 못하겠다. 일단 내려보내면 손상되는 바가 매우 많을 것이어서 내가 차라리 허물을 받는 것이 낫겠기에 이미 태워 버렸다. 사관은 내 허물을 크게 기록하여 후세를 경계하면 좋겠다" 하였다.

1월 11일 사헌부가 조헌을 사판에서 삭제하라 하였다. 다음 날도 다시 청하니, 다스리지 않는 것으로 다스리는 것이 좋다 하였다. 뒤에 홍문관의 차자에서도 조헌에 대해서 아뢰었는데,

답하기를 "당론을 차진하여 주니, 참으로 가상하다. 그러나 조헌의 소는 본디 따질 것도 없는데, 백부가 탄핵하고 옥당이 논박하니, 어찌 그처럼 끈질긴가. 내가 아무리 불민하나 조헌 혼자 능히 동요시킬 수 없음을 안다. 그도 어찌 감히 그 말이 시행되기를 기필하였겠는가. 그의 속셈은 그 소를 널리 전파시키는 데에 있을 뿐이다. 그 소를 소각시킨 것은 그 마음을 소각시킨 것이다. 사람의 처사에서 가장 중요한 것은 시기에 따

라 그 대처가 적절한 데에 있다. 만약 소를 소각시킨 것을 그르다 한다면, 마땅히 책망을 감수하고 후일에 조심하겠거니와 이를 누누이 계교하여 서로 시비를 가리려고 한다면, 도리어 조정의 수치가 되고 대체에만 손상될 뿐 아무 이익되는 일도 없을 것이니 내가 좋아하는 바가 아니다. 다시 더 유념하라" 하였다. 선조의 대처가 참으로 좋았다. 그만큼 조헌의 말이 거칠고 직설적이기는 하나 충심이 담긴 내용이었다 할 것이다.

1월 26일 이조판서 이산해가 조헌의 소에 거론되었으므로 신병을 빙자하여 다섯 차례나 정사하였다. 선조가 연속해서 말미를 주었는데 또 차자를 올리니,

답하기를 "경의 차자를 보고 그 지극한 뜻은 잘 알았지만, 나의 사정이 경의 사정보다 더 중하다. 경의 고민은 사정이고 나의 고민은 국사이다. 내가 어찌 감히 목전만을 생각하고 구구하게 위안하여 경솔히 경의 체직을 허락하였다가 실패하는 욕을 당할 수 있겠는가. 사세가 이미 여기에 이르렀으니 아무리 경의 청을 힘써 들어주고 싶으나 어찌할 도리가 없다. 말하자면 옛날의 인신은 일신을 나라에 바쳐 물불을 회피하지 않았는데, 지금 경은 사직을 비는 글을 앞뒤로 계속 바치고 있으니, 이 어찌 내가 경을 지성으로 대우하지 못한 소치가 아니겠는가. 경이 한 차례 정사할 적마다 내가 한 번씩 반성하곤 하였다. 총재의 자리를 몇 달 동안 비워 두어 국체에 방해됨이 있으니, 속히 조리하고 출사하도록 하라" 하였다.

뒤에 조헌이 또 소를 올려 경상들을 내리 무함하여 여지없이 매도하고, 또 박순·정철·성혼, 송익필, 심의겸의 현명함을 진술하였다. 삼사가 그 화를 사림에 전가시키려 한다고 하며 찬출을 청했으나, 선조가 계교할 나위가 없다고 윤허하지 않았다.

‖ 이순신, 백의종군에서 벗어나다 ‖

1월 27일 북병사 이일이 시전부락을 징벌하였음을 보고하였다. '경원의 번호 중 녹둔도에서 작적한 시전부락에 이달 14일에 본도의 토병 및 경장사 2천5백여 명을 거느리고 길을 나눠 들여보내, 이경에 행군하고 삼경에 강을 건넜다가, 15일 평명에 그들의 궁려 2백여 좌를 분탕하고 머리 3백80급, 말 9필, 소 20수를 참획하고 전군이 무사히 돌아왔다'고 하였다. 이순신은 이때에 우위군의 우화열장으로 참여하여 공을 세웠다. 이경록도 공을 세웠다. 그래서 그 공으로 백의종군이라는 옷을 벗게 되었다.

이 작전에 참여한 장수들 중에는 훗날 임진왜란 때 활약하는 사람들이 많이 보인다. 이일, 조대곤, 신각, 원호, 김억추, 유극량, 이종인, 서예원, 이옥, 조경, 이천, 선거이, 황진, 성천지, 등이다. 원균은 종성부사였는데 계원장으로 지원을 맡았다.

2월 16일 남병사의 계본에, 적호가 혜산 지경을 침입하여 첨사 이하 (李遐)가 군사를 거느리고 접전하다가 화살에 맞아 죽고 군관 및 군인들이 많이 살상되었다고 하였는데 입계하니, 즉일로 정사하여 박석명을 첨사로 삼고, 그 이튿날 군관과 말을 주어 발송시켰다.

3월 4일 동서반 2품 이상이 일본에 통신사를 보낼 수 없다고 하니 따랐다. 이 뒤로도 귤강광은 계속 통신사를 요구하였으나 받아들이지 않고 보내는 서계에 '수로가 아득하여 사신 보내는 것을 허락하지 않는다'고 하였다.

옛날에 서장관으로 일본을 다녀왔던 신숙주가 죽을 때 성종이 "할 말이 있느냐?"고 물으니 신숙주의 말이, "원컨대 국가에서 일본과 화친을 끊지 마소서" 하였다. 성종은 이 말을 옳게 여겨 부제학 이형원과 서장관 김흔을 일본에 사신으로 보냈다. 그들이 대마도에 이르러 풍파에 놀라 병을 앓게 되자 글을 올려 형편을 아뢰니, 성종은 국서와 폐백만 대마도주에게 전하고 돌아오라고 명하였다. 이후부터 다시 사신을 보내지 않고 일본에서 사신이 오면 예로서 접대할 뿐이었다.

국가 간의 교류는 중요한 일인데 풍랑이 무서워 사신을 보내지 않은 것은 너무한 것이었다. 이리하여 우리는 일본의 사정을 전혀 모르고 그저 대마도의 술수에만 놀아나고 있었으니 그렇게 한심할 수가 없었다.

어떻든 이런 전통을 이어받아 이번에도 풍랑은 통신사 거절의 그럴듯한 이유로 사용되었다.

왜 사신 귤강광은 하릴없이 빈손으로 돌아가게 되었다. 어깨에 힘이 빠졌음은 물론이었다.

4월 10일 선위사 한효순의 서장에, 일본의 객인이 문경지방의 대교를 지나갈 때 뜻밖에 대교가 무너져 객인은 물에 떨어져 겨우 죽음을 모면하고 역자는 죽었다고 하였는데, "문경현감 조종도와 차사원 상주 판관 조희철을 파직하라" 하였다. 22일에 선위사와 왜사신 일행이 성주 팔거현에 당도하였는데, 그 접대가 형편없고 심지어 심부름하는 자도 없이 겨우 차사원뿐이었다. 색리들을 추고하려 하였으나 다 도망치고 나타나지 않으므로, 선위사 한효순이 차사원의 보고에 따라 감사에게 이문하여 성주의 관리를 추고하게 하였다.

빈손으로 본국으로 돌아간 귤강광은 조선왕을 데려오라는 명을 어긴 데다가 보고하는 내용까지 미흡하여 풍신수길에 의해 처형당했다고 한다.

조정에서는 선조의 명으로 왜변에 대비하기 위하여 방어사를 두고 앞서 조방장을 임명하기로 하였다. 죄인들 중에서도 무재가 있는 자는 서용하도록 하였다.

　5월 20일 비망기를 내려 이르기를 "저번에 변장이 왜선 한두 척을 나포하였을 때도 위로하는 잔치를 내렸었다. 지난 봄에 북병사 이일이 시전 부락을 섬멸하여 3백여 급을 참괵할 때, 마침 날씨가 몹시 추워 장병들의 손이 터지고 살이 찢어져 그 고초는 말로 표현할 수 없었다. 바로 잔치를 내려 위로해야 하는데 내가 까마득히 잊어 말하지 못하고 유사 또한 감히 품하지 못하였다. 지금 5개월이 지났는데 한 잔의 술도 내리지 못하였으니, 너무도 온당치 못하다. 나의 생각에는 속히 한 관원을 내려보내 잔치를 열어 그들을 위로하고 아울러 나의 뜻을 알렸으면 한다. 만약 관원을 보내는 것이 폐가 된다면 그곳 감사에게 명하여 잔치를 내리도록 하는 것이 어떠할지, 비변사에 문의하라" 하였다.
　또 전교하기를 "함경감사 이광과 북병사 이일이 나의 부탁을 받고 국사에 마음을 다하여 국사가 튼튼치 못할까 늘 걱정하고 있다. 만기에 맞추어 차송하고 만기가 차면 교체시키는 것이 국법인데 딴 형편으로 인하여 부득이 아직 그 자리에 두고 있으니, 어찌 독현하는 수고가 없겠는가. 쌀 20석을 그 가족에게 지급하라. 비록 박약한 물품이나 나의 진념하는 뜻을 이것으로 보일 수 있을 것이다" 하였다. 늦었지만 잘한 조치들이었다.

　6월 14일 북병사의 계문에 "서수라 난도에 적호선 20여 척이 침범해 오므로 권관 임수형 등이 추격하였으나 적선이 빨리 달아나 추포하지 못하였습니다" 하였다. 지난 시전 싸움에서 가장 거센 우두머리가 빠져 달아났다가 몇 달 전에 몰래 나타나 우리의 백성과 소를 노략질하고 관군에 대항하였는데, 이번에 또 몰래 작은 배를 타고 난도에 침입하여 그 사나운 흉모를 부린 것이었다.

이에 전교하기를 "오는 겨울 얼음이 얼 때 혹 저돌을 가해 올까 염려되는데, 소를 잃은 뒤 외양간을 고치는 격이 된다면 무슨 소용이 있겠는가. 나의 생각에는 정병을 미리 선발하여 충분히 무장시켰다가 활이 굳세어지고 말이 살찌는 계절을 기다려 현지에 들여보내 요해처를 나눠 지키게 하였으면 하는데 어떠한가? 의처할 것을 비변사에 이르라" 하였다.

윤6월 2일 남병사 신립의 장계에, 이달 20일에 고미포의 적호 부락에 들어가 정벌하여 각위에서 20명과 말 3필을 참획했다고 하였다.

7월 1일 권징을 인견하였는데, 고미평을 분탕할 때 생포한 호녀 1명을 그 본토로 환송시킬 것을 주청하였고, 또 마천령과 마운령에 관을 설치하여 달아나는 백성을 단속할 것과, 모든 고을 중에서 유휴지를 가려 둔전을 개설하면 천여 석이 나올 땅을 확보할 수 있으므로 꼭 녹둔도만을 유의할 필요가 없다는 것과, 변장 중에 남방의 배 타는 재주를 익힌 자는 남방에, 북방의 형세를 아는 자는 북방에 사용할 것을 주청하였다.

7월 6일 서얼로 곡식을 상납한 자들에 대하여 천·양을 분별하는 여부를 대신에게 의논하게 하였는데, 영상 노수신은 '지금 예조의 공사를 보건대 나의 의견으로는 오직 사실대로 해야 한다고 여긴다' 하였다. 판부사 김귀영은 '신의 천식도 곡식을 상납한 자 중의 하나이므로 신이 이 의논에 참여하기 미안하다' 하였고, 좌상 정유길은 '우리나라의 풍속이 중국과 다른데, 당초 군급에 몰려 사세를 헤아리지 않고 옛법을 변경시켜 일이 없을 일에 일거리를 만들었으니, 너무도 불행한 일이다. 신도 그 결말을 잘 마무리할 묘책을 알 수 없으니 조정의 의논을 널리 수렴하는 것이 어떻겠는가?' 하였다.

전교하기를, "조정의 의논까지 널리 수렴할 일이 아니니 해조가 잘 살펴서 처리하라" 하였다. 나라를 위하는 일에 천인과 양인의 차별을 논하고 있다. 그런데 이런 중요한 문제를 임금과 정승들이 남의 일 보듯이 하고 있으니 나라가 잘 될 수가 없었다.

8월 김성일을 종부시 첨정으로 삼았다. 성일은 임기가 만료되어 고향에 돌아갔다가 이때에 조정으로 돌아왔는데 조금 뒤에 의정부 사인으로 옮겼다. 이때에 조정에 이미 남인·북인의 설이 있어, 서인을 치우치게 배척하는 것을 북인이라 하고 피차를 참용하는 것을 남인이라 하였다 김성일은 강직 개결한 사람이어서 혹 치우치게 배척하는 논의를 주장할 것이라고 여기는 사람도 있었다. 그러나 조정에 들어와서는 이렇게 말하였다. "자기와 의논이 다른 사람이라도 반드시 다 소인은 아니고 자기와 의논이 같은 사람이라도 반드시 다 군자는 아니다. 피차를 논하지 말고 어진 사람을 임용하고 불초한 사람을 버리는 것이 옳다" 하였다.

10월 15일 남병사 신립이 가을파보의 수졸이 보장을 모욕했다 하여 참수하고 계문하였다. 사간원이 아뢰기를 "병사가 비록 한 도의 병마를 거느리고 있으나 싸움에 임하여 적과 맞선 시기가 아니면 참형을 쓸 수 없으니, 신립을 파직하소서" 하였다.

지난해 겨울에 북병사 이일이 조산의 토병 송천수 부자가 적호와 내통하고 향도가 되어 침입했다 하여 처참한 뒤에 계문하였고, 경원부사 한극함이 수졸이 군령에 복종하지 않는다 하여 주장에게 품하지 않고 베었는데, 선조가 신립과 죄가 같은데 달리 처벌할 수 없다 하여 아울러 파직을 명하였다.

11월 8일 선조가 정언신에게 이르기를, "나의 생각에는 북진을 보전하지 못할 것 같으니, 판서는 숨김없이 말하라" 하였다.

정언신이 "어찌 갑자기 그런 말씀을 하십니까?" 하니,

선조가 "군신 사이에 무슨 숨길 말이 있겠는가. 호인은 편안히 살고 있는데 우리나라 군민은 보존하지 못하여, 자식을 낳아 돌무더기 속에 버리는 자까지 있다 하니, 아무리 한신과 백기 같은 자를 보내 지키게 한들 어떻게 지탱하겠는가. 판서 및 신립과 이일이 일선에 있을 적에는 그런대로 지탱할 만하였다. 명장이 항상 상주해 있지 못한 때문에 저들 중에 혹 지모가 있는 자가 나온다면 마운령 이북은 장차 저들의 소유가 되고 말 것이다" 하였다.

허약한 생각에서 나온 판단이었지만 지적은 정확했다. 그리하여 이일을 잉임시켰다.

전라도 좌수영 진무 김개동과 이언세 등이 지난해 봄 손죽도 싸움에서 왜노에게 잡혀가 남번국에 전매되었다가 중국 지역으로 도망쳐 조사를 받고 북경으로 이송되었는데, 이번에 사은사 유전이 돌아오는 길에 딸려 보내왔다. 김개동 등이 다음과 같이 말하였다.

"사화동이란 자는 우리나라 진도 사람으로 왜노에게 잡혀가 온갖 충성을 다한 자인데 저에게 이르기를 '이곳은 풍속과 인심이 매우 좋아서 거주할 만하니, 너희는 두려워하지 말라. 조선은 부역이 매우 고되고 대소의 전복을 한정 없이 징수하여 감당할 길이 없으니, 이곳에 그대로 거주하라. 지난 연초에 마도 가리포를 침범하려다가 바람이 불순하여 손죽

도에 정박하였는데, 이는 내가 인도해준 것이다' 하였습니다. 그가 거주하는 섬 이름은 오도로 둘레가 며칠 길이 되고 인구가 꽉 들어차 하나의 큰 고을과 같았습니다. 우리나라 사람으로 생포된 자들이 많았고 배 5백여 척이 있었는데 전라우도의 복병선 전부를 나포하였기 때문에 궁전과 총통까지 다 가져갔으나 쌓아 두기만 하고 사용할 줄을 알지 못하여 아이들의 장난감이 될 뿐이었습니다" 하였다. 정확한 보고였다.

형조판서 김명원을 경기감사로, 김엽을 경상도 순찰사로 삼고, 윤근수를 한성부 우윤으로 삼았다가 조금 뒤에 공조참판으로 옮겼다. 윤근수는 밀려나 산직에 있었는데 전조의 당상이 공조참판의 말망에 주의하였다.

이발이 크게 노하여 정랑 유근을 꾸짖어 말하기를, "그대가 붓을 잡고 전형에 참여하여 어찌하여 윤근수를 망천에 썼단 말인가" 하였다.

유근이 "이노는 재덕도 자력도 없어 조금도 취할 만한 점이 없는데도 오히려 수망에 주의되었는데 윤근수가 어찌 말망에 적합하지 않겠는가" 하자,

이발이 "그대가 너무도 일을 모른다. 이노는 공조참판이 곧 그의 본분이니 거기에 그치는 데 불과하지만 윤근수는 다시 높은 직임을 얻게 되면 그가 어찌 공조참판에만 그칠 자이겠는가" 하였다.

그 뒤에 윤근수가 마침내 공조참판에 임명되었으나 이발이 그의 관작을 삭탈하지 못하였다.

‖ 종계변무가 성취되었다 ‖

오래된 숙원이 이루어진 경사였다. 3월 28일 사은사 유홍이 서신

을 보내 황제가 대명회전 개정분을 내려 주고 칙서도 내렸다고 알려왔다. 선조는 말로 표현할 수 없는 기쁨을 느꼈고, 조상에 대하여 이제 할 말이 있게 되었다고 하였다. 4월 24일 유홍이 도착하여 가져온 《대명회전》을 입계하니 종묘의 태조 앞에 진설하라 하였다. 5월 2일 칙서를 맞이하고 권정례로 하례를 받았다. 7일 종계가 변무된 일로 종묘에 고하고 제사하고 사면령을 내렸다. 19일 동서반 2품 이상이 종계가 변무된 일로 존호를 올리기를 청했다. 25일 존호 올리는 일을 아뢰자 민망하여 심기가 상했다고 답하였다.

6월 1일 이조판서 이산해에게 말하기를, "경이 제진한 종계 사은표는 그 묘사된 정곡이 문자만이 극묘할 뿐 아니라 충간의담이 아니면 지을 수 없는 것이었다. 내가 매번 읽을 적마다 너무도 감격하여 눈물이 저절로 흐르곤 하였다. 경은 필법이 고매하니, 이 표문을 손수 써서 올리라. 내가 장차 이를 개간하려 한다. 그 자체는 조자앙의 동서명을 모방하였으면 좋을 듯하다. 그러나 경이 알아서 참작해하라" 하니, 이산해가, 재주가 황졸하여 감히 명을 받들 수 없다고 사양하였다. 답하기를 "경의 뜻이 그러하다면 굳이 서사하지 않아도 좋으니 쓰지 말라" 하였다.

이산해는 문장도 좋고 글씨도 잘 썼다. 이것은 선조도 마찬가지이다. 그러니 선조가 좋아할 수밖에 없었다. 게다가 비위 맞추는 능력 또한 천부적이었으니 선조가 더욱 총애하지 않을 수 없었다.

이해의 다른 일들은,
2월 7일 사간원이, "영암군수 조경록은 함부로 민폐를 끼쳤으니, 파직하도록 하소서" 하니,
답하기를, "조경록은 활을 잘 쏘아 변장에 적합하다. 그러나 이미 논

계를 받아 재직하기 어려우니, 아뢴 대로 하라. 다만 근자에 수령들이 자주 탄핵을 받곤 하는데, 이는 잘 처신하지 못한 소치이다. 대간의 논계도 직접 눈으로 확인한 것이 아니라 풍문에 의한 것이다. 지금 인심이 좋지 못하니 그 훼방과 칭찬이 반드시 다 공심에서 나온 것은 아니다. 근래 논계되는 수령이 남쪽 지방에 많이 있는데, 남쪽 지방은 간활한 호족의 소굴로, 그 말들을 더욱 믿을 수 없다. 한 수령이 체대하는 데 관·민에게 주는 피해는 이루 다 말할 수 없으니, 지금부터는 더욱 자세히 살펴서 대체를 잃지 않도록 힘쓰라" 하였다. 정확한 지적이었다.

4월 14일 구황 경차관 송언신이, 여주목사 이해수와 용인 현령 조희안은 구황 정책에 신중을 기하지 않으니 파출하라고 하였는데 이해수를 극히 싫어하여 모함하는 것이었다.

4월 30일 사간원이 아뢰기를, "재령군수 박충간은 애민에 뜻을 두지 않고 처사가 가혹하여 주민이 많이 유망하며, 또 빈집을 취하여 새 사찰을 만들었으니, 파직하소서" 하였다. 선조가 답하기를 "그 사람은 평소 관사에 힘쓴다 하니 우선 추고만 하라" 하였다.

윤6월 4일 사면시 국가에 죄가 있는 한인, 황대임을 방송시키려 명단에 넣었다고 함경감사 이광을 체직하라 명하였다.

9월 1일 송응개가 죽고, 16일에는 허봉이 금강산 유람 길에 금화역에서 죽었다.

10월 29일 지난 갑신년에 교정청을 설치하고 문학하는 선비들을 모아 사서삼경의 음석을 교정하고 아울러 언해를 달도록 하였는데 이때에 이르러 모두 마쳤다. 이것은 선조의 치적 중의 하나이다. 당상 낭청 등을 차례로 논상하고 태평관에서 어주와 1등 풍악을 하사하였다. 다음 날 좌찬성 이산해 이하가 입궐하여 전을 올리며 사은하였다.

유성룡은 서익의 상소 후 계속 시골집에 있었는데 1월 8일 야대에서 이성중이 유성룡을 소환하라고 청하기도 했었고, 10월에 부름이 있었으나 사직하였는데, 12월 9일 또 형조판서 겸 대제학으로 삼으니 할 수 없이 올라왔다.

44세의 이순신은 백의종군 중에 시전부락 정벌에 공을 세워 특사를 받아 복권되고 윤6월에 집으로 돌아와 있었다. 아직 보직은 받지 못하고 있었다.

24
정여립이 역모하다 :
선조 22년 (1589 기축년)

이해에는 정여립의 역모 사건이 밝혀져 나라 전체가 소용돌이 속에 파묻힌다. 그동안 서인 세력을 몰아내기에 혈안이었던 동인들이 된서리를 맞을 것이다. 몸이 단 대마도의 끈질긴 요청으로 통신사 파견도 결정될 것이다.

1월 21일 비변사에게 무신을 불차 채용한다고 하자, 이산해는 손인갑·성천지·이순신·이명하·이빈·신할·조경을, 심수경은 이경·신할·이용준·박진을, 유홍은 이혼·왕경조·이용준·변응성·유몽경·유연을, 정언신은 손인갑·성천지·이순신·이명하·이시언·한인제·이언함·정담·김당을, 윤탁연은 유희선·이종장·윤안성을, 강섬은 유염·정눌·문몽헌·김경로·정발·정득렬을, 변협은 조경·신할·이복남을, 이진은 신할·김순·변응성을, 최원은 이경·전협을, 신립은 최미수·변응성·변응정·이지시·정현룡·이범을 추천하였다. 추천된 사람들의 자질이 어떻든 이들 대부분은 임진왜란 시에 많은 활약을 한다.

2월 1일 유성룡을 병조판서로, 정언신을 우의정으로 삼았다.
좌승지 윤선각을 특지에 의하여 상주 목사로 좌천시켰다. 전에 윤선각이 경연에 나아갈 때 형조판서 윤탁연은 특진관이었는데, 같이 빈청에 있으면서 왕자가 뇌물을 받고 형옥을 뒤흔드는 일에 대해 분개하였다. 윤선각이 입대하여 그것을 거론하니, 선조가 어디에서 들었느냐고 물었다. 윤탁연은 상의 얼굴빛이 좋아하지 않는 것을 보고 두려워 "신은 본래 알지 못합니다"라고 거짓말을 하여서 윤선각만 밉보이게 되었다. 그런데 이번에 윤선각이 또 세자를 세우기를 청했다. 역린을 건드리는 것으로 신하로서는 하기 힘든 말이었다. 분노한 선조가 며칠 뒤에 이런 특지를 내린 것이다.

이때에 여러 왕자들이 커감에 따라 횡포가 심해져 그에 의한 폐해가 커지고 있었다. 제택 공사가 또다시 시작되고 각 궁가에서 전장을 널리 점유하여 백성들이 침탈당하는 사례가 늘고 있었다. 임해군은 제일 큰 왕자인데 횡포도 가장 심해 세인의 눈 밖에 나게 되었다.

‖ 조헌이 상소하고 귀양 가다 ‖

4월 조헌이 또 상소하여 여러 폐단을 거론하였다. 그리고 또 조정 대신들을 거론하였는데 특히 유성룡, 김응남, 이산해를 신랄하게 비판하였다.

"신이 생각건대, 조정의 진신들이 신의 말을 무섭게 여겨 기필코 죽이고 나서야 그만두려 합니다. 신이 변변치 못하나 또한 혈기가 있으니 어찌 겸손한 말로 몸을 보전하는 것이 의리가 된다는 것을 모르겠습니까. 그리고 타고난 천성이 벌과 개미처럼 충심에만 치우치게 느끼는 바가 있으니 어찌 큰 집이 기울어지는데 한 개의 나무로 지탱할 수 없다는 것을 모르겠습니까. 다만 나라를 근심하는 한 생각이 시골에 있으면서도 환하기 때문에 성주께서 위망한 지경으로 들어가는 것을 신은 차마 그냥 보고 있을 수가 없습니다. ……

이 위급한 시기를 당하여 어찌 태만한 무리에게 맡겨 조종의 중기를 그릇치게 해서야 되겠습니까.

김귀영은 전에 재물을 부당하게 모았다는 탄핵이 있었고 뒤에는 어진 이를 해쳤다는 논의가 있어 공론이 허여하지 않자 이에 백유양의 당여와 결탁하여 정권을 잡고 은총을 독차지하려는 계책을 세웠으므로, 강서가 그를 비루하게 여기기에 이르렀습니다.

유전은 장수를 천거함에 있어 오로지 뇌물만을 숭상하였으므로 심암이 패하여 군사가 몰살되었고, 상벌을 내림에 있어 오직 성세만을 보았으므로 서예원이 적병을 불러들였습니다.

정언신에 이르러서는, 본디 지식이 없는 자로서 갑자기 최고의 품계에 이르렀습니다. 그가 전고에 없는 은총을 받게 되어서는 기고만장하여 오로지 재물을 받아 자기의 이익 차리는 것만을 힘써서 뇌물의 다소에 따라서 변장을 임명하였으며 아내와 함께 유연하기에 이르렀습니다.

더구나 화심을 품고 있는 김응남과 배회하고 돌아보는 유성룡 같은 자는 평생 한 일이 일체 현인을 해치는 일만 힘쓰고서도 뉘우쳐 깨닫고 애처롭게 여기는 단서가 있다는 말을 듣지 못하였으니 어찌 전하를 위하여 다 말하려 하겠습니까.

오늘날 사전의 대비로서 박순을 복직시키고 정철을 불러오며 덕이 이루어진 선한 사람을 널리 구한다 하더라도 또한 때가 이미 늦은 듯싶습니다.

이산해가 정승이 되어서는 국사가 중대함은 생각하지 않고 오직 사당만을 끌어들이려는 마음을 품었기 때문에 현인을 해치고 일을 그르치는 사람을 나라를 근심하는 노성한 사람보다 먼저 등용하고 군국의 중대한 일은 일체 이조와 병조에 달려 있는데도 곧 나라를 좀먹는 간인을 그 지위에 나누어 배치시키고 공심을 가진 사람을 배척하였습니다. 전곡의 관리에 이르러서도 사인이 주관하게 하고 관각의 선임도 항상 아첨하는 소인에게 맡겼습니다. 그리고 언책과 시종의 반열에도 그의 심복이나 앞잡이가 아니면 온갖 계책으로 은밀히 배척하여 고매하고 방정한 선비로 하여금 일체 왕의 처소에 가까이하지 못하게 합니다. 인물을 진퇴시킴에 있어서는 일체 김응남의 사주를 따르고 있고 감히 드러내 놓고 배척하지는 못하지만 항상 은밀히 남을 해치던 진회의 술법을 본받고 있습니다. 아, 이산해의 마음은 어느 지경에 이르렀습니까. 기필코 전하를 무함하고 속일 수 있다고 여기는 것입니다. 이산해는 나이가 이미 50이 넘었는데 바르지 못한 사람을 등용하고 정직한 사람을 버린 큰 죄가 이미 드러났으니 유배하여 쫓아낼 자가 이 사람이 아니고 누구이겠습니까.

유성룡과 김응남은 세상을 다스릴 만한 재능이 못되고 원대한 계책을 지닌 식견도 없는데 악당들이 서로 헛된 명예를 과장하면서 몰래 사특한 의논을 주장하며 어진 이를 시기하고 선한 사람을 미워하여 김응남·유성룡이 악한 사람을 끌어들이고 당여를 부식하여 권세를 공고히 하는 것을 도움으로써 현명한 임금을 고립시켜 은택이 아랫사람에게 이르지 못하게 하니, 이는 실로 고질적인 무리들입니다.

신의 현사는 또 왕안석과 같은 사람이 아니고 신의 성주 또한 광초가 아니니, 혓바닥이 마르기 전에는 오히려 말할 만한 예수가 있으며 하늘의 해가 아직도 밝으니 오히려 전환할 만한 기회가 있습니다" 하였다.

조헌이 흰옷을 새끼줄로 묶고 도끼를 지고 거적자리를 깔고 궐문에 엎드려 명을 기다렸다. 조헌이 오랫동안 기다렸어도 명이 내리지 않았다. 상은 조헌이 실직하여 원망하는 말을 마구 한 것이라 하여 관직을 제수하라는 분부를 내렸다. 그러자 조헌은 곧바로 물러나 옥천으로 돌아갔다.

이에 삼사가 소장을 번갈아 올려 흉험하고 간독한 죄로 논하고, 관작을 삭탈하고 원찬시키기를 청하였다. 선조는 허락하지 않았다.

5월 1일 옥당이 조헌의 일에 대해 차자를 올리니, 선조는 조헌에 대한 의논이 너무 과하지 않은지 모르겠다. 내가 이미 조헌의 말을 채용하지 않고 있는데, 조정의 제공은 무엇을 혐의하는가 하며 계속 허락하지 않았다. 그래도 계속 아뢰니, 조헌을 길주 영동역에 정배시켰다.

조헌을 유배지로 압행하기 위해 금부의 나졸이 그의 집 문에 이르렀다. 조헌이 듣고는 곧바로 길을 나서니 나졸이 말리며 말하기를,

"내가 오늘 아침에 여기에 도착할 수 있었으나 내려올 때 동배가 나에게 부탁하기를 '조 제독은 어진 사람이라 반드시 왕명을 머물러 두지 않을 것이다. 너는 저녁에 그의 집에 도착하여 밤에 행구를 준비하도록 하고 이튿날 날이 밝은 뒤에 떠나게 하라' 하였습니다" 하니,

조헌이 말하기를, "임금의 명령은 집에 묵힐 수 없다" 하고, 그날 밤에 도보로 떠났다. 압송해 가는 사람은 으레 죄인에게 뇌물을 징수하고 조금이라도 마음에 차지 않으면 온갖 방법으로 곤욕을 주었다. 조헌의 친구로서 이웃에 있는 자가 재물을 모아 그들에게 주니,

나졸이 그를 물리치며 말하기를, "우리 동배들이 이미 나에게 뇌물을 받지 말도록 경계하였고, 내가 돌아간 뒤에 으레 보례가 있으나 동배가 이미 감면을 허락하였다. 지금 이를 받으면 무슨 면목으로 사람들 사이에 설 수 있겠는가" 하고, 길에서 호위하고 나아감에 있어 노복과 같이하였으며, 돌아올 때에는 눈물을 흘리며 이별하였다.

노수신이 다른 사람에게 말하기를 "조헌이 어리석고 망령되기는 하나 이미 헌언한 사람이니 유배시킬 수 없다" 하였으나, 조정이 따르지 않았다.

전에 허봉이 삼사가 탄핵한 내용을 보고 말하기를 "내가 여식과 만리를 동행하였으므로 그의 심사를 안다. 겸허한 마음에서 남을 믿고 이러한 소장이 있게 되었다고 한다면 오히려 가하거니와 그가 흉험하고 교사

하다고 지목한다면 후세에 공론이 되지 못할 것이다" 하였다.

이때 조정에서 조헌을 너무 미워하여 기거하게 한 사람을 치죄하기까지 하였으므로 친구라도 통문도 하지 못하였다.

수정실록에 기록된 조헌에 대한 평을 살펴보면,

'대체로 조헌이, 사로가 혼탁하고 민생이 곤궁하건만 조정에서는 오직 성혼과 이이를 배척하고 억제하는 것으로 진취하여 지위를 보전하는 계책으로 삼을 뿐이어서 국사가 날로 잘못되어 장차 위란한 경지로 들어감을 보고 충분을 견디지 못하여 성의를 다해 말을 끝까지 하였는데 말이 지리하였다. 인품의 본품을 논하지 않고 오로지 재위한 자를 그르다 하고 실지한 자를 옳다 함으로써 감동시키기를 바란 것으로서 자신의 말이 과도한 것은 미처 알지 못하였다. 이때 일방적인 논의를 주장하는 것이 심하여 사람의 형색을 살펴보아 조금이라도 성혼과 이이의 문하에 관계되면 중상하여 척절하였다. 그러나 조헌의 위태로운 말과 준엄한 비난은 고금을 통해 없던 것이었는데도 찬배에 그쳤으니 아마도 밝은 임금이 위에 계시어 거칠고 우직한 것을 포용하지 않았다면 중형을 면하기 어려웠을 것이다' 하였다.

왜적의 사신 평의지·현소가 내빙하였다. 풍신수길은 귤강광을 죽이고 계속 대마도주에게 '조선왕이 와서 조공을 바치게 하라'고 재촉하고 있다. 일은 급하게 되었다. 그래서 이번에도 일본 국사라고 칭하고 현소가 정사, 평의지가 부사인 것으로 하여 와서 통신사를 청했다. 현소가 정사라고 하였지만 사실은 현소는 모사이고 평의지가 종주이고 수행한 평조신은 가신이었다. 평의지는 왜적 장수 평행장의 사위였다. 이때 대마도에서 알려 오기를 '평의지는 도주의 아들로 바닷길을 잘 알기 때문에 신사의 일행을 인도하고자 하여 온 것이다' 하였는데, 풍신수길의 명령이 매우 다급하여 직접 나온 것이었다.

선조가 "수길이 임금을 죽이고 스스로 왕이 되었으니, 대역무도한 도적이라, 마땅히 목욕하고 토벌하여야 할 것이요, 더불어 통신함은 옳지 않다. 마땅히 대의로써 꾸짖고 왕래를 끊는 것이 옳으리라" 하였다.

뭇 신하들이 아뢰기를, "이적은 금수와 다름없기에 사람의 도리로써 책망함은 옳지 않으니, 우선 올라오게 하여 그 말을 살펴 처리해도 늦지 않습니다. 공연히 그들의 악독을 도발시켜 그 화를 불러들이는 것은 옳지 않습니다" 하였다. 그래서 이덕형을 선위사로 보내어 맞이하게 하였다.

6월 30일 선위사 이덕형이 부산에서 서장을 올렸다.

현소 동당과 부관 대마 도주의 제2자 평의지와 시봉승 서준 등이 모두 25명을 거느리고 나왔는데, 부관 평의지의 말에 '사사로이 진상하는 안장을 갖춘 말 1필과 잡물에 대하여 품질을 살펴보기 바란다' 하였고, 객인들의 말에 '이번에는 오직 통신을 위해 나왔다'고 하였다. 이에 이덕형이 '별폭에 기재되지 않은 물품은 사사로이 살펴볼 수 없으니 조정에 품하여 처리를 기다려야 한다' 하였다는 등의 내용이었다.

7월 12일 이덕형이 또 서장을 올렸는데, 대마 도주가 뒤이어 공작 1쌍을 보내왔는데, 장수찰방에게 절차에 따라 서울로 보내도록 하였다는 것이었다. 그리고 이덕형은 이들을 이끌고 서울로 출발하였다.

평안병사의 서장에, "만포진의 보고에 의하면, 건주위의 피인 동평자 등 18명과 동해고 등 16명 및 동다지 등 48명이 귀순해 와서 말하기를 '좌위 추장 노을가치 형제가 건주위의 추장 이이난 등을 휘하로 만든 뒤에 노을가치는 스스로 왕이라 칭하고 그 아우는 선장이라 칭하면서 궁시 등의 물건을 많이 만들고 그 군사를 4운으로 나누었는데, 제1은 환도군, 제2는 철퇴군, 제3은 곶치군, 제4는 능사군이라 하여 가끔 연습을 하고, 군호를 협제하여 그 명령에 복종하는 자는 술을 주고 명령을 어기는 자는 머리를 베면서 장차 중국을 상대로 보복할 계획을 세우고 있다' 하였는데, 소위 군호의 말이 다 똑같습니다. 모린은 이미 건주위를 거느리고 와서 복종하였고, 온화위는 복종하지 아니하여 서로 공격을 가하고 있으니, 노을가치의 사나운 상태를 여기서 짐작할 수 있습니다. 그러나 이 호인들이 총병관에게서 많은 금은을 받았으니 중국에 보복하리라는 설은 무리인 듯하지만, 우리로서는 사전의 준비에 유의하지 않을 수 없습니다. 본도가 오랜 태평 속에 모든 방비가 극히 허술하니 조정은 십분 상량해서 서쪽 변방을 굳건히 해야 합니다" 하였다. 이를 비변사에 내려보냈다.

노을가치는 바로 누르하치다. 이미 이렇게 세력을 키워 왕을 칭하고 있었다.

7월 28일 좌부승지 황우한이 비변사의 밀계로써 아뢰기를, "전번에 하삼도의 병·수사를 잘 선택하라는 전교를 받고 신들이 상의한바, 적합하지 않은 사람이 약간 명에 이르기에 즉시 계달합니다. 그중에 조대곤·장의현 등은 이미 논박을 받아 체직되었으며, 경상 우수사 윤사흠도 재주가 용렬하니 아울러 체직하소서. 병·수사에 적합한 사람으로는 서득운·이옥·이빈·이혼·신할·이경·조경 등을 대강 서계합니다" 하였다.

답하기를, "아뢴 대로 하라. 서득운을 전라병사로, 이혼을 우수사로, 신할을 경상좌수사로, 조경을 제주목사로 삼고자 한다. 이옥과 이경은 본처를 고수해야 하고 이빈은 범한 죄가 가볍지 않으니 경솔히 수용할 수 없다. 또 이경록·이순신 등도 채용하려 하니, 아울러 참작해서 의계하라" 하였다.

현소 일행이 입경하여 선화당에 당도한 후, 평의지 등이 공작 1쌍과 조총 수삼 정을 바쳤는데, 이때 왜사 일행이 도성으로 들어올 때 공작을 구경하기 위해 길이 멜 정도로 혼잡하였고, 여염집들은 거의 비어 있다시피 하였다 한다. 뒤에 공작은 남양 해도로 놓아 보내도록 하고 조총은 군기시에 간직하도록 명했다. 조총은 명종 때부터 왜인들이 간간이 선보여 시험 발사해 보았지만 성능도 떨어지고 점화가 불편하여 간편한 활보다 못하다는 인식에 별 관심이 없었다. 그러나 이때는 성능이 많이 개선되어 그 위력이 아주 세어져 화살에 비할 바가 아닌데 무관심하게 그냥 보관만 하고 말았으니 안타까운 일이었다.

현소가 말하기를 "두 나라가 서로 통래하여 신사가 끊어지지 않았는데 중간에 폐지되었으니 대단히 잘못된 일입니다. 이제 관백이 새로이 대위를 정하고 옛 제도를 모두 복구하였습니다. 저희들이 온 뜻은 오로지 상호 간 사신의 내왕을 바라는 것뿐입니다" 하였다.

조정에서 모두 말하기를 "백년토록 오래 폐지했던 일이니, 지금 갑자기 그 요청에 응할 수 없다" 하였다. 이에 현소 등이 비굴한 인사로 간청하면서 돌아갈 생각을 하지 않았다.

8월 1일 석강에서, 왜적의 대비에 대해 의논하였다. 변협과의 대화가 주를 이루었는데 그도 왜적의 실상을 알 리가 없었다. 자신의 생각을 말하는데, '한 척에 1백 명씩 1백 척이면 1만 명인데 더 나오기는 어렵다'고 하였다. 그때 왜적과 직접 싸운 장수는 변협뿐이어서 선조가 그를 믿고 중히 여겼다. 선조는 화친이 단절될 경우 일본이 침략할 것을 우려하였다.

선조가 "저들에게 화친을 단절할 사세가 있어 보이던가?" 하니

변협이 "오직 대마도만은 우리에게서 후한 이득을 받아온 터이므로,

혹 이를 내세워 다시 통하기를 굳이 청하였을지도 모르는 일입니다. 그들은 화친을 단절하지 않을 줄을 알고 있을 것입니다" 하였다.

선조가 "대마도가 어찌 마음대로 할 수 있겠는가. 만약 화친을 단절시킨다면 사단이 많을 것이다" 하니

변협이 "과연 그렇습니다. 그들이 많은 군사를 거느리고 오지 않더라도 적은 군사로써 누차 침범한다면 우리는 자연 피곤해질 것입니다. 더구나 하삼도는 적지 천리로 변하였으니, 사실 우리가 그들을 두려워하는 것이 아니라 승부 간에 살상이 클 것이 두려운 것입니다. 또한 지금 사신들이 가지고 온 무역물이 많은지 적은지 모르겠습니다. 만약 많다면 이익을 탐내는 마음이 앞선 것으로 달리 원대한 계획이 없는 것이고, 적다면 진실로 염려되는 일입니다" 하였다.

선조가 "가지고 온 물품이 적다고 한다. 부사에 대해, 혹자는 장재가 있는 사람이라고 하고 혹자는 대마 도주의 아들이 아니라 국왕의 아들이라고 하는데, 이 말을 어떻게 보는가?" 하고 또, "그들을 접견하는 것이 어떻겠는가?" 하니

변협이 "이미 서계로써 서로 통하였으니, 접견하신들 무엇이 해롭겠습니까. 궐내에 잔치를 하사하여 먼 데 사람을 포용하시는 도량을 보이는 것이 좋겠습니다" 하였다.

선조가 "평시에야 통신사를 보내는 것이 무엇이 어렵겠는가마는, 지금은 제 임금을 시해한 역적이므로 어렵다는 것이다. 경연관은 이를 어떻게 보는가?" 하자,

허성이 나와서 아뢰기를, "성교는 만세에 바꿀 수 없는 정론으로, 이륜을 부식하는 뜻이 지극하십니다. 다만 싸움이 계속 일어나 변방이 불안할까 염려되니, 생령을 위한 계획을 세우지 않아서는 안 됩니다. 저들의 악행이 우리에게 무슨 상관이겠습니까. 신의 생각에는 그들과 교빙하

는 것도 괜찮다고 여깁니다" 하였다.

　선조가 "이 계획은 잘못된 듯하다" 하니,

　허성이 나아가 아뢰기를, "수길은 본래 일개 필부로 시의를 타서 우뚝 일어났으나 온 섬 안이 모두들 복종하지는 않으므로 우리나라의 세력을 빙자하여 온 섬사람의 마음을 진압하려는 것에 지나지 않고, 반드시 다른 뜻은 없을 것입니다. 사신을 보내어 그 정세와 형편의 허실을 자세히 탐지하게 하면 우리가 미리 예방하는 데에도 대단히 유익할 것이니, 사신을 보내는 것이 좋을 것입니다" 하였다.

8월 4일 우승지 이유인이 예조의 말로써 아뢰기를, "해조로 하여금 공작 문제를 의처하도록 전교하였는데 영락 7년에 일본이 코끼리 2마리를 보내자 태종이 받았고 성화 4년에 일본이 원숭이 1마리와 말 1마리를 보내자 세조가 받았던 전례가 있는데, 큰 해로움이 없을 듯합니다" 하니,

　전교하기를, "해사에 맡긴다면 허물이 더 심할 터이니 절대 그렇게 할 수 없다. 객사가 돌아간 뒤 제주에 놓아주는 것이 좋겠다" 하였다.

　선조가 전교하여, 사화동을 잡아 보내면 사신을 보내겠다는 것을 말하고 의논하게 하였다.

　우리나라가 매번 해로가 어렵다고 핑계하니 그들이 대마 도주의 아들을 내세워 이것으로써 남침을 삼기 바란다고까지 하였다. 그래서 사실 더 이상 파도를 핑계하기도 어려우니 이런 생각을 하게 된 것이다.

　'우리나라 반적 사화동의 꾀를 받아들여 무리를 모아 작폐했다고 하였는데 그 말들이 다 한결같으며, 또 그 얼굴을 직접 보았거나 그 성명을 환히 아는 자도 있었다. 대왕이 만약 신의로써 인호를 돈독히 하기 위하여 이 일은 본시 나의 좌우에서 알고 있는 바가 아니라고 한다면,

의당 두 도주 및 사화동과 작폐 당시에 가세한 적괴 4~5명을 묶어 보내고 또 전후에 포로가 된 백성을 모두 되돌려 보내 폐방의 모든 사람들로 하여금 저마다 대왕의 처사가 광명정대하여 매우 훌륭함을 알게 해야 할 것이다. 이렇게 한다면 과인이 의당 한 사신에게 척서를 주어 보내 성의를 표할 것이고 파도의 험악함과 도로의 어려움을 사양치 않겠다'고 답할 것을 대신, 비변사, 예조가 함께 의논하여 아뢰라 하였다. 그리고 또 '이는 그 후의에 사례하고 정성에 보답하는 것이고, 이유 없이 사신을 보내 역적의 뜰에서 이마를 조아리며 조공하는 것이 아니다' 하였다.

그 후 신하들의 의견을 들었으나 의견이 달라 확정할 수는 없었다.

8월 28일 일본 객사를 접견하고 술을 내렸다. 진시 초에 선조가 익선관에 곤룡포를 입고, 인정전에 나아가고, 문무관 2품 이상이 각각 차례대로 입시하였다. 예조 판서 정탁이 일본 사신 현소·평조신을 인도하여 들어오자, 현소와 평조신이 종이품의 끝에 엎드렸다. 현소 등의 일진 일지를 정탁이 반드시 선도하였다. 재신이 잔을 드린 다음에 현소도 차례대로 잔을 드렸다.

선조가 도승지 한응인을 시켜 현소에게 이르기를, "옛날 이웃 나라끼리 서로 내왕함에 있어서 예 아닌 것이 없었다. 이제 일본과 다시 옛 우호를 닦으니, 한 집안과 같구나. 그러므로 특별히 너희들에게 친사의 술을 주는 것이니, 너희들도 이 뜻을 알아야 한다" 하였다. 왜 사신들이 '천세'를 세 번 외쳐 상을 흡족하게 하였다.

유성룡은 6월에 휴가를 얻어 안동에 다녀왔는데 7월에는 부인 이씨가 작고하여 이때 상중에 있었다. 상여가 안동으로 내려가는데 조정에 일이 많아 휴가를 얻지 못하고 상여를 전송만 하였다.

9월 9일 유성룡을 예조판서로 하고 통신사를 보내는 일 등을 논의하였다.

선조가 "서계의 내용이 미진하다는 것이 아니라 후사를 고려하여 처리해야 한다는 것이다. 저들이 통신을 갈망하여 우리 백성들을 되돌려 보내고 나서 다시 통신사를 청한다면, 보내지 않을 수 없을 것 같다. 나의 처음 생각에는, 저들로 하여금 적괴를 포박하여 보내게 한 뒤에 통신사를 보내면 우리가 돋보이리라 여겼다. 만약 백성들만 되돌려 보내고 통신을 청한다면 불쾌할 것 같으나 사신을 보내지 않는 것도 불가한 일이니 어떻게 조처하면 좋겠는가?" 하니

유성룡이, "소신도 이를 많이 생각해 보았지만, 그 이해와 곡절에 대하여는 사실 분명히 알 수 없습니다. 저번에 서계를 수답할 일로 삼가 전교의 내용을 보니 참으로 지극하고 핍진하였습니다. 우리나라가 매번 해로의 어려움을 들어 자세히 되풀이해서 말해 주었으나 저들이 일체 곧이듣지 않고 있으니, 반드시 다른 말로써 대답해야 될 것입니다. 만약 그 죄를 들어 성토한다면 관문을 폐쇄하고 무역을 단절해야 옳겠지만, 이미 생령을 위하여 받아 준다면 저들이 절망하는 데에는 이르지 않도록 해야 합니다. 변방의 화에 대하여 저들은 해구가 탕평되어 길이 막히는 어려움이 없다고 스스로 말하고 있습니다. 그러므로 그 말에 의거하여 수답하였으니, 그들이 진정 통신을 원한다면 반드시 적괴를 포박하여 보내고 우리 백성들을 쇄환할 것입니다. 그때 한번쯤 사신을 보내 저들의 마음을 위로해 준다 한들 무슨 손상이 있겠습니까" 하였다.

9월 21일 좌상 이산해, 우상 정언신이 입궐하여 면대를 청하자 즉시 인견하였는데, 일본에 보낼 통신사에 관한 문제였다. 상이 종2품 이상을 불러 인견하고 제각기 소견을 아뢰도록 하니 모두가 통신사 보내는 것이

편리하다 하였으나 이산보만이 불가하다고 하였는데, 상이 조정의 논의에 따라 통신사를 보내도록 하였다.

이로써 사화동을 쇄환하고 적괴를 잡아 보내는 조건으로 통신사를 보내는 것을 확정하였다.

평의지는 나이가 젊은데 사납고 험악하였으므로 다른 왜인이 두려워하여 무릎걸음으로 다녔으며 감히 쳐다보지도 못하였다. 의지가 동평관에 오랫동안 머물면서 기필코 신사를 맞이하여 함께 가고자 하였다. 우리 관원이 "마땅히 일본으로 하여금 반민을 쇄환하게 한 다음 통신을 허락하는 것에 대해 의논해서 성의가 있는지를 보아야 한다"는 것이 우리 조정의 의견이라는 것을 알려 주었더니, 평의지가 말하기를 "이것은 어렵지 않다" 하고, 곧 평조신을 보내 돌아가 보고하여 자기 나라 안에 있는 조선 사람을 다 잡아 오게 하였다.

이원익을 형조참판으로 삼았다. 이원익은 정사가 최(最)를 맞아 품계가 가선대부에 올랐는데 임기가 차자 이 임명이 있었다.

윤두수가 그때 감사로 있었는데 모든 군사와 백성에 관한 사무를 그와 의논하여 시행하였고 일이 완료되면 그의 공로를 위에 보고하였다. 이원익도 윤두수가 도량이 있고 책임 있는 일을 잘하므로 그 밑에서 일하기를 좋아하였다. 그래서 관서지방의 민정에 공헌한 바가 많았다.

10월 2일 정여립의 모반에 대한 변서가 올라왔다. 황해도 관찰사 한준, 재령군수 박충간, 안악군수 이축, 신천군수 한응인이 변서를 올려 '전 수찬 정여립이 모반했다'고 하였다.

실록에서 당시의 기록을 살펴보자.

당초 정여립이 왕이 자신을 싫어함을 알고 고향 금구현으로 내려가서 전주에 거주하기도 하였고 김제·진안의 별장을 왕래하기도 하였다. 그러다 글 읽기에 힘쓰는 것으로 전라도 일대에 이름이 나서 죽도 선생이라고 일컫기에 이르렀다. 그러나 그의 성질이 흉악하여 형제가 5, 6명이나 되어도 다 서로 용납하지 못하고 안팎의 친척들이 원수가 되지 아니한 이가 없었다.

조정에서는 그가 퇴휴하는 것을 애석히 여겨 천거가 서로 잇따라 매번 청망에 주의하였으나 상이 끝내 윤허하지 않았다. 여립이 본디 발호(跋扈)하는 뜻이 있었는데 억누름이 심하게 되자 배반하려는 모의를 더욱 펴게 되었다. 이에 강학을 가탁하여 무뢰배를 불러 모았는데, 무사와 승도들도 그 가운데 섞여 있었다.

여립이 기백이 굉장하고 말솜씨가 좋아서 입을 열기만 하면 그 말이 옳고 그른 것은 불문하고 좌석에 있는 이들이 칭찬하고 탄복하였다. 학도에게 항상 말하기를, "천하는 공물인데 어찌 정해진 임금이 있겠는가. 요임금, 순임금, 우임금은 서로 전수하였으니 성인이 아닌가" 하고, 또 말하기를, "두 임금을 섬기지 않는다는 것은 왕촉이 한때 죽음에 임하여 한 말이지 성현의 통론은 아니다" 하였다. 그의 언론의 패역이 이와 같았으나 그 제자들 중에서는 '고금의 유현들이 아직까지 말하지 못하였던 것이다'고 칭찬하면서 조금이라도 어기거나 뜻을 달리하는 자가 있으면 곧 내쳐 욕을 보였다. 그래서 문하생들이 마음속으로는 그의 그름을 알면서도 겉으로는 다른 말이 없었다.

호강한 세력을 빙자하여 남의 재물을 함부로 강탈하고 전원을 광대하게 점유하고 나서 또 주군에 청구하여 조금만 마음에 만족하지 않으면 곧 대관에게 부탁하여 공격 모함하니, 복종하여 따르는 자가 문을 메웠고 선물과 증유가 뜻에 차지 않음이 없었다. 그러므로 그 자산이 실로 관가와 같았는데 이것으로 몰래 무리들을 길렀다.

여립이, 백성이 반란을 생각하는 조짐이 있는 것을 보고 드디어 그들과 반란을 도모하기로 결의하였다. 또 해서는 풍속이 억센데다가 일찍이 임꺽정의 난리가 있음을 보고 황해도사가 되기를 청하였으나 이루지 못하였다. 이에 안악 사람 변숭복·박연령, 해주 사람 지함두 등과 몰래 서로 교결하여 돌려가며 꾀니 응하는 자가 수백 명이나 되었다.

여립은 잡술에 두루 통하여 풍수지리와 천문 등에 관한 서적을 중국에서 사다가 무리들과 강설하였고 국가에 장차 임진 왜변이 있을 것을 알고 때를 타고 갑자기 일어나려 하였다. 그리하여 이웃 고을의 여러 무사, 공사천의 건장한 사람 등과 대동계를 만들어 매월 15일에 한곳에 모여 활쏘기를 겨루고 주식을 장만하여 즐기면서 말하기를, "활쏘기란 육예 중의 하나이니, 남자로서 마땅히 학습해야 한다" 하였다.

정해년에 손죽도 왜변이 일어날 때에 전부부윤 남언경이 여립에게 청하여 일을 의논하였더니, 여립의 호령이 한번 내리자 많은 군사가 일시에 다 모여서 감히 뒤에 서는 자가 없었다. 여립이 각 군 부서를 나누어 각각 영장을 정하니 이들이 다 대동계의 절친한 무사들이었다. 왜적이 물러가고 군사를 해산할 때에 여립이 여러 영장들에게 명하기를, "너희들은 뒷날에 또 어떤 일이 있거든 각기 소속 군사를 거느리고 일시에 모이라" 하고 군부 한 벌을 여립이 가지고 돌아갔다.

여립이 지함두 등으로 하여금 해서 지방에 말을 퍼뜨리기를, "길삼봉·삼산 형제가 신병을 거느리고 지리산으로 들어가기도 하고 계룡산으로 들어가기도 한다" 하고,

또 말하기를, "정팔룡은 신용한 사람으로 마땅히 왕이 되어 계룡산에 도읍을 정할 터인데 머지 않아 군사를 일으킬 것이다" 하였다. 팔룡은 곧 여립의 환호인데, 실정을 모르는 자들은 다른 사람으로 알았다.

이때 해서에 떠도는 말이 자자하였는데, "호남 전주 지방에 성인이 일어나서 우리 백성을 구제할 것이다. 그때에는 수륙의 조례와 일족·이웃

의 요역과 추쇄 등의 일을 모두 감면할 것이고 공·사천과 서얼을 금고하는 법을 모두 혁제할 것이니 이로부터 국가가 태평하고 무사할 것이다" 하였다.

장성 사인 정운룡이 처음에는 여립과 교유하였으나 그의 소위를 보고 깜짝 놀라 장성현감 이계에게 말하여 상변하려 하였으나 단서를 잡지 못하였다. 그러자 여립에게 편지를 보내 다른 일을 의탁해서 그를 끊어 버린 다음 경기 지방으로 피신하였다.

여립의 형 정여복은 먼 마을에 떨어져 살았는데 난을 일으키려는 조짐을 살피고 또한 상변하려고 집짓 편지를 보내어 '문하에 무뢰한 자제들을 거접하면 반드시 후환을 끼치게 될 것이다'고 경계하여 그의 답서를 받아 증거로 삼으려 하였다. 여립이 그 의도를 알아채고 답서를 보내지 않고 몸소 형의 집에 가서 다른 뜻이 없음을 스스로 변명하니 여복은 감히 고발하지 못하였다. 그의 사위 진사 김경일이 고부에 있으면서 민간에 전파된 말을 듣고 편지로 여립에게 물으니, 여립이 답서를 보내어 경계하기를,

"나를 원수로 여기는 자가 이러한 말들을 지어낸 것이니 절대로 입에 담지 말고 또 문자에 드러내지 말도록 하라" 하였다. 중 도잠·설청 등은 그가 반역하려는 정상을 알고 또한 도망하여 흩어졌다.

여립이 사기가 자못 누설되어 사람들의 말이 점차 널리 퍼진 것을 보고 일이 발각될까 두려워하여 변란을 일으키려는 계책을 결정하였다. 이에 비밀로 부서를 약속하여 이해 겨울 말에 서남 지방에서 일시에 군사를 일으키기로 기약하고, 강진에 얼음이 얼어 관방에 원조가 없기를 기다려 곧바로 경도를 침범한 뒤 무기고를 불태우고 강창을 빼앗아 점거한 다음, 도성 안에 심복을 배치하여 내응하도록 하였다. 그리고 자객을 나누어 보내어 대장 신립과 병조판서를 먼저 죽이고 전지를 사칭하여 병사

와 방백을 죽이도록 언약하였다. 또 대관에게 청탁하여 전라감사와 전주 부윤을 논핵해서 파면하고 그 틈을 타서 거사하기로 하였다.

마침 이길이 임금의 부름을 받고 서울로 가는 길에 금구에 들러 여립을 만나 여러 날 동안 묵었다. 여립이 역루에서 전송하는데, 술을 마시는 자리에서 여립의 말이 수상하였으므로 이길이 괴이하게 여겨 도리어 힐문하니, 여립이 붓을 술에 적셔 반면에 썼다. 이길이, 얼굴빛이 변하며 깜짝 놀라 일어나서 은진현의 현사로 달려가서 편지를 써서 종에게 부쳐 형 이발에게 통보하고, 차현을 지나 호송하던 군사를 보내고 동향의 무사 두세 사람을 얻어 동행하여 서울에 이르렀다. 이길의 의사로는, 형과 상의하여 처치하려 하였으나 미치지 못하였으므로(이발이 아우의 편지를 보고 달려가 삼례역에 이르러서 역변을 들었다) 드디어 말을 숨기고 감히 바로 말하지 못하였는데 세상에서는 여립이 한 말이 무엇인지를 알 수가 없었다.

해서 구월산의 중 가운데 호응하는 자가 있었다. 중 의엄이 그 정상을 염탐하고 재령군수 박충간에게 비밀히 말하였으나 충간이 망설이며 감히 고발하지 못하였다. 안악군수 이축의 족제인 진사 남절이 군내 지방에 우거하고 있었는데, 민간에서 전하는 말을 듣고 이축에게 고하자 이축이 남절을 시켜 실상을 살피게 하였다. 남절이 교생 조구가 항상 여립의 제자라고 하면서 도중을 많이 모아 술을 마시는데 종적이 평소와 다른 것을 보고 이축에게 고하였다. 이에 이축이 엄습하여 잡아다가 실상을 물었다. 조구의 집에 여립의 서간으로 별호를 오산이라 쓴 것이 몇 장이 있는 것을 보았는데 대다수가 호초와 부채를 그 무리에게 나누어 준 것으로 근 1백 인이나 되었다. 이축이 그것을 가지고 힐문하니, 조구는 속일 수 없음을 알고 모든 역상을 고발하였다. 이축이 서간으로 박충간을 초청해 모였는데, 신천군수 한응인은 명사로서 조정에 신임을 받을 수 있다 하여 이에 조구를 신천에 보내어 연명하여 감사 한준에게 장보하게 하였다. 그리고 박충간은 그날로 급히 달려 재령으로 돌아와서 또 같은 당여로 읍내에 거주하는 사람인 이수를 잡아다가 물으니, 이수가 고하는 것도 조구의 말과 같았으므로 곧 전에 의엄에게 들은 것까지 아울러 거론하여 소장을 갖추어 그의 아들에게 부쳐 급히 달려 예궐하여 먼저 상변하게 하였는데 황해 감사의 장계가 뒤따라 도착하였다.

박충간의 고변과 황해감사의 비밀 서장이 들어오자, 밤중에 선조가 편전에 나아가 삼공, 육승지, 입직 도총관 2원, 홍문관의 상하번을 명초하여 좌·우 사관과 함께 입시하였다. 정여립의 생질인 검열 이진길이 사관에 입직하고 있었는데 입시하지 못하도록 명하고 바로 옥에 가두었다.

선조가 신하들에게 "여립이 어떠한 사람인가?" 하고 물으니, 영상 유전, 좌상 이산해는 "그의 인품은 모른다"고 대답하였고,

우상 정언신은 아뢰기를, "그가 독서하는 사람이라는 것만 알고 다른 것은 모릅니다" 하였다.

선조가 손으로 고장을 들어 상 아래로 내던지며 이르기를, "독서하는 사람의 소위가 곧 이와 같단 말인가" 하고, 승지를 시켜 읽도록 하니, 흉모가 낭자하였다. 좌우 신하들이 모두 목을 움츠리고 등에 땀이 배었으나, 언신은 홀로 나지막한 소리로 킬킬 웃으니 선조가 그 소리를 들었다. 대신이, 선전관과 의금부도사를 황해도와 전라도에 나누어 파견하여 정여립 등을 체포하는 한편, 고변한 자까지 아울러 잡아 오게 할 것을 청하였고, 유전은 토포사를 나누어 파견하여 비상사태에 대비하기를 청하니, 선조가 따랐다.

변숭복은 일명 변사인데 용건이 뛰어났다. 조구가 고변했다는 말을 듣고 안악으로부터 여립에게 달려가서 고하였는데 4일 만에 금구에 이르렀다. 여립이 곧 박연령의 아들 박춘룡, 자기 아들 옥남과 함께 밤을

이용하여 도망하였는데 집안사람들은 간 곳을 알지 못하였다.
　이상이 실록에 실려 있는 정여립 모반 사건에 대한 내용이다.

9월 7일 의금부 도사 유담의 서장에 정여립이 도주했다고 하였다. 선조가 대신 및 포도대장을 불러 사로잡을 계책을 의논한 뒤, 전주부윤에 윤자신, 판관에 나정언을 임명하여 서경을 생략하고 그 이튿날 말과 군관을 주어 출발시켰다.
　다음 날 황해도의 죄인들을 서울로 잡아들여 정국하게 하였는데, 삼공, 판부사 김귀영, 금부 당상 및 양사의 장관이 정국을 함께 하였다. 정여립을 놓친 선전관·금부 도사도 아울러 나국하라 하였다.
　이때에 이산해·정언신 등이 정승 자리에 있었고, 이발과 백유양 등이 조정의 의논을 주장하여, 정여립을 비호하는 편이 되어서 정여립을 고변한 것을 이이의 제자들이 한 짓이라고 하였다. 정언신이 어전에서 하늘을 쳐다보고 웃으면서 말하기를, "정여립이 어찌 역적이 될 수 있을까" 하였으며, 또 국청에 나아가서도 큰 소리로 말하기를, "정대보가 어찌 역적이 될 수 있나. 고변한 자를 반드시 잡아 죽여야 한다" 하였다. 정언신과 정여립은 친척 간이었다.

9월 11일 이때 영상 노수신이 노쇠하여 오랫동안 병을 앓고 있었다. 문하의 명사가 갑자기 역변이 그의 동류에게서 나왔다는 말을 듣고 수신에게 달려가 만나 보고 말하기를 '해서 사람 중에는 이이의 문인이 많으니 이는 반드시 무고하여 사림에 화를 끼치려는 것이다. 상공은 인망이 중하여 상께서 평소 의지하여 믿고 있으니 한마디 말을 하여 해명하는 것이 좋겠다' 하였다.
　노수신이 이미 여립을 여러 차례 천거하였고 또 편당한다는 말을 들었으므로 상의 뜻을 탐지하고자 하여 아픈 몸을 끌고 나와 아뢰기를, "오늘의 대변은 고금에 없던 것으로 상의 경동하심이 반드시 깊을 것입니다. 소신이 민망스런 마음을 금할 길 없어 비록 신병이 중하여 전신을 움직일 수 없으나, 감히 궐문 밖에 이르러 문안드리는 바입니다. 이 성명의 세상에 어찌 이같이 망극한 변이 있을 수 있습니까. 마치 헛소문처럼 여겨지면서도 뼈가 아파서 도저히 견딜 길이 없습니다. 성명께서 차근차근 조사하시면 죄인이 잡히고 말 것입니다" 하였다. 선조가 아다개 1좌를 하사하였다. 그 뒤에 심수경이 각인의 초사를 적어 노수신에게 그 진실을 알게 하니, 노수신이 답하기를, '그 사람의 소견이 다르더니 끝내 그 소견을 고치지 못하고 죽게 되었다'고 하였다.

이날 판돈녕부사 정철이 고양에 있다가 들어와 숙배한 후 비밀 차자를 올렸는데, 역적을 체포하고 경외를 계엄하라는 내용이었다. 이에 대해 답하기를 "충절이 더욱 가상하다. 마땅히 의처하겠다" 하였다.

9월 15일 황해도의 죄인 이기·이광수 등이 정여립과 반역을 공모한 사실을 승복하였다. 군기시 앞에서 행형하고 뒤에 당고개에서 교수하였다.

9월 17일 안악의 수군 황언륜과 방의신 등이 정여립의 집에 왕래하며 반역을 공모한 사실을 승복하여 복주되었다.

정여립은 도망하여 진안 죽도의 별장 근처에 숨어 있었다. 현감 민인백과 급히 내려간 선전관 이용준, 내관 김양보 등이 수색하여 찾았다. 정여립이 아들 옥남 등 3인과 밭가 풀더미 속에 숨어 있었는데 관군이 포위하자 정여립은 형세가 궁박하게 되어 칼로 변승복을 먼저 베고 다음에 옥남을 베었다. 옥남은 칼날을 피하여 죽지는 않았고, 정여립은 칼을 땅에 거꾸로 세워 목을 꽂아 자살하였다.

옥남은 17세였는데 포박되어 해서의 죄인과 함께 궐정에 잡혀 왔다. 선조가 임어하여 직접 국문하였다.

옥남은 공초에 "길삼봉이 모주이고 해서 사람 김세겸·박연령·이기·이광수·박익·박문장·변숭복이 수시로 왕래하며 교제가 친밀하였으며, 중 의연, 도사 지함두가 서당에 주재하여 함께 거처하며 모의하였습니다" 하였다. 이때 이광수 등은 이미 조구의 초사에 나왔으므로 해서로부터 잡아 왔고, 박연령은 망명하다가 횡성 산골짜기에서 잡혔다. 지함두도 뒤에 체포되었는데 초사는 대개가 같아 모두 조구 등의 말과 동일하였다.

지함두가 입을 함부로 놀려 말하기를, "패공(沛公)이 죽었으나 천하에 어찌 패공될 사람이 없겠는가" 하였는데, 정홍·방의신·황언륜 등과 함께 모두 복주되었다. 이진길·정여복 형제·한경(고부 사인으로 여립에게 수학하였는데, 그 정상을 알고 상변하려 하다가 미처 하지 못하고 집에 돌아와서 여러 날 동안 굶었다)·송간(태인의 무인으로 용략이 있었다. 여립이 여러 차례 찾아오므로, 송간이 부득이하여 찾아가 만났다가 수개월 동안 억류당하였는데, 그 정상을 알고 또한 상변하려 하였으나 미처 행하지 못하였다)·조유직·신여성 등은 장하에서 죽을 때까지 승복하지 않았고, 의연은 도망하여 김제 대숲 속에 숨어 있다가 맨 뒤에 잡혀 복주되었다.

9월 20일 선조가 선정전에 임어하여 정옥남과 도주했다가 체포된 박연령 등을 친국하자 연령이 반역을 공모한 사실을 승복하므로, 군기시 앞에서 책형을 하였다.

이진길은 끝내 불복하다가 장하에 죽었다. 그가 정여립에게 보낸 편지 중에, '지금 임금의 혼암한 것이 날로 심하다'는 말이 있었으므로, 성이 난 선조가 "역적률로 처단하라" 하였다.

9월 27일 역적 정여립이 복주되었다 하여 권정례로 축하를 받은 뒤에 백관에게 가자하고 잡범 사죄 이하를 사하였다. 정여립의 시체를 군기시 앞에서 추형하였는데 백관들을 차례대로 둘러보게 하였다.

정여립은 어렸을 때부터 모든 일을 제 마음대로 하고자 하였다. 16세 때 그 부친이 익산군수였는데 관의 일을 제 마음대로 처단하였다. 그래서 아전들은 여립의 말만 들었고, 아랫사람을 형장으로 다루었다. 부친은 금지하지 못하고 혀를 차며 속으로 두려워할 뿐이었다 한다. 머리는 명석하여 과거에 급제하였고, 명사들과 두루 사귀고자 하여 파주의 성혼과 이이의 문하에 드나들었다. 그리하여 이발 등과 교분을 맺었다. 논변을 좋아하고 경서의 훈고와 물명의 통해로 자부하였다. 그러나 성혼의 문인 신응구·오윤겸 등이 같이 거처하며 그가 하는 일을 지켜보고서 마음 씀이 불측함을 알게 되어 소원하게 대하였다. 사문에서 칭찬이나 헐뜯는 일을 하지 못하므로 이이에게 고하지 못했는데 이이는 끝까지 그의 불측함을 알지 못하였다. 여립이 말과 외모를 거짓으로 꾸며왔기 때문에 의심할 줄 모르는 순진한 이이가 알 수는 없었다.

동인 중에서도 홍진·김수 등이 친밀하다가 그가 거칠고 기를 부리는 것을 미워하게 되어 점차 접촉하지 않았고, 특히 이경중은 그를 더욱 미워하여 매양 그의 등진을 막다가 탄핵을 받기에 이르렀다. 김첨경은 전주부윤으로 있을 적에 그가 호세를 부리며 침탈하는 것을 미워하여 관부의 위엄을 빌어 행세하지 못하도록 하고 그와 끊어버렸다.

이이가 죽은 후 정여립이 이이를 배반하자 그 불측하고 간궤스런 정상이 다 드러나게 되었다. 그러나 오직 이발·백유양 등은 그가 성혼과 이이를 배척한 것을 좋아하여 오히려 전일보다 더 후하게 대하였다. 조헌은 이발 형제로 인하여 그와 사귀었는데 스승을 배반한 데 이르러서는 정여립을 논할 적마다 반드시 역적질할 것이라 하였다. 어떤 사람이 너무심한 소리라 의심하니, 조헌이 말하기를, "나는 유독 그가 사우를 배반한 것만으로 그르게 여기는 것이 아니다. 그가 상의 앞에 있을 적에 말과 기색이 패오하다는 말을 자세히 들었으니, 반드시 역심이 있어서 그러한 것이다" 하였다.

9월 28일 생원 양천회가 정여립과 관련된 자들을 논하는 상소를 올렸다.

'정여립이 여기에 이르게 된 근원을 따진다면, 당국자와 이미 통하고 결탁하여 상하를 의논하고 성세를 서로 의지하였기 때문입니다. 그리하여 여립이 비록 밖에 있으면서도 멀리서 조정의 권력을 잡아 의기가 양양하고, 기염이 성대하여 그 위엄이 시골을 휩쓸고, 권력이 주현을 눌러 제 마음대로 거리낌이 없어 그와 친한 자는 서로 엄폐하여 악을 함께 하고, 생소한 자는 위력에 눌려 감히 잘못을 지적하지 못한 채 그를 떠받들고 양성시켜 오늘에 이르렀으니, 그 유래가 매우 심원합니다. 이에 당국자를 몰래 권하여 추쇄하는 일을 적극 주장하게 함으로써 민생을 술렁거리게 하여 그들의 환심을 상실시킨 뒤에 전관 중 친절한 자에게 몰래 부탁을 넣어 해서 막료의 자리를 도모하게 하여 일을 꾸밀 계략을 세웠다가 천점을 얻지 못하여 그 소원이 이루어지지 않자, 다시 봉명신을 사주하여 일시에 부윤과 판관을 파직시켰으니, 이는 모두 허점을 타서 반란을 일으키려는 계략이었습니다. 그런데 내외의 신하가 그 술책에 빠져 비위를 맞추기에만 급급하였으니, 신은 생각이 여기에 미치면 자신도 모르게 간담이 서늘해집니다.

조정 신하들이 처음에는 이 변을 듣고 도리어 역적 구출에 전력하여, 혹자는 이이의 제자들이 무고하여 사건을 야기시켰다 하고, 혹자는 여립의 사람됨은 충성이 태양과 같다 하여 심지어 한준을 그르다고까지 하였습니다. 조정의 논의가 그러했기 때문에 유담 등이 감히 출동에 태만하고 포착에 소루하였던 것입니다.

다만 평소 역적과 친절한 사이였다면 오늘의 사리나 형편으로 보아 약간의 견벌을 보여서 악을 미워하는 의리를 엄격히 하지 않을 수 없으니, 이는 곧 역란의 싹을 봉쇄하고 미연의 화를 막자는 것입니다. 지금 역적이 사우로 결탁하여 심복이나 형제와 같은 사이로는 이발·이길·백유양 등이 있고, 절친한 친척 사이로는 정언지·정언신 등 많이 있어 서로 친밀하고 다정한 사이임을 길가는 사람도 다 아는 사실인데, 오히려 조정의 녹을 먹고 대궐에 드나들며 길거리에서 소리치는 등 의기양양한 기세가 평일과 다름이 없는데 한 사람도 소장을 올려 자핵하는 자가 없으므로, 인심이 저마다 통분하게 여깁니다.

전날 조헌이 여러 차례 소장을 올려 귀근을 논박하였습니다. 비록 그 말이 우직하고 인거가 과도하였으나 그 본심을 따져 보면 사실 충군애국에서 나온 것인데, 죄를 얻고 먼 곳에 유배되어 한 몸으로 도깨비들의 재해를 막고 있어 역적들의 마음을 유쾌하도록 만든 것 같으니 국맥을 손상하고 사기를 좌절시킴이 너무 심합니다. 지금이라도 속히 조헌을 소환하여 진언에 대한 상을 내리신다면 매우 다행이겠습니다' 하였다.

이에 "조헌의 찬배는 실로 나의 뜻이 아니다. 그 사람을 죄줄 수 없으니 석방하라" 하였다.

11월 4일 예조정랑 백유함이 숙배한 뒤에 소를 올려 김우옹·이발·이길 등이 역적과 친밀한 사실을 논하였다. "신이 죄가 쌓여 은혜를 저버렸으므로 시골에 물러와 있었으나, 나라에 역변이 있다 하오니 감히 편히 있을 수 없어 정신을 수습하여 다시 서울로 들어왔습니다" 하고, 이어서, "추국하는 관원이 문초를 소홀히 하였고 대간은 그것을 보고도 말하지 않았습니다. 김우옹·이발·이길의 무리는 역적과 서로 사귀어 편당이 되어 비호하였고, 좌랑 김빙이 전주에 살면서 역적과 서로 친밀한 사이로서 조정 공석에서 역적을 구원하려고 하니, 인심이 해괴하고 분하게 여기고 있습니다. 전하의 형세가 외로워지고 사특한 의논이 횡행하면, 비록 역적의 괴수는 죽었다 할지라도 남은 근심이 다 없어지지는 않을 것입니다" 하였다.

이에 선조가 답하기를, "너는 참으로 백경(백인걸)의 아들이라 할 만하고, 백경은 과연 참다운 후사가 있다. 너의 아버지는 늙어도 임금을 잊지 아니하여 나의 좌우를 떠나지 않았는데, 너는 젊은 사람으로서 감히 시골로 물러가 있으니, 이것이 곧 네가 아버지를 따르지 못하는 점이다. 이와 같이 나라가 위태할 때를 당하였으니, 지금부터는 가지 말라. 내가 장차 너를 쓸 터이며 그들의 정상은 나도 잘 알고 있다" 하였다.

11월 7일 양사가 우의정 정언신과 이조참판 정언지를 탄핵 파직시켰는데, 이는 그들이 역적과 친척간으로 사귐이 두터웠기 때문이었다.

11월 8일 정철을 우의정으로, 성혼을 이조참판으로, 최황을 대사헌으로, 백유함을 헌납으로 삼았다. 정철은 이산해의 천거였다. 정철이 누차 사양하자 상이 역적 국문이 지체된다 하여, 시신과 중관을 잇달아 보내어 숙사를 재촉하되 하루에 세 차례나 내리니, 정철이 이에 응했다.
이산해는 젊을 때에는 정철과 친하게 지냈는데 뒤에 정철이 사람들에게 공격을 받자, 산해는 정철을 배반하고 이발 등과 함께 정철을 공격하였다. 이때에 와서 이발 등이 패하고 정철이 다시 들어오니, 산해가 매우 두려워하여 다시 그와 결탁하여 화를 면하고자 하였다. 그때에 정언신이 정승에서 파면되자 산해가 정철을 추천하여 정언신 대신으로 정승이 되게 하고, 정철과 함께 옥사를 다스리게 되었다. 그런데 정철을 섬기기를 하늘 높이 하여 아들 경전을 보내어 밤낮으로 정철의 집에 노예같이 있게 하였다. 또 말하기를 "전날 그대를 공격한 것은 모두 김응남과 유성룡 등의 소행이지 내가 한 것이 아니오"라고 하여 화를 전가시키고 자신은 모면하려 하였다. 그러나 정철은 이산해와 묵은 원한이 이미 깊었으며, 또 이산해가 남을 배신함이 심한 것을 알기 때문에 감정을 풀지 않았다.

이귀·신경진이 먼저 정철을 찾아가서 말하기를 '정여립이 망사를 배반하고 시론에 아부하여 반복한 정상에 대해 서인이 항상 분하게 여겼는데 지금 역적의 괴수가 되자 서인은 서로 하례하지 않는 사람이 없고 동인은 간담이 서늘하지 않는 사람이 없다. 이러한 때에 망사가 이 일을 담당하더라도 오히려 진정시키기 어려움을 염려할 터인데 하물며 영공이겠는가. 설사 영공의 처사가 십분 결함이 없다 하더라도 동인 쪽에서 보면 반드시 뜻을 만족하지 못할 것이다' 하니, 정철이 말하기를 '그대의 말이 바로 내 의사와 부합된다. 내가 어찌 감히 힘을 다하지 않겠는가' 하였다.

갑신년 이후부터 서인이 동인의 배척을 받아 조정에 용납되지 못한 지 이미 5~6년이 되었으므로 분이 쌓인 끝에 역적이 다른 쪽에서 나온 것을 보고 경박한 무리가 손바닥을 치고 틈을 타서 함부로 주창하여 말하기를 '아무는 아무의 친족이고 아무의 벗이니 똑같은 역적의 당이다' 하였다. 이때에 조사로서 역적의 얼굴을 모르는 자라 하더라도 명색이 동인이면 모두 지목을 받아 근심하고 두려워하지 않는 사람이 없었다. 옥사가 점차 번져 가고 탄핵이 더욱 준엄하게 되자 정철이 혼자서 진정시킬 수가 없었다.

정언신, 정언지, 홍종록, 정창연, 이발, 이길, 백유양 등을 하옥시켰다.

이때 정여립의 조카 정즙이 고문을 받아 승복하면서 같은 당여를 과람하게 끌어대었는데 70여 인에 이르렀다. 또 여립의 조카 정약과 의연의 복초에도 조사를 많이 끌어대었으므로 잡혀 수금된 자가 더욱 많았다. 정언지는 공사가 전도되고 망령스러웠으므로 최황이 형추하기를 청하였으나 정철이 '늙고 병들어 혼망하니 형신을 가하는 것은 마땅하지 않다'고 계청하였는데, 이로 말미암아 형신을 면하였다.

이에 앞서 정철이 아뢰기를, "여립과 교분이 친밀한 여러 사람은 좋아하면서도 그의 악한 점을 알지 못한 데에 지나지 않습니다. 천하에 어찌 두 사람의 여립이 있을 수 있겠습니까" 하였는데, 이때에 다만 '친밀한 사람끼리 붕당을 지어 간맹을 빚어냈다'는 것을 죄목으로 삼았기 때문에 선조가 차등을 두어 찬배하도록 명하였다.

정언신이 국문에 대답하려 할 적에 그의 막내아들 정율의 계책에 따라 일찍이 역적 괴수와 친밀하지 않았다고 공초를 하였다. 또 선전관 이용준은 정언신과 친밀한 사람이었다. 명을 받고 역적의 집에 가서 문서를 수색하여 왔는데 그는 무인으로서 서식을 몰랐다. 돌아와 정언신을 보고 말하기를, "서찰 내용의 한두 곳에 대감의 이름자가 쓰인 것이 있는 것을 보았는데 모두 없애 버렸습니다" 하였다. 그러나 실은 언신의 서찰이 그대로 있어 '종로신'이라고 쓴 서찰이 서축에 가득하였으나 다른 사람의 성명으로 알고 그대로 두었던 것이다. 언신이 용준의 말을 믿고 '일찍이 서찰을 통한 적이 없다'고 초사를 하였다. 상이 추후에 역적의 집 서찰을 수색해보면서 언신이 시사를 논한 서찰 19장을 뽑아내어 정원에 내리며 이르기를,

"정언신이 나를 눈이 없다고 여기는 것인가?" 하고 또 언신에게 전하여 보이게 하였다. "이것은 모두 어떤 사람의 서찰이란 말이냐. 그 글에 '시원치 않은 세상 일을 말하자니, 지리하고 또 가소롭다'는 따위의 말이 있는데, 이러고도 오히려 여립과 친하지도 않고 서찰도 통한 일이 없

다고 하면서 허다한 말을 꾸며 댄단 말인가. 몸이 대신으로 있으면서 감히 면대하여 속이니 분통함을 이길 수 없다. 내가 벌써 이 편지를 발하지 않은 것은 몰랐기 때문이 아니고 염려되는 것이 많아서 그랬던 것이다. 따라서 생각이 못 미쳐서 하지 아니한 것이겠느냐. 20년이나 대신을 대우해 온 나의 뜻이 이로써 다 상실되었으니, 더욱 마음이 아프다" 하였다.

언신이 처음에는 중도에 유배되었다가 이때에 다시 옥에 갇혔다. 선조가 분부를 내려 그의 죄를 폭로하고 대간이 바로 거론하지 않은 것을 책하였다.

11월 11일 백유함이 양사를 탄핵하여 체직시켰다.

11월 12일 선조가 선정전에 임어하였는데, 정언신, 정언지, 홍종록, 정창연, 이발 등이 정여립의 조카 정즙의 초사에 관련되어 나온 일 때문이었다. 아울러 정언지·홍종록·이발에게는 원찬을, 정창연에게는 방송을, 백유양·이길에게는 원찬을 명하였다. 그리고 "급제 정언신은 역적 정여립의 동성 친족으로 서찰과 선물의 왕래가 매우 은근하였는데, 소를 올려 스스로를 진술할 때 감히 서찰도 왕래하지 않고 친하게 지내지도 않았다 하였으니, 그 정상을 따져 보면 중법에 처하는 것이 당연하다. 소위 대신의 처지로 평소 위의 융숭한 대우가 어떠하였기에 속이고 저버리는 행위가 이러하단 말인가. 어찌 문외에 거처하게 하여 마치 약간의 폄삭만 보이는 것처럼 할 수 있겠는가. 중도 부처할 것을 의금부에 이르라" 하였다.

정여립의 문서 중에 제천문이 있었는데, 군상의 잘못을 열거하였는 바, 말이 지극히 흉악하고 도리에 위배되었다. 선조가 진노하여 정여립과 친한 자들을 모두 연좌시켜 처벌하였다.

    김우옹을 특명으로 회령에 귀양 보내고 전교하기를, "우옹은 여립과 극히 친밀하게 결탁하고서 조정의 일을 서로 의논하지 않은 것이 없었다. 내가 무심중에 한 말도 다 엿들었을 뿐만 아니라 나의 마음을 억측하여 여립과 몰래 통하였으니, 그 정상이 마치 쥐새끼와 같다. 나도 그가 번복하는 소인인 줄은 알았으나, 그 정상이 이에 이를 줄은 생각하지 못하였다. 함경도 육진 지방으로 정배하라" 하였다.

    이발이 종성으로 귀양 가는 길에 안민학을 만나서 말하기를, "돌아가서 계함(정철)에게 말을 전하라. 계함은 나를 저버리지 아니하였는데 나는 계함을 저버림이 많았으니, 내가 훗날 지하에서 무슨 면목으로 서로 대할꼬" 하고, 실성통곡하였다.

    백유양이 여립에게 보낸 편지에 임금에게 대하여 부도한 말이 많이 있었는데, 임금이 그중 가장 심한 것만 골라내서 국청에 내려보냈다. 그 편지에 "이 사람이 시기심이 많고 모질며 고집이 세다" 하였고, 또 "이 사람은 조금도 임금의 도량이 없다" 하였다. 선조는 백유양을 역적으로 처단하라고 하였으나 정철이 "경악에서 여립 같은 역적 하나가 난 것만도 큰 변고인데, 백유양이 비록 못되었으나 어찌 다시 여립 같은 역적이야 되겠습니까" 하였다. 선조가 화가 나서 대신이 권력을 제 마음대로 한다고 하였다.

11월 25일 사간원이 아뢰기를 "동지 정윤복은 역적 정여립과 사귀어 서찰의 왕래가 끊이지 않았고, 부교리 송언신은 여립과 절친하였으니 파직하소서. 이진길의 사초는 그대로 둘 수 없으므로 소각시키는 것이 사실 당연한 일이지만, 대교 유대정이 당상에게만 고하였을 뿐 준허를 받지 않고 사사로이 동료와 함께 마음대로 소각시켰으니, 그 사이의 정상을 헤아리기가 매우 어렵습니다. 유대정 및 행수 장무관을 아울러 나국하소서" 하였다.

사헌부가 아뢰기를, "이른바 후설의 신하는 왕명을 출납하는 데 의당 근엄해야 하고, 그 내용을 마음대로 증감하여 국가가 정죄한 법을 현란시켜서는 아니 되는데 요긴한 말을 삭제하고 경중을 제멋대로 하여 몰래 전지 속에 기록하였으니, 그 의도를 알 수 없습니다. 전 승지 홍여순을 속히 파직하소서" 하였다.

군자감 정 김천일이 치란의 방도에 대해 상소하였다.

'저 적당의 초사가 사대부에게 언급되어 무고당하는 원통함이 있을까 염려되니, 지극히 공정하고 지극히 밝은 논변으로 지극히 성스럽고 지극히 어지신 덕을 온전히 베풀지 않을 수 없습니다. 이 무리들은 사적으로 혼암함에 가리워져 마침내는 그의 술책에 떨어져서 망령되이 서로 추장함으로써 역적으로 하여금 세력을 의지하여 위엄을 펼쳐 반역의 화를 선동질하게 하였으니 진실로 그 죄를 피할 수 없습니다만, 역모에 같이 참여한 것으로 죄를 추궁하여 극형에 처하기에 이른다면 아마도 실정을 추궁하는 법전에 어긋날 것 같습니다. 더구나 정여립과 원수가 되어 이 사실을 온 나라 사람이 함께 아는 자도 있으니 더욱 초사의 거짓을 증험할 수 있습니다. 그 밖에 원래 대단한 연좌가 아닌데도 말이 힐문하는 무리에게 관련됨으로 인하여 오래도록 감옥에 갇혀 있는 자도 많으니, 얼어 죽는 원통함이 없지 않습니다. 바라건대 성자께서는 인애를 베풀어 자세히 살피소서. 신은 임금을 사랑하고 나라를 근심하는 마음을 견딜 수 없습니다' 하였다.

성혼이 소명을 받고 서울에 들어왔다. 성혼이 소명을 두 번이나 사양하니, 상이 하교하기를 "나라에 큰 변고가 있으니 경은 시골에 물러가 있을 수 없다" 하자, 성혼이 이에 소명에 응하였다.

또 계사를 올려 사직하고 대죄하기를, "신은 아둔하여 사람을 알지 못하고 사정을 분변하지 못하였습니다. 적신 정여립이 10여 년 전부터 파주에 있는 신을 찾아온 것이 거의 3~4회에 이르렀고 안부와 강문의 서찰에 대해 신이 모두 답하였는데, 갑신년에 이르러서 그만두었습니다. 지금 듣건대, 신료 중에 한 번 서찰을 통하고서 해직된 사람이 있다 하는데, 신은 또 더욱 심한 자입니다. 신의 죄를 다스려 조정의 기강을 엄하게 하소서" 하였다.

12월 1일 비망기를 내렸다.

"역적의 문도 중에 적당의 진술에 관련되지 않은 자는 중한 율로 다스리지 말라. 차라리 형벌이 적절하지 못하는 한이 있더라도 참작해서 처리하는 것이 옳다. 경들은 나의 이 뜻을 알아야 한다" 하였다. 선조의 분노가 조금 가라앉은 것 같다.

12월 4일 정언신을 남해에 유배하였다가 다시 갑산으로 하였다.

양사가 아뢰기를, "정언신이 변고가 일어나던 초기를 당하여 탑전의 면대에서 이미 역적을 구원하려는 의사를 가졌었고, 추국을 당하게 되어서는 또한 시종 현란시킨 자취가 있었으며, 원고를 추치할 것을 말하기까지 하여 옥사를 지체시키고자 하였습니다" 하고, 또 죄인을 대질할 때의 기망한 죄를 논하여 국문하여 율대로 시행하기를 청하니, 상이 사사를 명하였는데,

우상 정철이 회계하기를, "아조의 인후한 풍속은 조송에 다를 바가 없어서 반역을 제외하고는 한 사람의 대신도 죽인 적이 없습니다. 지금도 마땅히 이를 준행해야 하겠으므로 감히 명을 받들지 못하겠습니다" 하니,

선조가 이르기를, "송조에도 언신처럼 무상한 대신이 있었는가?" 하였다. 재삼 계사를 올리니, 이에 신국하게 하고 이어 사형을 감하여 멀리 유배하라고 명하였다.

이때 대사간 최황의 지론이 특히 공정하였다. 정언신이 신문을 받게 되자, 최황이 성내어 말하기를, "대신에게 죄가 있으면 사사하는 것은 가하거니와, 이렇게 형벌로 욕보이는 것이 국가의 체통에 어떠한가?" 하였다.

정언신은 연로한 대신으로 궐정에서 고문을 받기에 이르니 사람들이 애석해하고 이졸도 감히 해독을 가하지 못하여 1차 고문하고 정지하였다. 그러나 아들 정율은 스스로 아버지의 초사를 잘못하게 하였다 하여 음식을 끊고 굶어 죽었다.

12월 7일 좌상 이산해에게 전교하였다.

"오늘날의 국사는 경에게 달려 있다고 한 전교에 대하여 내가 그 사실을 다 설명하여 군하에게 알렸으면 한다. 이번 역적의 변이 진신 사이에서 발생하였으니 이는 대변 가운데에도 큰 불행이다. 지금 언관이 역적과 결교한 사람들을 논란하는 것도 사실 옳은 일이다. 그러나 요즘의 양상을 살펴보면, 사건이 번져 갈 조짐이 있으니 이는 내가 매우 좋아하지 않는 바이다. 역적과 결교한 사람들은 그 서찰이 남아 있어 정상이 뚜렷하니, 아무리 중죄를 입더라도 그들에게 무슨 유감이 있으며 무슨 할 말이 있겠는가. 다만 역적이 조정의 반열에 끼어 있어 평범하게 서로 만나 알게 되는 것은 사람의 상사인데 만약 이번 기회를 타서 평소 언론이 같지 않은 사람들을 모조리 적의 무리로 지적한다면 그 해독은 이루 말할 수 없을 것이다.

인재란 아껴야 하고 언론하는 즈음에는 공평 정직해야만 인심을 복종시킬 수가 있다. 우리나라 사람은 성격이 편급하여 예로부터 언론이 중도를 얻지 못하던 경우가 많았다. 혹 조정에 강개하고 과격한 사람이 있어 적변에 대해 분개한 기를 이기지 못하여 과도한 논란이 미치지 않아야 할 사람에게까지 미친다면, 어찌 온당한 일이겠는가. 만약 그러한 경우가 있을 적에는 경이 힘써 말려야 할 것이요, 말려도 듣지 않으면 면대해서 바로 아뢰라. 이것이 경이 오늘날 이리저리 주선해서 사태를 진정시켜야 할 일이다. 또한 사람을 쓰는 데는 가장 적합한 사람만을 쓸 뿐 딴 사람은 알아볼 필요가 없다. 나와 함께 국사를 처리할 사람은 오직 경뿐이니, 내가 감히 무엇을 경에게 숨기겠는가. 나는 요즘 심기가 크게 상하여 처사가 어긋나고 언어가 전도되니 이 말 또한 옳은지 모르겠다. 경이 잘 참작하여 나의 본의에 어긋나지 않게 이해하도록 하라" 하였다.

　백유양의 초사에는 의심스러운 점이 많았다. 역적 정여립에게 보낸 서찰에 조정의 남북에 관한 말도 있었다. 선조가 비로소 조정이 또 분당한 것을 알고 묻기를, "이른바 남인 북인은 누구인가?" 하니, 백유양이 답하기를 "북인은 이발, 이길, 정언신, 정언지 및 정여립과 신 유양 등 모두 10인입니다" 하고, 조인후가 승지로 입시하였는데, 유양이 아뢰기를, "인후는 곧 북인입니다" 하였다. 조인후는 물러나서 대죄하였는데 근심과 두려움으로 실성하여 죽었다. 또 백유양의 서찰에 여립에게 '입시할 때에 유성룡을 불러 환조하기를 청하라'고 권한 말이 있었다.

　다음 날 유성룡이 자신의 이름이 백유양의 초사에 나왔다 하여 소를 올려 스스로를 진술하였다. 그 대략에, "신이 10여 년 전에 호남에 정여립이란 자가 독서와 학문에 부지런하다는 것으로 자못 이름이 났다는 말을 들었으나 그가 어떠한 사람인지는 알지 못하였습니다. 이어 듣건대, 그는 인품이 고상함을 스스로 내세우면서 큰소리쳐서 당할 자가 없고 망령되이 자기 소견으로 선정을 능멸한다 하였습니다. 신이 이 말을 듣고 이미 그를 좋게 여기지 않았습니다. 그 뒤 명성이 점차 성대하여지고 전하는 자가 더욱 많아지자, 모두 요로에 천거하려고 하면서 오래도록 용비한 자리에 침체되는 것을 굴억으로 여겼는데, 오직 고 집의 이경중만이 그를 극력 배척하였습니다. 그때 경중이 이조좌랑으로 있었는데 하루는 신이 우연히 서로 만나 여립의 인품에 대해 물으니, 경중은 '그의 인품은 내가 자세히 아는 바이다. 조년(早年)에 그와 관학에 같이 거처하면서 그가 하는 것을 살펴보았는데 대단히 무상하다. 독서하는 것을 명예로 삼고 있으나 기질을 변화시키는 것은 옛사람도 오히려 어렵게 여겼다. 타고난 자질이 이미 그러한데 어찌 하찮은 독서의 힘으로 변화시킬 수 있겠는가. 만일 그를 쓰면 반드시 조정을 어지럽히고 사림에게 욕을 끼치게 될 것이다. 내가 이미 이러한 것을 분명히 아는데 어찌 진용할 수 있겠는가. 이로써 탄핵을 받더라도 근심하지 않는다' 하였는데, 그의 말이 매우 확고하였습니다. 모두 경중이 선사를 시기하고 미워한다고 하였습니다. 신사년 여름에 헌부에서 '아름다운 선비를 가로막았다'고 발론하여 마침내 이경중을 전조에서 내쳤는데 이른바 아름다운 선비란 곧 여립입니다.

여립이 신들에 대해 기필코 기회를 노려 재앙을 전가시키려 하면서 신을 거간이라 지척하여 제거하려 하였으니 그 말이 매우 참혹합니다. 또 자신의 자취를 엄호하기 위하여 도리어 거간이란 이름을 다른 사람에게 붙였던 것입니다. 그의 인품이 이와 같으니 또한 무슨 일인들 하지 못하겠습니까.

이제 와서 살펴보건대 여립의 간상을 미리 안 사람은 오직 이경중 한 사람뿐입니다. 만일 환난을 미연에 말한 공을 논한다면 경중이 거기에 해당되고, 나머지 사람은 취한 듯 바보인 듯하여 전후 사류가 일체 그의 술책에 떨어져서 그럭저럭 날짜를 보냈을 뿐 명백하게 발거하지 못하였습니다" 하였다.

선조가 답하였다. "백유양의 초사가 경에게 무슨 관계가 된단 말인가. 경은 금옥처럼 아름다운 선비로, 경의 심지를 저 태양에 묻는다 하더라도 부끄럽지 않을 것임을 내가 이미 알고 있으니, 전번의 전지를 따르도록 하고 조금도 개의치 말라" 하였다.

그리고 이경중에게는 판서를 추증하고 좋은 시호를 내려 표창하도록 하고 그때 이경중을 탄핵했던 전 장령 정인홍, 전 지평 박광옥을 삭탈관작하였다.

또 전교하여, "급제 이발은 역적 정여립과 서찰로써 서로 통하고 깊이 결탁하여 그 친밀함이 마치 부자·형제와 같아서 적당들의 초사에 재차 나왔으니 원방에 안치할 것을 의금부에 이르라" 하였다.

12월 12일 선홍복은 낙안의 교생인데 정여립과 같은 동아리로 역적의 초사에 나왔다. 도사 신경희가 잡아올 때 문서를 수색하였는데 거기에 역모에 가담한 정상이 있었다. 선홍복이 승복하고 이발, 이길, 백유양을 같은 동아리로 끌어대고 또 전 선산부사 유덕수의 집에 부도한 참서가 있는 것을 이진길이 얻었다고 고하였다. 이때 이발 등이 배소로 가는 도중이었는데 다시 하옥되어 고문을 받다가 죽었다. 유덕수의 집에도 서찰이 있었는데 모두 고문을 받다가 죽었다. 선홍복은 사형에 처해졌다.

이발 등의 이름이 처음에는 고변서에 나오지 않았는데, 정즙·선홍복이 처형에 다다라 끌어댔다. 정상에 확실한 근거가 없었고 단지 여립과 편당을 지어서 추천하고 비호하였으며 논의가 구차하였다는 연유뿐이었으나 선조가 의심을 풀지 않았다. 그런데 역적의 집에 있던 서신들 중에 이발의 서신이 가장 많았다. 그 안에 시사를 논한 것들에 꺼리는 바가 전혀 없었고 또한 주상의 동정을 모두 알렸다. 이 때문에 선조의 화가 치밀어 형벌을 받은 것이 가장 혹독하였다.

정철이 같은 반열의 대신에게 말하기를, "이발의 죽음이야 어쩔 수 없거니와, 이길도 아울러 사형에 처해야 하는가" 하고, 곧 독계하여 다시 품의하였으나 마침내 가형을 면하지 못하였다.

백유양의 아들 진사 백진민도 고문받다가 죽었다. 진민은 재명이 있었는데 아버지의 죄에 연좌되어 죽으니 사론이 원통하게 여겼다.

이발의 작은 아우 현감 이급도 형에 연좌되어 죽었다. 이발·이길이 죽은 뒤에 그의 어머니·아내·어린 아들도 모두 추후에 수금당하였다. 이발이 옥에 있을 적에 이정란에게 말하기를, "내가 눈이 있으면서 사람을 알지 못하였다. 그대는 죽음을 면하게 될 것이니 모름지기 칼로 내 눈을 뽑아 버리라" 하고, 또, 말하기를, "내가 조헌의 말을 듣지 아니하여 이 지경에 이르렀음을 후회한다" 하였다.

선조수정실록에 기술된 내용이다.

이이와 성혼의 제자들은 말하기를 '이발은 심지어는 두 현자의 죄를 열거하여 죄명을 천부에 쓰기까지 하였으니, 당비와 학금의 행위를 이발 등이 몸소 저지른 것이다. 공문중과 임률 등이 한 번 정자와 주자를 배척하자, 곧 만세의 죄인이 되었다. 이발이 두 현자를 배척하기 전에는 그래도 명류라고 말할 수 있지만 이미 두 현자를 배척한 뒤에는 그 심술의 간사하고 편벽됨이 정여립과 차이가 없으니, 간사한 무리 중의 괴수라는 명칭이 진실로 당연하다. 정해년 이귀가 상소하자, 이발은 여러 말을 늘어놓아 변명하였다. 이에 선조가 하교하기를 대저 신하들은 번복하는 태도가 없어야 한다고 하였다. 천고의 부월을 어떻게 면할 수 있겠는가. 다만 거듭 역옥에 걸려 실정이 다 드러나지 않았기 때문에 일부의 사람들이 끊임없이 그를 슬퍼하고 불쌍히 여기는 의론을 펴서 끝내 관작을 회복시키기에 이르렀으니, 괴이하지 않은가' 하였다.

12월 14일 전라 유생 정암수가 이산해, 정언신, 정인홍, 유성룡 등을 지척하는 상소를 올렸다.

'이산해는 본시 음흉한 자질로 부시의 태도를 외식하여 성상을 속여 온 지가 이미 오래되었습니다. 요즈음 역적과의 상면이 비록 드문 편이나, 그 간담이 서로 맞아 교의가 깊다는 것은 사람들이 다 보아온 터이니 어찌 엄폐할 수 있겠습니까. 또 적신의 집에서 문서를 수색해 낼 때 익산군수 김영남은 이산해 등의 수필을 남몰래 찾아내어 소각시킨 뒤에 이산해에게 편지를 보내 걱정하지 말라 하였고, 이발은 자신이 여립과 심교하였다 하여 궐하에 대죄하려고 멀리 산해에게 문의하니, 산해는 경솔히 움직일 필요가 없다고 답하였습니다. 아, 이미 역적과 더불어 순치가 되었고 반형이 이미 드러난 뒤에도 대죄하려 하지 않았으니, 다시 무어라 하겠습니까. 여기서 더욱 그 마음을 짐작할 수 있습니다.

적변이 보고된 처음에 이산해와 정언신 등이 국가를 걱정하지 않고 다만 화가 사당에 미칠까 염려하여 포적사에게 말하기를 '지금 해서에 이이의 제자가 많은데 감사는 식견이 없고, 수령 중에 서인이 많다. 반드시 무고하고 얽어 매어 조정의 진신들을 모함하려는 계략을 만날 것이니 공 등은 이를 잘 처리하라' 하였습니다.

또한 정인홍은 정여립과의 정의가 매우 돈독하여 마치 한 몸과 같은 사이입니다. 그러므로 인홍으로 하여금 여립의 여당을 보호하여 지방의 이론을 수습해서 후일의 시비를 혼동시킬 목적으로 감히 전주 제독에 주의하자, 전형을 맡은 자가 여립을 위하는 일에 적극 힘을 다하였으니, 그 계략이 어찌 교묘하지 않습니까.

여립도 고장에서 용납되지 못할 것을 알고서 산을 유람한다 핑계하고 많은 요승·이류들을 거느리고는 해서·영남 등을 횡행하며 몰래 무뢰배들과 결탁했을 뿐 아니라 소위 글을 읽는다 하는 자들과도 수 없이 친교를 맺었습니다.

전 현감 정개청은 오랫동안 여립과 교우가 친밀하여 온갖 사설에 서로 호응한 자입니다.

이일은 본시 정언신의 조아로 남북에서 기염을 부리던 자입니다. 처음 호번에 있으면서 외람되이 편비의 보강을 청하였는데 이번의 변을 듣고 항상 스스로 불안해하니, 이일의 속셈을 누가 알겠습니까. 미연에 방지하여 잘 처리하는 것이 국가의 복입니다.

김응남은 남몰래 모의를 주관하면서 외부로는 모르는 체 겸손을 가장하고 내부로는 시기가 심하여 현인을 헤치고 당파를 만드는 등 그 죄가 가장 무거운데, 성상께서 이를 아시는지 모르겠습니다.

유성룡은 소위 사류로 일신에 큰 명망을 차지하고 시론을 주관하면서 남의 말을 교묘히 피합니다. 이전의 일은 추구할 필요가 없으나, 요즘 국사가 날로 위태로워지는 것을 보고도 사당을 배치시킬 뿐, 충현을 끌어들여 지난번의 과오를 고치는 계책으로 삼겠다는 한마디의 말도 없으며, 도리어 우성전이 이산해·김응남 등의 기세를 꺾으려 한다 하여 옛 친구를 배반하고 새 붕당에 구합하며, 매번 역적을 위하여 부회와 찬양으로 온갖 정태를 써서 그를 끌어들여 우익을 삼으려고 천의를 탐지하고 병관에 주의하여 낙점까지 받았으나, 그때 마침 조헌의 소가 올라와 취임시키지 못하고 말았습니다. 그가 만약 병정을 차지하여 흉모를 재촉하였다면 당당한 국가야 아무런 걱정이 없겠지만, 혈전에 임한 군사들이야 어찌 조그마한 손해뿐이겠습니까. 유성룡은 진실로 역모에 가담한 사람은 아니지만, 지금 만약 반성해 본다면 태양 아래서 어떻게 낯을 들고 살 수 있겠습니까.

역적과의 심계가 가장 친밀한 자들로는, 송언신은 역적에게 심중을 숨기지 않았고, 윤기신은 앞장서서 아첨을 부렸고, 남언경은 선물에 찬양까지 곁들였고, 이언길은 목재를 수송해다가 집을 지어 주었고, 조대중은 역적을 위해 눈물을 흘렸고, 김홍미는 반드시 이진길의 집에서 유숙하였고, 이홍로는 여립의 적삼을 자랑삼아 입었습니다. 이상은 다 역적의 집에 드나들면서 사의를 선동한 자들로 시골 사람의 사귐에 비할 바가 아니고, 이순인·유몽정의 무리는 하찮아서 말할 나위도 없습니다' 하였다.

이산해 유성룡 등이 피혐하여 대죄하니, 선조가 "이는 간인의 사주로, 가만히 나의 마음을 시험하여 온 조정을 소탕해 버리려는 계획임을 알 수 있다. 내가 반드시 그 간인을 잡아내려고 한다. 다만 그 말들은 굳이 따질 필요가 없었으므로 내가 이미 면유하였는데도 이같이 소를 올린 것은 나를 피곤하게 만드는 것이다. 경 등은 개의치 말라" 하였다. 그리고 정암수 이하 10인을 나국하도록 명하였다. 양사가 잇따라 계사를 올려 언자를 죄주지 말라고 청하였으나 윤허하지 않았다. 선조는 이산해와 유성룡을 버릴 수가 없었기 때문에 이러하였다.

뒤에 관학 유생 최기남 등이 정암수 등을 변호하는 상소를 올렸다. '호남에서 선비로 불리는 사람으로서 역적에게 농락당한 자가 없지 않은데 흉악이 이미 드러나자 그와 교유하기를 부끄럽게 여겨 역적의 문에 더럽혀지지 않은 자는 오직 이들뿐입니다. 저들은 역적을 당원한 무리로 형틀에 묶여 왔습니다만 이들은 역적을 배척한 무리로 형틀에 묶여 온 것이니, 신들은 흉역의 귀신이 땅속에서 야유할까 싶습니다. 소나 말처럼 천한 것일지라도 60~70으로 떼를 지으면 오히려 가벼이 대우할 수 없는 것인데, 하물며 이들은 선비의 갓을 쓰고 선비의 의복을 입고서 한 지방의 선비로 이름하는 자들인 데이겠습니까. 그 사람은 죄줄 수 있으나 이름은 빼앗을 수 없는 것이고, 말은 망령되나 실정은 오히려 용서할 만합니다. 그런데 기필코 옥에 잡아 가두고 사형에 처하려고 하시니, 전하께서 선비를 대우하심이 또한 박합니다' 하고,

마지막 말로, '지금 암수의 말이 정직하고 절실함은 이목과 서엄 두 신하에 미치지는 못하나, 전하께서 포용하시는 도량은 유독 선왕을 본받을 수 없겠습니까' 하였는데,

선조가 답하기를, "내가 20년 동안 보위에 있으면서 유사를 대우하되 나쁜 말을 한 적이 한 번도 없었다. 더구나 금부에 잡아다가 형틀 아래에서 욕보여 갓을 쓴 선비로 하여금 옥리와 서로 대하게 하는 것이 어찌 나의 뜻이겠는가. 부득이한 점이 그 가운데 있어서이다. 그대들이 어찌 다 헤아릴 수 있겠는가. 지금 이 소장을 살펴보니 참으로 가상하다. 내가 잘못하였다. 마땅히 그대들을 위해 따르겠다" 하였다.

이때 죄를 얻고 뜻을 잃은 무리가 떠도는 말로 비방하는 말을 만들어 심지어 역옥이 진짜가 아니라고 말하기까지 하였다. 이로 말미암아 조정 신하들의 격분한 논의가 그치지 않았다.

12월 15일 조헌이 방면되어 돌아오는 도중에 소를 올렸고, 호남의 유생 양산도·김광운 등도 소를 올렸는데, 대개 당시의 재신들을 지척한 것들이었다.

전교하기를, "인심의 패역함이 이 지경에 이르렀다. 그들의 소장을 내가 아직 다 보지 못하였지마는, 어찌 이를 따질 나위가 있겠는가. 다만 조신들이야 마음이 어찌 편안할 수 있겠는가. 그들 몇 사람이 소를 올려 조신들을 다 지척하고 우상 정철 이하 몇 사람만을 찬양하면서 스스로 '직언'이라 하여 도리어 그 정상을 환히 드러냈으니, 웃을 일이다. 조헌은 하나의 간귀이다. 아직도 두려워할 줄 모르고 조정을 경멸하여 더욱 거리낌 없이 날뛰니, 그 사람은 앞으로 다시 마천령을 넘게 될 것이다" 하

고 이조판서 홍성민을 체직하였다.

전교하여 "사노 송익필·한필 형제가 조정에 대한 원망이 쌓였으니, 반드시 일을 내고야 말 것이다. 간귀 조헌의 진소가 모두 그의 사주였다 하니, 극히 통분할 일이다. 더욱이 노복으로서 주인을 배반하고 도망해 숨어 그 죄가 강상에 관계되니 더욱 해괴하다. 체포 추고할 것으로 형조에서 승전을 받들라" 하였다.

송익필은 시명이 있어 이산해·최경창·백광홍·최립·이순인·윤탁연·하응림 등과 함께 팔문장으로 불리었다. 이이, 성혼과 교류하고 강론하였는데, 식견이 투철하고 논의가 날카롭고 총기가 있었다. 문을 열어 문도를 가르치니 따르는 자가 많았다. 호를 구봉이라 불렀다. 익필은 스스로 명경·사대부와 대등한 예로 교제하고 나이로 서열을 정하니 좋아하지 않는 자가 많았다.

중종 때 안당의 집이 송익필의 부친인 송사련의 무고로 멸족된 후 집안이 쇠하여 약해졌는데, 서손인 안정란이 문장을 잘하고 재기가 있어서 이문학관이 되었고 관직이 실직 동지에까지 이르렀다. 이에 송사를 일으켜서 법정에 아뢰면서, "송익필을 우리 집의 종으로 법에 따라 부려서 좀 원수를 갚아야 하겠다" 하였다. 그러나 세력이 약하여 이길 수 없었으며 오히려 송익필을 아는 이들이 모두 분개하여 정란의 요망함을 치죄하려고까지 하였다. 이후로 법관들이 모두 회피하여 판결하지 못하였었는데, 이때에 배삼익이 감사가 되자 안정란의 편을 들어 즉시 판결하니 동인들이 모두 통쾌하게 여겼다.

삼사가 이이를 공격할 적에 성혼이 상소하여 이이를 신구하려 하였으나 노기를 격동시켜 도리어 손상할까 염려하였고, 또 스스로 산야의 처사로 자처하여 물러남을 의리로 삼고 있으면서 홀연히 시사를 극렬히 논하는 것이 어떠한지를 편지로 송익필에게 물으니, 답하기를, "존형이 성군의 지우를 받아 이미 조정에 등용되었으니, 어찌 시사를 두루 논하여 전후에 내린 특별한 은명이 허문으로 돌아가지 않도록 하지 않는가. 나아가지 않은 것으로 자처하지만 지금 이미 나아갔으니, 시위하는 바가 있어야 할 것이다. 불가함을 보고 난 뒤에야 돌아오는 것이 가하다" 하니, 성혼이 따랐다 한다. 이로부터 거듭 조정 논의의 미움의 대상이 되었고 안씨의 자손이 따라서 송사를 일으켜 결단코 천적으로 환속시키고 죽여서 원수를 갚으려 하였으므로 익필 등이 모두 도망하였다. 그런데 이산해·정철 등이 서로 숨겨 주어 죽지 않게 되었다. 이때에 떠도는 말이 상에게 아뢰어졌으므로 이러한 명이 있었던 것이다.

12월 16일 특지로 이조판서에 유성룡을, 예조판서에 권극례를 임명하였다. 맨 먼저 역모를 고발한 재령군수 박충간을 형조참판으로, 전 안악군수 이축을 공조참판으로, 신천군수 한응인을 호조참의로 삼고, 밀고인 학사 이수·강응기를 당상으로 승진시키고, 보인 조구를 정직에 제수하였다.

12월 26일 전주에 있는 정여립의 조부 이상의 분묘를 낱낱이 파내어 그 족인으로 하여금 이장하도록 하고, 또 그의 멀고 가까운 족류들도 모두 전주에서 내쫓아 딴 고을에 살도록 하였다. 전주가 이씨 왕족의 본 고향이었기에 다행히 이름을 보존하였다. 그렇지 않았으면 충주를 유신현으로 강등했던 것처럼 다른 이름으로 되었을 것이다. 물론 전라도도 이름이 바뀌었을 것이다.

12월 28일 신하들의 끈질긴 요청으로 존호 올리는 것을 허락하였다. 간원이 아뢰기를, "호군 홍여순은 위인이 음험한 데다가 시기심이 많고 탐욕스럽습니다. 수령으로 있을 적에는 끝없이 토색질하였고 형장을 과람하고 혹독하게 사용하여 백성을 해쳤습니다. 흉악한 위세가 극도에 이르러서는 감사를 멸시하였는데 사람들이 그를 이리와 범처럼 여겼습니다. 그가 시기하고 해치려는 마음을 품은 정상은 실로 조정 사이의 하나의 적입니다. 파직시키고 서용하지 마소서" 하였다. 이는 헌납 백유함이 발론한 것이다.

홍여순은 패악 거만함이 기탄이 없어 방자하고 탐욕스러우며 포악하였다. 안으로 음흉한 자들에게 빌붙고 밖으로는 남을 치는 일을 일삼으니, 사람들이 모두 피하여 감히 그의 잘못을 말하지 못하고 또한 감히 친밀하게 사귀지 못하였다. 그러나 정인홍만은 그를 충직하다고 칭찬하였고 이산해는 끌어들여 우익으로 삼았다. 홍여순 역시 비위를 잘 맞췄으므로 선조가 좋아하였다.

호남 유생 오희길·정운룡 등에게 관직을 제수하게 하였다.

갑신년 무렵에 고창 사람 오희길이 정여립에게 종유하며 배웠다. 하루는 여립이 이이·성혼을 헐뜯어 배척하는 말을 듣고 이에 장서를 지어 여립의 궤특한 정상을 나열하고, 말하기를, "이로부터 희길의 발길은 마땅히 문하에서 끊어질 것입니다" 하였는데, 여립이 크게 노하여 서찰을 가지고 온 종을 매를 쳐서 물리쳤다. 이때에 와서 그 서찰이 여립의 문서 속에 있었는데(여립이 남에게서 받은 서찰은 모두 간직해 두었으므로 죄를 입은 자가 많았다) 상이 이를 열람하고 기특하게 여겼다. 전라감사가 올린, 여립의 문도로서 수금당한 문안에 희길의 이름이 있음을 보고서 특명으로 석방하게 하고 역말을 갈아가며 서울로 보내게 하니, 도내 사람이 자못 그 까닭을 헤아리지 못하였다. 희길이 예궐하니, 선조가 정원에 나오게 하여 묻기를 "그대가 여립에게 보낸 서찰을 보고 나도 모르게 가탄하였다. 그대가 그러한 올바른 학술과 높은 소견으로 어찌하여 정적의 문하에 출입하였는가. 그대가 평일 그 사람을 스승으로 삼아 무슨 책을 읽었는가?" 하고, 또 발해의 여부와 친속의 유무에 대해 하문하자, 오희길이 사실대로 갖추 답하였다. 참봉에 제수하였다.

　진사 정운룡은 장성 사람으로 향리에서 조행이 있었다. 이때 현감 이계가 학교를 설립하여 선비를 가르쳤는데 운룡을 초빙하여 사장으로 삼았다. 하루는 여립이 이계에게 서찰을 보내어 제수를 요구하였는데 열읍에 두루 미쳤다.

　이계가 말하기를, "내가 이 사람과는 하루의 교분도 없는데 어찌하여 서찰을 보내어 요구하면서 수량을 정하여 징수하기를 마치 상사가 호령하는 것처럼 한단 말인가. 이 사람이 호기를 부려 사람을 능멸함이 이와 같으니 필시 제 명에 죽지 못할 것이다" 하고 드디어 답하지 아니하였다. 운룡이 여립과 서로 알고 있음을 알고 그 서찰을 보이니, 운룡이 말하기를 "이 사람이 학식이 넓고 이발 형제가 자주 칭찬하므로 한두 차례 만났다. 요즘 듣건대, 가정생활의 처사가 흉악하고 궤사한 정상이 많다고 하였는데, 지금 이 서찰을 보니 더욱 증험이 된다. 이 사람을 끊지 않으면 반드시 후일의 재앙이 있을 것이다" 하고, 드디어 서찰을 보내어 이발도 함께 끊어버렸다. 얼마 못 가서 운룡이, 정여립이 대중을 모으는 형편을 탐지해 알고 그가 반드시 난을 일으킬 것으로 여기고는 자신의 가족은 이계에게 위탁하고 자신은 경기로 돌아와서 피하였다. 이에 이르러 상이 그가 절교한 서찰을 수색해 보고 나서 포장하고 특별히 왕자사부에 임명하였다. 이계 또한 학식이 넓고 문장에 능하였으나 여러 차례 과거에 응시하여 급제하지 못하였다. 벼슬은 삼등 현령에 그쳤다. 그러나 아들 이정구는 명신이 되었다.

　전 부윤 남언경을 분군 요청 건(2년여 전에 손죽도 왜적 침입 시 남언경이 정여립에게 급함을 호소하자 여립이 수백 명을 모아 남해안으로 갔다가 돌아왔던 일)으로 하옥하였다가 석방하였다.

어사를 나누어 파견하여 각도를 안무하게 하였는데 이번 역변 때문이었다. 오억령이 영남으로 가서 왕의 덕의를 선포하니 민심이 크게 안정되었다. 오억령은 자신을 지키고 평소 권문을 알지 못하였다. 이때 거짓 소문이 전파되어 '억령이 시임 정승의 지시를 받아 영남을 비밀히 탐사하였으나 얻은 바가 없다는 것으로 돌아와 보고하였다' 하였다. 그러나 오억령은 사리에 어긋나는 일을 할 사람이 아니었다. 백유함은 호남으로 나아갔다. 백유함 또한 발고한 것이 없었다.

이해의 다른 일들을 살펴보면,

1월 18일 사헌부가 아뢰기를, 야인에게 몰래 궁각을 매매한 고직과 통사 및 잠상인을 의금부에 하옥시켜 추고하고, 동평관 별좌와 그날 수직한 부장 및 짐바리를 조사할 때의 당해관을 아울러 파직하라 하였다.

3월 28일 기공 등이 소소한 술자리에도 끌려가 명령에 따르기에 피로하여 지탱할 길이 없으니, 앞으로 대소 조관들의 그 부모를 위한 헌수를 제외하고는, 술자리에 일체 보내지 못하도록 승전을 받들게 하자고 하였다.

7월 22일 박순이 졸하였다. 박순의 자는 화숙, 호는 사암이다. 박순은 스스로 경국제세에 부족하다 하여 오로지 어진 사람을 천거하고 능력 있는 사람에게 양보하였다. 이이와 성혼을 힘껏 천거하였고 시종 협력하여 일을 처리하였다. 당론이 나누어지게 되어서는 박순은 이이와 성혼을 편든다 하여 탄핵을 많이 받았는가 하면 간사한 사람으로 지목하면서 '세 사람은 모양은 다르나 마음은 하나다'라고 하기에 이르렀다. 선조가 이르기를, "선류끼리 상종하는 것이 도에 무슨 해로움이 있겠는가" 하였다. 물러나서도 오히려 상의 권념이 쇠하지 않았다.

이때에 졸하니 나이 67세였는데, 조야가 애석히 여겼다. 박순은 문장에 있어 한당의 격법을 추복하였고 시에 특히 능하여 또한 한 시대의 종주였는데, 최경창·백광훈·이달 등이 그의 문인이었다.

전 부사 강서가 졸했는데 강사상의 아들이었다. 인품이 활달 명쾌하고 인물을 감별하고 시세를 헤아림에 있어 신처럼 부합하였으나 술에 취해 지냈는데 사람들은 그러한 까닭을 알지 못하였다. 일찍이 이발을 옥당에서 만났는데 이발이 그가 취한 태도를 조롱하자, 강서는 크게 노하여 꾸짖기를, "너 같은 후생이 이 옥당에 앉아 있으니 시사를 알 만하다. 네가 무리를 모아 뜬 논의를 주창하여 무슨 일을 하려는 것인가. 필경에는 죽음을 취할 따름이다. 내가 대관이 되어 너를 탄핵하지 못하니 어찌 취하지 않을 수 있겠는가" 하였다. 그러자 이발이 크게 기가 죽어 자리에서 일어나니 옆 사람이 모두 놀랐다. 매양 친한 사람에게 말하기를 "예로부터 시세가 이러하고서 난망하지 않은 적이 없는데, 내가 먼저 죽게 되니 다행이다" 하였다. 죽을 적에 집안사람이 뒷일에 대해 물으니, 대답하기를 "앞으로 수년 뒤에 반드시 병화가 있을 것이니 너희들은 관동으로 피해 들어가도록 하라. 모인이 너희들을 살려줄 것이다" 하였는데, 뒤에 모두 그 말과 같았다고 한다. 이원익이 젊을 적부터 교분이 두터웠는데 '큰 재주로서 스스로 숨겼으니 옛날의 달사이다'라고 칭찬하였다.

8월 16일 정사가 있었다. "김원룡은 허수아비와 같은 사람이라 탐라를 맡길 수 없다. 이경록을 죄폐된 중에 기용한 것은 비록 재주를 아끼는 뜻에서 나왔으나 패군한 장수를 서용된 지 며칠 사이에 당상관으로 뛰어 올리면 정체가 전도될 것이다. 할 수 없다면 이혼을 제주목사로, 손인갑을 가덕포 첨사로, 이경록을 김해부사로 삼으려 하니 잘 의처하라" 하였다. 그러나 다음 날 제주목사에 이경록을 제수하라 하였다.

8월 19일 정탁을 병조판서로 하였다.

10월 고경명을 동래부사로 하였다.

11월 성절사 윤근수가 《대명회전》 전질과 칙서를 받아 가지고 돌아오자, 상이 홍화문 밖에 나가 맞았고 명정전에서 하례를 받았다. 잡범과 사형수 이하를 사하고, 윤근수에게 초자하고, 전후 봉사한 사람 중에 공로가 있는 자들도 녹훈할 것을 전교하였는데, 황정욱, 유홍, 윤근수가 수공이었다.

11월 18일 통신사를 보내기로 결정은 하였지만 조정은 정여립 역모 사건으로 정신이 없어 후속 조치가 없었다. 왜 사신 일행은 애가 탔다. 그래서 이덕형을 졸랐고 덕형은 정철을 만나 그동안의 일을 보고하고 서두르게 하였다. 정철이 시원스럽게 주선하여 이날 통신사로 황윤길(54세), 김성일(52세), 허성(42세)을 각각 상사, 부사, 서장관으로 임명하고 준비하게 하였다.

12월 3일 통신사 황윤길이 객사를 만나 묻기를 '우리나라가 귀국에 통신사를 보내지 못한 지가 이미 오래이다. 첫째는 파도의 험난함을 두려워서이고, 둘째는 해적의 환을 염려해서인데, 지금 우리 전하께서 귀국 신왕의 신의를 중하게 여기고 객사의 정성을 가상하게 여기어 특별히 통신사를 보내 백 년 동안 폐지되었던 의례를 다시 행하려 하시니, 이는 성대한 행사이다. 우리가 귀국에 도착하면 반드시 국왕의 접대하는 의례가 있을 것인데, 그 절차를 우선 자세히 들을 수 있겠는가? 또한 팔방에 풍기가 한결같지 아니하며 각기 쉽게 발생하는 병이 있을 것이므로 우리가 처음 귀지에 도착하여 수토에 맞지 않으면 반드시 병을 얻을 것인데, 귀지의 풍기에 의해 쉬 얻어지는 병이 무엇인가? 미리 약품을 준비하여 일행의 위급을 구제하려 한다' 하였다. 현소가 대답하기를 '폐방의 접대하는 의례를 지금 내가 정하기 어려우니 폐방에 도착한 뒤에 고하겠으며, 우리나라의 풍기는 사람을 별로 크게 상하는 바가 없고 병의 발생이야 어찌 귀방과 다르겠습니까' 하였고, 부관 평의지가 통역을 불러 신에게 말하기를 '이번에 국왕이 보내 주신 물건이 비록 두 가지이나 국왕이 말과 매를 좋아하니 이 물건을 얻어 국왕에게 드리고 싶다' 하고, 또 말하기를 '선조 때 일본에 봉명한 사신이 으레 당시 문사에 능한 선비를 대동하여 어무적·조신 등이 왕래하였다'고 하였다.

이에 황윤길이 차천로를 대동할 것을 청하니 허락하였다.

이산보를 대사간으로 삼았고, 강찬을 정언으로 삼았다. 강찬이 주서로 있을 적에 상이 그의 재능을 칭찬하였는데, 그때의 의논은 그가 김장생과 교유한다는 것으로 배척하여 외관으로 삼았다. 이때에 와서 정언이 되고 다시 지평으로 전임되었는데 정언신을 고문하는 것은 부당하다고 논하고 또 남언경의 옥을 적극 해결하니, 사람들이 그의 공평무사함을 칭찬하였다.

∥ 이순신, 정읍현감이 되다 ∥

　45세의 이순신은 1월에 불차탁용할 무신으로 이산해와 정언신의 천거를 받았는데 채용되지 않고 있다가 봄에 전라감사 이광의 군관이 되었다. 이광이 그 재주를 알아보고 주달하여 본도의 조방장으로 삼은 것이다. 이광은 같은 덕수 이씨로 서로 마음이 맞아서 이후로 아주 좋은 관계를 갖게 되었다. 이순신으로서는 다행이었다. 이때 이순신이 순천을 방문하여 부사 권준과 함께 술자리를 같이 한 적이 있었는데, 권준이 말하기를 '이 고을이 아주 좋은데 그대가 한번 나를 대신해 보겠소?' 하고 자랑스러운 듯 자부심을 가지고 말했다. 이순신은 웃고만 말았는데 어쨌든 권준과의 인연도 이렇게 시작되었다.

　11월 선전관으로 임명되어 상경하였다. 이때 우의정 정언신이 정여립 사건에 연루되어 감옥에 있었다. 정언신은 함경도 시절부터 이순신을 알아주고 아껴 주신 분이며 이번 정월에는 유능한 무신으로 추천까지 해주신 분이다. 이런 분이 감옥에 있으니 마음이 아팠다. 면회도 되지 않으므로 옥문 밖에서 문안을 드렸다. 그런데 보니 금부도사들이 모여 앉아 술을 마시고 노래를 부르고 있었다. 화가 치민 이순신이 '죄가 있고 없는 것은 막론하고 일국의 대신이 옥중에 있는데 이렇게 풍류를 잡히고 논다는 것은 미안한 일이 아니오' 하고 말하니 금부도사들이 얼굴빛을 고치고 사과하였다 한다. 이순신은 강심장이었다. 때가 이렇게 편을 들 수가 있는 상황이 아닌데 정말 대담한 행동이었다.

　12월 바로 정읍현감으로 발령이 났다. 무관으로 지방 수령인 현감 자리를 얻는 것이 쉬운 일이 아니다. 가정이 어렵고 식구가 많은 것을 고려하여 유성룡이 힘써 주었는지도 모른다. 하여튼 무과에 오른 지 14년 만에 현감에 제수되었는데 고을을 다스리는 데에도 능력이 있었다. 태인현감을 겸했는데 태인에는 오랫동안 현감이 공석이어서 처리해야 할 공문과 서류가 많이 쌓여 있었다. 이순신이 척척 판단을 하여 결정을 내리니 잠깐 사이에 일이 처리되었다. 주위에서 탄복을 하였고 소문은 금방 퍼졌다. 그래서 어사에게 글을 올려 태인현감으로 해주도록 청하는 자들도 있었다 한다.

25
역모 사건의 옥사는 계속되다 :
선조 23년 (1590 경인년)

역모 사건이 쉽게 끝날 리가 없다. 이제 자신만의 공을 내세우려는 자들에 의해 더욱더 억울하게 피해를 보는 사람들이 생겨날 것이다.

1월 1일 전교하였다. "이번 역적의 변고는 종전에 없던 일인데 그 거사가 두어 달밖에 안 남았었으니, 만약 박충간 등이 협모하여 체포하고 의에 의거하여 토적하지 않았던들 종묘사직이 어떻게 되었겠는가? 그것이 신하 된 자의 직분이라고는 하지만 진실로 평범하게 포상할 수는 없다. 그 충성을 포상하고 그 공을 보상하는 식전을 거행하지 않을 수 없으니 조종조의 전례에 의해 원훈 박충간·이축·한응인·민인백·이수·강응기는 우선 공신으로 삼으라. 대신들과 상의하여 공이 있는 사람을 참작하여 녹훈하되 대신 이하 추관도 아울러 녹훈할 것으로 의정부에 내리라" 하였다. 대간의 계청으로 추관 이하는 녹훈하지 않게 하였다가, 다시 박충간 등의 계청으로 추관 및 문사낭청까지 아울러 녹훈하였다. 하여튼 박충간은 기회를 엿보는 데는 탁월한 재주꾼이었다.

2월 11일 대전의 존호를 '정륜 입극 성덕 홍렬'로 올리고 중전의 존호를 '장성'으로 올렸다.

2월 12일 비상시 대신을 부를 때 혹 뜻밖의 변고가 있을 것을 염려해서 밀부 세 짝을 새로 만들도록 명했다. 그리하여 한 짝은 대신에게 주고 두 짝은 대내에 두었다가 비상시 대신을 부를 때 병부를 맞추어 확인하기로 하였다. 아울러 병조판서와 팔도의 감사·병사·수사에게도 지급하였다.

‖ 일본에 통신사를 파견하다 ‖

2월 28일 평의지·현소 등이 본국의 포로 김대기·공대원등 1백 16인을 쇄환하고 또 반민 사화동 및 정해년의 적왜 긴시요라·삼보라·망고시라 등 3인을 포박하여 오며 말하기를, "침범한 일은 우리는 모르는 것이고, 곧 귀국의 반민 사화동이 오도의 왜인을 유인하여 변보를 약탈한 것이므로 지금 잡아 보내어 귀국의 처치를 기다립니다" 하고, 이어 우리 사신이 그 나라에 와서 수호해 주기를 간청하였다.

상이 인정전에 나아가 병위를 크게 진열시키고 그들의 헌납을 받았다. 사화동은 힐문한 다음 성 밖에서 목을 베고 교서를 반포하였다. 평의지 등에게 상을 주고 내구마 1필을 하사하였다. 다시 인정전에 나아가 왜사를 인견하여 연회를 베풀어 주었는데 평의지 등이 모두 전에 올라 술잔을 올리고서 파하였다. 평의지 등은 돌아갈 준비를 서둘렀다.

3월 6일 통신사 황윤길, 부사 김성일, 서장관 허성이 출발하였다. 일본 사신이라는 대마도 일행도 안도의 한숨을 쉬며 함께 서울을 출발하였다.

이 통신사 일행은 4월 29일에 다대포를 출발하여 대마도 북단에 도착하였다. 4일 뒤에야 대마도 주도인 후추 항으로 들어갔다. 그런데 이

때부터 왜인들의 태도가 달라졌다. 우리는 통신사지만 저들은 항복하고 조공을 바치러 오는 사절로 간주하는 것이다. 마중 나와야 할 선위사도 없었고 특히 평의지는 우리 사신을 만나는데 평복을 입고 나타나고 모임에서는 버릇없이 먼저 자리를 뜨기도 하였다. 김성일은 이같이 눈에 벗어나는 것에 사사건건 강력하게 나무랐다. 어느 날 모임 장소에 뒤늦게 나타난 평의지가 가마를 탄 채 층계 밑까지 와서 내려 올라왔다. 거동을 지켜보던 김성일은 그대로 일어서서 나와 버렸다. 그러자 황윤길 등도 뒤따라 나오니 평의지 등 왜인들이 사과하고 가마꾼의 잘못으로 돌려 한 사람의 목을 쳤다. 목을 칠 일은 아니었지만 왜적들은 혹시라도 사신들이 이 일로 되돌아갈까 두려워 이렇게 한 것이다. 이후 면전에서는 김성일을 두려워하였다.

그런데 우리 사신 세 사람은 성격상의 차이로 사사건건 의견이 맞지 않았다. 김성일은 매사에 완고하여 눈에 거슬리는 것을 그냥 넘기지 못했고, 황윤길과 허성은 어지간한 것은 그냥 넘어가자고 하였다. 황, 허 두 사람은 당은 달랐지만 오히려 같은 생각으로 같은 주장을 하는 것이 많았다. 이런저런 일로 1개월이나 지나 출발하게 된다. 대마도 인들도 이제는 급할 것이 없었다.

3월 18일 죽은 영의정 노수신이 날벼락을 맞았다.

선조가 "영중추부사 노수신은 정원에 재직하던 갑신년에 어진 선비를 추천하라는 명을 받고 김우옹·이발·백유양·정여립 등을 추천했다. 이 추천서를 펴 보니 나도 모르게 머리털이 곤두선다. 옛부터 이러한 대신이 있었는가? 이 대신을 내가 평소 우대했지만 국가의 흥망에 관계되는 바인 만큼 대신을 엄호하여 덮어 줄 수는 없다. 조정의 공론에 의거, 처치하라" 하였다.

대신들은 관용을 베풀라고 하였으나 양사가 합사하여 삭탈관작을 청했고 선조는 파직하라고 하였다. 다행히 죽은 후였으므로 더 이상의 벌은 없었다.
　전라감사 이광이 논핵을 받고 체직되었다. 북도의 기첩을 데려와 도내의 농장에 두었기 때문이라고 하였으나 실상은 따로 있었다. 역변이 처음 일어났을 때 선조가 감사에게 명하여 정여립의 문생과 도당을 모조리 체포하도록 하였다. 이에 이광이 경중을 잘 가려 각 읍에 수감시킨 다음 먼저 중한 자를 거론하여 상문하고, 옥사가 거의 끝날 무렵에 가벼운 자들을 거론하면서 의심할 만한 실상이 없다고 말하였으므로, 모두 석방될 수 있었다. 따라서 인심이 크게 안정되었다. 그러나 도내의 유생들이 이를 인하여 비방하기 시작했으므로 헌부가 토포를 완만하게 한 죄로 논하려 하였는데, 이광이 정철을 통해 스스로 해명하여 큰 죄는 모면하고 체직만 된 것이었다.
　그 뒤 논공할 때 자헌대부로 자계가 뛰어올랐는데, 대간이 개정할 것을 논하여 그 녹훈을 삭제하였으므로 공의가 잘못되었다고 하였다. 이광이 조정에 돌아와 중추부에 제수되어 특진관으로 입시하였다. 선조가 남방의 일을 하문하면서 '역변이 발각될 당시에 반드시 군기가 있었을 텐데 끝내 찾아내지 못한 것은 무엇 때문인가?' 하니, 이광이 대답하기를 '역괴가 유자로 자처하였으니 병장기 등을 제조하고 사들이고 싶어도 형편상 불가능했을 것입니다. 따라서 병기를 필시 미리 준비해 두지 않았기 때문에 아무리 찾아도 없었던 것입니다' 하였다. 선조가 '그렇다면 여립이 맨주먹으로 난을 일으킬 계획이었는가?' 하니, 광이 답하기를 '적모를 헤아리기는 어렵습니다만 사세로 헤아려 보건대 내지 군현의 병고는 대부분 방수할 만한 성벽이 없습니다. 따라서 적이 초기에 반드시 농기구를 들고 일어나더라도 한 고을의 병기고를 불시에 덮친다면 군기가 절로 충분할 텐데 번거롭게 미리 준비할 필요가 있겠습니까' 하였다. 선조가 그렇겠다고 하고 또 하문하기를 '적초에 나온 정팔룡·길삼봉·백일승 등은 끝내 체포하지 못했는데 무슨 까닭인가?' 하니, 답하기를 '그 이름이 서로 다른 것은 필시 적들이 가짜 이름을 지어 자기들끼리만 부르면서 사람들의 이목을 속일 여지를 만든 것일 것입니다. 그래서 정팔룡에 대해서는 정적이 자칭했다고 납초한 자도 있습니다. 변사와 같은 무리도 반드시 그 속에 포함되어 있을 것이며 실제 인물이라고 한다면 어찌 끝내 체포하지 못했겠습니까?' 하자, 선조가 그럴듯하게 여겼다.

선조수정실록의 기록이다.

옥사는 계속된다.

이광의 후임으로 홍여순을 전라도 순찰사로 삼았다. 홍여순은 본디 잔인 포학하고 일 만들기를 좋아하는 성미인 데다 역당과 교유했던 것을 은근히 두려워하고 있었으므로 공을 세워 자신을 엄호하려는 생각을 갖고 있었다. 그래서 부임한 초기에 즉시 엄한 명령을 내려 경비책을 널리 세우도록 하는 한편 은밀히 고하는 길을 열어놓았다. 또한 걸핏하면 수령과 변장들이 매를 맞곤 하였다. 그리하여 온 도내가 놀라워하면서 소요스러운 것이 역변이 일어난 초기보다 심하였다.

정개청을 하옥하여 국문한 뒤 멀리 유배시키도록 하였는데 도중에 죽었다. 정개청은 본래 나주의 한천한 출신으로 어려서 집을 떠나 풍수설을 배워 국내를 유람하면서 생활하였다. 그리고 심의겸·홍인경 두 사람을 섬겼는데, 이를 인연으로 박순을 알게 되어 배우기를 청하자, 박순이 받아들이고 마치 친 자제처럼 10여 년 동안 가르치며 지냈다. 그리고 조정에 천거하여 관직을 제수시켜 6품에까지 올랐는데, 나아가기도 하고 사양하기도 하였다. 그 뒤 무안에서 가난하게 살면서도 배움에 힘써 상당히 지조가 있었으므로 사론이 칭찬하였다.

그러다가 박순이 조정에서 배척을 당하자 정개청은 자기에게까지 누가 끼칠까 염려하여 도리어 정여립·이발·이길과 서로 결탁하고 서로 추켜세웠다. 이산해가 그를 천거하여 곡성현감에 제수되었는데, 어떤 사람이 개청에게 묻기를 '어떻게 해서 박순과 친분을 갖게 되었는가?' 하자, 개청이 답하기를 '그 집에 책이 많다는 말을 들었기 때문에 소싯적에 그럭저럭 책을 빌려보았을 뿐이다' 하였다. 박순이 이 말을 듣고 '그는 본래 한천한 출신이니 시세에 편승하지 않는다면 어떻게 발신하겠는가?' 하여 그다지 탓하지 않았다. 그러나 호남의 사인들로서 박순을 존경하는 자들은 모두 스승을 배반하고 이익을 취한 그의 행위를 배척하였으며, 특히 정철은 몹시 그를 증오하였다.

전라감사 홍여순이 유소에서 정개청의 이름이 거론되고 역당으로 지칭된 것에 대해 의심스러운 점이 있다고 여겨 나주 일대에 첩문하였는데, 향관들 모두가 사람들이 말하는 것처럼 개청이 여립과 교분이 두터웠다고 하였으므로 조정에 전문하였다. 이에 대관이 나국할 것을 계청하면서 절의를 배척한 죄까지 아울러 논하였는데, 정개청이 공초하기를 '일찍이 교정청의 낭관으로 있을 때 여립과 동료로서 서너 번 얼굴을 알고 지냈을 뿐이다' 또 '여립과 한 번쯤 편지를 통한 것은 인사상 보통 있을 수 있는 일이고, 두어 마디 존칭을 한 것도 편지 중에 있을 수 있는 예이다' 하였다. 선조가 그의 답변을 보고 개청이 적과 몇 차례 통한 서신을 내리면서 이르기를 "개청의 편지에 여립이 말하기를 '도를 보는 바가 고명한 것은 당세에 오직 존형 한 사람뿐이다' 하였으니, 그 도란 것이 어떤 도인가" 하고, "교정청에서만 보았다는 주장은 기망죄에 가깝지 않은가" 하였다. 또 그 절의를 논변한 설을 보고 매우 미워하여 홍문관으로 하여금 조목조목 공파하여 열읍 향교에 게시하도록 하였다.

전 도사 조대중을 하옥하여 죽였다. 조대중이 전라 도사가 되어 역변의 초기에 부안의 관창을 대동하고 보성에 이르러 서로 이별하면서 눈물을 흘렸다. 이에 종인이 지체하는 것을 지루하게 여겨 밖에 나와 사람에게 말하기를 '현재 울고 있는 중이니 어느 겨를에 길을 떠나겠는가' 하였는데, 이 말이 와전되어 '대중이 정여립의 죽음을 듣고 방에 들어가 울었다'는 것으로 되었다. 홍여순이 이 말을 듣고 보성군의 향관·이복 등에게 첩문하니, 모두들 공술하기를 '관창과 이별하며 눈물을 흘린 것은 사실이다' 하였다. 그런데 그 설이 유소에서 '적을 위해 울었다'로 되어 마침내 대론에 나와 나국하게 된 것이다.

대중이 공초하기를 '여립이 죽었다는 것을 들은 날 나는 광주의 향가에 있었다. 담양 부사 김여물이 내방하여「국적이 이제 죽었으니 오늘은 술 마시며 즐겨도 관계없을 것이다」하기에 여물과 함께 종일토록 술자리를 벌이고 크게 취한 뒤에 파하였다. 증명해 주기 바란다' 하였다. 이때 여물이 서울에서 명을 기다리고 있는 중이었는데도 국청에서는 물어보지 않았다.

이순신도 위험할 뻔하였다. 조대중의 집을 수색하여 서적 편지 등을 압수하여 가지고 올라가는 금부도사를 이순신도 업무차 상경하다가 만났다. 마침 아는 사이였다. 그 금부도사가 반가워하며 말하기를 '공의 편지가 수색물 가운데 들었소. 공을 위해서 뽑아버릴까 하는데 어떻소' 하였다. 그러나 이순신은 '아니오. 지난날 도사가 내게 편지를 보냈기에 답장을 했었고 또 그건 다만 서로 안부를 묻는 것뿐이었소. 또 이미 수색물 속에 들어 있는 것을 사사로이 뽑아버리는 것은 온당한 일이 아니오' 하였다. 다행히 별일 없이 문제가 되지 않고 지나갔지만 걸면 걸리는 때였다. 조대중도 억울하게 죽은 것 아닌가.

당시 조사 김빙이라는 자가 있었는데 평소 눈병을 앓아 바람만 쏘이면 눈물이 흘러내렸다. 여립을 추형할 때 김빙이 행렬에 서 있었는데 날씨가 너무 추워 흐르는 눈물을 아무리 닦아도 어쩔 수가 없었다. 이 때문에 그는 논핵을 당해 국문을 받다 죽었다. 이 당시 와언이 날로 일어나 대론이 매우 준엄하였으므로 이런 식으로 억울하게 걸려든 자가 많았다. 당초에 최황과 홍성민의 의논이 매우 준엄하였는데 이는 토역이 엄하지 못하다는 임금의 말이 있었기 때문이었다. 그러다가 1년이 지난 뒤에는 연소한 후진들이 그대로 답습하였는데, 이때는 장운익·백유함·황혁 등의 의논이 대부분을 차지하였다.

우의정 심수경이 사면하자 유성룡을 우의정으로 삼았다. 심수경은 조대중이 바친 시를 받지 않았다는 것으로 배척을 받았는데 병을 이유로 사직하자 즉시 체직된 것이다. 유성룡은 마침 어머니에게 문안드리러 가서 고향에 있었는데, 처음에 부름에 응하지 않다가 두 번째 부름에 와서 배명한 뒤 사직했으나 허락하지 않았다.

4월 1일 간원이 아뢰기를, "역적 정여립이 역심을 품은 지가 일조일석이 아닐 터인데 전조가 김제군수와 황해도 도사에 의망까지 하였으니 당시의 이조 당상과 색낭청을 아울러 파직하소서" 하였다.

답하기를, "역모가 드러나기 전인데 의망한 것이 무슨 죄가 되겠는가? 파직은 불가하다. 소요스럽게 하지 말라" 하였다. 연일 아뢰었으나 끝내 윤허하지 않았다.

이때 정언 황신이 이 논의를 제기했는데 당초에 이는 공죄이므로 파추만 하고 그만두려 하였으나 밖의 의논은 두 신하를 해치려 한다고 떠들썩하였다.

김제군수로 의망한 병술년에는 판서 이산해, 참판 이식, 참의 백유양이 당상이었고 정랑은 유근·정창연·강신이었다. 황해 도사로 의망한 기축년에는 판서 이양원·정탁, 참판 정언지, 참의 이성중이 당상이었고, 정랑은 이항복, 좌랑은 강신이었다.

4월 3일 헌부가 아뢰기를, "강원감사 김응남은 이미 이길과 혼인하였고 또 그의 문중에서 첩을 얻었습니다. 그리고 오랫동안 조정의 정권을 잡고 있으면서 간적의 세력을 조성했으니, 방면의 책임을 맡길 수 없습니다. 체직시키소서" 하니, 아뢴 대로 하라고 답하였다.

4월 8일 영상 이산해가 신병으로 인하여 정사하니 비망기로 일렀다.
"경의 사장을 보고 깜짝 놀라 나도 모르는 사이에 자리에서 일어났었다. 지금이 어느 때인데 사퇴하려고 하는가. 깊이 그 까닭을 생각하니 필시 과인이 우매하여 보필하기에 부족하고 국사는 이제 어찌해 볼 도리가 없다고 여긴 때문일 것이다. 그렇지 않고서야 어찌 차마 이런 일을 할 수가 있단 말인가. 지금의 시사로 말하자면 얘기가 길다. 국가는 오직 경을 의지하고 있으니 경이 나를 멀리하지 않는다면 전에 든 병이 오늘에 낫지 말라는 법이 없을 것이니, 하루 속히 출사하기 바란다."
묘향산의 승통 휴정도 체포되었다. 그러나 휴정에게는 저서가 있었는데 문장이 단아하고 대부분 임금을 축복하는 내용이었다. 그래서 선조는 즉시 석방시키고 오히려 직접 쓰고 그린 당시 절구와 묵죽 한 장을 하사하여 위로하고서 돌아가게 하였다.
동지 성혼이 상소하였는데, 성혼은 병으로 조참하지 못하고 서울 집에 오래 머물러 있으면서 교지에 응하여 일을 말하려고 하다가 병세가 더 심해져 상소문을 기초하지 못하였었다. 이때에 이르러서야 비로소 이 소를 올렸으나 상이 평범한 격례로 답하니 성혼이 사직하고 돌아갔다.

관학 유생 이정구 등이 소장을 올려 만류하기를 청하였으나 답을 내리지 않았으며, 이후로 다시는 부르지 않았다.

5월 2일 간원이 아뢰기를 "전 사축 최영경은 역적과 가장 친밀했었습니다. 삭탈관작시키소서" 하였다.

답하기를, "나는 최영경이 어떤 사람인지 모른다. 역적과 교결하였다는 뚜렷한 증거가 아직 드러나지 않았으니 그냥 두어도 불가하지 않다. 삭탈관작할 것 없다" 하였다. 그러나 뒤에 다시 윤허하였다. 그리하여 최영경을 잡아다가 공초를 받았다.

금구의 유생 김극관이 정여립의 처족으로 평소에 여립과 사이가 좋지 않았는데 역적 토벌을 자임하고는 삼봉이 영경이라는 설을 제원 찰방 조기에게 전하고 또 어사 백유함의 말을 증거로 들었다. 조기가 감사 홍여순에게 말하였는데, 진사 양천경·강현·홍천경 등이 다 증인으로 거론되었다. 홍여순은 이를 치계하는 한편 경상 우병사 양사영에게 이문하여 형리를 풀어 최영경을 체포하게 하고 또 그 집을 수색하여 선비 이황종의 편지를 찾아냈다. 그 편지는 시사를 극도로 비방한 내용으로서 심지어 역옥을 사림의 화라고까지 하였는데, 양도의 감사가 일시에 계문하였다. 그리하여 최영경과 이황종이 모두 나문을 입어 옥사가 크게 벌어졌다.

최영경이 '간악한 무리가 이렇게 죄를 얽어 모함하였다' 하였다. 정철이 '간악한 무리라니 누구를 지칭하는 것인가?' 하니, 최영경이 '바로 그대 같은 무리들을 말한다'고 하였다. 자신의 화를 자초한 행위였다. 정철은 즉시 자리를 피해 방안으로 들어가면서 '욕 먹었네, 욕 먹었어' 하였고, 추관들은 모두 질려서 얼굴빛을 잃었다 한다.

최영경에 대한 문초가 이어졌다. 수정실록에 있는 내용으로 살펴보자.

최영경이 공초하기를 "정축년에 아들이 죽어서 서울에 올라왔더니,

역적이 이발을 따라 보러 왔었으나, 그때 신은 울고 있던 중이어서 다만 낯을 한 번 보았을 뿐이고, 그들은 총총히 조상만 하고 갔었습니다. 신이 만약 이렇게 바로 아뢰지 않으면 다른 사람은 이런 일이 있었던 것도 모를 것입니다. 어찌 감히 일신의 생사 때문에 임금을 속이겠습니까. 또한 신이 만약 역적과 서로 사귀었다면 역적의 문서 중에 어찌 서찰 한 장이 없을 수 있겠습니까. 조상하러 왔을 때 그 위인을 보니, 교활함이 너무 심하므로 신이 일찍이 안민학과 이발에게 충고하기를, '정여립과 너무 친하게 말라' 하였습니다" "삼봉이란 본디 저의 별호가 아닙니다. 정도전의 호가 삼봉이니 이것이 어찌 답습할 호이겠습니까. 서울에 있을 때 역적과 지면 관계가 있었지만 어느 해 이후론 서찰도 통하지 않았는데 어찌 상종할 리가 있겠습니까" 하였다.

선조가 주필로 요어에다 줄을 친 정여립이 최영경에게 준 편지 한 통을 내리며 이르기를, "영경의 상자에 이 편지가 있었는데 어찌 임금을 속이려 하는가. 하늘의 그물이 성근 듯하나 죄상을 회피하기는 어렵다. 그가 전원에 은거하며 스스로 처사라고 하면서도 권세가와 줄을 대고 멀리서 조정의 권세를 잡고 있었다. 그 아우는 글도 모르는 자인데 고을 수령이 되기까지 하였다. 그리고 조보를 남에게 뒤질세라 구해 보았으니 처사가 과연 이와 같을 수 있는가" 하였다.

그 아우 최여경은 경명행수로 발탁되어 현감이 되었는데, 이때에 연루되어 체포되었다. 공초하는데 글도 모르고 대답도 종잡을 수 없으므로 선조가 크게 놀랐다. 그리하여 먼저 가혹하게 형문하여 사망하였다. 언문으로 조정의 시비를 논하여 영경에게 보낸 편지가 있었으므로 선조가 보고 화가 나 혹독한 형벌을 가하도록 한 것이었다.

최영경이 다시 공초하기를 "늙고 병든 사람이 새로 상사를 당하여 정신이 혼미한 탓으로 서찰을 주고받은 세월을 기억하지 못해서 이런 착오가 있었습니다" 하고 또 진술하기를, "신에게 생기는 화의 단서는 지나간 병인·정묘년간입니다. 그때 이이가 출세하자 온 세상 사람들이 다 말하기를 '옛날 어진 사람이 다시 나왔다' 하고 좋아하였으나, 신은 홀로 '그렇지 않다'고 웃었더니, 그 뒤에 혹자가 신을 가리켜 선견지명이 있다고 하여 이 때문에 이이의 신에게 대한 분노가 극도에 이르렀습니다. 이에 그 친구들이나 문생들 중에 청류에 용납되지 못하는 자들이 신을 원망하여 거짓 비방의 말을 만들어서 거리마다 방을 붙였고, 마침내는 서울과 지방에서 말을 합쳐서 형적도 없는 것을 꾸며냄이 이 지경으로 극도에 이르렀습니다" 하였다.

어느 날 대신이 입시했는데 선조가 최영경의 옥사가 어떠한가 하고 묻자,

정철이 아뢰기를, "전혀 단서가 없습니다. 신이 들은 바로는 그가 평소 기절을 숭상한다고 하였습니다. 또 효우로 세상에 이름이 드러났고 영남의 사론도 매우 존중한다고 하니, 역모를 꾸몄을 리는 없습니다" 하였다. 남도 지방을 탐문해 봤지만 삼봉이란 소문에 대해 끝내 신빙성이 없자, 선조가 명하여 석방하도록 하였다.

이튿날 간원이 아뢰기를, "최영경이 정여립과 편지를 통한 사실을 숨기고 사실대로 공초하지 않았고 또 상종했다는 소문이 있으니, 온전히 석방하는 것은 불가합니다. 다시 국문하여 죄를 정하소서" 하니, 상이 윤허하지 않았다.

이어 하문하기를, "영경이 역적과 상종했다는 소문이 어디에서 발설된 것인가?" 하니,

정언 구성이 아뢰기를, "경상도사 허흔이 '지난해 섣달 그믐날 감사 김수와 밤에 이야기하였는데 김수가 이런 말을 했다'고 말하였다는 것을 신이 직접 들었기 때문에 아뢴 것입니다" 하였다. 대사간 이해수 등이 동

일한 말로 아뢰니 상이 즉시 윤허하였다.

최영경이 다시 하옥되어 공초하기를, "편지를 통한 일은 기억 착오로 잘못 공초하였으니 만 번 죽어도 아까울 것이 없으나 적과 상종했다는 소문에 대해선 전혀 그런 일이 없습니다" 하였다. 그리하여 허흔을 잡아다 물으니, 과연 김수를 끌어댔다. 김수가 당시 병조판서였는데 국청이 잡아다 국문하기를 청하자 상이 정원에서 문초하도록 명하였다.

김수가 답하기를 "신이 지난 해 여러 고을을 순행할 때 마침 도사가 유고하여 밀양 교수 강경희를 임시 도사로 수행하게 했는데, 경희가 이 말을 신에게 했습니다" 하니, 허흔을 석방하고 경희를 잡아다 국문하였다. 경희는 진주 판관 홍정서를 끌어대었으므로 또 정서를 잡아왔다. 옥사가 만연되어 영경은 오래도록 옥에 갇혀 있게 되었고 또 그 아우가 심문받다가 죽은 것을 애석히 여겨 질병이 생겼다.

윤두수는 최영경을 멀리 귀양 보내자고 하였다. 그러나 상은 다시 국문하자는 주장을 따랐다.

정철이 말하기를, "내가 이미 영경을 구해 낼 묘책을 얻어서, 차자도 초하여 놓았거니와, 또 만약 형벌로 문초하라는 명이 내린다면 유성룡과 약속하고 연명으로 구원하면 일은 될 것 같다" 하였다. 이에 항복이 묻기를, "유정승과 과연 이런 약속이 있었습니까" 하니, 정철이 답하기를, "금석같이 굳게 약속이 되었다" 하였다. 그 후에 항복이 공적인 일로 성룡의 집에 갔다가 영경의 원통함을 극력으로 말하니, 성룡은 다만 두어 말로 답할 뿐이었다. 항복이 또, "대신으로서 구해 주지 아니할 수 없는 것입니다" 하니, 성룡은 "나 같은 자가 어찌 감히 구할 수가 있겠는가" 하였다. 항복이 누누이 극진하게 말하니 성룡이 말하기를, "사인은 이와 같이 너무 강개하지 말라. 세상 인심이 심히 험하니 부디 말을 삼가야 한다" 하였다. 항복이 말하기를, "나는 영경과 한 번 만나 본 교분도 없는데 누가 감히 의심하겠습니까" 하니, 성룡이 말하기를, "세상은 측량할 수 없는 것이다. 일이 번져 가면 어찌 벗어날 수 있겠는가. 천금 같은 몸을 천만 소중히 하라" 하였다.

최영경이 옥에 있을 때 홍정서는 그 말이 진주의 품관 정홍조에게서 나왔다고 하여 잡혀올 때 그와 함께 와서 홍조가 말한 것으로 공초하였다. 홍조는 공초할 때 승복하지 않고 1차 형문하였으나 또 승복하지 않았다. 이윽고 영경이 병이 심해져 사망한 뒤 정서 등은 모두 석방되었다.

간원이 오히려 전의 주장을 고집하여 아뢰기를, "영경은 단서가 드러나 말이 막히자 자살한 것인데, 금부의 감수관이 잘 수직하지 못하여 갑자기 죽게 했으니 파직시키소서" 하니, 윤허하였다.

최영경은 효우스럽고 독실한 행실이 있었다. 조식을 존모하였고 정인홍과 뜻을 같이하여 서로 칭찬하였는데, 명예는 인홍보다 나았다. 영남에 살았는데 많은 선비들이 존숭하였고, 조정에서도 그의 논의를 근거로 인물을 진퇴시켰기 때문에 성세가 매우 커져 집안 뜰이 저자처럼 붐볐다. 영경은 기절과 의리를 숭상하고 선악의 평가를 좋아했는데 당론에 치우쳤기 때문에 그를 싫어하는 자도 많았다. 일찍이 박순과 정철을 죽여야 한다고 주장하였기 때문에 정철이 국청에서 영경의 공초를 받고 나와서는 그를 위해 변명하는 말을 하고 이어 손으로 목을 그으며 말하기를,

"저분이 늘 나를 이렇게 처결하고자 하였지만 나는 군자이니 오늘날에 있어 어찌 저분의 불행을 마음으로 좋게 여길 수 있겠습니까" 하자,

유성룡이 말하기를 "여기는 농담할 곳이 아닙니다" 하였다.

정철이 말하기를, "알았습니다. 다만 뒷날 이 말로 증거를 삼으려는 것입니다" 하였다. 또 이항복과 함께 상의하여 신구하는 차자를 기초하였다가 영경이 석방되자 올리지 않았다. 그러나 영경의 옥사에 대해 많은 사람들이 원통히 여기면서 정철이 속으로는 원한을 갚으려 하면서 겉

으로는 구원한 것이라고 하였다.

5월 19일 전교하였다. "정언신은 고변한 자를 목 베겠다고 청중에서 공공연히 발설하였다니, 일의 놀라움이 이보다 더할 수가 없다. 그런데도 조정에서는 한마디 말이 없다가 유생이 올린 상소로 말미암아 비로소 들을 수 있었다는 것은 이 또한 괴이한 일이다. 정언신은 대신의 몸으로서 함부로 임금을 기망하였고 그의 형 정언지도 즉시 그를 본받았으니 이들 두 사람은 마음속으로 이미 임금을 무시한 것이다. 놀라움과 통분함을 금할 수 없다" 하였다.

좌의정 정철이 아뢰기를, "신이 정사에 들어온 때는 정언신이 국문받은 뒤였습니다. 정언신이 고변한 자를 참하겠다고 한 소문은 전파된 지가 이미 오래인데도 지체하고 위에 아뢰지 않았으니 신의 죄가 큽니다. 정언신의 죄는 이미 드러났으니 그냥 덮어 두고 묻지 않을 수는 없습니다. 즉시 다른 대신을 불러 죄를 논의하소서" 하니, 알았다고 하였다.

상이 추국에 동참했던 대신과 금부 대신을 불러서 정언신이 말했을 때 그 말을 들었는지의 여부를 물었다. 영부사 김귀영은 오른쪽 귀가 먹어 들을 수 없었고, 이준은 앉은 곳이 좀 가까웠으나 듣지 못했고, 유흥과 홍성민은 들었으므로 그 곡절을 다 아뢰었다. 이산해는 날짜가 오래되어 기억할 수 없다면서 황해 감사가 서장으로 회계할 적에 언신의 말이 나온 듯하다고 하였다.

대사헌 홍성민이 아뢰기를 "언신이 발언할 때 신이 직접 대항했으며 이산해도 신을 돌아보고 '나는 판서의 생각과 같다'고 하였습니다. 언신이 황해감사의 추국을 청하겠다고 하는 것을 신이 그 불가한 점을 역설하여 그 일이 잠잠하게 되었던 것입니다. 이제 산해의 아룀에 '분명히 기억할 수 없다'고 하였는데, 이는 필시 산해가 큰 병을 앓고 난 나머지 정신이 혼망해서 그럴 것입니다. 그러나 괴이한 점도 없지 않습니다. 해가 위에 있고 귀신이 곁에 있는데 군부를 속이고 어찌 살 수가 있겠습니까. 신이 품고 있던 이 생각을 이제야 비로소 진달한 죄도 언신과 같습니다. 사구의 형벌을 받겠습니다" 하였다. 이에 대해 "언신의 말은 실로 패역스런 것이지만 그렇다고 어찌 한 사람의 말로 인하여 다른 사람에게 화를 전가시키려고 하는가?" 하였다. 홍성민은 체차하여 경상감사로 내보냈다.

5월 20일 영상 이산해가 신병을 이유로 정사하니, 전교하기를 "경은 어찌하여 이렇게 정사하는가. 경의 몸가짐을 백방으로 짐작해보고 나는 이미 모두 알았다. 만인이 공격한다 해도 괜찮다. 아, 경이 간다면 다른 경상들도 자연 온전치 못할 것이니, 이것이 어찌 아름다운 일이겠는가. 경이 다시 정사하지 말고 속히 출사한다면 일이 잘 될 것이다. 그렇지 않으면 반드시 업신여김을 받게 될 것이다" 하였다.

이산해가 또 차자를 올려 대죄하기를 "신은 정신이 혼매하여 그 말을 사실 듣지 못했으면서도 어렴풋이 기억이 난다고 대답하였으니 신의 죄입니다" 하니

선조가 답하기를, "온갖 계모를 부려 경을 모해하려는 짓들을 나는 이미 알고 있다. 수많은 사람이 공척하더라도 경이 떠나가서는 안 된다. 경이 떠난다면 다른 재상들도 스스로 온전하지 못할 것이니 이것이 어찌 좋은 일이겠는가. 경은 다시 정사하지 말고 속히 출사한다면 모든 일에 있어서 후회가 없을 것이다. 그렇지 않으면 반드시 후회하는 일이 있게 될 것이다" 하였다.

정언 황신이 아뢰기를, "정언신이 한 말을 좌석에 있던 사람은 모두 들었는데 영상 이산해만은 어렴풋이 기억할 수 있다고 하니, 이는 귀가 먹었다고 말한 사람과는 다르지만 이미 솔직하지 못한 말입니다. 게다가

차자를 올려 스스로 변명까지 하였는데 전후의 말이 다르니 대신으로서 임금에게 고하는 데 있어 어찌 이럴 수가 있겠습니까. 신이 논핵하려 하였으나 동료들이 따르지 않았습니다. 신을 파직시키소서" 하였는데, 상이 진노하여 즉시 체직을 명하였다. 특지로 황신을 고산현감으로 삼았다. 이산해의 행태에 분개한 사람들이 많았지만 선조의 신임이 중하므로 함부로 나서지 못하였다. 이에 젊은 황신이 나섰지만 오히려 지방으로 쫓겨나게 되었다.

이때 선조가 정철에게 복심을 전적으로 위임하였는데 정철도 역시 자임하였다. 그러나 전부터 당론을 따라 구별하는 것이 너무 심하였다. 여립은 동류들에게 추앙받았기 때문에 그와 사귀어 연루된 자가 대부분 동인의 논의를 주관하는 명사들이었다. 그들이 서로 잇따라 화에 빠졌는데, 모두들 정철이 그 사이에 은밀히 조종한 것이라고 의심하여 원망과 분노가 심각하였다.

전라감사 홍여순을 가의대부로 가자하였는데 역적의 무리를 많이 체포한 공로 때문이었다.

전주부윤 윤자신도 이에 지지 않았다. 탐문하기를 "역적의 괴수와 친밀하면서도 누락된 자와 죄는 무거운데도 벌이 가벼운 자는 누구인가?" 하니, 부민들이 감히 대답하지 않았다. 그러자 글로 써서 올리게 하였다. 그러자 서로 돌아가며 끌어대고 고발하여 형신을 받고 죽은 자가 70여 인이나 되었다. 억울하게 죽은 자가 이렇게 매우 많았다.

8월 이항복을 직제학으로 삼았다가 곧 다시 동부승지에 제수하였다. 항복이 이조정랑으로 추국청 문사낭관이었는데 선조가 죄수를 친국할 때 항복이 민첩하게 보고 듣고 묻고 쓰면서 말 한마디도 빠뜨리지 않고 거침없이 써 내려갔다. 상이 이 점을 기특하게 여겨 중죄인을 심리할 때마다 기록을 담당하게 했는데, 항복이 또한 내용을 살펴 힘써 죄수를 살리는 의견을 내었다. 이로 인해 차례를 뛰어넘어 근시에 제수된 것이다.

9월 이산보를 대사헌으로 삼았다가 곧 체직시켜 직제학에 제수하였다.

이덕형을 승지로 삼았다가 얼마 안 되어 부제학, 이조참의로 옮겼다. 덕형은 유전의 조카이고 이산해의 사위였기 때문에 상피로 인하여 관각의 청반에 오르는 데 역으로 지장이 많았다. 이때 와서 사신 접대를 상의 뜻에 맞게 하고 왜인이 존경하여 복종하였으므로 차례를 뛰어넘어 제수되니 명망이 더욱 빛났다.

‖ 풍신수길이 통신사를 접견하다 ‖

한편 통신사 일행은 7월 21일 일본의 수도인 교토에 도착하였다. 그런데 만나야 할 풍신수길은 없었다. 4개월 전에 21만의 대병력을 이끌고 동부지역 토벌에 나서 아직 돌아오지 않고 있었다. 이제는 기약 없이 그가 돌아오기를 기다리고 있어야 했다.

우리 사신 일행들은 대판성이 있는 도시의 큰 절에 숙소를 정하고 지냈는데, 9월 1일 평수길이 산동을 평정하고 돌아왔다. 그런데 또 궁궐을 수리한다는 핑계로 즉시 국서를 받지 않고 있었다.

그동안에 왜장이 기악 관람을 청해도 김성일은 따르지 않았다. 궁을 구경하는 것도 따르지 않았다. 그러나 허성은 구경을 하였다. 사신 일행은 오래도록 명을 전하지 못했으므로 관백의 측근에게 뇌물을 주어 통해 보려고 하고, 모두가 속히 일을 마치고 돌아가기를 바랐으나 성일이 또 논쟁하여 허락하지 않았다. 황윤길과 허성은 서로 교환한 재화가 행장에 가득하였는데 성일이 불순한 언사로 배척하였으므로 이 때문에 일행과는 크게 사이가 어긋났다. 평의지는 김성일을 대단히 유감스럽게 여겨 매우 엄격하게 대우하였기 때문에 성일이 그곳의 사정을 잘 듣지 못하였다. 평의지는 사신에게 '성일은 절의만을 숭상하여 사단이 생기게 한다' 하였다.

출발 후 5개월이 지난 11월 7일에야 명을 전하게 되었다.

우리 사신을 접대함에 있어서 가마를 타고 궁문을 들어가도록 허락하고 가각을 울려 선도하였으며 당 위에 올라가 예를 행하도록 하였다. 사신이 좌석으로 나아가니, 연회의 도구는 배설하지 않고 앞에다 탁자 하나를 놓고 그 위에 떡 한 접시를 놓았으며 옹기사발로 술을 치는데 술도 탁주였다. 세 순배를 돌리고 끝냈는데 수작하고 읍배하는 예는 없었다. 사람들을 앉혀둔 채 평복으로 어린애를 안고 나와 거닐고 어린애가 오줌을 싸자 그 자리에서 옷을 갈아입기도 하였다. 방약무인한 행동이었다. 수길은 우리 일행을 완전히 항복하고 조공을 바치러 온 사절로 생각하는데 우리에 맞는 예절을 생각할 리가 없었다. 그래도 상사와 부사에게 각기 은 4백 냥을 주고 서장관 이하는 차등을 두고 주었다. 사신 일행이 사례하고 나온 뒤에는 다시 만나지 못했다.

사신이 돌아가게 해 줄 것을 재촉하자 수길은 답서를 즉시 재결하지 않고 먼저 가도록 요구하였다. 이에 성일이 '우리는 사신으로서 국서를 받들고 왔는데 만일 답서가 없다면 이는 왕명을 천하게 버린 것과 마찬가지이다' 하며 가려고 하지 않았다. 황윤길 등은 붙들려 있게 될까 두려워하였다. 결국 일행은 오사포로 돌아와 국서를 기다렸는데 11월 20일에야 비로소 국서가 도착하였다. 그런데 그 내용이 문제였다. 말투가 거칠고 거만한 데다 아주 불순한 내용이었다.

"사람의 한평생이 백년을 넘지 못하는데 어찌 답답하게 이곳에만 오래도록 있을 수 있겠습니까. 국가가 멀고 산하가 막혀 있음도 관계없이 한 번 뛰어서 곧바로 대명국에 들어가 우리나라의 풍속을 4백여 주에 바꾸어 놓고 제도(帝都)의 정화를 억만년토록 시행하고자 하는 것이 나의 마음입니다. 귀국이 선구가 되어 입조한다면 원려가 있음으로 해서 근우가 없게 되는 것이 아니겠습니까. 먼 지방 작은 섬도 늦게 입조하는 무리는 허용하지 않을 것입니다. 내가 대명에 들어가는 날 사졸을 거느리고 군영에 임한다면 더욱 이웃으로서의 맹약을 굳게 할 것입니다" 하였다.

명나라를 칠 것이니 먼저 입조하고 선봉이 되라는 황당한 내용이었다. 침략 의도를 분명히 한 것이기도 하였다.

김성일은 답서의 내용이 거칠고 거만하여, 전에는 전하라고 하던 것을 합하라 하고 보내는 예폐도 '방물은 받았다' 하였으며, 또 '한 번 뛰어 곧바로 대명국으로 들어간다'느니 '귀국이 선구가 되라'는 등의 말이 있음을 보고서 '이는 대명을 빼앗고자 하여 우리나라로 선구를 삼으려 한 것이다' 하고는 현소에게 바로 서신을 보내 대의를 들어 깨우치고 '만일 이 글을 고치지 않으면 우리는 죽음이 있을 뿐, 가져갈 수는 없다'고 하였다.

이에 현소가 서신으로 사과하면서 글을 짓는 자가 말을 잘못 만든 것이라 핑계하였다. 그리고 국왕에게 고하여 고치겠다고 가지고 갔는데 12월 초에나 올 것이라 하였다.

여기까지가 사신이 먼저 조정에 보고한 상황이었다. 회례사로 상사 현소와 부관 평의지가 사신들과 동행할 것이라는 내용도 포함되었다.

12월 2일 고친 국서가 도착했는데 전하와 예폐 등의 글자만 고쳤을 뿐, 기타 거만하고 협박하는 식의 말에 대해서는 '이는 대명에 입조한다는 뜻'이라고 핑계 대면서 고치려 하지 않았다. 성일이 두세 차례 서신을 보내 고칠 것을 청하였으나 따르지 않았다. 이에 대하여 황윤길과 허성 등은 '현소가 그 뜻을 스스로 이렇게 해석하는데 굳이 서로 버티면서 오래 지체할 것이 없다'고 하였으므로, 성일이 논쟁하였으나 관철하지 못하고 돌아오게 되었다.

지나오는 길목의 여러 왜진에서 왜장들이 주는 물건들을 성일만은 물리치고 받지 않았다.

사신으로 간 일행들은 주 임무가 우호관계를 유지하는 것이겠지만 그 나라의 정세를 살피는 것도 중요한 일 중 하나일 것이다. 김성일은 예법만 따졌다. 왜적이 대군으로 바다 건너 침략을 한다는 것은 생각할 수도 없었다. 강직한 성품은 좋지만 왜적의 정세를 살피는 일은 소홀했던 것이다. 사신 일행에는 수행 군관으로 황진이 있었는데 그는 황윤길과는 친척 간이었으며 황희 정승의 후손이었고 시전부락 정벌에도 공을 세운 무장이었다. 후일의 의병장 홍계남도 일행에 있었다. 이들은 무관이므로 보는 눈이 있어 왜적의 침공이 있을 것을 확신하였다. 황진은 왜적을 베기 위해 왜적의 칼까지 샀다. 황윤길은 이들의 의견을 참조하여 전쟁이 일어날 것으로 확신하였고 허성은 왜적들이 정예한 군사가 있는 곳은 전혀 보여 주지 않는 것에 유의하였다. 그래서 황윤길과 같은 생각이었다.

황진은 본래 주색을 좋아했으나 일본에서 돌아온 뒤 술을 끊고 색을 멀리하고 재물을 기울여 말을 사서 밤낮으로 말 달리기와 활쏘기를 익히며 말하기를, "큰 난리가 장차 일어날 터이니 대장부가 나라에 몸을 바침에 헛되이 죽을 수는 없다" 하였다.

12월 25일 내의 허준을 왕자를 치료한 공으로 가자하였다. 반대가 있었으나 윤허하지 않았다.

이해에 다른 일은

4월 영흥부사로 있던 김효원이 졸하였다.

'김효원은 벼슬살이에 있어서 청렴결백하였고 일을 처리하는 데 있어서도 정결하고 민첩하게 하였으며 세 고을을 역임하였는데 치적이 모두 우수하였다. 젊었을 때 날렵하여 일을 좋아하였고 논의가 과격하였으므로 동류들이 두려워하여 모두 그의 밑에 있었는데 또한 이 때문에 여러 사람에게 원한을 사기도 하여 끝내 당파의 괴수라는 명목으로 죄를 얻어 외직에 보임되었다. 한직에 있으면서 잘못을 반성하여 낮은 벼슬을 하찮게 여기지 않았고 시사에 대해서 입을 다물고 말하지 않았으며, 친구에게 보내는 서찰 내용에도 조정의 득실에 대해서 조금도 언급하지 않았다. 그는 늘 탄식하면서 '당초 전조의 석상에서 발언한 한마디 말은 단지 나라를 위해서였는데 어찌 이토록 분란이 생길 줄이야 생각했으랴. 나로서 그 책임을 회피할 수 없다' 하였다. 그의 부친이 영유현령으로 있었는데 늘 문안 갈 적마다 개성을 거쳐가게 되었다. 그런데 심의겸이 유수로 있으면서 매우 다정스럽게 그를 영접하여 주자 효원도 그곳에서 하루 이틀 묵어 가며 친구인 것처럼 즐겁게 지냈다. 그 후 효원이 안악 군수로 부임하여 관아에 좌기했을 때 의겸의 부음을 듣고서 눈물을 흘리면서 '나의 친구를 잃었구나' 하고, 이틀간 좌기를 파하고 소식을 하였는데, 아마도 깊이 후회되는 바가 있어서일 것이다. 유성룡은 일찍이 그의 위인에 대해 논하기를 '인백은 강방 정직하니 의당 동류 중에서 제일인자가 될 것이다' 하였다. 당론이 일어나게 된 것은 전조의 천망에서 시작되어 대신들이 추감한 데서 터진 것으로 야박스런 습속이 떠들어 대며 서로 선동질한 것이지 이 두 사람이 각자 당파를 만들어 불화를 일으킨 데서 이루어진 것은 아니다' 하였다. 선조수정실록의 기록이다.

46세의 이순신은 정읍현감으로 선정을 하고 있었다. 그러나 문제도 있었다. 어떤 자가 남솔이라고 비난한 것이다. 남솔은 거느린 식구가 너무 많다는 것이다. 실제로 엉터리 식구들을 데려다 놓고 행패를 부리는 고을도 많았다. 잘못하면 남솔도 큰 문제였다. 이순신은 두 형이 모두 몇 년 전에 졸하여 어머님 이하 조카들도 모두 책임져야 했다. 큰형 희신의 아들은 뇌, 분, 번, 완이고, 작은형 요신의 자식은 봉, 해이고, 이순신의 자식은 회, 울, 면과 딸이 하나 있었다. 그 외 서자 2명과 서녀 2명이 있었는데 그들은 따로 살았을 것이다. 큰 조카들은 이미 결혼하여 분가한 자들도 있겠지만, 어머니와 형수들 그리고 따르는 종들까지 포함하면 거대한 식구였다. 남솔이란 말을 들을 만도 했다. 그러나 이순신은 '내가 식구를 많이 데리고 온 죄를 질지언정 이 의지할 데 없는 것들을 버리지는 차마 못하겠다' 하였다. 그 말이 전해졌는지 더 이상 말이 없었다. 중요한 것은 탐관오리가 아니었다는 것이다. 7월에는 고사리첨사로 임명되었고 8월에는 만포첨사로 임명되었으나 대간이 현감으로 부임한지 1년도 안됐는데 너무 빨리 승진시킨다고 반대하여 그대로 유임되었다.

  49세의 유성룡은 이제 정승이 되었다.

26

풍전등화의 위기 속에 정국은 요동치다 :
선조 24년 (1591 신묘년)

나라는 왜적의 침략을 앞두고 풍전등화의 위기 속에 있지만, 선조 이하 나라를 지켜 가야 할 조정은 나라 걱정은 겉치레에 불과하고, 계속 한심스런 작태만 연출하고 있었다.

1월 6일 경상감사의 계본에 '부산진에 나온 왜인의 말에 의하면 통신사는 정월에 나올 것이고, 울산 사람 9명이 대마도에 표류하였다고 하였습니다. 후망을 게을리한 각 고을의 색리 등을 양산 관아에 구금하고 기장 등지의 관리가 첩보를 조사하고 있습니다. 표류한 사람이 나오는 즉시 치계하겠습니다' 하였다.

1월 13일 전에 보낸 통신사의 서장이 이제 당도하였다. 우호를 맺었다는 보고만 하고 문제가 심각한 일본 국서에 대한 보고는 없었던 모양이다.

전교하기를, "일본은 실로 우리의 이웃으로 그 왕이 처음 즉위하여 우리나라와 서로 우호를 맺었다. 따라서 양국이 교제함에 있어 일을 조처하고 접대하는 등의 일이 관계가 가볍지 않으니 선위사는 모름지기 재지가 있어 임기응변에 능하고 성품이 너그럽고 도량이 커야만 먼 데 사람의 마음을 얻을 수 있는 것이다. 더구나 현소는 왜인 가운데서 문자를 알아 시 짓기를 좋아하는 사람이니 반드시 문장에 능해야 그에게 대응할 수 있을 것은 물론 그 나라에 전파되어도 부끄럽지 않을 것이다. 이 가운데 누가 합당한지 그 여부를 회계하고 이조 낭청으로 하여금 대신에게 의논하게 하라" 하였다. 선위사의 망에는 심희수·조원·오억령이 올랐다. 오억령으로 결정하였다.

1월 15일 윤두수를 대사헌으로 하였다. 김응남을 성절사로 하였다.

1월 28일 통신사 황윤길 일행이 나왔는데 왜인 현소와 평의지가 회례사로 함께 왔다. 부산으로 돌아와 정박하자 황윤길은 그간의 실정과 형세를 치계하면서 '필시 병화가 있을 것이다' 하였다. 사실 하늘이 캄캄해질 그런 보고였다.

허성과 성천지는 동래부에 수감되었다. 정여립에 연루된 때문이었다.

1월 29일 특지로 우의정 유성룡에게 이조판서를 겸하게 하고, 최흥원을 실판서에 제수하였다. 부제학 이성중을 충청감사에, 행 호군 이해수를 여주목사에 제수하였다. 이해수는 전에 여주목사를 지낸 적이 있는데 임기가 차서 체직되었다가 이제 재차 부임하였다.

‖ 이순신, 전라좌수사가 되다 ‖

2월 6일 김수를 부제학, 이산보를 황해감사로 하고, 평안병사 신립과 남병사를 경직에 붙였다. 곽영을 평안병사, 이영을 남병사로 하였다.

병조가 아뢰기를, "우리나라는 삼면으로 적의 침입을 받을 형세입니다. 싸움에 쓰는 도구는 철환만 한 것이 없는데 익히는 자들이라고는 화

포장 몇 사람에 불과하여 급한 일이 생길 경우 응하여 대적할 자가 매우 적습니다. 철환은 쏘기를 연습한다면 누구나 할 수 있다고들 합니다. 이 후부터 출번하는 제색 군사들은 본조에서 군기시 제조와 함께 쏘기를 연습하게 하는 것이 어떻겠습니까? 대신의 뜻도 같으므로 감히 아룁니다" 하였다.

이 무렵 황윤길의 보고가 조정에 들어왔을 것이니, 선조 이하 조정 신하들이 보고 놀랐을 것이다. 이에 남쪽을 지킬 장수들을 선발하게 되었다.

2월 12일 비변사 낭청이 아뢰기를, "이천·이억기·양응지·이순신을 남쪽 요해지에 정송하여 공을 세우게 하라는 상의 분부가 지당합니다" 하였다. 다음 날 심대를 사간에, 이홍을 강원도 도사에, 이경록을 나주목사에, 성윤문을 갑산부사에 제수하였다.

또 이비에게 전교하였다. "이광은 전라감사로 하여 자헌대부에 가자하고, 윤두수는 호조판서에, 이증은 대사헌에, 진도군수 이순신은 초자하여 전라좌수사에 제수하라" 하였다.

이때 이순신의 명성이 드러나기 시작하여 칭찬과 천거가 잇따라서 정읍에서 진도군수로 전임되었다가 부임하기도 전에 다시 가리포첨사에 제수되었다가 이제 다시 수사로 발탁되었다. 유성룡의 강력한 추천으로 이루어진 것이었다.

처음 1월 4일에 이유의를 전라좌수사로 임명하였었는데 반대가 있어 8일에 다시 유극량을 임명하였다. 그런데 유극량은 인물은 쓸 만하나 가문이 한미하고 지나치게 겸손하여 군관이나 무뢰배들과도 서로 친구같이 지내니 체통이 문란하고 호령이 시행되지 않는다 하여 체직하였다. 그래서 2월 초에 원균을 임명하였는데, 사간원이 반대하기를, "원균은 전에 수령으로 있을 적에 고적이 '거하'였는데 겨우 반년이 지난 오늘 좌수사에 초수하시니 출척 권징의 뜻이 없으므로 물정이 마땅치 않게 여깁니다. 체차를 명하시고 나이 젊고 무략이 있는 사람을 각별히 선택하여 보내소서" 하였다. 이리하여 이순신이 임명되었다.

그러나 사간원이 아뢰기를, "전라좌수사 이순신은 현감으로서 아직 군수에 부임하지도 않았는데 좌수사에 초수하시니 그것이 인재가 모자란 탓이긴 하지만 관작의 남용이 이보다 심할 수 없습니다. 체차시키소서" 하였다.

답하기를, "이순신의 일이 그러한 것은 나도 안다. 다만 지금은 상규에 구애될 수 없다. 인재가 모자라 그렇게 하게 하지 않을 수 없었다. 그 사람이면 충분히 감당할 터이니 관작의 고하를 따질 필요가 없다. 다시 논하여 그의 마음을 동요시키지 말라" 하였다.

사간원이 다시 아뢰기를, "이순신은 경력이 매우 얕으므로 중망에 흡족할 수 없습니다. 아무리 인재가 부족하다고 하지만 어떻게 현령을 갑자기 수사에 승임시킬 수 있겠습니까. 요행의 문이 한번 열리면 뒤 폐단을 막기 어려우니 빨리 체차시키소서.

나주는 남쪽의 거진으로 본시 다스리기 어려운 고을로 이름난 곳인데 변경에 일이 생기면 원수는 영에 머물러 있어야 합니다. 더구나 이웃 고을 수령과 본주의 판관들이 모두 무변인 만큼 군대를 이끌고 적을 방어하는데 사람이 없는 것을 걱정할 것 없습니다. 목사 이경록을 체차하고 재략이 있는 문관을 각별히 골라 보내소서" 하니,

답하기를, "이순신에 대한 일은, 개정하는 것이 옳다면 어찌 개정하지 않겠는가. 개정할 수 없다. 나주 목사는 천천히 발락하겠다" 하였다. 이렇게 선조가 강력하게 밀어붙여 이순신이 전라좌수사가 되었다. 이보다 잘한 일은 없었다.

이광을 다시 전라감사로 삼고 품계를 자헌대부로 올려 도순찰사를 겸하도록 하였다. 홍여순은 역당을 충분히 잡아 임무를 완수하였고, 당시 조정에서는 왜적들의 변란이 걱정되어 호남의 방백을 엄선하도록 한 것이었다. 비변사에서 전원의 의사로 이광을 천거하였고 제2의 의망이 없었으므로 단망으로 계하한 것이다. 유성룡이 사람들에게 '이광의 명성이 사실보다 지나치니 감당해 내지 못할까 걱정스럽다'고 하였는데, 이광이 병력을 증가시키고 군졸을 훈련시키고 병기를 일신시켰으므로 조정에서 믿어 중하게 여겼다.

2월 15일 전주부윤 윤자신은 정즙을 체포했을 뿐만 아니라, 역적 소굴 고을의 수령으로서 많은 사람들을 역적의 무리라고 추적하여 체포하였다. 이에 선조가 그 공로가 없지 않다 하며 가자하는 것이 마땅하다 하였다. 또 이번에 역적을 체포했거나 도망간 사람을 고발한 사람은 낱낱이 수록하여 빠뜨리지 말도록 다시 자세히 살펴서 시행하라 하였다.

‖ 건저 문제로 정국이 다시 뒤바뀌다 ‖

또다시 정국이 뒤집혀질 일이 발생하고 있었다. 유성룡과 정철, 이성중과 이해수가 모임을 가졌다.

정철이, "지금 대옥이 이미 끝났으니 앞으로 논의해야 할 국사 가운데 무엇이 가장 중요합니까?" 하니,

유성룡이, "지금은 세자를 세우는 일이 가장 중요합니다" 하였다.

정철이, "그렇습니다. 마땅히 영상에게 알려 같이 면대하여 주청하는 것이 좋겠습니다. 가까운 시일 안에 삼청동에 모여 이 일을 의논하는 것

이 어떻겠습니까?" 하니, 모두 동의하였고, 이산해에게 알리니 그도 허락하였다.

약속한 날이 되어 정철과 이성중 이해수 등이 먼저 왔으나 산해가 병을 핑계하고 참석하지 않았으므로 파하였고 또 직접 대궐에 나아가 면대를 청하기로 약조하였는데 산해가 또 병으로 말미를 받았다. 이산해는 겉으로만 조정 의논에 따르는 척하고 실제로는 은밀하게 중상·이간질을 하고 있었다.

그때 후궁 김빈이 선조의 총애를 받고 있었는데 김빈이 낳은 신성군을 선조가 매우 사랑하였다. 김빈의 동생 김공량은 안팎의 말을 전달하는 역할을 하였는데 아첨꾼과 뇌물이 사방에서 모여들었다. 영의정 이산해가 가장 그에게 아부하여 밤중에 나귀를 타고 왕래하는데 사람들이 마주친 자가 많았다. 공량은 천한 사람이었는데, 이산해가 영의정으로 아첨해 붙으니, 듣는 자가 더럽게 여기지 않는 이가 없었다. 이산해가 이렇게 김공량과 결탁하고 있었으므로 선조가 신성군을 사랑하는 내용을 잘 알고 있었다. 이산해는 또 신성군의 장인인 순변사 신립과도 친분을 가지려고 매번 계집종을 시켜 왕래하여 문안하고 선물을 보냈는데, 편지를 고리버들로 만든 그릇에 담은 떡 속에 넣어 남이 알지 못하게 하였다. 이때에 이산해가 공량과 술 마시기로 약속하고, 먼저 그의 아들 경전을 공량의 집에 가게 하였다. 조금 뒤에 이산해의 집 종이 급히 달려가서 경전에게 고하기를. "대감이 막 오시려 하다가 별안간 어떤 소문을 들더니, 문을 닫고서 눈물만 흘리고 계시니, 어찌 된 연유를 모르겠나이다" 하였다. 경전이 놀라 일어나서 급히 갔다가 곧 돌아와서 말하기를, "부친께서 '정정승이 장차 세자 세우기를 청하고 이어서 신성군 모자를 없애 버리고자 한다'는 것을 들으시 까닭에 어찌할 줄을 모르십니다" 하였다. 이에 김공량이 즉시 김빈에게 달려가서 그 말을 고하니, 김빈은 선조 앞에서 울면서 하소연하기를, "정정승이 우리 모자를 죽이려 한다 합니다" 하였다. 선조가, "무슨 까닭에 너희 모자를 죽인다더냐" 하니, 김빈이 "먼저 세자 세우기를 청한 뒤에 죽인다고 한답니다" 하여, 선조가 마침내 정철을 크게 의심하게 되었고, 은밀히 신립으로 하여금 신성군의 집을 호위하게까지 하였는데 정철은 모르고 있었다.

경연에서 정철이 먼저 "세자를 세워야 한다"는 의논을 꺼내자 임금이 크게 노했다. 영상 이산해는 벙어리처럼 아무런 말도 없이 있었고, 유성룡도 한마디 말을 하지 않았는데, 다만 부제학 이성중, 대사간 이해수가 아뢰기를, "이 일은 정철만이 홀로 하는 말이 아니라 신 등도 모두 같이 의논한 것입니다" 하였다. 정철은 역린을 건드린 것이 되었고 이때부터 선조에게 미움을 크게 받고 배척되었다.

다음 날 좌의정 정철을 체직시켜 영돈녕부사로 삼았다. 모두들 깜짝 놀랐다. 동인 측에서는 함성이 일었을 것이다. 찬성 이양원을 우의정을 삼고, 유성룡을 좌의정으로 승진시켰다.

이때 생원 안덕인, 윤홍, 이진, 이성경, 이원장 등이 소장을 올려 정철이 나라의 권병을 휘두르고 있으니 속히 축출할 것을 청하면서 종사에 관계되어 소장으로는 다 말할 수 없는 것이 있으니 면대하여 갖추 아뢰고자 한다고 하였다. 선조가 즉시 불러 말하고자 하는 것을 물으니 덕인 등이, 정철이 주색을 탐하여 나라를 어지럽히고 있다고 극언하였다. 그러자 선조는 '그 점은 내가 상소의 내용을 보았다' 하고는 물러가도록 명했다.

선조가 신립에게 소문의 허실을 은밀히 물었는데, 신립이 백방으로 보호해주어 정철이 이 때문에 죽음을 면하였다고 한다.

응교 장운익을 양양부사로 삼았다. 장운익 등은 정철과 가장 친밀한 사이였으므로 먼저 외직에 제수하였다. 홍여순이 전라감사에서 내직으로 들어왔다. 홍여순이 동료들에게 '내가 만일 대간으로 들어가게 되면 간당을 모두 쓸어버리겠다'고 하였는데 이로 인하여 헌장이 되었다.

‖ 황윤길과 김성일의 보고가 엇갈리다 ‖

3월 통신사 황윤길 등이 서울에 들어왔다. 복명한 뒤에 선조가 인견하고 물으니, 황윤길은 전일의 치계 내용과 같이 병화가 있을 것이라고 하였다. 그러나 김성일은 "그러한 정상은 발견하지 못하였는데 윤길이 장황하게 아뢰어 인심이 동요되게 하니 사의에 매우 어긋납니다" 하였다.

선조가 "수길이 어떻게 생겼던가?" 하고 물으니,

황윤길은 아뢰기를 "눈빛이 반짝반짝하여 담과 지략이 있는 사람인 듯하였습니다" 하였고,

김성일은 "그의 눈은 쥐와 같으니 족히 두려워할 위인이 못됩니다" 하였다.

황윤길 등이 어전에서 물러나자 이 실상이 바로 시중에 퍼져 온 나라가 흉흉해지게 되었다.

유성룡이 김성일에게 말하기를, "그대가 황의 말과 고의로 다르게 말하는데, 만일 병화가 있게 되면 어떻게 하려고 그러시오?" 하니,

성일이 "나도 어찌 왜적이 나오지 않을 것이라고 단정하겠습니까. 다만 온 나라가 놀라고 의혹될까 두려워 그것을 풀어 주려 그런 것입니다" 하였다.

당시 조헌의 상소에 왜적과의 화친을 극력 반대하면서 왜적이 기필코 나올 것이라고 주장하였다. 그 때문에 황윤길의 말을 주장하는 이들

에 대해서는 모두가 '서인들이 세력을 잃었기 때문에 인심을 요란시키는 것이다'고 하면서 구별하여 배척하였으므로 조정에서 감히 말을 하지 못하였다. 이때 유성룡은 김성일의 주장을 지지하였다. 황윤길이나 김성일이 당파를 의식해 주장한 것은 아니지만, 한번 의견이 갈리자 동인·서인의 당파와도 관련이 되어 각각 자기편을 옹호하였다. 허성만은 동인이면서도 왜병이 반드시 침범해 오리라 하였다. 그의 친우가 그 까닭을 물으니 말하기를, "우리가 거기를 가 본즉 곳곳마다 성에 파리한 군졸들만 있는 것을 보니 이것이 평성의 옛 계략이다" 하였다.

당시 선위사로 내려가 현소 등을 맞이하고 접대한 전한 오억령이 '내년에 길을 빌어 상국을 침범할 것이다'고 확언하는 현소의 말을 듣고서 즉시 사연을 갖추어 보고하였다. 조정에서 크게 놀랐는데 결정된 의논은 오히려 오억령을 즉시 체직시키는 것이었다. 응교 심희수로 대신하게 하였다. 오억령은 올라와 복명하면서 왜의 실정에 대해 문답한 내용을 모두 기록하여 앞서 아뢰었던 뜻으로 올렸다. 그러나 조정에서는 그를 명나라에 가는 사신의 질정관으로 삼았다.

윤3월 이원익을 대사간으로, 홍여순을 대사헌으로 삼았다.

윤3월 14일 양사가 정철의 파직을 청하니 윤허하였다. 선조가 먼저 이성중과 이해수를 외직으로 내보내어 속내를 보이자 양사가 탄핵을 한 것이다.

양사가 합계하기를, "영돈녕 정철은 조정의 권력을 마음대로 농단하여 일세를 위세로 제압하였으니, 파직시키소서" 하고, 또 정철에게 붙은 사인 백유함의 죄를 논핵하였는데, 선조가 모두 따랐다.

선조가 "정철의 다른 죄는 고사하고, 그가 음으로 호남 지방의 유생을 움직여서 저와 반대되는 뜻을 가진 자는 일대에 이름난 사대부일지라도 모두 역적으로 몰아 기필코 죽이려고 하였다. 그 간사한 꾀가 이루어지지 못하고 저희들의 속셈이 모두 드러나서 사세가 극히 궁하게 되자 또 대간을 시켜서 임금을 협박하여 마침내 저의 뜻대로 하였으니, 이 한 가지 일만 가지고도 옛날의 간신들 중에 그 유례가 드물 것이다. 따라서 그 마음씨가 참혹하고 독하기가 칼날보다 더하니 생각하면 기가 막힌다" 하였다.

이어 "옛날 대신을 파출할 경우 조당에 방을 내걸었던 것은, 나라 사람들의 이목에 죄상을 분명히 보여 후인을 징계하고자 했기 때문이다. 이제 정철의 파직에 대한 승전도 고사에 따라 조당에 방을 내걸도록 하라" 하였다.

도승지 이항복이 성지를 받들어 정철의 죄상의 대해 방을 내걸 적에 윤색을 하지 않고 전교한 말만 기록하였다. 그러자 헌부에서 항복이 성지를 저지하였다고 논핵하여 파직시켰다. 다행히 귀양은 가지 않았다.

정여립 역모 사건 이후의 선조는 그 이전의 선조와는 분명히 다르다. 사대부가 역모를 했다는 사실에 말할 수 없는 분노가 치밀었다. 그래서 정여립이 동인의 비호를 받은 것을 알기에 반대당인 정철을 위관으로 하여 가차 없이 처단하기를 바랐고, 윤자신을 전주부윤으로 보내고 또 더하여 악독한 홍여순을 전라감사로 보내 무자비하게 역적을 색출하게 하여 수많은 사람들을 억울하게 죽게 하였다. 자신이 직접 거론된 자들의 서신 한 장 한 장을 검토하며 한 사람이라도 죄에서 빠져나갈 것을 걱정하고 한마디 한마디에도 토를 달아 친국하고 형장을 가하게 하여 많은 사람들을 죽게 하고 귀양 보냈다. 선조는 바로 총지휘자였고 총책임자였다. 또한 어느 누가 위관이 되었더라도 이 서슬 퍼런 선조 앞에서 역모에 관련됐다고 하는 자들에게 자비를 베풀 수 있는 사람은 없었다. 그런데 이제 와서 모든 것을 정철에게 뒤집어씌웠다. 세자를 세우자고 하여 역린을 건드린 것에 대한 보복을 직접 표현하지는 못하고 이런 식으로 표출한 것이기도 하였다.

성군이 되고자 했던 선조는 부끄러운 임금으로 전락하고 말았다. 그 부끄러운 임금의 행보는 계속될 것이다.

선조가 비변사의 의논에 따라 황윤길·김성일 등으로 하여금 사적으로 현소에게 술과 음식을 가지고 가 위로하면서 왜국의 사정을 조용히 묻고 상황을 살펴보게 하였다.

현소가 은밀히 말하기를, "중국에서 오랫동안 일본을 거절하여 조공을 바치러 가지 못하였습니다. 평수길이 이 때문에 분하고 부끄러운 마음이 쌓여 전쟁을 일으키고자 합니다. 만약 조선에서 먼저 주문하여 조공할 수 있는 길을 열어 준다면 조선은 반드시 무사할 것이고 일본 백성들도 전쟁의 노고를 덜게 될 것입니다" 하였다. 황윤길, 김성일 등이 대의로 헤아려 볼 때 옳지 못한 일이라고 타이르자,

현소가 다시 말하기를, "옛날 고려가 원나라 병사를 인도하여 일본을 쳤었습니다. 이 때문에 조선에 원한을 갚고자 하니, 이는 사세상 당연한 일입니다" 하였다. 사실을 말해 주어도 심각하게 받아들이지를 못하니 답답하고 화가 나서 그의 말이 점점 패려하게 되었고 따라서 다시 캐묻지 못하였다.

조헌이 일본의 서계에 분개하여 상소하였다.

조헌은 신들린 듯이, 왜적의 침략을 예견하고 확신하였으며, 중국에서도 이미 알고 의심하고 있을 것이니 중국에 고하는 것을 한시도 늦출 수 없다 하였다. 그리고 말은 길었지만 대부분 맞는 말이었고 절실한 내용

이었다.

'신이 삼가 오늘날의 사세를 헤아려 보건대, 국가의 안위와 성패가 매우 긴박한 상태에 있으니 참으로 불안한 시기라고 할 수 있습니다. 속히 왜사의 목을 베고 중국에 주문한 다음 그의 사지를 유구 등 제국에 나누어 보내어 온 천하로 하여금 다 함께 분노하게 하여 이 왜적을 대비하도록 하는 한 가지 일만이 전의 잘못을 보완하고 때늦은 데서 오는 흉함을 면할 수 있음은 물론 만에 하나 이미 쇠망한 끝에 다시 흥복시킬 수 있게 되기를 기대할 수가 있는 것입니다.'

'미성과 기성의 분야에 형혹성이 바야흐로 나타나 있으니 이것이 실로 우리나라에 먼저 침구할 조짐이며 동남 지방에 지진이 없는 달이 없었으니 이것은 영남·호남이 전화를 당할 징후인 것입니다.'

'중국 조정의 군신들이 우리가 주야로 달려와 제때에 고하는 정성에 감동되어 두루 제진·제국에 효유하여 미리 방비하여 은밀히 조처하도록 하고 천하가 다같이 분노하여 기어코 이 왜적을 천지 사이에 용납할 수 없게 하소서. 그러면 신은 도로에서 죽더라도 노모는 강화에 포로가 되어 끌려가는 수욕을 면할 수 있게 될 것입니다. 완악한 기운이 풀어지지 않아 천일이 항상 음산하므로 신은 국가를 위한 걱정으로 피눈물을 흘리는 통분을 견딜 수가 없어 삼가 죽음을 무릅쓰고 상소를 받들어 올립니다. 신은 가난한 서생으로서 서울에 온 지 여러 날이 되어 낭탁이 이미 비었으므로 동방삭의 굶주림을 견디지 못하고 있습니다. 이로부터 영원히 하직할까 합니다. 성명을 우러러 보건대 황공하고 격절함을 견딜 수가 없습니다' 하였다.

마지막 상소였다. 그리고 그의 말대로 영원한 하직이었다.

조헌이 궐하에 엎드려 상소에 대한 비답이 있기를 기다렸으나 내리지 않자 머리를 돌에다 찧어 피가 얼굴에 가득하여 보는 사람들도 안색이

위축되었다. 그래도 비답이 내리지 않자. 조헌은 통곡하면서 물러갔다

조헌이 옥천으로 돌아가 아들 조완도를 시켜 평안감사 권징과 연안 부사 신각에게 글을 보내어 참호를 깊이 파고 성을 완전히 수리하여 전수에 대한 준비를 미리 조치하도록 권하였는데, 권징은 그 글을 보고 크게 웃으면서 말하기를 '황해도, 평안도에 어찌 왜적이 올 리가 있겠는가. 돌아가 그대 부친에게 부디 다시는 이런 말을 하지 말라고 하라' 하였다. 그러나 신각은 그 말을 옳게 여겨 기계를 대대적으로 수리하고 성내에 봇물을 끌어들여 큰 못을 만들었다. 뒤에 왜란이 일어나자 이정암이 성을 지켜 온전할 수가 있었으므로 고을 사람들이 신각이 사전에 준비한 공로를 추모하여 아울러 비석을 세워 그 공을 기렸다.

조헌은 밤낮으로 보행 연습을 하였다. 다른 사람들이 왜 스스로 수고로운 짓을 하느냐고 물으니 대답하기를, "명년 왜란 때 효력을 볼 것이다" 하였다.

4월 4일 송상현을 동래부사로 하였다. 고경명은 술로 직무를 전폐했다는 이유로 파직하였다. 사실은 정철과 친분이 두터운 사이였기 때문이었다.

선조가 조강에 나아갔다. 신하들이 물러나려 할 때 대사헌 윤두수에게 이르기를 "대신 및 비국의 여러 재신과 왜정에 대해 은밀히 의논하고 싶다. 의당 참석해야 할 인원은 아니지만 도헌도 계려가 있으면 물러가지 말도록 하라" 하였다. 드디어 왜정을 중국 조정에 주문해야 하는지의 여부를 가지고 의논하였는데, 대신 이하가 모두 주문하는 것을 어렵게 여겼다.

그러나 윤두수는 아뢰기를, "일이 중국에 관계되어 기관이 매우 중요합니다. 전하께서 지성으로 사대하신 것은 천일이 위에 계시니 어찌 숨

길 수 있겠습니까. 신의 소견으로는 곧바로 중국 조정에 주문해야 한다고 여깁니다" 하였다.

이산해는 아뢰기를, "주문한 뒤에 중국 조정에서 도리어 우리가 왜국과 통신하였다는 것으로 죄책할까 염려됩니다" 하였다. 국가의 안위를 걱정하기보다는 중국의 질책을 더 걱정한 것이다. 왜적이 대규모 침략 전쟁을 일으키리라고는 꿈에도 생각하지 못하는 안이함 때문이었다. 유성룡의 생각도 이산해와 거의 같았다. 병조판서 황정욱만 윤두수의 의논과 같았고 나머지는 이산해의 말과 같아서 결정을 내리지 못하고 파하였다.

선조가 주강에 나아가 신하들과 왜국 정세에 대해 의논하였다.

부제학 김수가 나아가 아뢰기를, "평수길은 광패한 자로, 그의 말은 겁을 주려고 한 것일 뿐입니다. 이런 실상이 없는 말로 진주하기까지 하는 것이 사리상 어찌 합당하겠습니까" 하니,

선조가 황정욱을 돌아보며 "병판의 의견은 어떠한가?" 하고 묻자,

황정욱이 아뢰기를, "김수의 말에 대해 신은 전혀 그렇지 않다고 생각합니다. 우리나라가 중국을 섬긴 지 2백 년 동안 충근이 지극했습니다. 지금 이러한 말을 듣고서 어찌 태연히 있으면서 주문하지 않을 수 있겠습니까" 하였다.

선조가 "설사 사신 세 사람의 말이 모두 동일하게 침범할 리가 없다고 하더라도 서계가 이와 같다면 그 내용을 취해 주문해야 한다. 그들이 꼭 침범할 것이라고도 하고 꼭 침범하지 않을 것이라고도 말하는 것은 소견이 다른 것에 불과할 따름이다. 대개 신하된 자로서 위를 간범하는 말을 듣고서도 태연히 있으면서 말하지 않을 수 있겠는가."

"복건은 일본과 가깝고 장사꾼이 통행하고 있으니, 일본이 우리에게 보낸 서계와 같은 내용을 이미 중국에 전달했는지 어찌 알겠는가. 설사

수길이 침범하지 않더라도 서계에 그런 의도가 드러났으니, 중국에서 우리나라에 '일본이 너희 나라와 약속을 하고서 쳐들어오려고 하는데 어찌하여 진주하지 않았는가?'라고 문책을 한다면, 왜적을 끌어들여 상국을 침범한다는 누명을 면하려고 한들 면할 수 있겠는가. 전일 윤두수의 말도 이와 같은 점을 염려한 것이니, 주문하는 일을 그만둘 수 없다" 하였다.

유근이 아뢰기를, "신이 내의원에서 마침 좌의정 유성룡의 말을 들었는데, 그의 말에 '대의로 보면 주문하지 않을 수 없다. 그러나 통신사로 갔다 온 사신의 말을 들어보면「왜적은 반드시 군사를 출동시키지 않을 것이며, 출동시킨다 하더라도 두려워할 것이 없다」고 한다. 실상이 없는 말로 주문하면 한편으로는 중국을 경동시키는 것이 되고 한편으로는 이웃 나라인 일본에 깊은 원한을 사게 될 것이니, 옳지 못하다. 통신한 한 가지 일에 대해서 곧바로 주문할 경우, 중국에서 따져 묻는다면 반드시 난처하게 될 것이다. 부득이하다면 일본에 사로잡혀 갔다가 도망쳐 온 사람에게서 들은 말이라고 말을 만들어 주문하는 것이 아마도 좋을 것이다' 하였습니다" 하였다.

삼정승 이산해, 유성룡, 이양원이 아뢰기를 "삼가 경연에서 아뢴 말을 보건대, 김수의 우려가 일을 주도면밀하게 하려는 데에서 나온 것이지만 위를 범하는 말을 들은 이상, 어찌 차마 묵묵히 있을 수 있겠습니까. 다만 주본의 말을 신중히 참작해서 하지 않으면 뒷날 반드시 난처한 걱정거리가 있게 될 것입니다. 가볍게 주문하자는 유근의 설은 상당히 일리가 있습니다. 일본에 잡혀갔다 도망해 온 김대기 등에게서 들었다고 말을 만들어 주문하는 것이 가장 온당할 듯합니다. 그리고 일본의 서계에 답하는 내용에 있어서는 군신의 대의를 들어 분명하게 거절하되, 말을 만들 적에는 노여움을 사지 않도록 해야 합니다. 이것이야말로 미워하면서도 엄하게 하지 않는 것으로서 마땅히 이와 같이 해야 합니다" 하니, 상이 따랐다. 이에 조정의 의논이 비로소 정해졌다.

하절사 김응남의 행차에 대략 왜정을 갖추어 전해 들은 말이라고 일컫고서 예부에 자문을 보내기로 하였다. 김응남이 떠날 적에 비변사에서 다시 은밀히 경계시키기를 '행차가 요동 지경에 이르거든 소식을 탐문해 중국에서 만약 전혀 알지 못할 경우 편의대로 정지하고 자문은 절대로 누설하지 말라' 하였다.

김응남이 요동 지경에 들어가니, 일로에서 조선이 왜적을 인도하여 중국을 침범할 것이라고 말들이 많고 대접이 전일과 전혀 달랐다. 김응남이 즉시 왜정을 주문하러 간다고 둘러대니, 중국 사람들이 그제야 예전처럼 정성으로 맞아 주었다. 당시 중국 사람으로 일본에 있던 사람이 왜정을 은밀히 본국에 보고하였고 유구국에서도 사신을 보내 특별히 주문을 하였는데, 우리나라 사신만 가지 않아 중국 조정에서 크게 의심을 하고 온 나라 사람들이 수군거렸다. 그때 각로 허국이 "내가 일찍이 조선에 사신으로 갔을 적에 지성으로 사대하는 것을 보았다. 반드시 왜적과 함께 배반하지는 않을 것이다. 잠시 기다려 보자"고 하였는데, 오래지 않아 응남이 자문을 가지고 가니, 중국 조정의 의심이 약간 풀렸다.

현소 등이 돌아가는 편에 답하는 서계를 보냈다.

'사신에게 체후가 평안하다는 말을 들으니 위로가 됩니다. 우리 양국이 서로 신의를 교부하는 데 있어서 험난한 바닷길에 시기를 잃지 않고 안부를 물어주었고 지금 또 폐기했던 예절을 다시 다지는 등 옛날의 좋았던 관계를 더욱 공고히 하게 되었으니, 실로 만세의 복입니다.

우리나라의 입장에서 말한다면 상국을 침범하는 등의 말은 문자로 거론할 수도 없고 말도 안 될 뿐 아니라 교린하는 의의도 아니어서 감히 털어놓는 것이니 용서하셨으면 합니다.

모르긴 해도 귀국이 지금 분해하고 있는 것은 오랫동안 중국의 버림을 받아 예의를 드러낼 곳이 없고 관시를 서로 통할 수 없어 만국이 옥백을 교제하는 대열에 나란히 서지 못하는 것을 수치로 여기는 것에 지나지 않는 듯합니다. 그렇다면 어찌하여 그 까닭을 찾아서 자신의 도리를 다해 보려 하지는 않고 좋지 못한 계획에 의존하려 하십니까' 하였다.

이때 일본에는 이미 군사 동원령이 내려져 있었다. 군사와 군기는 항상 준비되어 있는 상태나 마찬가지이므로 문제가 없었고 가장 큰 일은 전투용 및 수송용 배를 만드는 것이었다. 영지 일천석에 대선 2척, 1백 가구당 10명의 수부 징집, 10만 석에 대선 3척, 중선 5척이 할당되었다. 일본 전역에 벌목하는 일이 대대적으로 시작되었다. 대마도가 받은 할당은 군사 5천, 수송용 배는 각자 준비, 직할 수군용 대선 2척, 통역 60명, 상세 조선지도 등이었다.

김수를 경상감사로 하였다. 혹시 모를 왜적의 침입에 대비하기 위해서 장재가 있다고 알려져 온 김수를 특별히 임명해 보냈다.

5월 이발의 어머니 윤씨와 아들 명철이 고문으로 죽었다. 대신이 미봉책으로 형국은 면하게 하였지만 석방시키자고 청하지는 못했다. 이때에 옥사를 이미 완결시켰으나 이발의 가속에 대해서만은 미결된 상태였는데, 모두 신국하라고 명하였다. 윤씨는 82세였고 이발의 아들 이명철은 10세였다. 우의정 이양원이 감국하면서 늙은이와 어린아이에게는 형벌을 실시할 수 없다고 하였으나 허락하지 않았다. 명철은 압슬에도 승복하지 않았고, 윤씨는 나이 80여 세에 장형을 받았지만 역시 승복하지 않고서 죽었다. 을사사화 때에도 이러한 일은 없었으며, 옥졸들도 눈물을 흘리지 않은 이가 없었다 한다.

선조가 《대명률》의 간신적몰조에 의거 이발·이길이 역적과 체결한 죄는 간신보다 심하다 하여 가산을 적몰토록 하였다. 이발 등이 필시 역모에 가담하여 알고 있을 것이라고 여겨 그 단서를 찾으려고 역률로 단죄하였기 때문에 결국 옥사를 이와 같이 처치하였다. 그 후 상신과 근신이 어쩌다가 이발과 이길의 죽음이 원통한 죽음이었다고 언급하면 선조가 크게 화를 내며 '역적을 토벌하는 데 있어서는 마땅히 그의 무리를 엄하게 해야 한다. 정여립이 어느 곳에서 나왔는가' 하였다. 그래서 감히 다시는 언급하지 못하였다.

　이전에 조헌이 이발의 어머니 윤씨를 찾아가 뵈었다.

　애초에 이발 등이 화를 입을 때 친구들 가운데 감히 돌보는 자가 없었다. 조헌이 이발의 가속이 추죄된다는 소식을 듣고는 옥천에서 술을 싸 들고 올라와서 윤씨가 떠나는 것을 보고자 길가에 서 있었는데, 윤씨가 보고는 몹시 놀라면서 '공은 어찌하여 나를 보러 왔는가. 우리 아들이 공의 말을 들었더라면 어찌 이런 일이 있었겠는가' 하고는, 큰 소리로 통곡하였다. 조헌이 술을 따라 올리자 윤씨는 '노부가 항상 술을 가까이 하였으나 이 변란을 당한 뒤로는 한 모금도 마시지 않았다. 그러나 공의 정성이 감격스러워 다 마시겠다' 하고는 연거푸 몇 사발을 마셨다. 조헌이 북도에 있을 때 어느 수령이 모구를 선사하였는데, 조헌이 받아서 자신이 입지 않고 윤씨에게 바치니, 윤씨가 '죽어서 아들을 지하에서 만나면 이 일을 말해 주겠다' 하였다. 드디어 서로 바라보고 통곡하면서 헤어졌다. 이발의 첩이 잇달아 이르자 또 서로 마주 대하여 눈물을 흘리고는 이별할 때에 옷 한 벌을 주었다. 그후에 이발 집안의 일을 언급할 때마다 오열이 끓어올라 말하지 못하므로 곁에 있는 사람이 감동하였다. 조헌은 본래 이발 형제가 추천하고 이끌어준 사이로 친분이 몹시 깊어 항상 이발의 집에 가서는 어머니에게 절을 하였다. 이이가 무함을 받게 되어서는 이발에게 이이를 무함한 정여립과 절친하다고 질책하면서 절교하기는 하였으나, 어려울 때에 옛 친구의 의리로 보답한 것은 바로 그의 본심에서 나온 지극한 정이었던 것이다.

옥사가 일어나던 처음에는 선조가 수십 일간을 친국하였고 그 후에는 혹 정국하면서 대신이 아울러 참여하였으며, 최후에는 삼성 교좌로 추국하면서 한 대신이 감국하였다. 경인년 5월 이전에는 정철이 감국하였고 그 후에는 유성룡, 이양원 등이 대신하였다. 이해에는 이발 형제 외에는 갇힌 사람이 없었으며, 기축년 10월부터 이때에 이르기까지 20개월 사이에 죽은 자가 수백 명이나 되었는데, 조신·명관 중에 죽은 자가 10여 인이었으며(이발·이길·백유양·유덕수·조대중·유몽정·김빙은 장형으로 죽었고, 윤기신·정개청은 장형을 받고 유배되던 도중 길에서 죽었으며, 최영경은 옥사하였다) 연좌되어 유배된 자가 몇백 명이었는데 조신 가운데 귀양 간 자로는 정언신·김우옹·홍종록 등이었으며, 파출된 자도 수십 인이었다. 이들은 모두 옥사가 일어난 초기에 결정된 자들이다.

3년이 지나서야 옥사가 그쳤는데, 이 때문에 인심이 원망하였다. 홍여순이 전라감사가 되어 역적이라고 의심되는 사람을 많이 잡아 공을 인정받았다. 또 윤자신이 전주부윤이 되어 온 고을의 사인들을 모아 놓고 각자 고하도록 하여 역적과 가까이 지냈던 자들이 모두 벗어나지 못하고 혹 죽음을 당하거나 찬축되었다.

6월 평의지가 또 부산포에 와서는 배에서 내리지 않고 변장을 불러서 말하기를 '일본이 대명과 통호하려고 한다. 조선에서 이 사실을 중국에 주문해 주면 매우 다행이겠으나 그렇지 않으면 일본과 조선의 관계가 좋지 않게 될 것이다. 이것은 중대한 일이므로 와서 알려주는 것이다' 하였다. 변장이 이 사실을 조정에 아뢰었으나 조정에서 아무런 답을 하지 않자 평의지가 일본으로 되돌아갔다. 이후로는 해마다 조공 오던 왜선이 다시 오지 않았고, 관에 머물던 왜인이 항상 수십 명이었는데 점차 일본으로 되돌아가 온 왜관이 텅 비게 되었다. 대마도 왜적들은 신하의 예로 우리나라를 섬겨오면서 옷가지나 식량 따위를 조달해 왔는데 하루아침에 본토의 왜를 인도하여 쳐들어오기에는 낯 뜨거운 면이 있고, 또 뒷날에 우리나라를 다시 섬길 수 없게 되면 온갖 이익을 놓치게 될 것이므로 분란을 막아 주고자 노력하는 것처럼 하여 뒷날에 해명할 여지를 남겨 두고자 한 것이다.

6월 22일 도목 정사가 있었다. 전 사인 백유함과 전 이조정랑 유공진 등은 전에 정철에게 붙어서 조정을 탄락시켰다 하여 탄핵, 파면되었는데 이번 도목 정사에서 두 사람이 모두 학관에 의망되었다. 선조가 죄가 무거운 사람을 사장에 의망함으로써 자신의 마음을 시험하려고 했다고 여기고 묻기를, "어떤 사람이 의망하자고 말했는가?" 하니, 당상들이 대답을 모호하게 하였다. 선조가 두세 번 묻자, 대답하기를, "정랑 윤돈이 먼저 말을 꺼냈습니다" 하였다. 상은 즉시 돈을 조옥에 내려 추문하게 하고, 판서 최흥원, 참판 이헌국, 참의 이덕형, 좌랑 구성과 박동현도 모두 추고하라고 명했다.

다음 날 양사가 합계하기를, "전 영돈녕 정철 및 백유함·유공진·전 검열 이춘영 등은 서로 붕당을 만들어 조정의 정사를 탁란시켰으며 자기와 의견을 달리하는 사람을 모함하려고 호남의 유생들을 꾀었습니다. 그리하여 명경·사대부 등을 모두 역적으로 몰아붙여 섬멸하려고 하였으니, 모두 멀리 찬배시키소서" 하였다. 모두 윤허하였는데, 정철은 전에 대신을 역임했다는 이유로 윤허하지 않다가 이튿날 윤허하였다. 백유함은 경성에, 이춘영은 부령에, 유공진은 희천에 유배하였다. 백유함과 이춘영은 처음엔 평안도에 유배했었는데 선조가 북도로 배소를 옮길 것을 명했다.

정철은 진주로 유배했다. 뒤에 백유함은 경흥으로 옮기고 유공진은 경원으로 옮기고 이춘영은 삼수로 옮기고 정철은 강계로 옮겼다.

6월 25일 양사가 합계하기를 "우찬성 윤근수, 판중추부사 홍성민, 여주목사 이해수, 양양부사 장운익 등은 정철에게 붙어 한 무리가 되어 간사한 무리들을 끌어들이고 자기들과 의견을 달리하는 사람을 배척하였으니 삭탈관작시키소서" 하니, 아뢴 대로 하라고 하였다. 윤근수는 원훈이란 이유로 윤허하지 않다가 이튿날 윤허했고 장운익은 멀리 온성에 유배하였다.

7월 2일 양사가 합계하기를 "병조판서 황정욱, 우승지 황혁, 좌승지 유근, 호조판서 윤두수, 황해감사 이산보, 사성 이흡, 병조정랑 임현, 예조정랑 김권, 고산현감 황신, 사과 구만 등은 정철에게 붙어 당이 되어 사람을 해쳤습니다" 하였다. 그리고 선비들을 모함하고 무고한 사람들을 죄에 얽어 넣는 것이 모두 윤두수의 지도와 계획에서 나온 것이라고 하였다. 또 황정욱과 황혁의 횡포와 탐오를 논하고 아울러 파직할 것을 청하니,

선조가 이르기를, "정욱과 혁은 풍문일 뿐 사실일 수 없다. 윤두수는 관후하고 재지가 있으며 근수는 문예에 능한 선비이니 애석하다. 윤허하지 않는다. 나머지는 아뢴 대로 하라" 하였는데, 뒤에 모두 윤허하였다.

7월 5일 이때 양사가 다시 정암수 등이 이산해와 유성룡을 지적했던 것을 거론하며 그 당시의 양사가 권간의 사주를 받아 논계하였다고 탄핵하면서 아울러 파직시킬 것을 청하니, 상이 처음에는 많은 사람을 한꺼번에 파직시키면 소요스럽다는 것으로 난색을 표명하다가 끝내는 윤허

하였다. 그 당시의 양사는 대사헌 최황, 집의 성영, 장령 심희수·윤섬, 지평 신잡·우준민, 대사간 이증, 사간 오억령, 헌납 백유함·유대진, 정언 강찬과 이흡 등이었다.

7월 7일 정철의 모함에 얽혀 배척받은 사람이 있으면 모두 서용하라고 하였다.

정철을 압송하여 간 도사 이태수가 순안에 이르러 정철의 병이 위중하여 제때에 압송할 수 없다고 치계하니, 전교하여 "이태수는 조정을 두려워하지 않고 간적 압송을 엄하게 수행하지 않음으로써 제멋대로 행동하게 하였다. 머뭇거리면서 지체하여 7일 노정을 거의 20일이 걸렸으니 잡아다가 추국하고 다른 도사를 보내어 압송하게 하라. 정철은 성품이 교활하고 간독하여 배소에 도착하면 삽된 사람들과 서로 통하여 어떤 죄상을 저지를지 모르니 엄하게 위리하게 하라" 하였다.

호남·영남의 성읍을 수축하였다. 비변사가, 왜적은 수전에 강하지만 육지에 오르면 불리하다는 것으로 오로지 육지의 방어에 힘쓰기를 청했다. 신립은 수군을 철폐하자고 하였다. 조정이 이에 응하여 호남·영남의 큰 읍성을 증축하고 수리하게 하였다. 그런데 경상감사 김수는 더욱 힘을 다해 봉행하여 축성을 제일 많이 하였다. 영천·청도·삼가·대구·성주·부산·동래·진주·안동·상주·좌우 병영에 모두 성곽을 증축하고 참호를 설치하였다. 그러나 크게 하여 많은 사람을 수용하는 것에만 신경을 써서 험한 곳에 의거하지 않고 평지를 취하여 쌓았는데 높이가 겨우 2~3장에 불과했으며, 참호도 겨우 모양만 갖추었을 뿐, 백성들에게 노고만 끼쳐 원망이 크게 일어났다.

수군 철폐의 의견이 내려오자 이순신은 즉각 장계를 올렸다. '해적을 막는 데는 해전이 제일이라 수군을 결코 폐할 수 없습니다' 하였다. 다행히 조정에서는 이 의견은 받아들였다. 그런데 경상도는 김수가 성을 쌓는 일에만 힘쓰고 수군의 일은 관심을 가지지 않아 준비가 없었고, 전라도에서는 감사 이광, 좌수사 이순신과 우수사 이억기, 이 세 사람이 의견이 맞아 육군과 수군의 준비를 게을리하지 않았다.

8월 8일 양사가 합계하여, "홍성민·이해수·윤두수·황혁 등은 정철에게 붙어 당이 되어 간악한 짓을 하였으니 그 죄가 백유함의 무리보다 더합니다. 멀리 찬축하도록 명하소서. 상호군 박점은 정철에게 붙어 당이 되어 이조참의가 된 뒤 음험하고 간사한 무리들을 끌어들여 요직마다 채우고 흉악한 기염을 도와 선동질하였으니 삭탈관작을 명하소서. 충청감사 이성중은 사류 중의 한 사람으로서 정철의 문하에 왕래하면서 그 모의에 참여하였으니 파직시키소서. 사인 우성전은 괴이한 의논을 내어 공론이 행해질 수 없게 하기를 좋아하였고 정철의 무리가 되어 편들었으니 파직시키소서. 황혁은 조정에 죄를 얻었습니다. 국혼을 개돼지 같은 집과 행할 수는 없으니 개정하소서" 하였다.

답하기를 "홍성민과 이해수는 아뢴 대로 하라. 윤두수·황혁은 이미 파직했으니 멀리 찬출할 필요는 없다. 박점과 이성중은 아뢴 대로 하라. 우성전은 평소부터 남의 입에 많이 오르내린 사람이고 역적의 공초와 서찰에 나온 적이 한두 번이 아니다. 이 사람은 10여 년 가까이 외방에서 배회하다가 요즈음 한두 번 입시하였는데 사람 됨됨이가 매우 음험할 뿐 아니라 정철에게 붙어 한 무리가 되었다고 한다. 파직으로 그칠 수 없으니 삭탈관작하라. 혼사는 필부라도 신의를 저버려서는 안 될 일인데 하물며 천승의 임금이랴. 개정할 수 없다. 윤두수는 윤허한다. 황혁은 삭탈관작하여 문외 출송하라. 국혼의 일은 윤허하지 않는다. 홍성민은 부령에 유배하고 이해수는 종성에 유배하라."

당시 왕자 순화군 이보가 황혁의 여식과 정혼한 상태였으므로 상대적으로 약한 조치를 하였다.

우성전은 일찍이 옥당에 있으면서 을유년의 의논에 반대하였으므로 홍여순 등에게 질시를 받았었고, 이성중은 정철과 함께 세자 책봉을 말했기 때문이었다. 이 두 사람은 본래 김효원의 친한 벗으로서 당론을 제일 먼저 수립하였는데, 이에 이르러 징계되는 바가 있어서 논의가 준엄하지 못하였다. 이성중은 아우 이경중의 선견지명으로 특별히 총애받아 대관에 있으면서 허황된 의논을 진정시켜 바로잡은 일이 많았으므로 사론이 그에게 쏠렸으나, 홍여순 등이 교묘한 술책으로 임금을 속여 정당이라고 무고하여 아울러 탄핵하였는데, 유성룡과 김성일 등도 구하지 못하였다. 이로부터 정철과 색목이 같은 당류를 논핵하지 않는 날이 없었으나, 오직 최황과 유홍만이 일찍이 옥사를 완화하자는 의논을 냈었고 최황은 또 신론에 부회하였기 때문에 여전히 위망을 지니게 되었었다. 구성은 제일 먼저 떠도는 말을 전하여 최영경을 재차 추국하자고 논계하였으니 제일 먼저 탄핵했어야 하는데도 단지 파직으로 그쳤다가 다시 병조에 서용되었다. 이는 새로 국혼한 가문이기 때문이었다.

양사가 윤두수를 멀리 찬출할 것을 잇따라 청하니 따랐다. 회령에 정배하였다가 특명을 내려 홍원에 유배하였으니 근도이기 때문이었다. 윤근수는 삭탈관직되어 향리로 돌아갔다.

이렇게 서인들은 모두 제거되었다. 바다 건너 일본에서는 왜적들이 대규모로 전쟁을 일으키려고 준비하고 있는데 우리는 힘을 합치기는 커녕 반대파를 몰아내는 데만 열중하고 있었다. 실로 한심한 일이었다.

부제학 김성일이 조강을 틈타서 최영경이 원통하게 죽은 일을 아뢰고 그 억울함을 풀어 줄 것을 청하니, 선조가 대신에게 복직에 대해 논의하라고 명했다. 김성일의 아룀은 최영경이 언젠가 '정철은 본래의 성품이 소인이다'고 한 적이 있었는데 정철이 이 때문에 마음에 감정을 품었다가 결국은 그를 옥중에서 병사하게 하였다는 것이었다.

8월 10일 사간원이 아뢰기를 "독서당 간택은 명망만을 취했을 뿐 오로지 문한에 뜻을 둔 사람이 아닙니다. 대제학을 시켜 다시 십분 정선하게 하소서" 하니, 아뢴 대로 하게 하였다. 아들 이경전이 선발되지 않았으므로 이산해가 크게 노하여 그의 사위 이덕형을 시켜 아뢰게 한 것이다. 이경전이 마침내 선발되었다.

8월 13일 양사가 최영경의 찬축을 주장한 당시 언관의 파직을 청하니, 답하기를, "영경 한 사람 때문에 이와 같이 추죄하는 것은 옳지 않다. 영경은 이미 역적 이발의 무리와 사귀었으니, 당초 관작을 삭탈할 것을 계청한 것은 별 잘못이 없다. 뒷날 석방한 뒤에 다시 논집한 것은 지나친 듯하지만, 그가 역적에게 가서 만나 보았다는 말이 홍정서로부터 나왔고, 언관이 이러한 통분할 말을 들었으니, 사세가 부득이 발론하지 않을 수 없고 또한 조사하여 심문하지 않을 수 없었던 것이다. 그러나 그 책임은 장관에게 있고 이미 모두 죄를 받았으니 지금은 별로 할 일이 없다. 동참했던 대간을 어찌 모두 파직해야 할 이유가 있겠는가. 진고한 사람을 추국함은 옳지 않다는 것을 대신도 이미 말했으니 그 말이 마땅하다. 굳이 추국할 필요 없다. 모두 윤허하지 않는다. 대개 영경은 죽음을 스스로 자초한 것이니 깊이 애석하게 여길 것이 못 된다. 이 사람 때문에 이렇듯 의논이 분분한 것도 옳지 못하다" 하였다.

무고한 사람들을 아뢴 대로 잡아 왔는데, 양천경·양천회·강견·김극관·김극인과 전 찰방 조응기 등이었다. 삼성 교좌로 국문하였다.

대사간 홍여순이 아뢰기를, "최영경이 곧 길삼봉이라는 말은 정철이 은밀히 양천경 형제와 강해 등을 시켜 죄를 꾸며 가지고 영경을 죽인 데 지나지 아니하니, 양천경을 잡아다가 국문하소서" 하였다. 청한 대로 윤허하였다. 이에 양천경을 잡아 가두고 엄형을 가하니, 양천경이 임예신 등 10여 명을 끌어들였으나 옥관은 그것은 묻지 아니하고 양천경이 실정을 자백할 때까지 국문하였다. 양천경의 처 종형되는 기효증이 양천경에게 말하기를, "살인죄에 대한 법률은 마땅히 수범과 종범을 가리는 것이다. 수범만 죽고 종범에게는 죽는 것은 면해 줄 것이니, 반드시 수범인 정철을 끌어넣은 뒤에라야 네가 살 것이다" 하니, 양천경이 드디어 정철을 끌어 넣음으로써 사형은 면하고 곤장을 맞고 귀양 가기로 되었는데 곤장을 맞다가 죽었다. 사실 최영경을 붙잡아 가두도록 한 사람은 홍여순이었다. 하는 짓들이 이러하였다.

홍여순은 병조판서, 이덕형은 대제학, 이원익은 이조판서가 되었다. 상주목사로 밀려가 있었던 윤선각은 장재가 있다고 인정되어 충청감사가 되었다.

일본에서, 풍신수길은 내년 3월 1일 조선으로 진격 개시를 선언하였다. 그리고 규슈의 서북단 조선으로 가는 최단 길목에 나고야(명호옥)성 건설을 시작하였다. 축성 설계 책임은 가등청정이 맡고, 규슈의 제후들 막하의 군사와 백성을 동원하여 공사를 2월까지 끝내도록 하였다.

9월 16일 의주목사 김여물, 금산군수 임예신, 이산현감 김공휘는 모두 정철을 종처럼 섬긴 사람들로서 최영경이 곧 길삼봉이라는 말을 만들어 내어 서로 주고받은 사실이 양천회 등의 초사에서 드러났다 하여 파직되었다.

10월 21일 윤두수를 근도로 이배하라고 명하였다.

사헌부가 아뢰기를, "사노 송부필·송익필·송한필 등은 사대부의 집에 드나들면서 조정의 시비와 사대부의 진퇴에 관여하여 논하지 않음이 없으며, 사론을 선동하여 일국을 교란시키는가 하면 심지어 남을 시켜 상소함으로써 사림을 모함하는 것을 평생의 능사로 삼고 있습니다. 수십 년 이래 사론이 갈라지고 조정이 조용하지 못했던 것은 모두 이들이 현란시킨 소치입니다. 그 사정을 추궁하여 보니 그들이 본 주인에게 죄를 짓고 온 가족이 도망 나와 권문에 의탁해 소굴로 삼은 뒤 기필코 세상을 뒤엎어서 옛 주인에게 보복하려 했던 것입니다. 지난번 간흉이 쫓겨난 이후로는 몸을 숨길 데가 없어지자 더욱 간독을 부려 때로는 서울 근교에 숨고 때로는 지방에 숨어 마치 귀신이나 물여우처럼 기회를 보고 틈을 노려 기필코 일을 만들려고 합니다. 지금 그 죄를 바로잡지 않는다면 뒷날의 화가 이루 말할 수 없을 터이니 유사에게 명하여 끝까지 수색 체포하여 율대로 죄를 정하소서" 하였다.

얼마 지나지 않아 송한필이 잡히자 송익필은 자수하였다. 이들에게 특별한 죄는 없었다. 사람이 잘나 머리가 좋았고, 이이 성혼과 함께 국가의 장래를 걱정하였고, 제자들을 양성하였을 뿐이다. 죄가 있다면 서인 역할을 한 것이 죄였다. 선조가 석방하라 하였으나 양사가 석방할 수 없다고 논계하였다. 3일 동안 아뢰니, 선조가 이르기를, "형추하면 죽을 것인데 죽는다면 과중하다" 하고, 외방으로 유배할 것을 명하였다. 한필은 제주에, 익필은 남해에 유배하였다.

상이 전교하기를, "왜적이 출몰하는 이때 이들을 외딴 섬에 유배하는 것은 깊은 생각이 못 된다. 유배지를 옮기는 것이 옳다" 하고, 한필은 이성에, 익필은 희천에 각각 유배하였다.

10월 24일 주청사 한응인, 서장관 신경진, 질정관 오억령 등이 출발하였다. 왜적 풍신수길이 중국을 침범하겠다는 말을 유구에는 정식으로 통보하고 아예 항복한 나라로 취급하여 군량 등을 조달하라 하였다. 또 '조선도 이미 굴복하여 3백 인이 항복해 왔는데 지금 배를 만들어 그들을 향도로 삼을 것이다' 하였다. 유구에서 그 말을 중국에 보고한 까닭에 중국의 병부가 요동을 시켜 우리나라에 이자하여 그 사실 여부를 물어 왔으므로 이번에 따로 주청사를 보내어 그간의 곡절을 해명하려는 것이었다.

유성룡이 진관법 복구를 청했다.
"지난 을묘년 변란 이후 김수문이 전라도에 있으면서 처음 분군법으로 고쳐 도내의 여러 고을을 순변사, 방어사, 조방장, 도원수 및 본도의 병사와 수사에게 나누어 소속시키고 이를 제승방략이라고 하였습니다. 이에 각도에서 모두 이것을 본받아 진관이라는 명칭은 남아 있었지만 실제상으로는 전과 같이 서로 연관되게 할 수는 없었습니다. 그리하여 혹시라도 위급한 사태가 발생할 경우 반드시 원근이 함께 동요하게 되고 장수가 없는 군사들은 들판에 먼저 모여 천리 밖에서 올 장수를 기다려야 할 형편이 되었습니다. 장수가 채 이르기도 전에 적병이 먼저 쳐들어올 경우 군사들의 마음이 먼저 동요될 것이니, 이는 반드시 패배할 방도입니다. 군사들이 일단 흩어지면 다시 모이기가 곤란하니, 이러한 때에 장수가 오더라도 누구와 함께 싸우겠습니까. 그러니 다시 조종조의 진관법을 정비하여 쓰는 것보다 더 좋은 법이 없습니다. 진관법은 평시엔 훈련하기가 쉽고 유사시엔 소집할 수가 있는가 하면 앞뒤가 서로 응하고 안팎이 서로 보완되어 토붕와해의 지경에 이르지는 않으므로 매우 편리합니다" 하였는데, 선조는 이 말을 따라 각도에 하서하여 상의하게 하였다.
그러자 경상감사 김수가 "제승방략이 시행된 지 이미 오래되었으므로 갑자기 변경시킬 수 없습니다" 하여, 이 의논은 끝내 폐기되었다. 모르면서 하는 일에는 반드시 대가가 있게 마련이다. 전쟁을 전혀 알지 못하는 김수의 이 말로 인하여 임진왜란 초기에 대구에서 큰 대가를 치르게 된다.

유성룡이 이일을 경상병사로 삼자고 하였으나 병조판서 홍여순이 명장은 도성에 있다가 위급 시에 내려가야 한다고 하며 반대하였다. 홍여순은 여동생이 후궁인 정빈 홍씨여서 행동에 거칠 것이 없었고 또한 비위를 잘 맞추니 선조도 필요에 따라 중용하고 있었다.

11월 2일 김응남 등이 칙서를 받아 가지고 돌아왔다. 김응남이 갔을 때가 마침 유구의 진주사가 와 있을 때여서 중국은 우리의 자문과 유구의 보고가 대략 같음을 보고 왜노의 속임수를 알았다. 황제는 칙서를 내려 포장하고 표리와 은냥을 넉넉히 주었다. 이에 선조는 당초 이 의논을 윤두수가 주장했다 하며 석방하도록 명하였다. 그러자 양사는 한 달이 넘도록 '두수는 죄가 중하여 석방할 수가 없다'고 논계하였다. 그러다가 이때에 이르러 비로소 허락하여 중도로 옮기도록 하니, 대론이 그쳤다.

부제학 김성일이 여러 번 차자를 올려 시폐를 논하였다.

왜란에 대비해 성을 쌓는 것에 대하여 백성들의 원성이 크므로 잘못된 일이라 하였고, 또 궁중과 왕자들의 폐단에 관한 일도 언급하였다. 이에 대해 동료들은 대부분 핑계하고 참여하지 않았으나 유성룡만은 편지를 보내 치하하였다. 당시에 왜란을 대비해서 성을 수축하고 병정을 선발하자 영남의 백성들은 원망이 더욱 심하였다. 김성일은 본래 왜변을 염려하지 않았으므로 더욱 잘못된 계책이라고 하였다. 선조가 좋아하지 않았음은 물론이다.

복건인 허의후가 왜국이 명을 칠 것이라고 절강성에 서신을 전했다.

"관백 평수길이 여러 나라를 차지하였으나 관동만을 아직 차지하지 못하고 있던 차 경인년 정월에 여러 장수를 소집해 놓고 10만 명의 병사를 거느리고 출정하도록 명하는 한편 그들을 주의시키기를 '성을 쌓아 사면을 막아 놓고 지키도록 하라. 나는 바다를 건너 대명을 습격하겠다' 하고, 이어 비전주 태수에게 배를 만들도록 하였습니다.

그후 10일이 지난 다음 유구국에서 승려를 보내어 조공을 바쳐왔는데 관백이 금 1백 냥을 하사하고 부탁하기를 '내가 중국을 원정하려 하는데 너의 유구국으로 안내를 맡도록 할 것이다' 하더니, 5월에 고려가 노새를 바쳐오자 관백이 유국국에 부탁했던 말로 다시 부탁하면서 금 1백 냥을 주었는데 고려가 왜국에 조공을 바친 것은 지난해부터였습니다. 7월에 광동 호경 사람이 대명의 지도를 바쳐왔습니다. 관백이 열국에 명하여 비전·일기·대마도 이 세 곳에 성을 쌓아서 관역을 마련토록 하라고 하고 또 대마 태수에게 명하여 장사꾼으로 변장하고 바다를 건너 고려에 가서 지세를 살펴보고 돌아와서 보고하게 하였습니다. 10월에 고려 왕이 군대를 20일 거리로 퇴진하여 관백을 기다리고 있다 하였습니다. 금년 신묘년 7월에는 고려가 사신을 보내어 조공을 바치고 볼모를 잡히면서 관백에게 속히 결행할 것을 촉구하였다고 합니다. 11월에 관백이 문서를 열국에 두루 돌려 내년 봄 고려로 건너가 일본 백성을 모두 그곳으로 이주시켜 농사를 경작하게 하여서 대명을 대적할 수 있는 기반을 마련하려 하고, 살마주에 명하여 정병 2만, 대장 2인으로 고려에 건너가게 하였습니다. 66국에서 모은 병사 50여만에다 관백이 직접 통솔하는 병사 50여만 도합 1백만, 대장 1백 50명, 전마 5만 필, 대서도 5만 자루, 참도 10만 자루, 장창 10만 자루, 파시도 10만 자루, 조총 30만, 장도 50만이고 삼척검은 사람마다 갖게 했습니다.

내년 임진년에 일을 일으켜 3월 1일에 출범, 해서 9국을 선봉으로 삼고 남해도 6국과 산양도 8국으로 응원토록 하였으며, 온 나라 사람을 다 데리고 가게 하여 부자 형제 중 한 사람도 남겨 두지 못하게 했습니다."

허의후가 한 말은 대부분 뒤에 그대로 맞았다. 다만 우리나랏일을 말하는 데 있어서는 아주 엉터리였다. 그러나 이미 통신을 하였고 왜인들이 여러 나라에다 과장을 하였으므로 허의후는 와전된 말들을 들은 것이었다. 또 객상 진갑이란 자가 왜국에서 돌아와 하는 말이 '수길이 장차 쳐들어오려는데 조선을 선봉으로 삼으려 한다' 하였다. 이로 인해 중국 조정이 또 의심을 갖게 되었다.

12월 1일 전교하기를, "민생의 휴척에 국가의 안위가 달려 있다. 진실로 백성에게 해로운 것은 마땅히 불 속에서 구하듯 물속에서 건지듯 서둘러 구원해야 한다. 듣건대 지방에서 공물과 진상품을 올릴 때와 상급 관청으로 정문을 보낼 때에도 인정가물이라는 것이 있어 각 고을이 공공연하게 백성들로부터 거둔다고 하니, 민생이 어떻게 보존되겠는가. 감사로 하여금 신칙하여 일체 금단케 하라. 서울에 있는 각사가 종전대로 징수하거든 색리에게 알려 스스로 헌부에 정문을 올리게 함으로써 엄하게 적발하여 다스릴 것을 헌부에 이르라" 하였다. 이는 영의정 이산해가 경연에서 아뢰었기 때문이었다. 이산해가 백성들을 위해서 이렇게 말했다면 정말 다행이다. 그러나 그 뒤로도 제대로 된 것은 없었다.

이정암을 대사간으로 삼고, 황진을 동복현감으로 삼았다. 황진은 왜변이 장차 일어나리라는 것을 믿고 있었으므로 매일 공무가 끝나면 곧바로 말타기와 활쏘기를 부지런히 익혔다.

폭풍 전야의 한 해가 저물어 간다. 조정은 변란에 대비한다고 축성을 하였지만 무용지물로 백성들만 힘들게 하였다. 그리고 겨우 몇 사람의 장수와 감사를 임명하고 끝이었다. 그리고 반대파를 제거하는 일에만 혈안이었다. 때려주고 싶은 한심한 조정이었다.

47세의 이순신은 전라좌수사가 되었다. 전에 발포만호로 2년 가까이 근무하였으니 수군이 낯설지도 않았다. 잘하는 사람은 지위가 올라갈수록 더욱더 능력을 발휘한다. 수군의 당면 임무는 침략하는 왜적선을 물리치는 것이다. 방법은 왜적선이 접근하기 전에 포를 쏘아 부수면 된다. 그러자면 함포 사격이 중요하다. 만약 왜적선이 불시에 접근하였다면 날쌘 왜적들이 아군의 배로 뛰어 들어오는 것을 막아야 한다. 가장 좋은 방법은 배에 뚜껑을 씌우고 쇠꼬챙이를 박아 뛰어들지 못하게 하는 것이다. 이것이 거북선이다. 거북선은 이미 태종 때에 시험해 본 기록도 있었다. 이때 거북선을 만들자고 제안한 사람이 누구인지는 모르겠지만 순전히 이순신의 생각이었을 가능성이 높다. 그래서 이순신은 수군 병사들은 기본군사 훈련 외에 함포사격 훈련을 열심히 시키고 있었고, 또한 판옥선도 더 만들겠지만 거북선 건조에 공을 들이고 있었다. 다행히 배에 미친 나대용이 휘하 군관으로 들어와 있어서 거북선 건조는 힘을 받고 있었다.

행록에 이런 이야기가 있다. '공이 처음 수사로 임명되던 때 공의 친구가 꿈을 꾸었는데 큰 나무가 있어 높이는 하늘을 찌를 만하고 가지는 그 사이에 가득 퍼졌으며 위로 올라가 몸을 기대고 있는 자가 몇천 명인지 모르겠는데 그러자 그 나무가 뿌리째 뽑혀 쓰러지려는 판에 웬 사람이 몸으로 그것을 떠받들어 세우므로 자세히 보니 그가 바로 공이었다' 하였다. 나라를 구하는 영웅이 되리라는 그 꿈은 꿈이 아니라 누구도 부인할 수 없는 사실이 될 것이었다.

50세의 유성룡은 정철의 후임으로 좌의정이 되었다. 고속 승진이었다. 잘 태어난 사람이라 상대적으로 편한 세상을 잘 살아왔다. 이제 그 편안함의 대가를 치를 것이다. 그리고 왜적이 상상을 초월하는 대군으로 쳐들어올 것을 생각하지 않은 안일함이 있었다. 이 엄청난 안일함의 대가로 지옥 같은 세상을 살아가게 될 것이다. 그러나 그 어려움 속에서 자신의 역량을 십분 발휘할 것이다. 그래서 고생은 하겠지만 나라를 구한 명재상으로 남게 될 것이다.

참고문헌

- **조선왕조실록**
  중종, 인종, 명종, 선조 및 선조수정, 한국고전번역원

- **고전번역서**
  계곡집, 장유, 이상현 역, 1997, 한국고전번역원
  고봉전서, 기대승, 성벽호 등 역, 2007, 한국고전번역원
  고대일록, 정경운, 박병련 등 역, 2009, 남명학연구원
  대동야승, 성현 등, 한국고전번역원
  백사집, 이항복, 임정기 역, 1999, 한국고전번역원
  사계전서, 김장생, 김능하 등 역, 2005, 한국고전번역원
  상촌집, 신흠, 김동주 등 역, 1994, 한국고전번역원
  서애집, 유성룡, 권호기 등 역, 1977, 한국고전번역원
  송자대전, 송시열, 권정안 등 역, 1988, 한국고전번역원
  아계유고, 이산해, 이상하 등 역, 1998, 한국고전번역원
  약포집, 정탁, 이기훈 등 역, 2013, 퇴계학연구소
  연려실기술, 이긍익, 권오돈 등 역, 1967, 한국고전번역원
  오음유고, 윤두수, 권경열 역, 2007, 한국고전번역원
  우계집, 성혼, 성백효 역, 2002, 한국고전번역원
  월사집, 이정귀, 이상하 등 역, 2015, 한국고전번역원
  월정집, 윤근수, 김영봉 등 역, 2014, 동양학연구원
  율곡전서, 이이, 권오돈 등 역, 1968, 한국고전번역원
  퇴계집, 이황, 권오돈 등 역, 1968, 한국고전번역원
  학봉전집, 김성일, 정선용 역, 2001, 한국고전번역원
  회재집, 이언적, 조순희 역, 2015, 한국고전번역원

- **이순신 관련서**

(원역) 이충무공 전서(상, 하), 이은상 역, 1989, 성문각
이순신의 일기, 박혜일 외 3, 1998, 서울대학교 출판부
난중일기, 박광순 역, 2003, 하서출판사
난중일기, 노승석 역, 2005, 동아일보사
함경도일기, 강신철 저, 2001, 21세기군사연구소
구국의 명장 이순신(상, 하), 최석남 저, 1992, 교학사
임진왜란 해전사, 이민웅 저, 2004, 청어람미디어
이순신과 임진왜란, 이순신역사연구회, 2005, 비봉출판사
충무공 이순신 전서, 박기봉 편역, 2006 비봉출판사
난중일기 외전, 배상열 저, 2007, 비봉출판사
부활하는 이순신, 황원갑 저, 2005, 이코비즈니스
삼가 적을 무찌를 일로 아뢰나이다, 정광수 저, 1989, 정신세계사
이순신과 히데요시, 윤봉석 역, 1997, 우석
내게는 아직도 배가 열두척이 있습니다, 김종대 저, 2004, 북포스
이순신의 두 얼굴, 김태훈 저, 2004, 도서출판 창해
긴 칼 옆에 차고 수루에 홀로 앉아, 남천우 저, 1992, 수문서관
이순신은 전사하지 않았다, 남천우 저, 2004, 미다스북스
평역 이순신 자서전, 남천우 평역, 2006, 미다스북스
충무공의 생애와 사상, 조성도 저, 1982, 명문당
충무공 이순신, 조성도 저, 1982, 남영문화사
이순신 병법을 논하다, 임원빈 저, 2005, 도서출판 신서원
위인전이 숨기는 이순신 이야기, 김헌식 저, 2004, 평민사
칼의 노래, 김훈 저, 2001, (주)생각의 나무
불멸의 이순신, 김탁환 저, 2004, (주)황금가지
명량 진짜 이야기, 노병천 저, 2014, 바램
이순신과의 동행, 이훈 저, 2014, 푸른역사

• 임진왜란 관련서

　징비록, 유성룡 저, 남윤수 역, 2000, 하서출판사
　유성룡과 임진왜란, 이성무 외 3 엮음, 2008, 태학사
　조선사회와 임진의병 연구, 송정현 저, 1998, 도서출판 학연문화사
　임진왜란과 경상우도의 의병운동, 김강식 저, 2001, 도서출판 혜안
　임진왜란사 연구, 조원래 저, 2005, 아세아문화사
　임진왜란사 연구, 이장희 저, 2007, 아세아문화사
　다시 쓰는 임진대전쟁, 양재숙 저, 1994, 고려원
　7년전쟁, 김성한 저, 2012, 산천재
　역사추적 임진왜란, 윤인식 저, 2013, 북랩
　임진왜란과 도요토미히데요시, 국립진주박물관, 2003, 부키
　교과서가 말하지 않은 임진왜란 이야기, 박희봉 저, 2014, 논형
　해소실기, 김완, 2006(네이버 블로그)

• 인물서 및 기타

　유성룡, 이덕일 저, 2007, ㈜위즈덤하우스
　선조, 이한우 저, 2007, ㈜해냄출판사
　임금 노릇 못해 먹겠다, 기만중 저, 2004, 거송미디어
　율곡 인간과 사상, 이종호 저, 1994, ㈜지식산업사
　율곡 10만 양병론의 진실, 김언수 저, 2011, 도서출판 태봉
　동호문답, 안외순 옮김, 2005, 책세상
　권율, 신봉승 저, 1999, 도서출판 답게
　송강평전, 박영주 저, 2003, 도서출판 고요아침
　조선 최고의 공직자, 최범서 저, 2006, 도서출판 가람기획
　임꺽정, 홍명희, 1985, ㈜사계절출판사
　부산과 대마도의 2천 년 대마연구센터, 2010, 국학자료원

60간지

갑자	을축	병인	정묘	무진
1504년 1564년 명종 19년	1505년 1565년 명종 20년	1506 1566년 명종 21년	1507년 1567년 선조 즉위년	1508년 1568년 선조 1년
갑술	을해	병자	정축	무인
1514년 1574년 선조 7년	1514년 1575년 선조 8년	1516년 1576년 선조 9년	1517년 1577년 선조 10년	1518년 1578년 선조 11년
갑신	을유	병술	정해	무자
1524년 1584년 선조 17년	1525년 1585년 선조 18년	1526년 1586년 선조 19년	1527년 1587년 선조 20년	1528년 1588년 선조 21년
갑오	을미	병신	정유	무술
1534년 1594년 선조 27년	1535년 1595년 선조 28년	1536년 1596년 선조 29년	1537년 1597년 선조 30년	1538년 1598년 선조 31년
갑진	을사	병오	정미	무신
1544년 인종 즉위년 1604년 선조 37년	1545년 명종 즉위년 1605년 선조 38년	1546년 명종 1년 1606년 선조 39년	1547년 명종 2년 1607년 선조 40년	1548년 명종 3년 1608년 선조 41년
갑인	을묘	병진	정사	무오
1554년 명종 9년 1614년	1555년 명종 10년 1615년	1556년 명종 11년 1616년	1557년 명종 12년 1617년	1558년 명종 13년 1618년

기사	경오	신미	임신	계유
1509년	1510년	1511년	1512년	1513년
1569년	1570년	1571년	1572년	1573년
선조 2년	선조 3년	선조 4년	선조 5년	선조 6년
기묘	경진	신사	임오	계미
1519년	1520년	1521년	1522년	1523년
1579년	1580년	1581년	1582년	1583년
선조 12년	선조 13년	선조 14년	선조 15년	선조 16년
기축	경인	신묘	임진	계사
1529년	1530년	1531년	1532년	1533년
1589년	1590년	1591년	1592년	1593년
선조 22년	선조 23년	선조 24년	선조 25년	선조 26년
기해	경자	신축	임인	계묘
1539년	1540년	1541년	1542년	1543년
1599년	1600년	1601년	1602년	1603년
선조 32년	선조 33년	선조 34년	선조 35년	선조 36년
기유	경술	신해	임자	계축
1495년	1550년	1551년	1552년	1553년
명종 4년	명종 5년	명종 6년	명종 7년	명종 8년
1609년	1610년	1611년	1612년	1613년
기미	경신	신유	임술	계해
1559년	1560년	1561년	1562년	1563년
명종 14년	명종 15년	명종 16년	명종 17년	명종 18년
1619년	1620년	1621년	1622년	1623년

관직 직위표

품계		의정부	돈녕부	의금부	6조
정1품	대광보국	영의정	영사		
	숭록대부	좌·우의정			
종1품	숭록대부	좌·우찬성	판사	판사	
정2품	정헌대부	좌·우참찬	지사	지사	판서
	자헌대부				
종2품	가정대부		동지사	동지사	참판
	가선대부				
정3품	통정대부		도정		참의
	통훈대부		정		참지(병조)
종3품	중직대부		부정		
	중훈대부				
정4품	봉정대부	사인(2)			
	봉열대부				
종4품	조산대부		검정(2)	경력	
	조봉대부				
정5품	통덕랑	검상(1)			정랑(3)
	통선랑				병·형조는(4)
종5품	봉직랑		판관(2)	도사	
	봉훈란				
정6품	승의랑		주부(2)		좌랑(3)
	승훈랑				병·형조는(4)
종6품	선교랑				호조-산학교수(1) -별제(2)
	선무랑				형조-율학교수(1) -별제(2)
정7품	무공랑				
종7품	계공랑		직장(2)		호조: 산사(1)
					형조: 명율(1)
정8품	통사랑	사록(2)			
종8품	승사랑		봉사(2)		호조: 제사(2)
					형조: 심율(2)
정9품	종사랑				호조: 산학훈도(1)
					형조: 율학훈도(1)
종9품	장사랑		참봉(2)		호조: 회사(2)
					형조: 검율(2)

사헌부	사간원	홍문관	승정원	성균관	외관직
		영사(겸)			
		대제학		지사	
대사헌		제학		동지사(2)	관찰사, 부윤, 병마절도사
	대사간	부제학		대사성	목사, 대도호부사, 수군절도사, 병마절도사
		직제학			
집의	사간	전한		사성(2)	도호부사, 첨절제사, 병마우후
장령(2)		응교(1)		사예(3)	수군우후
		부응교(1)			군수, 병마동첨절제사, 수군만호
지평(2)	헌납(1)	교리(2)		직강(4)	
		부교리(2)			현령, 판관, 도사
감찰(24)	정언(2)	수찬(2)		전적(13)	
		부수찬(2)			현감, 찰방, 병마절제도사, 감목
		박사(1)	주서(2)	박사(3)	
		봉고(예문관)			
		저작(1)		학점(3)	
		정자(2)		학록(3)	
		검열			
				학유(3)	훈도, 심약, 검율, 역승